ルーシイ＝モード＝モンゴメリ 作

赤毛のアン

岸田衿子 訳

安野光雅 絵

朝日出版社

赤毛のアン　もくじ

一　レイチェル＝リンド夫人《ふじん》おどろく

アボンリー街道《かいどう》をいくと、だんだん下《くだ》り坂《ざか》になって、小《ちい》さなくぼ地《ち》へでる。レイチェル＝リンド夫人《ふじん》は、そこにすんでいた。

まわりは、ハンノキやツリウキソウのしげみにかこまれ、ずっと奥《おく》のカスバート家《け》の森《もり》からながれでた小川《おがわ》がよこぎっていた。森《もり》の奥《おく》ふかくわけいって、上流《じょうりゅう》へでると、だれも知《し》らないようなふちや、滝《たき》がかくされていて、なかなかてごわい谷《たに》だということだが、リンド夫人《ふじん》のくぼ地《ち》へくるころには、しずかな、ぎょうぎのいい流《なが》れになっていた。

というのは、レイチェル＝リンド夫人《ふじん》の家《いえ》のまえをとおるときには、川《かわ》の流《なが》れだって、礼儀作法《れいぎさほう》おかまいなし、とはいかなかったからだ。レイチェル夫人《ふじん》が窓《まど》ぎわにすわり、小川《おがわ》にせよ、子《こ》どもにせよ、そこをとおるものいっさいに目《め》をひからせて、ちょっとでもおかしなこととか、なっとくできないものをみつけたらさいご、とことんまでその理由《りゆう》をさぐりださずにはおかないことを、小川《おがわ》のほうでも承知《しょうち》していたのだろう。

じぶんのことはほったらかしでも、なにかと近所《きんじょ》の世話《せわ》をやくという人《ひと》な

ら、アボンリーにもどこにも、たくさんいるが、レイチェル＝リンド夫人《ふじん》は、じぶんのことはちゃんとやったうえに、他人《たにん》の世話《せわ》もやくといううでの持《も》ち主《ぬし》だった。

きりもりじょうずの主婦《しゅふ》でもあるし、裁縫奉仕《さいほうほうし》サークルの幹事《かんじ》をつとめ、日曜学校《にちようがっこう》の仕事《しごと》から婦人慈善《ふじんじぜん》・海外伝道後援会《かいがいでんどうこうえんかい》の大黒柱《だいこくばしら》でもあった。これだけのことをしながら、台所《だいどころ》の窓《まど》べに何時間《なんじかん》もすわりこんで、もめんのさしこのふとんを編《あ》むよゆうがあった。

「十六枚《まい》も編《あ》んだんですとさ。」アボンリーの主婦《しゅふ》たちはよく、ひそひそ声《ごえ》でかたりあったものだ。

そのうえ、仕事《しごと》をしながらも、くぼ地《ち》をよこぎってむこうの赤土《あかつち》の丘《おか》までうねうねとのぼっていく街道《かいどう》のほうに、たえず目《め》をひからせているというぐあいだった。

アボンリーは、セント・ローレンス湾《わん》につきでた小《ちい》さな三角形《さんかくけい》の半島《はんとう》で、両《りょう》がわは海《うみ》だったから、ここからでていく人《ひと》も、ここへはいってくる人《ひと》も、かならず、この丘《おか》の道《みち》をこえなければならなかった。というわけで、レイチェル夫人《ふじん》のきびしい見張《みは》りの目《め》をのがれることはできなかった。

六月《がつ》はじめのある午後《ごご》のこと、彼女《かのじょ》は、いつもの場所《ばしょ》にすわっていた。窓《まど》べにさしこむ日《ひ》はあたたかく明《あか》るく、見《み》おろすと、下《した》の斜面《しゃめん》の果樹園《かじゅえん》では、花嫁《はなよめ》のほおのようにほのかにもも色《いろ》をまじえた白《しろ》い花《はな》がさきあふれ、その上《うえ》を、かぞえきれないミツバチがブンブンうなり、むらがっていた。

アボンリーの人《ひと》たちが「レイチェル＝リンドのご亭主《ていしゅ》」とよんでいる、おとなしい小《こ》がらな人《ひと》――トマス＝リンドは、納屋《なや》のむこうの丘《おか》で、おそまきのカブの種《たね》をまいていた。マシュウ＝カスバートも、むこうの「グリーン・ゲイブルズ」（「緑《みどり》の切妻屋根《きりづまやね》」の意味《いみ》で、カスバート家《け》の建物《たてもの》をこうよんでいた）の近《ちか》くにある、ひろい「赤《あか》い川農場《かわのうじょう》」で、種《たね》まきをおえているはずだ。きのうの夕《ゆう》がた、カーモディのウィリアム＝J＝ブレアの店《みせ》で、マシュウがピーター＝モリソンにむかって、あしたの午後《ごご》にカブの種《たね》をまくつもりだと話《はな》しているのを、レイチェル夫人《ふじん》はちゃんときいたのだから、まちがいはない。もちろん、ピーターのほうからたずねたのだ。マシュウ＝カスバートは、じぶんのほうから、じぶんのことを話《はな》したためしはないのだから。

ところが、マシュウ＝カスバートが、このいそがしいはずの午後三時半《ごごじはん》に、おちつきはらって馬車《ばしゃ》をはしらせ、くぼ地《ち》をぬけて丘《おか》をあがっていくのだ。おまけに、白《しろ》いカラーをつけ、いっちょうらのよそいきの服《ふく》を着《き》こんでいるところをみると、まちがいなく、どこかよその町《まち》へいくのだ。それに、くり毛《げ》の馬《うま》をつけた馬車《ばしゃ》ででかけるところをみると、かなり遠《とお》くへいくものとみえる。でも、マシュウは、いったいどこへ、なんのためにでかけたのだろう？

もし、アボンリーのほかの男《おとこ》のことだったら、レイチェル夫人《ふじん》は、あれこれ思《おも》いめぐらせて、あててし

まうこともできただろう。ところが、マシュウは、外出《がいしゅつ》なんてめったにしない人《ひと》だったから、これは、なにか、よほどさしせまった、かわったことがおきたにちがいない。とにかく、この世《よ》でいちばん内気《うちき》な男《おとこ》で、知《し》らない人《ひと》をたずねたり、口《くち》をきかなくてはならないようなところへ顔《かお》をだすことを、ひどくきらっているのだから。マシュウが、白《しろ》いカラーをつけ、あらたまって馬車《ばしゃ》ででかけるなんて。いくらかんがえても、レイチェル夫人《ふじん》には、けんとうもつかなかった。せっかくの午後《ごご》のたのしみが、だいなしになってしまった。

「お茶《ちゃ》のあとで、グリーン・ゲイブルズへちょっといって、マシュウが、どこへ、なんの用《よう》でいったのか、マリラからききだしてこよう。」

　あれこれかんがえたすえ、賢夫人《けんぷじん》は決心《けっしん》した。

「ふつうなら、いまじぶん、町《まち》へいくことはないし、人《ひと》をたずねるなんて、ぜったいにしない人《ひと》だし、カブの種《たね》がたりなくなって買《か》いにいくのなら、めかしこんで馬車《ばしゃ》でいくはずはないし、お医者《いしゃ》さんをむかえにいくにしては、そういそいでいるようすもなかったし。でも、ああしてでかけていくんだから、きのうの晩《ばん》かけさか、なにかあったにちがいない。ああ、さっぱりわからないね、まったく。こりゃ、いてもたってもいられなくなってきた。マシュウが、なんでまた、きょうアボンリーからでかけたのか、わかるまでは。」

というわけで、お茶《ちゃ》がすむと、レイチェル夫人《ふじん》はでかけた。道《みち》のりはたいしてなく、リンド家《け》のくぼ地《ち》から、街道《かいどう》づたいにうまくいけば、四百メートルあるかなしかで、果樹園《かじゅえん》のなかのだだっぴろいカスバート家《け》につくのだが、長《なが》い小道《こみち》があるので、けっこう道中《どうちゅう》が遠《とお》くかんじられる。

マシュウ＝カスバートの父親《ちちおや》は、むすこにおとらず内気《うちき》で無口《むくち》な人《ひと》で、森《もり》のなかにまでにげこみたかったところを、やっと、仲間《なかま》からはずれたところに屋敷《やしき》をたてた。そこで、グリーン・ゲイブルズは、いまでも、かれが開墾《かいこん》した土地《とち》のいちばん奥《おく》にたったままなので、アボンリーのほかの家《いえ》いえがみんな仲《なか》よくたちならんでいる街道《かいどう》すじからは、ほとんど見《み》えなかった。

レイチェル夫人《ふじん》からみれば、そんなことは、まるで「人《ひと》のくらし」のうちにはいらなかった。

「ただ、そこにずうっといるってだけのことさ、ずばりといえばね。」ふかく車《くるま》のわだちのあとがついた、野《の》バラにふちどられた道《みち》をあるきながら、彼女《かのじょ》はいった。「マシュウとマリラは、ふたりともすこしかわってるのも、あたりまえさ。こんなところに、ふたりっきりでひっこんでくらしてるなんて。木《き》じゃ、たいした話《はな》しあいてにもならないし、木でよかったらそりゃいくらでもあるけど。わたしなら、人間《にんげん》をあいてにしたいね。あの人《ひと》たちはあの人《ひと》たちで、これでけっこうってきもちらしいけど、ま、なれたんだろうね。アイルランド人《じん》にいわせれば、なれれば首《くび》をしめられるのもへいきになるってことだけど。」

そうつぶやきながら、レイチェル夫人《ふじん》は、やっと小道《こみち》をとおりぬけ、グリーン・ゲイブルズの裏庭《うらにわ》へでた。みずみずしい緑《みどり》のなかの、きちんとかたづいた裏庭《うらにわ》——入《い》り口《ぐち》のほうから、片《かた》がわにはうっそうとした

大《おお》きなヤナギの木《き》が、反対《はんたい》がわには、とりすましたポプラが立《た》ちならんでいて、棒《ぼう》ぎれひとつ、石《いし》ころひとつ見《み》あたらなかった。あればたちまちレイチェル夫人《ふじん》の目《め》にとまっただろう。

マリラ＝カスバートは、家《いえ》のなかをそうじするのとおなじくらい、いつもこの裏庭《うらにわ》をそうじしているにちがいない——

口《くち》にはださないが、レイチェル夫人《ふじん》は、そう思《おも》っていた。土《つち》の上《うえ》にたべものをひろげても、ごみひとつつかずにたべられるほど、きれいだった。

台所《だいどころ》の戸《と》をはでにたたいて、どうぞ、という返事《へんじ》をきくと、レイチェル夫人《ふじん》はなかにはいっていった。

グリーン・ゲイブルズの台所《だいどころ》は、まったくきもちよくつくってあったが、あまりきちんとかたづいていたので、つかったことのない客間《きゃくま》のように、うちとけなかった。

窓《まど》は、東《ひがし》がわと西《にし》がわについていた。西《にし》の窓《まど》から

は裏庭《うらにわ》が見《み》え、六月《がつ》の日《ひ》がいっぱいにさしこんでいた。青《あお》あおとしたツタのからまった東《ひがし》の窓《まど》からは、白《しろ》いサクラの花《はな》がさきみだれる果樹園《かじゅえん》が見《み》え、小川《おがわ》のほとりのくぼ地《ち》で、ほっそりとしたシラカバの木《き》がうなずくようにゆれているのが見《み》えた。窓《まど》は、からんだツタで緑《みどり》のかげをおびていた。

マリラ＝カスバートは、明《あか》るい日《ひ》ざしが、なにかちょっと心《こころ》にそまないので、すわるときはいつも、この窓《まど》のところにすわった。まじめに生《い》きようとするものにとっては、この明《あか》るい日《ひ》ざしは、なにか陽気《ようき》で、気《き》ままますぎるように思《おも》われたから。

いまも、そこにすわって、編《あ》みものをしていた。うしろの食卓《しょくたく》には、夕飯《ゆうはん》のしたくがしてあった。

レイチェル夫人《ふじん》は、ドアを、しめたかしめないうちに、もう、食卓《しょくたく》の上《うえ》にあるものを、みんな見《み》てとってしまった。

さらが三枚《まい》でている。そうすると、マシュウがだれかつれてお茶《ちゃ》にもどってくることになっているのだ。でも、料理《りょうり》はふだんのものだし、あとは、野生《やせい》のリンゴジャムと、お菓子《かし》が一種類《しゅるい》しかでていないところをみると、とくべつなお客《きゃく》がくるとも思《おも》われない。それにしても、あのマシュウの白《しろ》いカラーとくり毛《げ》の馬《うま》は、いったいどういうわけなのだろう？

レイチェル夫人《ふじん》は、すっかりわからなくなってしまった。あのなぞめいたできごとが、こんなにしずかな、いつもとおなじこの家《いえ》におきたことが。

「こんばんは、レイチェル。」マリラは、てきぱきといった。「ほんとにきもちのいい夕《ゆう》がただこと。おかけなさいよ。お宅《たく》じゃ、みなさんお元気《げんき》？」

マリラとレイチェル夫人《ふじん》とは、気性《きしょう》はちがっていたが、そう、ちがっていたからこそ、なにか親身《しんみ》でおもいやりのあるつきあいかたができた。

マリラは、背《せ》の高《たか》い、やせた女《おんな》で、からだつきはまるみがなく角《かど》ばっていた。しらがが見《み》えはじめている黒《くろ》い髪《かみ》を、うしろにかたく束《たば》にして巻《ま》きあげ、金《きん》のピンを二本《ほん》、むぞうさにさして、とめていた。見《み》たところ、いかにも世間《せけん》のせまい、ゆうずうのきかない気性《きしょう》にみえるが、ただ、口《くち》もとに、ほんのちょっとなんとかしたら、ユーモラスな感《かん》じがあらわれてきそうな、そんなところもあった。

「元気《げんき》にやってますよ、みんな。」レイチェル夫人《ふじん》はいった。「だけど、あんたのほうがどうかしたんじゃないかって、ちょっと心配《しんぱい》になったのよ。きょうマシュウがでかけていくのを見《み》たもんだから、ひょっとすると、お医者《いしゃ》にでもでかけるのじゃないかしらと思《おも》ってね。」

マリラは、わかってますよ、というふうに、おかしそうに口《くち》もとをまげた。じつは、さっきから、レイチェル夫人《ふじん》がくるのをまちかまえていたのだ。マシュウがあんなみょうな時刻《じこく》に遠出《とおで》する姿《すがた》を見《み》たら、レイチェル夫人《ふじん》はもういてもたってもいられないだろう、と思《おも》っていたから。

「いいえ、わたしはいたって元気《げんき》。きのうはひどく頭痛《ずつう》がしましたけど。」と、彼女《かのじょ》はいった。「マシュウはブライト・リバーへいったのよ。ノーバ・スコシアの孤児院《こじいん》から、男《おとこ》の子《こ》をひとりもらうことになってね。その子《こ》が、今夜《こんや》、汽車《きしゃ》でつくんですよ。」

たとえ、マシュウが、オーストラリアからきたカンガルーをむかえにブライト・リバーへいったのだと、マリラがいったとしても、レイチェル夫人《ふじん》は、これほどおどろかなかったであろう。五秒間《びょうかん》は、正直《しょうじき》のところ口《くち》もきけなかった。マリラがじょうだんをいうなんて、とてもかんがえられないことだが、つい、そうかんがえてしまいそうなくらいだった。

「あんた、それほんき、マリラ？」

やっと口《くち》がきけるようになってから、レイチェル夫人《ふじん》はたずねた。

「もちろんですよ。」

マリラは、孤児院《こじいん》から男《おとこ》の子《こ》をもらうことは、アボンリーでの春《はる》さきの仕事《しごと》のひとつみたいなもので、なにも目《め》をまるくするようなことではない、といった口調《くちょう》で、あっさりいってのけた。

レイチェル夫人《ふじん》は、頭《あたま》をなにかでなぐられたような思《おも》いがして、感嘆符《かんたんふ》つきでかんがえた。

男《おとこ》の子《こ》を、だって！　人《ひと》もあろうに、カスバートきょうだいが男《おとこ》の子《こ》をひきとるとは！　孤児院《こじいん》からねえ！　世《よ》の中《なか》がひっくりかえったみたい！　これがおどろかずにいられるって！　いられやしないさ！

「いったい、なんでまた、そんなことをかんがえついたのよ？」

いかにもうなずけないといった口調《くちょう》で、レイチェル夫人《ふじん》はたずねた。このことが、じぶんの意見《いけん》をきかずにおこなわれたので、なんとしても不服《ふふく》に思《おも》われたのだ。

「そう、これについちゃ、わたしたち、冬《ふゆ》のあいだじゅうかんがえてきたんですよ。」マリラはこたえた。「クリスマスのまえでしたよ。アレクサンダー＝スペンサーさんのおくさんが、うちへみえて、春《はる》になったら、ホープ・タウンの孤児院《こじいん》から、女《おんな》の子《こ》をひとり、ひきとるつもりだって、おっしゃるのよ。おいとこさんがそちらにいて、いろいろきいておいでになったんですと。

それからってものは、マシュウとわたしは、よくそのことを話《はな》しあってね。うちにも男《おとこ》の子《こ》がほしいもんだってことになったんですよ。マシュウもだんだん年《とし》とってくるし――もう六十ですしね――むかしみたいに、元気《げんき》にはやれないし、心臓《しんぞう》のほうも、よくなくてこまってるしね。それに、わかってるでしょうけど、てつだいの人《ひと》をやとうというのも、とてもなんぎなことですからね。いれば、うすのろでこましゃくれた、フランス人《じん》の小僧《こぞう》だけだし、そんなのをひとりつれてきてごらんなさい。なにかちゃんとしたことをおしえこんだと思《おも》ったら、もうさっさとでていって、エビのかんづめの工場《こうじょう》へいっちまうか、合衆国《がっしゅうこく》へいっちまうかですよ。

はじめ、マシュウが、住《す》み込《こ》みの男《おとこ》の子《こ》をどうだろうっていいだしたの。でも、わたしはきっぱりと『だめ。』といってやりましたよ。『それはそれでいいでしょうよ――あの子《こ》たちがいけないとはいわないけど、こっちは、ごめんですよ、あんな浮浪児《ふろうじ》をうちにいれるのは。すくなくとも、ちゃんとしたカナダ生《う》まれの子《こ》にしてちょうだい。もちろん、だれをやとうにしたって、心配《しんぱい》のたねになるけど、それでも、きっすいのカナダっ子《こ》だったら、ずうっと安心《あんしん》だし、夜《よる》もぐっすりねむれます。』ってね。

けっきょく、スペンサーのおくさんにたのんで、女《おんな》の子《こ》をひきとりにいきなさるときに、わたしたちのとこにも男《おとこ》の子《こ》をひとりもらってきていただくことになったわけ。

先週《せんしゅう》、おくさんがでかけなさるってきいたもんだから、カーモディのリチャード＝スペンサーの家《いえ》のものにたのんで、こちらにも、十か十一ぐらいの、りこうな見込《みこ》みのある男《おとこ》の子《こ》をひとりつれてきてほしいって、ことづけしたんですよ。

かんがえてみたけど、そのくらいが、いちばんいい年《とし》ごろじゃないかと――もう、なにかと手《て》だすけはやってくれるだろうし、まだまだしつけのきく年《とし》ごろだから、仕込《しこ》むこともできるし。めんどうをみて、その子《こ》に、家庭《かてい》の味《あじ》も、ちゃんとした教育《きょういく》もしてやる気《き》ですよ。

きょう、スペンサーのおくさんから電報《でんぽう》がきてね――郵便屋《ゆうびんや》さんが駅《えき》からもってきてくれたんだけど――今夜《こんや》五時半《じはん》の汽車《きしゃ》で、つれてくることがわかったの。それで、マシュウがブライト・リバー駅《えき》までむかえにいったわけなのよ。おくさん、その子《こ》をそこでおろしてくださってから、そのまま、ホワイト・サンド駅《えき》へいってしまわれるからね。」

レイチェル夫人《ふじん》は、いつでも、心《こころ》に思《おも》ったことはそのまま口《くち》にだすのがじまんでもあったから、このおどろくべきニュースにまけないよう、心《こころ》をひきしめると、さっそくしゃべりはじめた。

「いいこと、マリラ。はっきりいうけど、あんたはね、おっそろしくばかげたことをしようとしてるんですよ――あぶなっかしいことを。まったく、どんなものをしょいこむか、わかったもんじゃないんだから。見《み》ず知《し》らずの子《こ》どもを、わが家《や》にひきとろうとしてるけど、どんなたちの子《こ》で、どんなふた親《おや》の子《こ》で、ゆくさきどんな人間《にんげん》になるのか、なんにもわかりゃしないじゃないの。

そうそう、つい先週《せんしゅう》のことだけど、新聞《しんぶん》で読《よ》んだっけ。この島《しま》の西《にし》のほうにすんでいる夫婦《ふうふ》がさ、孤児院《こじいん》から男《おとこ》の子《こ》をひとりひきとったはいいけど、夜中《よなか》に、その子《こ》に火《ひ》をつけられてさ――わざとつけたのよ、マリラ――ふたりとも、ねたままくろこげの丸焼《まるや》きにされるとこだったんですと。

それから、こんなこともあるしさ。ひきとった子《こ》がたまごをぬすむくせがあってね――どうしても、そのくせをやめさせることができなかったんですと。

もし、このことについて、あたしが、相談《そうだん》をうけていたら――ま、あんたはしてくれなかったけどさ――たのむから、そんなかんがえはやめてくれって、いっただろうよ、じっさい。」

この、なぐさめ顔《かお》のいじわる話《ばなし》をきいても、マリラは、いっこうにおこりもせず、心配《しんぱい》になったようすもなく、ただせっせと編《あ》みものをつづけていた。

「あんたのいうことも、たしかに、もっともなところはあるね、レイチェル。わたしも心配《しんぱい》しないわけじゃ

なかったけど。でも、マシュウが、もう夢中《むちゅう》になってしまってね。わたしにはよくよくわかってね、それにまけて、承知《しょうち》したのよ。マシュウは、なにかに夢中《むちゅう》になることなんて、めったにないからね、そういうときは、したいようにさせてやろうって気《き》になるのよ。

それに、なにをするにしたって、心配《しんぱい》のたねは、かならずついてまわるものだし。じぶんの子《こ》どもをうむにしたって、ことのなりゆきによっては——いつもいつもうまくいくとはかぎらないからね。

その子《こ》は、ノーバ・スコシアだから、この島《しま》のとなりだし。なにも、イギリスやアメリカから子《こ》どもをもらおうってわけじゃないし。まったくのよそものってことじゃなし。」

「ま、うまくいけばけっこうと思《おも》いますけどね。」レイチェル夫人《ふじん》は、どうもね、といったきもちをむきだしにして、いった。「でもね、その子《こ》が、グリーン・ゲイブルズに火《ひ》をつけても、あたしが忠告《ちゅうこく》しなかった、なんていわないでちょうだい。井戸《いど》に毒薬《どくやく》をなげこんだりしてもさ——そんなこともニュー・ブランズウィックであったことですよ。孤児院《こじいん》の子《こ》が毒《どく》をいれて、一家全員《いっかぜんいん》、ひどい苦《くる》しみかたで死《し》んだのよ。

もっとも、これは女《おんな》の子《こ》だったけどさ。」

「そりゃま、女《おんな》の子《こ》をひきとるんじゃありませんから。」

マリラは、まるで、井戸《いど》に毒《どく》をいれるのは女《おんな》の子《こ》だけのすることで、男《おとこ》の子《こ》にそんな心配《しんぱい》はいらない、とでもいうような口調《くちょう》で、いった。

「女《おんな》の子《こ》をひきとってそだてるなんて、夢《ゆめ》にも思《おも》わないわ。アレクサンダー＝スペンサーのおくさんは、どうしてひきとる気《き》になったのかしら。もっともねえ、あの人《ひと》ときたら、その気《き》になったら、孤児院《こじいん》の子《こ》どもぜんぶひきとることになっても、あとへはひかない人《ひと》だからね。」

レイチェル夫人《ふじん》は、マシュウがそのもらい子《ご》をつれてかえってくるまで、こしをすえていたかったが、かんがえてみると、まだたっぷり二時間《じかん》はあった。そこで、街道《かいどう》の上《うえ》のロバート＝ベルの家《いえ》へいって、このおどろくべきニュースを話《はな》してこよう、と決心《けっしん》した。それは一大《いちだい》センセーションをまきおこすにちがいないし、レイチェル夫人《ふじん》は、そういうことがだいすきであった。

というわけで、レイチェル夫人《ふじん》は去《さ》り、マリラは、なんとなく、ほっとした。レイチェル夫人《ふじん》のかんばしくない話《はなし》のおかげで、マリラの胸《むね》に、もやもやと、心配《しんぱい》や不安《ふあん》のきもちがもどってきたので。

森《もり》の小道《こみち》にたどりついてから、レイチェル夫人《ふじん》は、がまんにがまんした声《こえ》をはきだした。

「まあ、こんなことってあるのかねえ。これこそ、夢《ゆめ》をみてるようなもんだ。だけど、その子《こ》もかわいそうだよ。マシュウとマリラときたら、子《こ》どものことなんて、およそ知《し》らないんだから。その子《こ》どものおじいさんよりもかしこい、しっかりものにしようとするだろうよ。おじいさんがいたかどうか、そりゃわからないけどさ。

グリーン・ゲイブルズに子《こ》どもがいるなんて、かんがえただけでも、うすきみわるいね。子《こ》どものかげさえ、見《み》たことないんだもの。あの新《あたら》しい家《いえ》ができたときには、マシュウもマリラも、もうおとなになってたしね——だいたいあのふたりのいまの顔《かお》を見《み》たら、子《こ》どものころがあったなんて、信《しん》じられやしない。なにをくれようが、その孤児《こじ》の身代《みが》わりになるのはごめんだね。

やれやれ、それにしても、かわいそうだ、その子《こ》も。正直《しょうじき》いって。」

レイチェル夫人《ふじん》は、おさえきれないきもちを、野《の》バラのしげみにむかってぶちまけていた。

でも、ちょうどそのころ、ブライト・リバー駅《えき》で、じいっとむかえをまっている子《こ》どもの姿《すがた》を見《み》たら、レイチェル夫人《ふじん》の同情《どうじょう》は、もっと心《こころ》の奥底《おくそこ》からわいてくるものになっただろう。

二　マシュウ＝カスバートおどろく

マシュウ＝カスバートとくり毛《げ》の馬《うま》は、ブライト・リバー駅《えき》までの十二キロの道《みち》を、うきうきとすすんでいった。のどかな農場《のうじょう》のあいだをぬっていくきれいな街道《かいどう》は、なんどもモミの林《はやし》をぬけ、野生《やせい》のスモモが淡雪《あわゆき》のような花《はな》をつけているくぼ地《ち》をすぎていった。大気《たいき》は、リンゴ園《えん》のかおりをただよわせ、牧場《ぼくじょう》のなだらかな起伏《きふく》は、遠《とお》くの青真珠色《あおしんじゅいろ》にかすむ地平線《ちへいせん》にきえていった。そうして、

小鳥《ことり》がうたっていた
きょうはじめて夏《なつ》の日《ひ》が
ほんとうにおとずれたかのように

マシュウは、じぶんなりに、このドライブをたのしんでいたが、婦人《ふじん》たちにであって、うなずいてあいさつしなければならないときだけは、こまった――プリンス・エドワード島《とう》では、道《みち》でゆきあった人《ひと》にはだれにでも、

知《し》っていようといまいと、あいさつすることになっていた。

マシュウは、マリラとリンド夫人《ふじん》のほかは、女《おんな》という女《おんな》をすべておそれていた。そのふしぎな女《おんな》たちは、心《こころ》のなかでわらっているのではないかという、不安《ふあん》なきもちがしてならなかったから。

この心配《しんぱい》はあたっていたかもしれない。かれは、ぶかっこうなからだつきで、長《なが》い鉄灰色《てつはいいろ》の髪《かみ》はこごんだ肩《かた》までたれさがり、ふさふさとしたやわらかいとび色《いろ》のあごひげは、二十才《さい》のころからはやしっぱなしだとでも思《おも》われそうな、風変《ふうが》わりなようすをしていた。

ブライト・リバー駅《えき》にマシュウがついたとき、かれは、はやくきすぎたと思《おも》って、小《ちい》さなブライト・リバー・ホテルの裏庭《うらにわ》に馬《うま》をつなぎ、それから駅《えき》へいった。

長《なが》いプラットホームには、人《ひと》かげもなく、ただ、ホームのはずれのじゃりの山《やま》の上《うえ》に、女《おんな》の子《こ》がひとり、こしをおろしているのが見《み》えた。

マシュウは、女《おんな》の子《こ》をちらっと見《み》ただけで、そちらのほうは見《み》ないようにして、できるだけ足《あし》ばやにとおりすぎた。もしそのとき、かれがそちらを見《み》たなら、はっとからだをかたくして期待《きたい》のまなざしをなげかける少女《しょうじょ》に、気《き》づいたことだろう。少女《しょうじょ》は、なにかを、だれかを、まっていた。そして、いまは、ただすわってまつよりほかに、どうしようもなかったので、いっしょうけんめいすわってまっていたのだ。

マシュウは、ちょうど、きっぷ売《う》り場《ば》にかぎをかけて夕食《ゆうしょく》をしに家《いえ》へかえろうとする駅長《えきちょう》にであい、五時《じ》三十分《ぷん》の汽車《きしゃ》がもうすぐくるかどうか、たずねた。

「五時半《じはん》の汽車《きしゃ》なら、もう三十分《ぷん》もまえについて、でましたよ。」駅長《えきちょう》は、てきぱきとこたえた。「だが、あんたのお客《きゃく》がひとりおりてますよ――小《ちい》さな女《おんな》の子《こ》だがね。あそこのじゃりの上《うえ》にすわってますよ。婦人《ふじん》待合室《まちあいしつ》にはいってまったらどうかっていったんだが、そとのほうがいいって、まじめな顔《かお》していうんですよ。『そとのほうが、いろんな空想《くうそう》をめぐらすのにいいわ。』ときましたね。いっぷうかわった子《こ》のようだね。」

「女《おんな》の子《こ》じゃないはずだが。」マシュウは、あっけにとられていった。「わしがむかえにきたのは、男《おとこ》の子《こ》なんで。スペンサーのおくさんが、ノーバ・スコシアからつれてきてくださることになってるんですが。」

駅長《えきちょう》は、ヒューと口笛《くちぶえ》をならしていった。

「なにか、手《て》ちがいがあったんですかな。スペンサーのおくさんは、あの子《こ》をつれて汽車《きしゃ》をおりて、わたしにたのんでいきなさったんですよ。あんたらが、あの子《こ》を孤児院《こじいん》からひきとるんで、じきに、あんたがむかえにくるだろうからって。

わたしが知《し》ってるのは、それだけですな――みなしごなんて、もうほかにひとりもかくまっちゃいませんがな。」

「わしにゃ、どうもわからんのだが。」

マシュウは、とほうにくれて、マリラでもそばにいて、なんとかしてくれたらなあ、と思《おも》った。

「どうかね、あの子《こ》にきいてみるのがいいと思《おも》うが。ちゃんと説明《せつめい》するだろうから――いや、りっぱに一人《いちにん》まえの口《くち》をききますよ。おそらく、あんたらの注文《ちゅうもん》どおりの男《おとこ》の子《こ》が、品切《しなぎ》れになったのかもしれませんぞ。」

ざっくばらんにそういうと、おなかのすいた駅長《えきちょう》は、あっさり姿《すがた》をけした。

そこで、あわれなことにマシュウは、たったひとりで、ライオンの穴《あな》にはいってひげをぬいてくるより

25　　マシュウ＝カスバートおどろく

ももずかしいことに、とりかからねばならなくなった——まだあったこともない、親《おや》なしの女《おんな》の子《こ》にちかづいて——なぜ、あんたは男《おとこ》の子《こ》ではないのかと、きかねばならないとは。

マシュウは、心《こころ》のなかでうめきながら、むきをかえ、そろりそろりと、プラットホームを、女《おんな》の子《こ》のほうにちかづいていった。

女《おんな》の子《こ》は、さっき、まえをとおりすぎたときから、ずうっと、マシュウから視線《しせん》をはなさなかったが、いまはもう、ひたと目《め》をすえて、マシュウをみつめていた。

マシュウのほうは、まるっきり、少女《しょうじょ》のほうを見《み》なかったし、見《み》たとしても、あいてのようすをのみこむことはできない人《ひと》だったが、ふつうの人《ひと》なら、つぎのことぐらいは、わかったろう。

年《とし》のころは十一才《さい》ぐらい。黄《き》みをおびた白《しろ》い交織《こうしょく》の服《ふく》は、ひどくみじかくてきゅうくつそうだったし、みっともなかった。色《いろ》のあせた茶色《ちゃいろ》の水兵帽《すいへいぼう》の下《した》から、たいへんこい、まぎれもない赤毛《あかげ》のおさげが二本《ほん》、せなかまでたれていた。小《ちい》さな顔《かお》は、白《しろ》くてほそく、そのうえ、そばかすだらけだった。口《くち》も大《おお》きかったが、まけずに大《おお》きな目《め》は、その場《ば》の光《ひかり》ときぶんのぐあいで、緑色《みどりいろ》にも見《み》え、また、灰色《はいいろ》にも見《み》えた。

ここまではだれでも気《き》づくことだろうが、とくに目《め》のするどい人《ひと》なら、この子《こ》のあごがつんととがっていて、大《おお》きな目《め》は、はつらつとした光《ひかり》にみち、口《くち》もとは愛《あい》らしく、そして、りこうそうで、ひたいはひろくゆったりしていることを見《み》てとっただろう。そして、マシュウ＝カスバートが、こっけいなほどおそれている少女《しょうじょ》のからだには、なみはずれたたましいがやどっていると、かんがえたであろう。

マシュウは、しかし、じぶんのほうからことばをかけるという、死《し》ぬほどの苦《くる》しみを、あじわわないですんだ。女《おんな》の子《こ》は、マシュウがじぶんのほうへくることを見《み》きわめると、すぐに、ほそい、日《ひ》にやけた片手《かたて》で、つかいふるしの時代《じだい》もののカバンをもって立《た》ちあがり、もうかたほうの手《て》を、かれのほうにさしだした。

「グリーン・ゲイブルズの、マシュウ＝カスバートさんですね？」と、びっくりするほど、すんだ、美《うつく》しい声《こえ》でいった。

「どうも、はじめまして。もうむかえにきてくださらないのじゃないかって気《き》がして、どんなことがおこったのかしらなどと、いろいろ想像《そうぞう》してたとこなの。もし、今夜《こんや》きてくださらなかったら、線路《せんろ》におりて、あのまがりかどにあるサクラの木《き》にのぼって、夜《よる》をあかそうってきめたの。あたし、こわくなんかないし、日《ひ》の光《ひかり》をあびて、まっしろな、満開《まんかい》のサクラの花《はな》のなかでねむるなんて、すてきだもの。大理石《だいりせき》の広間《ひろま》にいるみたいなきぶんにもなるんじゃない？　ね、わかるでしょ。それに、今夜《こんや》きてくださらなくても、朝《あさ》になれば、きっとむかえにきてくださるって、信《しん》じてたわ。」

マシュウは、そのぎすぎすの小《ちい》さな手《て》を、おそるおそるにぎりかえしていたが、そのしゅんかんどうするか決心《けっしん》した。

この、目《め》をかがやかして話《はな》しかけてくる子《こ》どもに、まちがいだったとは、とてもいえやしない。家《いえ》につれかえって、マリラに話《はな》してもらおう。たとえ、どんないきちがいがあったにせよ、この子《こ》を、駅《えき》においていくわけにはいかないのだから。いろいろたずねたり、いってきかせたりするのは、グリーン・ゲイブルズにもどるまで、のばしたほうがいい。

en Gables

Anne of Gre

「おくれて、すまなかったな。」マシュウは、おずおずといった。「まあ、きなさい。馬《うま》はむこうの宿《やど》の裏庭《うらにわ》につないであるからな。カバンをよこしなさい。」

「あら、じぶんでもっていけるわ。」子《こ》どもは、元気《げんき》にこたえた。「重《おも》かないわ、これ。あたしの全財産《ぜんざいさん》がはいってるけど。それに、持《も》ちかたに注意《ちゅうい》しないと柄《え》がぬけちゃうの——ちゃんとこつがわかってるから、あたしがもったほうがいいんです。このじゅうたんカバン、すごいお古《ふる》なの。

でも、ほんとによかったわ、おじさんがむかえにきてくださって。サクラの花《はな》にうもれてねるのも、わるいきぶんじゃないでしょうけど。

馬車《ばしゃ》で、だいぶいくんでしょう？　スペンサーのおくさんが、十二キロあるっておっしゃってたもの。うれしいな、馬車《ばしゃ》でいくのだいすきなんです。

これからおじさんのところでくらして、おじさんのうちの子《こ》どもになるなんて、すばらしいことだと思《おも》うわ。あたし、いままで、だれのうちの子《こ》でもなかったんだもの——ほんとうのうちの子《こ》ど

もだったことはね。でも、なによりも、孤児院《こじいん》ってきらい。四か月《げつ》しかいなかったけど、もういやだわ。おじさんは孤児院《こじいん》にいたことがないから、どんなところか、とてもわからないと思《おも》うけど。想像《そうぞう》もできないくらい、いやなとこなのよ。スペンサーのおくさんは、そんなことをいってはいけないって、おっしゃったけど、あたし、べつに、わるくちいうつもりはなかったの。知《し》らないあいだに、ついわるくちをいってしまうものでしょ？

そりゃ、いい人《ひと》たちだったわ——そこの人《ひと》たちだって。でも、孤児院《こじいん》にいると、空想《くうそう》するもとになるものが、ほとんどないのよ——ほかの孤児《こじ》を見《み》てるだけでしょ。でも、そのことで、いろいろ想像《そうぞう》してみるのは、けっこうおもしろかったわ——たとえば、となりにすわっている女《おんな》の子《こ》が、じつは、あるゆいしょある伯爵《はくしゃく》の娘《むすめ》で、あかんぼうのころに、わるいうばにさらわれて、そのうばが、いっさいを告白《こくはく》するまえに死《し》んでしまったのだ、とか。

夜《よる》なんかよく、ねどこのなかで、ねないで、そんなことをいろいろ想像《そうぞう》したわ。昼間《ひるま》は、そんなひまがないから。あたし、こんなにやせているの、そのせいだと思《おも》うわ——すごくやせてるで

しょ？　まったくの骨《ほね》と皮《かわ》だわ。じぶんがまるまるとふとっていて、ひじにえくぼができて、なんて想像《そうぞう》するの、とてもすきよ。」

　ここまでしゃべって、マシュウのおともは口《くち》をつぐんだ。息《いき》がきれたせいもあるし、馬車《ばしゃ》のところまできたからでもある。それから馬車《ばしゃ》が村《むら》をはずれて小高《こだか》い丘《おか》のきゅうな坂道《さかみち》をくだりはじめるまで少女《しょうじょ》は、ひとことも口《くち》をきかなかった。

　坂道《さかみち》は、やわらかな丘《おか》の上《うえ》を、ふかく切《き》りとおしていたので、両《りょう》がわの土手《どて》は、頭《あたま》の上数《うえすう》メートルはあり、花《はな》ざかりのヤマザクラや、ほっそりとしたシラカバの木《き》が、ずうっと立《た》ちならんでいた。

　子《こ》どもは、窓《まど》から手《て》をだして、さわさわと馬車《ばしゃ》のよこをかすめるスモモの枝《えだ》を、折《お》りとった。

「ほら、きれいじゃない？　あの土手《どて》からのりだしている、まっしろなレースのような木《き》、あれ見《み》て、おじさんなにを思《おも》いだす？」

　少女《しょうじょ》はたずねた。

「そうだな、わからんな、わしには。」

　マシュウはこたえた。

「あら、花嫁《はなよめ》のことよ――すてきなもやみたいなベールをつけて、まっ

しろな服《ふく》を着《き》た花嫁《はなよめ》。あたしはまだ見《み》たこともないけど、どんなものか想像《そうぞう》できるわ。あたしは、ちっともきれいじゃないから、結婚《けっこん》したいなんていう人《ひと》、いないわね――いるとすれば、外国《がいこく》へ伝道《でんどう》にいく人《ひと》ぐらいね。伝道師《でんどうし》だったら、うるさいことといわないと思《おも》うわ。でも、ほんとうに、いつか、まっしろな服《ふく》を着《き》てみたいわ。それが、あたしのこの世《よ》で最上《さいじょう》の、理想《りそう》の幸福《こうふく》なの。きれいな服《ふく》って、あたし、だいすきなんだもの。それなのに、きれいな服《ふく》を着《き》たことって、いくら思《おも》いだしても、いままでに一度《ど》もないわ――でも、それだけ、これからのたのしみも大《おお》きいってことになるわね？　じぶんがはなやかに着《き》かざった姿《すがた》を、想像《そうぞう》できるんですもの。

けさ孤児院《こじいん》をでてくるとき、とてもはずかしかったわ。こんなにひどい、古《ふる》ぼけた交織《こうしょく》の服《ふく》を着《き》てでなくちゃならないんですもの。孤児《こじ》はみんな、これを着《き》なきゃならないのよ。去年《きょねん》の冬《ふゆ》、ホープ・タウンの商店《しょうてん》の人《ひと》が、交織《こうしょく》の生地《きじ》を三百メートル寄付《きふ》したの。売《う》れなかったから寄付《きふ》したんだ、なんていう人《ひと》がいるけど、あたしは、しんせつなきもちからだと思《おも》いたいわ。そうじゃない？

汽車《きしゃ》にのったとき、みんなあたしを見《み》て、きのどくがってるような気《き》がしたけれど、すぐに、想像《そうぞう》しはじめたの――あたしは、世《よ》にも美《うつく》しい、ふかい青《あお》い絹《きぬ》の服《ふく》を着《き》てるのだって――なにか想像《そうぞう》するなら、ほんとにすばらしいものを想像《そうぞう》すべきだもの――それから、花《はな》やゆらゆらする羽根《はね》もみんなついている帽子《ぼうし》をかぶって、金《きん》の時計《とけい》をもって、キッドのてぶくろやくつをはいてることにしたの。すると、すぐにうれしくなってきて、島《しま》へくるまでずうっと、とてもたのしかったわ。

船《ふね》にのったときも、ぜんぜん酔《よ》わなかったわ。スペンサーのおくさんもよ。いつもは酔《よ》うんですって。

あたしが甲板《かんぱん》からおちやしないかと、目《め》をはなせないんで、酔《よ》ってるひまがなかったんですって。こんなにあっちこっちうろつきまわる子《こ》は見《み》たことない、なんていってたわ。だけど、そのおかげで酔《よ》わなかったのなら、あたしがうろつきまわったのが、よかったわけね。それに、あたし、その船《ふね》で見《み》られるだけのものを、なんでも見《み》ておきたかったの。また船《ふね》にのるようなことがあるかどうか、わからないんですもの。

あら、またサクラがいっぱいさいてる。この島《しま》くらい花《はな》がさいてるところはないわ。あたし、もう、すきで、しようがない。この島《しま》でくらすなんて、すごいわ。

いつも、プリンス・エドワード島《とう》は、世界《せかい》じゅうでいちばんきれいなところだってきいてたし、そこにすんでることをよく想像《そうぞう》したけれど、これがほんとのことになるなんて、夢《ゆめ》にも思《おも》わなかった。想像《そうぞう》がほんとうになるなんて、すごくうれしくって。

でも、ここの赤《あか》い道《みち》、ふしぎね。汽車《きしゃ》がシャーロット・タウンへきたとき、赤《あか》い道《みち》が見《み》えはじめたので、なぜ道《みち》が赤《あか》いんですかって、スペンサーのおくさんにきいたら、知《し》りませんよ、おねがいだから、もうなにもきかないでっていうの。もう千回《せんかい》もあれこれきいてばかりいるんですよ、だって。それは、あたしもみとめるけど、きかなかったら、どうやっていろんなことがわかるようになる？　ねえ、どうして道《みち》が赤《あか》くなるの？」

「そうだな、どうしてだかな。」

マシュウはこたえた。

「そうね、これもいつかとかなくちゃならないなぞのひとつね。これからみつけていくものがたくさんあるって、かんがえただけでもすてきじゃない？　つくづく、生《い》きてることがうれしくなってきた――世《よ》の中《なか》って、ほんとにおもしろいんだもの。もし、なにもかもすっかりわかってるんだったら、はんぶんもおもしろくないでしょうね？　想像《そうぞう》のしようもないもの。

でも、あまりしゃべりすぎるかしら？　いつもそういわれるんだけど。あたし、しゃべらないほうがいい？　そうだったら、いってください。すぐにやめるから。決心《けっしん》したら、やめられるわ。むずかしいけど。」

マシュウは、じぶんでもすっかりおどろいてしまったことに、けっこうおもしろくきいていた。無口《むくち》な人《ひと》によくあるように、マシュウも、むこうがかってにしゃべってくれて、こちらがなにもいわなくてよいのなら、しゃべる人《ひと》はいやではなかった。だが、小《ちい》さな女《おんな》の子《こ》の話《はな》すことに、じぶんがたのしく耳《みみ》をかたむけていようとは、思《おも》ってもみないことだった。

婦人《ふじん》たちは、たしかに、にがてであったが、小《ちい》さな女《おんな》の子《こ》ときたら、それどころではなかった。アボンリーの良家《りょうけ》の娘《むすめ》たちは、かれにうっかり声《こえ》をかけようものなら、まるのみにされてしまうとでもいうように、よこ目《め》でちらちら、かれを見《み》ながらそばをとおりすぎていく、そのやりかたが、マシュウは気《き》にくわなかった。

ところが、このそばかすだらけの魔女《まじょ》はまるっきりちがっていた。かれのにぶい頭《あたま》のはたらきでは、この娘《むすめ》のめまぐるしい頭《あたま》の回転《かいてん》に、なかなかついていけそうもなかったが、それでも、『この子《こ》のおしゃべりは、なかなかわるくないぞ。』と思《おも》った。

だから、マシュウは、いつものようにおずおずといった。

「ああ、しゃべりたいだけしゃべりな。かまわんよ。」

「わあ、うれしい。おじさんとあたしが、きっと、きもちがつうじるって、わかってたわ。話《はな》したいときに話《はなし》ができるし、それに、子《こ》どもはだまってきいてりゃいいんです、なんていわれないのは、ほっとするわ。なんべんそういわれたかわからないけど。それに、あたしがおおげさなもののいいかたをするって、みんないうけど、大《おお》きな考《かんが》えがうかんだら、どうしたって、大《おお》きなことばをつかわなけりゃ、いいあらわせないでしょ?」

「そうだな、そりゃ道理《どうり》だな。」

マシュウはこたえた。

「スペンサーのおくさんは、あたしの舌《した》は、宙《ちゅう》にういてるにちがいない、なんていったけど、ちがうわ――ちゃんと、口《くち》の奥《おく》に根《ね》がついてるわ。

それから、おくさんがいってたけど、おじさんの家《いえ》、グリーン・ゲイブルズっていうんですってね。あたし、いろいろみんなきいてみたの。そしたら、まわりはぜんぶ、木《き》でいっぱいだっていうでしょ。ますますうれしくなってきたの。木《き》って、ほんとにだいすき。それなのに、孤児院《こじいん》たら、まえの庭《にわ》の、小《ちい》さな白《しろ》ペンキをぬったかこいのなかに、ちっちゃなのが二、三本《ぼん》はえてるだけなのよ。まるで、その木《き》も孤児《こじ》みたい。見《み》るたんびに、泣《な》きだしたくなったわ。いつも、その木《き》にこういってたの。

『ああ、かわいそうに、小《ちい》さな木《き》。もし、あなたが、大《おお》きな森《もり》のなかへかえって、たくさんのほかの木《き》にかこまれて、かわいいコケや、ツリガネソウに根元《ねもと》をつつまれ、近《ちか》くに、小川《おがわ》のささやきや、枝《えだ》に小鳥《ことり》の歌《うた》

をきくことができたら、あなただって、きっと、大《おお》きくなれるのに。でも、ここではだめね。あなたのきもち、よくわかるわ。かわいそうに、小《ちい》さな木《き》。』けさ、あの木《き》をのこしてくるとき、かなしかったわ。人《ひと》って、こういうものに、はなれがたいきもちをもつようになるのね。グリーン・ゲイブルズの近《ちか》くには、小川《おがわ》、あるかしら？　きくのわすれちゃったの。」

「うーん、そらあるよ。うちのすぐ下《した》のほうにな。」

「わあ、すてき。あたしの夢《ゆめ》はそれなのよ、小川《おがわ》の近《ちか》くでくらすってこと。だけど、それがほんとになるなんて、かんがえもしなかったの。夢《ゆめ》がほんとになるなんて、そうあるわけないわね？　だから、もしそうなったら、すばらしいじゃない？　たったいま、あたしはもう、完全《かんぜん》といっていいくらい幸福《こうふく》だわ。でも、完全《かんぜん》に幸福《こうふく》になるというわけにはいかないの。なぜかというと――ほら、これ何色《なにいろ》だと思《おも》う？」

　少女《しょうじょ》は、ほっそりとした肩《かた》にたれている、つやつやした長《なが》いおさげを一つひっぱって、マシュウの目《め》のまえに、さしだした。

　マシュウは、婦人《ふじん》の髪《かみ》の色《いろ》あいを見《み》さだめるのは、なれていなかったが、このばあいは、むずかしくなかった。

「赤《あか》だろうが？」

かれはこたえた。少女《しょうじょ》は、ためいきまじりの息《いき》をつくと、髪《かみ》の毛《け》をはなした。

「そう、赤《あか》なの。」と、あきらめきったようにいった。「これでわかったでしょ？　あたしが完全《かんぜん》に幸福《こうふく》になれないわけ。赤毛《あかげ》の女《おんな》は、だれでも、そういうものよ。ほかのことは、そう気《き》にしてないけど──そばかすだって、目《め》が緑色《みどりいろ》だということだって、やせっぽちのことだって。想像《そうぞう》で、かえちゃうことができるんですもの。美《うつく》しいバラ色《いろ》のほおをしていて、目《め》は星《ほし》のように青《あお》くすんでいるって、想像《そうぞう》できるんだもの。でも、赤毛《あかげ》じゃないんだとは、どうしても、想像《そうぞう》できないの。全力《ぜんりょく》をつくして、『さあ、わたしの髪《かみ》の毛《け》は、まっくろなのだ、カラスの羽《はね》のように黒《くろ》いのだ』と思《おも》ってみても、やっぱり、ただの赤《あか》っ毛《け》だということが、わかってるもんだから、だめ。胸《むね》がはりさけるようなきもちよ。これが、一生《いっしょう》の悲《かな》しみになるでしょうね。もうせん、一生《いっしょう》の悲《かな》しみをしょった少女《しょうじょ》のことを、ある小説《しょうせつ》で読《よ》んだけど、でも、その子《こ》は赤毛《あかげ》じゃなかったわ。まじりけなしの金髪《きんぱつ》で、石《せっ》こうのようなひたいから、肩《かた》にふさふさと波《なみ》うってたれてるんだって。石《せっ》こうのようなひたいってどんなのかしら？　どうしてもわからないな。おじさん、わかる？」

「そうだな、わしにもわからんようだ。」

マシュウはこたえたが、すこし頭《あたま》がくらくらしてきた。まだむてっぽうな子《こ》どものころ、ピクニックで、友《とも》だちにそそのかされてメリーゴーラウンドにのったときのような、そんな感《かん》じであった。

「まあ、いいわ。いずれにせよ、なにかすばらしいものだったにちがいないわ。その少女《しょうじょ》は、女神《めがみ》のように美《うつく》しかったんですもの。おじさん、女神《めがみ》のような美《うつく》しさって、どんな感《かん》じか想像《そうぞう》したことある？」

「そうさな、どうも、ないな。」

マシュウは、あっさりとこたえた。

「あたしはあるの、なんども。もし、女神《めがみ》のように美《うつく》しいのと、目《め》がくらむほどかしこいのと、天使《てんし》のようにいい心《こころ》なのと——どれかをえらぶとしたら、どれがいい？」

「そうだな、わしなら——いや、よくわからんが。」

「あたしも。きめることなんかできないわ。でも、けっきょく、どれにもなれそうもないんですもの。たしかに、あたしは、天使《てんし》のようによい性質《せいしつ》にはなれないし。スペンサーのおくさんがいってたけど——ああ、カスバートのおじさん！　ああ、カスバートのおじさん！　ああ、カスバートのおじさん！　！　！」

　これは、スペンサーのおくさんがいったことばではない。また、この子《こ》が馬車《ばしゃ》からころげおちたのでも、マシュウがなにかびっくりするようなことをしたからでもない。ふたりの馬車《ばしゃ》が、街道《かいどう》のまがりかどをまがって、〈並《な》み木道《きみち》〉にさしかかったという、ただそれだけのことである。

〈並《な》み木道《きみち》〉——ニューブリッジの人《ひと》たちがそうよんでいるこの道《みち》は、何年《なんねん》もまえに、かわりものの年《とし》とった農夫《のうふ》がうえた、ものすごく大《おお》きなリンゴの木《き》が、枝《えだ》をひろげてみごとなアーチをつくっているなかを、四、

五百メートルはつづいていた。頭《あたま》の上《うえ》は、雪《ゆき》のように白《しろ》い、かぐわしい花《はな》ばなの、長《なが》いアーチである。枝《えだ》の下《した》の大気《たいき》は、うすむらさきのほのあかりにそまり、はるかさきのほうには、まるで、大寺院《だいじいん》の側廊《そくろう》のはずれの、大《おお》きな花形《はながた》の窓《まど》のように、夕《ゆう》やけ空《ぞら》が、あざやかにかがやいていた。

その美《うつく》しさにうたれたかのように、少女《しょうじょ》はだまりこんでしまった。馬車《ばしゃ》のなかにふかくからだをしずめ、ほそい手《て》を胸《むね》ににぎりしめ、顔《かお》をあげて、頭《あたま》の上《うえ》のすばらしい白《しろ》い花《はな》の天《てん》を、うっとりと見《み》あげていた。

花《はな》のトンネルをぬけ、ニューブリッジへむかう長《なが》い坂道《さかみち》をくだりはじめてからも、少女《しょうじょ》は、身動《みうご》きもせず、話《はな》しもしなかった。

まだ、うっとりとしたままで、遠《とお》く日《ひ》がしずんでいく西《にし》の空《そら》をみつめていた。もえるような空《そら》を群《む》れなしていくまぶしい夕《ゆう》やけ雲《ぐも》の姿《すがた》を、ながめつくしていた。

ニューブリッジの村《むら》へはいると、犬《いぬ》がほえつき、小《ちい》さな男《おとこ》の子《こ》たちは、ヒューと指笛《ゆびぶえ》をならし、ものめずらしそうな目《め》が、窓《まど》からのぞいた。しかし、このささやかな村《むら》のざわめきのあいだをとおりすぎているあいだも、ふたりともだまって馬車《ばしゃ》をはしらせていた。

それから五キロもきて、少女《しょうじょ》はまだ、おしだまったままだった。たしかに少女《しょうじょ》は、しゃべっているときにおとらぬくらいの強《つよ》さで、だまりこむ力《ちから》をもっていた。

「くたびれて、おなかがすいてきたんじゃないかい?」とうとう、おもいきってマシュウはたずねた。なぜ、こうもだまりこんでいるのか、あれこれかんがえたすえに。「だが、もうたいしたことはない――まあ、ほんの一キロばかりだ。」

少女《しょうじょ》は、ふかいためいきをついて、もの思《おも》いからさめ、さまよったひとみを、マシュウにむけた。

「ああ、カスバートのおじさん。」と、ささやくように、いった。「あの、あたしたちがとおってきたところ——あの白《しろ》い花《はな》のなか——あそこは、なんていうの？」

「うーん、そりゃあんた〈並《な》み木道《きみち》〉のことをいってるな。」ちょっとのあいだ、かんがえこんでから、マシュウはいった。「あれは、きれいなところだな。」

「きれい、ですって？　ああ、『きれい』なんてものじゃないわ。美《うつく》しいでも、だめ。どっちも、ぴったりだとはいえないわ。そうだ、すばらしかったのよ——あんなに心《こころ》をうばわれるところなんて、はじめてよ。」と、片手《かたて》を胸《むね》にあてて、

「なんだか、へんに、ずきんとしたわ。でも、わるいきぶんでなくて、きもちのいい痛《いた》みよ。おじさん、そんな痛《いた》みをかんじたことある？」

「うーん、そりゃどうも、経験《けいけん》がないようだな。」

「あたしは、なんべんあったかわからない——たとえようもないくらい美《うつく》しいものを見《み》るたんびに。でも、あんなところは、〈並《な》み木道《きみち》〉なんてよんではだめだわ。そんな名《な》まえは無意味《むいみ》よ。ほんとうは——まって——そうだ、〈よろこびの白《しろ》い道《みち》〉よ。とてもきもちをあらわした、いい名《な》まえだと思《おも》わない？　あたし、どこかの場所《ばしょ》や人《ひと》の名《な》まえが気《き》にいらないと、いつも新《あたら》しい名《な》まえを想像《そうぞう》でつけるの。孤児院《こじいん》に、ヘッジバー＝ジェンキンスって名《な》の女《おんな》の子《こ》がいたけど、あたし、想像《そうぞう》で〈ロザリア＝デ・ヴィーレ〉って名《な》にしたの。ほかの人《ひと》はあそこを〈並《な》み木道《きみち》〉ってよぶでしょうけど、あたしは、これからいつも、〈よろこびの白《しろ》い道《みち》〉っ

てよぶことにしよう。

ほんとに、あと一キロちょっとで、うちにつくの？　なんだか、うれしくて、かなしいわ。だって、いままで馬車《ばしゃ》にのってきたのが、とってもたのしかったから。たのしいことがおわるときって、いつもかなしくなるの。これから、もっとたのしいことがあるのかもしれないけど、それはわからないでしょ。たのしくならないことのほうがおおいし。いままでの経験《けいけん》ではね。

でも、うちにつくのかと思《おも》うと、うれしいわ。あたしには、ほんとうのうちってなかったでしょ。これからほんとうのうちへいくんだと思《おも》うと、また、あのきもちのいい痛《いた》みをかんじるわ。あら、きれいじゃない！」

馬車《ばしゃ》は、丘《おか》のいただきをこえた。真下《ました》に、まるで川《かわ》のように、長《なが》くうねった池《いけ》が見《み》えた。まんなかのところに橋《はし》がかかっており、下手《しもて》の池《いけ》のはじに、こはく色《いろ》の砂丘《さきゅう》の帯《おび》がのびていて、あい一色《しょく》の入《い》り江《え》をむこうにうかばせていた。池《いけ》の水《みず》は、さまざまな夕《ゆう》ばえの色《いろ》にかがやいていた。――すずしげなクロッカスや、バラの花《はな》かげ、風《かぜ》のなかにゆらぐ緑《みどり》、そのほか、とらえようもなく、いいあらわしようもない、さまざまな光《ひかり》とかげ――。

橋《はし》の上手《かみて》は、モミとカエデのなかにかくれて、ゆれうごく木々《きぎ》のか

げを、暗《くら》く透明《とうめい》にうつしていた。そこには、野生《やせい》のスモモが、じぶんの姿《すがた》をうつしてみる白衣《はくい》の少女《しょうじょ》のように、身《み》をのりだしていた。いちばん上手《かみて》にある湿原《しつげん》からは、すんだ、哀調《あいちょう》をおびたカエルのコーラスがきこえていた。

ゆくての斜面《しゃめん》には、白《しろ》い花《はな》ざかりのリンゴ園《えん》が見《み》え、一軒《いっけん》の、小《ちい》さな灰色《はいいろ》の家《いえ》がのぞいていた。まだ、すっかりくれたわけではなかったが、その家《いえ》の窓《まど》のひとつから、光《ひかり》がもれていた。

「あれは、バリーの池《いけ》だよ。」と、マシュウがいった。

「あら、その名《な》まえもすきになれないわ。あたしなら――ええと――〈きらめく湖《みずうみ》〉にするわ。そう、これがほんとうの名《な》まえよ。からだがぞくぞくってするから、わかるの。ぴったりの名《な》まえを思《おも》いつくと、あたし、ぞくぞくするのよ。そんなこと、ある?」

マシュウは、かんがえてみた。

「そうだな、あるな。キュウリの苗床《なえどこ》をほりかえすとでてくる、あのけったいな白《しろ》いウジ虫《むし》な。あれを見《み》ると、まあ、ぞくっとくるな。あのかっこうがいやだね、わしは。」

「あ、それは、おなじぞくぞくっ、じゃないと思《おも》うけど。おなじだと思《おも》う?

ウジ虫《むし》と〈きらめく湖《みずうみ》〉とじゃ、あんまり関係《かんけい》ないんじゃない？　でも、みんな、どうして〈バリーの池《いけ》〉っていうの？」

「バリーさんがあそこの家《いえ》にすんでるからだろうな。オーチャード・スロープ（サクランボの果樹園《かじゅえん》の斜面《しゃめん》という意味《いみ》）ちゅうのが、あの家《いえ》の名《な》まえだよ。あそこのうしろのでかい林《はやし》がなけりゃ、ここからグリーン・ゲイブルズが見《み》えるんだが、橋《はし》をわたって、道《みち》をぐるうっとまわってかなきゃならんから、まだ一キロ近《ちか》くはあるな。」

「バリーさんとこには、小《ちい》さい女《おんな》の子《こ》いる？　そうね、そんなに小《ちい》さくなくて――あたしぐらいの？」

「十一ぐらいの子《こ》がひとりな。ダイアナっていうのがな。」

「まあ！」と、彼女《かのじょ》はふかく息《いき》をすって、「とってもすてきな名《な》まえだわ！」

「そうかい。わしにゃ、どうも。なんか、えらく不信心《ふしんじん》なところのある名《な》まえに思《おも》えるが。ジェインとかメアリとか、そんなふうなおっとりした名《な》まえのほうがいいな。ダイアナが生《う》まれたときに、ちょうど学校《がっこう》の先生《せんせい》がひとり下宿《げしゅく》しておって、名《な》をつけてもらったそうだがな。」

「そんなら、あたしが生《う》まれたときにも、そんな学校《がっこう》の先生《せんせい》がいたらよかったのに。

あら、橋《はし》のとこにきた。あたし、ぴったりと目《め》をつぶるわよ。いつも、橋《はし》をわたるときこわいの。ちょうどまんなかのところへきたとき、橋《はし》がジャックナイフのようにバサッと折《お》れて、じぶんがはさまれてしまいそうな気《き》がどうしてもするの。だからあたし目《め》をつぶるのよ。でも、いつもまんなかへんだなと思《おも》うと、どうしても目《め》をあけてしまうの。だって、橋《はし》がほんとうにバサッと折《お》れるんだったら、折《お》れるところを見《み》たいんだもの。わあ、すごくガラガラいうわね。あたし、車《くるま》のガラガラいう音《おと》すき。いつも、いいなって思《おも》うわ。いいなって思《おも》うものが、たくさんあるなんて、すてきでしょ？

ほら、わたっちゃった。さ、ふりかえってみよう。おやすみ、〈きらめく湖《みずうみ》〉さん。あたし、いつも、人《ひと》にいうみたいに、だいすきなものに、おやすみっていうのよ。むこうもうれしいらしいのよ。ほら、あの池《いけ》の水《みず》が、あたしに、にこにこしてるみたいだわ。」

つぎの丘《おか》をのぼりきって、かどをまがったとき、マシュウがいった。

「さて、じきにもう、うちだ。そら、あれがグリーン・ゲイブルズだ。むこうの——」

「ああ、まって、あたしにいわせて。」

少女《しょうじょ》は、息《いき》をはずませて、マシュウをさえぎり、はんぶんもちあげたかれの手《て》をおさえて、ゆびさすほうを見《み》ないように、目《め》をとじた。

「あてさせて。きっと、ぴったりあててみせるから。」

女の子《おんなのこ》は目《め》をあけて、あたりを見《み》まわした。馬車《ばしゃ》は丘《おか》のいただきにきていた。日《ひ》はすこしまえにしずんで

いたが、やわらかなたそがれの光《ひかり》のなかに、まわりのけしきはうかびあがっていた。

西《にし》のほうには、教会《きょうかい》のとがった塔《とう》のシルエットが、キンセンカ色《いろ》の空《そら》のこちらに、くっきりと、立《た》っていた。すぐ下《した》は谷《たに》、そしてむこうがわは、長《なが》いなだらかな農場《のうじょう》で、あちこちに、のどかな農家《のうか》のたたずまいが見《み》えた。

子《こ》どもは熱心《ねっしん》に、家《いえ》から家《いえ》へと目《め》をうつしては、くいいるように、ながめいった。その目《め》がついに、左《ひだり》ての、街道《かいどう》からずっとひっこんだところにすいよせられた。夕《ゆう》やみの森《もり》をぽっとあかるませる白《しろ》い花《はな》の木《き》につつまれた一軒《けん》の家《いえ》に。そのむこうの、すみきった南西《なんせい》の空《そら》には、大《おお》きな、水晶《すいしょう》のような星《ほし》が、まるで、信《しん》じられる道案内《みちあんない》の灯《ひ》のように、かがやいていた。

「あすこ、そうでしょ？」

少女《しょうじょ》は、ゆびさして、いった。

マシュウは、うれしくなって、くり毛《げ》の馬《うま》の背《せ》を、手綱《たづな》でピシャリとうった。

「そうだ、あたったぞ！　だが、スペンサーのおくさんにきいてきたんでわかるんじゃないのかい。」

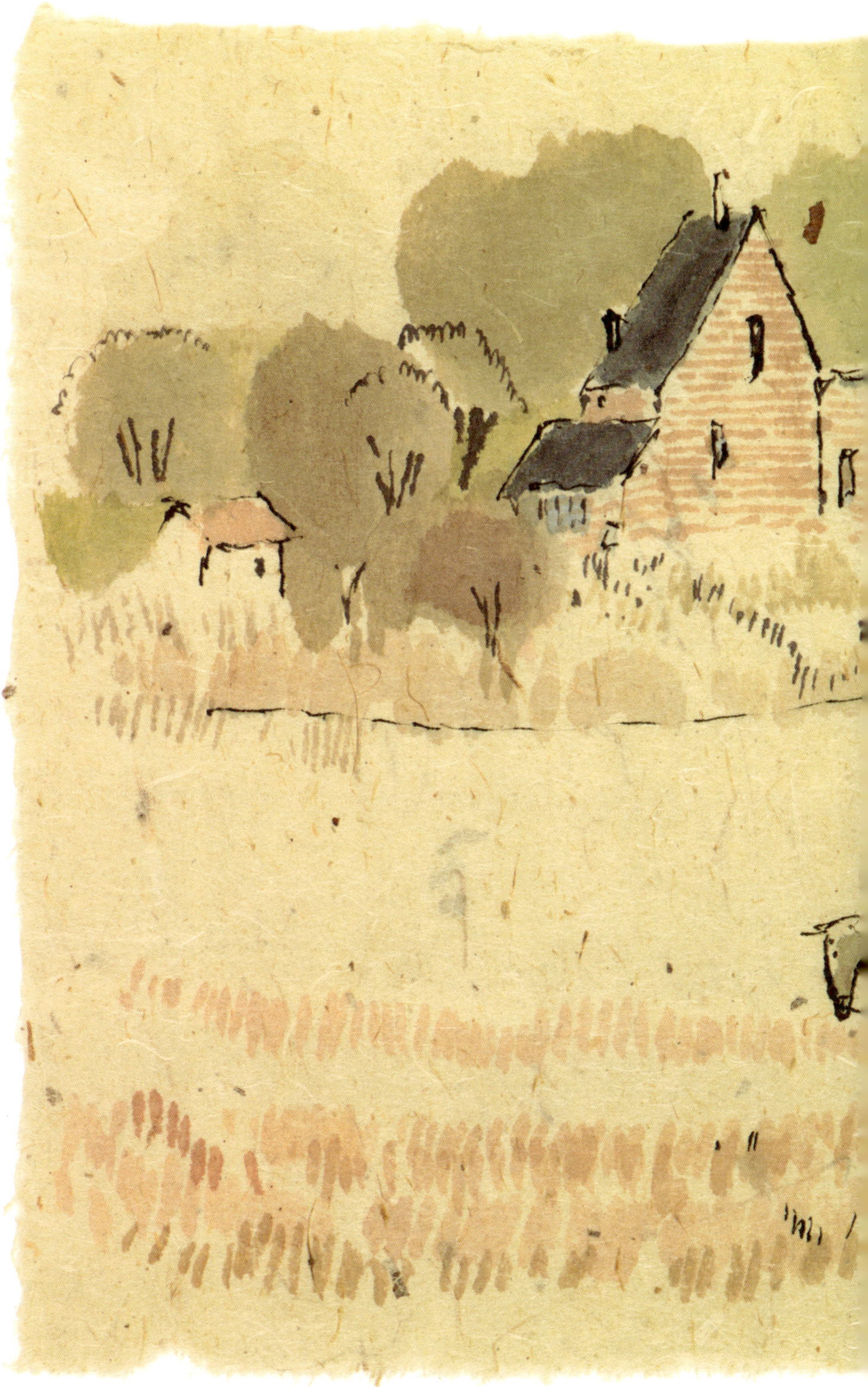

「いいえ、ちがうわ――。おくさんが話《はな》してくれたことは、どこの家《いえ》にだってあてはまるようなことばかりだったのよ。だから、どんなものか、ほんとに知《し》らなかったの。あの家《いえ》を見《み》たとたんに、これが『うち』だって、かんじたのよ。

ああ、どうしても、夢《ゆめ》をみてるみたいだわ。あのね、わかるかしら？　あたしの腕《うで》は、ひじから上《うえ》はあざだらけにちがいないのよ！　だって、いままで、なんべんじぶんでつねったかしれないんですもの。なんだかこわいような、不安《ふあん》な感《かん》じがしてきて、なにもかも夢《ゆめ》じゃないかって思《おも》ったの。そんなとき、ほんとかどうか、たしかめるためにつねってみたのよ――そのうち、きゅうに、夢《ゆめ》だっていい、夢《ゆめ》ならできるだけ長《なが》いことみていたいと、思《おも》いだしたの。それでつねるのはやめたのよ。でも、ほんとうだったんだ。もうじきうちにつくんだわ。」

少女《しょうじょ》は、あふれでるように、よろこびのためいきをついて、まただまりこんでしまった。

マシュウは、不安《ふあん》になって、もぞもぞとからだをうごかした。このきのどくな家《いえ》なし子《ご》が、これほど思《おも》いこがれている家《いえ》が、やっぱりおまえの家《いえ》にはならないのだ、と話《はな》してきかせるのがマリラであって、じぶんのやくめではないことを、ありがたいと思《おも》った。

馬車《ばしゃ》はリンドのくぼ地《ち》を通過《つうか》した。もうすっかり暗《くら》くなっていたが、レイチェル夫人《ふじん》は、ふたりのとおりすぎるのを、窓《まど》からちゃんと見《み》ていた。

それから丘《おか》をのぼり、グリーン・ゲイブルズにむかう長《なが》い小道《こみち》にはいった。

家《いえ》につくころには、マシュウは、いよいよなにもかもわかってしまうときがちかづいたのだと思《おも》うと、ただもう、おそろしくなるばかりだった。かれの頭《あたま》にあるのは、マリラのことでも、じぶんのことでもなければ、このいきちがいによるめんどうなことでもなく、ただ、この子《こ》がどんなにがっかりするだろうか、ということであった。

少女《しょうじょ》の目《め》から、あのよろこびのかがやきがきえうせることを思《おも》うと、これからなにかを殺《ころ》すてつだいでもするような、なんともいやな感《かん》じがした。——小牛《こうし》だとか、小《こ》ヒツジだとか、そのほか罪《つみ》のない小動物《しょうどうぶつ》を殺《ころ》さねばならないときとおなじようなきぶんである。

ふたりが到着《とうちゃく》したとき、裏庭《うらにわ》はもうまっくらだった。ポプラの葉《は》がサラサラとなっていた。

「ほら、木《き》がねむりながら話《はな》している。」マシュウがかかえておろしてやるとき、女《おんな》の子《こ》はささやいた。「きっとすてきな夢《ゆめ》をみてるにきまっているわ。」

それから、じぶんの「全財産《ぜんざいさん》」のはいったじゅうたんカバンをしっかりにぎると、マシュウのあとについて、家《いえ》のなかにはいっていった。

三　マリラ＝カスバートおどろく

マシュウがドアをあけると、マリラはいそいそとした足《あし》どりで、でてきた。ところが、きゅうくつな、みっともない服《ふく》を着《き》た、赤毛《あかげ》のおさげのいっぷうかわった少女《しょうじょ》が、はればれと目《め》をかがやかせているのを目《め》にすると、ぎょっとして、たちどまった。

「にいさん、だれ、この子《こ》は？」マリラは、おもわずさけんだ。「男《おとこ》の子《こ》は、どこにいるんですね？」

「男《おとこ》の子《こ》なんぞいないんだよ。」なんともしおれかえって、マシュウはいうと、子《こ》どものほうを見《み》やった。「この女《おんな》の子《こ》しかいなかったんだよ。」

「男《おとこ》の子《こ》はいなかったですと！　男《おとこ》の子《こ》はいたはずですよ。」マリラは、いいはった。「男《おとこ》の子《こ》をよこしてくださいって、スペンサーのおくさんに、ことづけしたんじゃないですか。」

「そうだがね、ところが、おくさんは、この子《こ》をつれてみえたんだよ。駅長《えきちょう》にもきいてみたんだがね。けっきょく、この子《こ》を、うちへつれてかえらにゃならんことになったんだ。どんなてちがいがあったにせよ、この子《こ》を駅《えき》にほってくるわけにはいかんだろうが。」

「なんとまあ、こんなあきれたことって！」

マリラは、はきだすようにいった。

このふたりのことばのやりとりを、目《め》で追《お》いながら、子《こ》どもはだまってきいていた。その顔《かお》からは、まったく、いきいきとした光《ひかり》はきえうせていた。

とつぜん、女《おんな》の子《こ》は、いったいなにがどうしたのか、すっかりわかったようすだった。ぽとりと、だいじなじゅうたんカバンをとりおとすと、すっと一歩《いっぽ》まえへでて、両手《りょうて》をくみあわせ、

「あたしなんかほしくないんでしょ！」と、さけんだ。「男《おとこ》の子《こ》じゃないんで、ほしくないのね！　どうせこうなるにきまってたのに。あたしをほしがっている人《ひと》なんて、ずっとなかったんだもの。あんなになにもかもすばらしいなんて、夢《ゆめ》にきまってたんだわ。ほんとにあたしをまってくれる人《ひと》なんて、かんがえられないんだわ。ああ、どうしたらいいんだろう？　泣《な》きたくなってきた！」

ほんとうに、女《おんな》の子《こ》は、わっと泣《な》きだした。テーブルのわきのいすにすわりこみ、両腕《りょううで》をなげだし、そのなかに顔《かお》をうずめて、はげしく泣《な》きじゃくった。

マリラとマシュウは、とほうにくれて、ストーブごしに、顔《かお》を見《み》あわせた。ふたりとも、どういっていいのか、どうしたらいいのか、わからなかった。とうとう、マリラが、なんとかなだめにかかった。

「さあ、さ、そう泣《な》くほどのこともないんだよ。」

「ありますってば！」

子《こ》どもは、きゅうに顔《かお》をあげた。顔《かお》は涙《なみだ》によごれ、くちびるはふるえていた。

「おばさんだって、きっと泣《な》くわよ。もし、じぶんがみなしごで、やっとじぶんのうちができたと思《おも》ってきたら、男《おとこ》の子《こ》じゃないから、いらない、なんていわれたら、泣《な》きますってば。ああ、これは、あたしの身《み》におきた、いちばん悲劇的《ひげきてき》なできごとだわ！」

ふっと、口《くち》もとにのぼってきた微笑《びしょう》が、マリラのにがりきった顔《かお》を、やわらかくかすめた。長《なが》いあいだわすれていて、さびついたような微笑が。

「まあ、そう泣《な》かなくてもいい。今夜《こんや》追《お》いかえすようなまねはしないからね。どうしてこんなことになったのかわかるまでは、いてもらわなくちゃならないから。名《な》まえはなんていうの？」

子《こ》どもは、ちょっとためらってから、

「あたし、コーデリアってよんでくれませんか？」と、熱心《ねっしん》にいった。

「コーデリアってよぶんだって！　それがあんたの名《な》まえ？」「いいえ、あたしの名《な》まえだとは、いいきれないけど、そうよんでもらいたいんです。とっても優美《ゆうび》な名《な》まえなんですもの。」

「わかんないね、どういうつもりなんだか。コーデリアというんでなければ、なんて名《な》なのよ？」

「アン＝シャーリイ。」しぶしぶ、子《こ》どもはじぶんの名《な》をくちごもった。「でも、ねえ、コーデリアってよんでください。どうせここにはちょっとしかいないんだから、なんてよんだって、たいしたことないでしょ？　それに、アンなんて、すてきじゃないんですもの。」

「すてきじゃないだって？　ばかばかしい！」いっこうに耳《みみ》をかさず、マリラはいった。「アンというのは、ちゃんとした、気《き》どらない、いい名《な》まえです。なにもはずかしがることはありませんよ。」

「あら、はずかしがってるんじゃないわ。」アンは、強《つよ》くいった。「ただ、コーデリアのほうがずっとすきなの。まえから、じぶんの名《な》はコーデリアだって、想像《そうぞう》してきたのよ――このごろはずうっとよ。小《ちい》さいころは、ジェラルディンっていう名《な》まえのつもりだったけど。でも、アンてよぶんだったら、〝e〟をつけて〝An ne〟ってよんでください、おねがい。」

「名《な》まえのつづりがどうだって、べつにかわりはないじゃないの？」

マリラは、ティーポットをとりあげながらきいたが、またあのさびついたような微笑《びしょう》を、ほおにうかべた。

「あら、ぜんぜんちがうわ。ずうっとすてきに思《おも》えるわ。ある名《な》まえを口《くち》にすると、写真《しゃしん》にとったみたいに、その名《な》まえが目《め》にうかばない？　あたしはそうなの。〝Ａｎｎ〟は、すごくいやな感《かん》じだけど、〝Ａｎｎｅ〟だと、ずっと気高《けだか》い感《かん》じになるわ。もし、〝ｅ〟つきで、〝Ａｎｎｅ〟てよんでくださるのなら、コーデリアでなくとも、がまんするわ。」

「いいでしょう、それじゃあ、〝ｅ〟の字《じ》つきのアンさん、なぜこんなまちがいがおこったのか、おしえてくれませんかね？　わたしらは、男《おとこ》の子《こ》をつれてきてくださいって、スペンサーのおくさんにことづけたんだけど、孤児院《こじいん》には、男《おとこ》の子《こ》がいなかったのかい？」

「いいえ、いっぱいいいたわ。でも、スペンサーさんは、あなたがたが、十一才《さい》ぐらいの女《おんな》の子《こ》をほしがってるって、はっきり、いったのよ。それで、寮母《りょうぼ》さんが、あたしがいいだろうと、いったのよ。どんなにあたしがうれしかったか、わからないでしょうね。まえの晩《ばん》は、うれしくって、ぜんぜんねむれなかったもの。」と、こんどはマシュウのほうをむいて、うらむように、ことばをつづけた。

「あたしをほしくないってこと、なぜ、いってくれなかったの？　そして、駅《えき》にほったらかしといてくれなかったの？

〈よろこびの白《しろ》い道《みち》〉や〈きらめく湖《みずうみ》〉を見《み》るまえだったら、こんなにつらくならずにすんだのに。」

「なにを、わけのわからないことを？」

マリラは、マシュウのほうをみつめて、たずねた。

「この子《こ》は、つまり――道中《どうちゅう》ふたりでしゃべってきたことをいっとるんだよ。」マシュウは、いそいでこたえた。「馬《うま》をうまやにいれてくるからな、マリラ。もどってきたらお茶《ちゃ》にしておくれ。」

「スペンサーのおくさんは、あんたのほかに、だれかつれてきたの？」

マシュウがいってしまうと、マリラはつづけた。

「リリー＝ジョーンズを、ごじぶんのうちへつれてったわ。リリーは、まだ五つだけど、とっても美人《びじん》なの。髪《かみ》はくり色《いろ》よ。もしあたしがきれいな子《こ》で、くり色《いろ》の髪《かみ》をしてたら、おばさんおいてくださる？」

「いいえ、うちでほしいのは、マシュウの畑仕事《はたけしごと》をてつだってくれる男《おとこ》の子《こ》よ。女《おんな》の子《こ》では、わたしらのところでは、やくにたたないもの。帽子《ぼうし》をとりなさい。カバンといっしょに広間《ひろま》のテーブルの上《うえ》においてくるから。」

アンは、おとなしく帽子《ぼうし》をぬいだ。やがてマシュウがもどってきて、三人《にん》は夕食《ゆうしょく》をはじめた。

しかし、アンはたべられなかった。バターパンをすこしかじってみたり、小《ちい》さい貝《かい》がら形《がた》のガラスざらに盛《も》った野《の》リンゴの砂糖《さとう》づけを、すこしつついたりしたが、それもやっとだった。どうしても、はかどらないのだった。

「なにもたべてないじゃないの。」

マリラが、まるでたいへんなあやまちをしかるみたいに、アンを見《み》すえて、きびしい声《こえ》でいった。

アンは、ためいきをついて、

「たべられないの。あたしは、いま、絶望《ぜつぼう》のどん底《ぞこ》にいるのよ。絶望《ぜつぼう》のどん底《ぞこ》にいても、おばさんは、ごはんがたべられる？」

「知《し》りませんね。わたしゃ、絶望《ぜつぼう》のどん底《ぞこ》になんかいたことがないから。」

マリラはこたえた。

「ないの？　それじゃ、絶望《ぜつぼう》のどん底《ぞこ》にいるときのこと、想像《そうぞう》してみたことはある？」

「ありませんね。」

「じゃ、どんなものか、わからないと思《おも》うわ。とってもいやなきもちなのよ。たべようとすると、のどのところになにかかたまりみたいなものがあがってきて、なにものみこめなくなるの。チョコレートやキャラメルでもよ。二年《ねん》まえに、一回《かい》、チョコレートやキャラメルをたべたことあるけど、ほんとにおいしかったわ。それからはよく、チョコレートやキャラメルがいっぱいある夢《ゆめ》をみたけど、たべようとすると、いつも、目《め》がさめちゃうの。あたしがたべられなくっても、おこらないでくださる？　どれも口《くち》にはおいしいけれど、やっぱり、たべられないの。」

「この子《こ》は、つかれとるんじゃないかな。」マシュウが、納屋《なや》からもどってきてからはじめて、口《くち》をきいた。

「ねかすのがいちばんだよ、マリラ。」

マリラは、アンをどこにねかしたものかと、さっきからかんがえていた。まっていた男《おとこ》の子《こ》のために、台所《だいどころ》のよこの小《こ》べやに寝《ね》いすを用意《ようい》しておいたのだが、いくらさっぱりしておいたにしても、女《おんな》の子《こ》をねかせるへやとはいえないようだった。といって、お客用《きゃくよう》のへやに、こんなみなしごをねかせることは、問題外《もんだいがい》だし、けっきょく、東《ひがし》の破風窓《はふまど》のへやしかない、ということになった。

ろうそくに灯《ひ》をつけて、マリラが、きなさいというと、アンは、しょんぼりとついてきた。広間《ひろま》をとおるとき、テーブルの上《うえ》から、帽子《ぼうし》とじゅうたんカバンをもってきた。

広間《ひろま》は、寒《さむ》ざむとするほど清潔《せいけつ》だったが、東《ひがし》のへやにきてみると、それ以上《いじょう》にきちんとしていた。

マリラは、ろうそくを、三本足《ぼんあし》の三角《さんかく》テーブルの上《うえ》におくと、ベッドの用意《ようい》をした。

「ねまきはもってるだろうね？」

マリラがきくと、アンは、うなずいた。

「ええ、二つ。孤児院《こじぃん》の寮母《りょうぼ》さんがつくってくれたの。二つとも、きっちきちよ。孤児院《こじぃん》では、みんなにゆきわたらせようとすると、たいへんだから、なんでも、そうなの。あたしたちのとこみたいな、びんぼうな孤児院《こじぃん》ではね。

あたし、きゅうくつなねまき、だいきらい。でも、そんなねまきでも、えりのとこにかざりがついた、長《なが》いきれいなねまきでねても、おなじ夢《ゆめ》がみられると思《おも》うと、すこしはほっとするのよ。」

「さあ、さっさと服《ふく》をぬいで、ねどこにはいりなさい。二、三分《ぷん》したら、ろうそくの灯《ひ》をけしにもどってきますからね。あんたにけしてもらうわけにゃいきませんよ。火事《かじ》でもおこされたらたいへんだからね。」

マリラがいってしまうと、アンは、もの思《おも》わしげにまわりを見《み》まわした。

つめたいかべは、いたいたしいほどになんのかざりもなくただ白《しろ》く、そのむきだしの白《しろ》さにくるしんでいるように思《おも》われた。床《ゆか》もまた、ちりひとつない。アンがまえに見《み》たことがあるような、まるい、あんだ敷《し》きものがあるだけだった。

いっぽうのすみには、黒《くろ》ずんだ、四本《ほん》の支柱《しちゅう》のついただけのかんたんなつくりの、腰《こし》の高《たか》い、時代物《じだいもの》のベッドがおいてあった。もういっぽうのすみには、さっきの三角《さんかく》テーブルがあり、こちこちにふくらんだ、赤《あか》いビロードの針山《はりやま》がのっていた。それは、どんなにむてっぽうな針《はり》でも、さきがまがってしまいそうだった。その上《うえ》に、幅《はば》十五センチ長《なが》さ二十センチの小《ちい》さな鏡《かがみ》がかかっていた。

三角《さんかく》テーブルとベッドのあいだに窓《まど》があり、氷《こおり》のように白《しろ》いモスリンのひだかざりがついていた。反対《はんたい》がわには洗面台《せんめんだい》があった。

へやぜんたいは、とてもことばであらわせないほど、つめたくきびしい感《かん》じがして、アンは、骨《ほね》のずいまでこおりつく思《おも》いがした。

すすり泣《な》きながら、服《ふく》をぬぎすて、きちきちのねまきを着《き》て、ベッドにとびこむと、まくらに顔《かお》をうずめ、ふとんを頭《あたま》からひっかぶった。

マリラがろうそくの灯《ひ》をけしにあがってくると、寸《すん》づまりの服《ふく》やなにやらが、床《ゆか》の上《うえ》にあちらこちらなげちらかしてあって、ベッドのすさまじいようすから、アンがそこにねていることがやっとわかった。

マリラは、アンの服《ふく》をひとつひとつひろいあげては、そっけない黄色《きいろ》のいすにきちんとそろえてのせ、ろうそくをとりあげて、ベッドのところへいった。

「よく、おやすみ。」

マリラは、すこし気《き》まずそうな、でもどことなくやさしみをふくんだ声《こえ》で、いった。

とたんに、アンの白《しろ》い顔《かお》と、大《おお》きな目《め》が、ふとんのなかから、ぱっとのぞいた。

「どうして、よくおやすみ、なんていうの？　あたしの生涯《しょうがい》でいちばんつらい夜《よる》なのに。」

そう、責《せ》めるようにいったかとおもうと、また、すぐにふとんのなかにもぐってしまった。

マリラは、ゆっくり台所《だいどころ》へおりていき、それから夕食《ゆうしょく》のあとしまつにかかった。マシュウはタバコをふかしていた――たしかに、かれは心《こころ》をみだしているのだ。マリラが、不潔《ふけつ》な習慣《しゅうかん》だといって反対《はんたい》するので、マシュウはめったにタバコをふかさなかった。たまにかれが、どうしてもタバコをすいたくなることがあっても、そういうときは、なにかきもちがもやもやしているのだろうと思《おも》って、大目《おおめ》に見《み》ていた。

「やれやれ、とんだおおごとになったもんだ。」マリラは、はらがたってならないといった調子《ちょうし》だった。「こうなったのも、じぶんたちでいかないで、人《ひと》にことづてをたのんだばちだね。スペンサーのとこの衆《しゅう》が、ことづてをどこかでまちがえちまったのよ。わたしらのどちらかが、あす、スペンサーのおくさんとこへ、あいにいかなくちゃね。あの子《こ》を、孤児院《こじいん》にかえさなくちゃなりませんからね。」

「うむ、そうせにゃならんということだ。」

マシュウは、うれしくなさそうなくちぶりだった。

「そうせにゃならんですって？　にいさん、いったいどういう気《き》ですか？」

「そうだな、あの子《こ》は、じっさい、いい子《こ》だがな、マリラ。ここにいたがってるものを、おくりかえすのは、どうにもひどすぎるような気《き》がするわい。」

「にいさん、あんた、もしや、あの子《こ》をひきとれっていうんじゃないでしょうね！」

マシュウがさかだちがしたいといいだしても、マリラは、これほどはおどろかなかっただろう。

「そうさな、はっきりそうとはいえんが。」マシュウはすっかり窮地《きゅうち》に追《お》いつめられ、くちごもった。「いってみりゃ、わしらのとこにあの子《こ》をおいとくわけにゃいくまいな。」

「おいとけませんとも。あの子《こ》が、ここでなんのやくにたつと思《おも》うんです？」

「わしらのほうで、なんかあの子《こ》のやくにたつかもしれんと思《おも》うが。」

とつぜん、マシュウは、おもいがけないことをいいだした。

「にいさん、あんた、あの子《こ》に魔法《まほう》をかけられたんだね！　にいさんがあの子《こ》をおきたがってるってことは、その顔《かお》つき見《み》りゃわかりますがね。」

「そうだな、あの子《こ》は、どうしておもしろい子《こ》だよ。」マシュウはまだつづけた。「停車場《ていしゃば》からくる道中《どうちゅう》の話《はな》しぶりを、きかせたいもんだったよ。」

「ええ、ええ、たいしたしゃべりようですよ。ひと目《め》でそのことはわかりましたとも。すこしもたしにゃならない。よくしゃべる子《こ》って、わたしはすきませんね。みょうなところはあるし、親《おや》なしの女《おんな》の子《こ》がほしいわけじゃなし、好《この》みにもあいませんしね。そうですとも、あの子《こ》は、きたところにまっすぐおくりかえさなけりゃ。」

「わしのてつだいなら、フランス小僧《こぞう》をやとえばいいさ。」と、マシュウがいった。「あの子《こ》は、おまえさんの話《はな》しあいてにになろうが。」

「話《はな》しあいてなんかにこまってませんよ。あの子《こ》をおいとく気《き》はないんだから。」

マリラは、そっけなくいった。

「うむ、まあ、とうぜん、おまえのいうとおりだろう、マリラ。」マシュウは、立《た》ちあがり、パイプをしまった。「じゃ、わしはねるよ。」

そういって、マシュウはねどこのほうにひきあげ、マリラも、さらあらいをすますと、しかめたまゆをよけいしかめながら、ねどこにはいった。

二階《かい》の、東《ひがし》の破風窓《はふまど》のへやでは、みよりのないひとりぽっちの、愛《あい》にうえた子《こ》どもが、泣《な》きつかれてねむっていた。

四　グリーン・ゲイブルズの朝《あさ》

アンが目《め》をさましたときには、もうすっかり朝《あさ》になっていた。ベッドの上《うえ》に、アンはおきあがり、なにかわけがわからず、明《あか》るい日《ひ》の光《ひかり》があふれるようにさしこんでくる窓《まど》を、みつめていた。そとには、白《しろ》い、羽《はね》みたいなものが、ちらちらと青空《あおぞら》をのぞかせて、ゆれていた。

いっしゅん、アンは、じぶんがいまどこにいるのか、思《おも》いだせなかった。まず、なにかすばらしいものが心《こころ》をかすめるようなよろこびをかんじた。そのすぐあとで、なにもかも思《おも》いだして、いやなきもちになってしまった。

ここはグリーン・ゲイブルズで、じぶんは男《おとこ》の子《こ》ではないから、ここにおいてもらえないんだ！

でも、いまは朝《あさ》だった。そして、窓《まど》のそとでは、サクラの花《はな》がさきほこっていた。アンは、ぴょんとベッドからとびだすと、窓《まど》ぎわへいった。窓《まど》をおしあけると——まるで長《なが》いことあけたことがなかったみたいに、ギイーッときしんでからひらいた。さびついていたらしく、おさえていなくてもひらいたままになっていた。

アンは、ひざをつき、目《め》をかがやかせて、六月《がつ》の朝《あさ》の光《ひかり》にみとれていた。なんてきれいだろう！　なんてすてきなところだろう！　こんないいところなのに、おいてもらえないなんて！　でも、いられることにしておこう。ここは、想像《そうぞう》する心《こころ》をうけいれてくれる。

すぐそとには、大《おお》きなサクラの木《き》があって、葉《は》をかくすほどさきあふれた花《はな》の枝《えだ》は、家《いえ》にふれんばかりだっ

た。家《いえ》の両《りょう》がわは、リンゴ園《えん》と桜桃園《おうとうえん》で、どちらもまた花《はな》ざかりであった。まえの庭《にわ》からは、むらさきの花《はな》をさかせたライラックのむせるようなあまいかおりが、朝《あさ》の風《かぜ》にのって、この窓《まど》べへただよってきた。

庭《にわ》のむこうの、青《あお》あおとしたクローバーの斜面《しゃめん》をくだると、くぼ地《ち》がある。小川《おがわ》がながれ、シダやコケや、そのほかの草《くさ》のはえしげる下《した》ばえのなかから、すっとうきたつように無数《むすう》のシラカバの木《き》がたちならんでいた。

そのむこうの丘《おか》は、エゾマツやモミで、羽毛《うもう》のようにやわらかな線《せん》につつまれ、木立《こだ》ちの切《き》れめには、きのう〈きらめく湖《みずうみ》〉のむこうから見《み》えた、小《ちい》さな家《いえ》の灰色《はいいろ》のひさしが、頭《あたま》をのぞかせていた。左《ひだり》てのすみには大《おお》きな納屋《なや》があり、そのむこうの草原《そうげん》の斜面《しゃめん》をずうっとくだっていくと、まぶしい紺青《こんじょう》の海《うみ》がのぞまれた。

あたりの美《うつく》しさに心《こころ》をすいよせられ、目《め》をうばわれて、アンはひざまずいていた。かわいそうに、いままで、どれだけつまらないものばかり見《み》てくらしてきたことだろう。いま目《め》のまえに見《み》る光景《こうけい》は、夢《ゆめ》の世界《せかい》そのままであった。

アンは、そのままなにもかもわすれて、ながめいっていたが、だれかの手《て》を肩《かた》にかんじて、はっとわれにかえった。あまり夢《ゆめ》みごこちになっていたの

で、マリラがへやにはいってきたのに、気《き》がつかなかった。

「まだ服《ふく》を着《き》てないようだね。」

マリラは、ぶっきらぼうにいった。

マリラは、この娘《むすめ》にどう話《はな》しかけていいのかわからなかったので、なにかおちつかないきもちで、つい、そっけない、ぶあいそうな調子《ちょうし》になってしまうのだった。

アンは立《た》ちあがり、ふかく息《いき》をすいこんだ。

「ねえ、すばらしいと思《おも》わない？」

そういって、窓《まど》のそとの美《うつく》しさを手《て》でしめした。

「そう、大《おお》きな木《き》だけどね。」と、マリラはいった。「花《はな》はたっぷりだけど、まず実《み》がたんとなることはないのさ――小粒《こつぶ》だし、虫《むし》はつくし。」

「あら、あの木《き》のことだけじゃないのよ。そりゃ、あの木《き》もきれいよ――そうね、目《め》もくらむくらいきれいよ――まるで人《ひと》をくらくらさせるためにさいてるみたい――でも、あたしは、ぜんぶのことをいってるの。庭《にわ》も果樹園《かじゅえん》も小川《おがわ》も森《もり》も、この家《いえ》のまわりじゅうぜんぶのことなのよ。

こんな朝《あさ》には、世《よ》の中《なか》ってほんとにすてきだなって思《おも》わない？　それに、小川《おがわ》のわらう声《こえ》がここまできこえてくるし。小川《おがわ》ってとても陽気《ようき》なたちだって、気《き》がついたことある？　いつもわらってるわ、小川《おがわ》は。冬《ふゆ》だって、氷《こおり》の下《した》でわらってるのがきこえるわ。あたし、グリーン・ゲイブルズの近《ちか》くに小川《おがわ》があって、とてもうれしいわ。どうせここにはおいてもらえないんだから、そんなこと、どうでもいいって、おばさんは思《おも》うでしょうけど、あたしはちがうわ。

たとえ二度《ど》と見《み》られなくても、グリーン・ゲイブルズには小川《おがわ》がながれているってことを、いつもおぼえていたいの。もし小川《おがわ》がなかったら、そんなはずはないって気《き》がして、きっとおちつかないと思《おも》うわ。けさは、あたし、絶望《ぜつぼう》なんかしてないわ。朝《あさ》から絶望《ぜつぼう》するなんて、できないもの。朝《あさ》があるって、すばらしいと思《おも》わない？　だけど、やっぱりかなしいわ。いまかんがえていたんだけど、おばさんたちがのぞんでいた人《ひと》は、やっぱりあたしで、ずっとここにいられるんだと、そうかんがえているあいだはたのしかったわ。だけど、この空想《くうそう》をやめなきゃならないときがきて、そのあと苦《くる》しむことを思《おも》うと、とてもいやだわ。」

「そんなことかんがえてないで、はやく着《き》がえて、下《した》におりてきなさい。」マリラは、すきをみて、やっと口《くち》をはさむことができた。「朝《あさ》ごはんができてるよ。顔《かお》をあらって、髪《かみ》をとかしてらっしゃい。窓《まど》はあけたままでいい。ふとんはベッドのすそのほうへたたんでおくんだよ。さあ、はやくおし。」

アンは、なかなかききわけがいいほうだった。十分《ぷん》ほどできちんと服《ふく》を着《き》て、髪《かみ》をとかして編《あ》み、顔《かお》をあらって、下《した》へおりていった。そして、マリラにいわれたことを、ちゃんとやったことにまんぞくしていた。ところが、ふとんをたたむのはわすれてしまっていた。

「けさはとてもおなかがすいたわ。」マリラが用意《ようい》したいすにそっとこしかけながら、アンはいった。「世《よ》の中《なか》って、きのうの夜《よる》みたいに荒《あ》れはてたものではないって気《き》がするわ。けさは、お日《ひ》さまがでていてうれ

71　グリーン・ゲイブルズの朝

しいわ。でも、雨《あめ》のふってる朝《あさ》も、すき。

どんな朝《あさ》でも、朝《あさ》はいいものね？　その日《ひ》のうちになにがおこるかわからないんだもの。だから、いろいろかんがえるのよ。でも、きょうは、雨《あめ》がふらなくてよかったわ。お日《ひ》さまがでてる日《ひ》のほうが、つらいことをがまんしやすいし、元気《げんき》にしていられるの。かなしいことを本《ほん》で読《よ》んだり、その悲《かな》しさにたえて、雄々《おお》しく生《い》きていくことを想像《そうぞう》したりするのは、すばらしいけど、それがほんとうにじぶんにふりかかってくるっていうのは、あまりうれしいことじゃないわ。」

「おねがいだから、だまりなさい。子《こ》どもにしては、あんたはしゃべりすぎますよ。」と、マリラがいった。

アンはいわれたように口《くち》をつぐみ、すっかりだまりこんでしまったので、マリラは、なにかみょうな気《き》になって、おちつかなくなってしまった。マシュウもだまりこんでいた――これはいつものことで、どうということはなかったが――ひどくしずかな食事《しょくじ》となった。

やがてアンは、ますますぼんやりともの思《おも》いにふけり、機械的《きかいてき》にたべ、大《おお》きな目《め》をみはって、うつろに窓《まど》のそとの空《そら》をみすえていた。

マリラは、いよいよおちつかなくなってきた。空想《くうそう》のつばさにのって、はるかな雲《くも》の上《うえ》に心《こころ》がとんでいってしまった、このかわった子《こ》どものからだだけが、テーブルにむかっていると思《おも》うと、マリラは、ふゆかいになってきた。いったいだれが、こんな子《こ》をここにひきとるものか。

もっとふゆかいなことには、マシュウはアンをひきとりたいと思《おも》っているのだ。マリラには、マシュウがゆうべとかわりなく、けさものぞみをすてないでいることが、わかっていた。それが、いつものマシュ

ウのやりかたであった――いちどなにかを思《おも》いこむと、口《くち》にはださないが、いつまでもねばりづよくきもちをかえないたちだった――それは、だまっているために十倍《ばい》もつよく、効果《こうか》があった。

食事《しょくじ》がおわると、アンは空想《くうそう》からぬけだして、食器《しょっき》をあらうと、もうしでた。

「ちゃんとあらえるかい？」

マリラは、うたがわしげに、たずねた。

「わりによくできるわ。子《こ》どもの世話《せわ》のほうがもっとじょうずですけど。ずいぶんやったことがあるの。ここに子《こ》どもがいないなんてざんねんだわ。」

「これ以上《いじょう》、めんどうをみる子《こ》どもがほしいとは、思《おも》わないよ。あんただけでたくさんですよ。まったくどうしたものかね？　マシュウはまったくかわりもんだから。」

「おじさんて、いい人《ひと》だと思《おも》うわ。」アンは、とがめるようにいった。「ほんとうにおもいやりがあるわ。どんなに、あたしがしゃべっても、いやな顔《かお》しないし――あたしのおしゃべりを、すきみたいだわ。おじさんを見《み》たとたんに、あたし、きぶんがあうってわかったの。」

「ふたりともかわっているんだよ。それが、あんたのいう似《に》たものどうしですよ。」はなであしらうように、マリラはいった。「さあ、それでは、さらあらいをしてもいいですよ。お湯《ゆ》をたっぷりつかって、よくかわかしてね。けさはわたし、しなくちゃならないことがたくさんあるからね。午後《ごご》には、ホワイト・サンドへ馬車《ばしゃ》でいって、スペンサーのおくさんにあわなければ。あんたもいっしょにいって、どうしたものかきめるとしよう。あらいおわったら、二階《かい》へいって、ベッドをなおしておきなさい。」

目《め》をひからせてさらあらいを見《み》ていたマリラは、アンが手《て》ぎわよくあらうことを見《み》ぬいた。でも、ベッドのほうはうまくいかなかった。アンは、いままで羽《は》ぶとんととりくんだことはなかったからである。なんとかベッドのしわがなくなると、マリラは、じぶんのじゃまをさせないように、アンに昼食《ちゅうしょく》までそとであそんできてよいといった。

アンは、目《め》をかがやかせ、はればれとした顔《かお》で戸口《とぐち》へとんでいった。しきいまでいくとたちどまり、まわれ右《みぎ》をして、テーブルのそばにもどってきて、こしかけた。だれかがアンに点滅器《てんめつき》をとりつけたかのように、明《あか》るい顔《かお》つきになったかとおもうと、きゅうに暗《くら》い顔《かお》つきになったりしていた。

「こんどはいったいなんなの？」マリラがきいた。

「あたし、そとにいけないわ。」アンは、世《よ》の中《なか》のたのしみをすてさったような口《くち》ぶりでいった。「もし、ここにいられないなら、グリーン・ゲイブルズをすきになっても、しようがないんですもの。もしそとにいって、木《き》や花《はな》や果樹園《かじゅえん》や小川《おがわ》を知《し》ってしまえば、すきになるにきまってるもの。いまでさえつらいのに、これ以上《いじょう》つらくなりたくないわ。そりゃ、とてもそとにいきたいのよ。いろんなものが『アン、アン、そとへでてらっしゃい。アン、アン、いっしょにあそびましょう。』っていってるような気《き》がするの。だけど、やっぱりいかないほうがいいわ。どうせ、わかれわかれにされるなら、すきにならないほうがいいんだわね。そうしなくちゃならないって、とてもつらいことだわね。これからはここにすむんだってかんがえたとき、すごくうれしかったわ。いくらすきになってもだれにもじゃまされないんだって思《おも》ったの。もうそのみじかい夢《ゆめ》もおわったわ。あとはもう運命《うんめい》にまかせるわ。だから、あきらめきれないきもちになるのはいやだ

から、そとへはいかないわ。あの窓《まど》のゼラニウム、なんていうのかおしえてくださる？」

「リンゴのにおいのするゼラニウムですよ。」

「あら、ちがうの。おばさんがつけた名《な》まえをおしえて。名《な》まえつけなかったの？　じゃあ、つけてもいい？　ええと、〈ボニー〉にしよう。ここにいるあいだ、〈ボニー〉ってよんでいいかしら？　おねがい！」

「おやおや。そりゃかまわないがね。だけど、ゼラニウムに名《な》まえなんかをつけて、どうなるのかい？」

「なぜって、あたし、ただのゼラニウムでもよび名《な》があるのがすきなの。そうすると人間《にんげん》みたいですもの。ただのゼラニウムだっていわれたときの、ゼラニウムのきずつけられたきもち、おわかりになる？　おばさんだって、ただの女《おんな》の人《ひと》って、よばれたくないでしょう？　そう、あたし〈ボニー〉ってよぶことにしよう。寝室《しんしつ》の窓《まど》のそとのサクラの木《き》に、けさ、名《な》まえをつけたわ。〈雪《ゆき》の女王《じょおう》〉っていうの。まっしろだったから。いつも花《はな》がさいてるわけじゃないけど、さいているとこを想像《そうぞう》はできるわね。」

「あの子《こ》みたいな子《こ》は、これまで、見《み》たこともない、じっさい。」マリラは、にげだして、地下《ちか》のあなぐらにジャガイモをとりにいった。「マシュウがいうように、あの子《こ》にはあきないね。つぎにどんなことをいいだすか、あたしもかんがえはじめるようなしまつだ。わたしにもじゅもんをかけようとしてるらしい。マシュウはもうかけられてしまったよ。でかけるときにマシュウが見《み》せたそぶりは、ゆうべにおわせたことをくりかえしていたもの。マシュウがほかの男《おとこ》みたいに、口《くち》にだしていってくれるといいんだけど。そうすればこたえたり、説得《せっとく》することもできるのに。ただそぶりをみせるだけの人間《にんげん》を、どうあつかっていいものやら。」

　マリラが地下室《ちかしつ》をひとまわりしてもどってきたとき、アンは、あごを手《て》にのせて、また空想《くうそう》にもどっていた。そこでマリラは、昼食《ちゅうしょく》ができるまでアンをそのままにしておいた。

「マシュウ、きょうの午後《ごご》、馬車《ばしゃ》をつかってもいいですね。」

　マリラがいった。

　マシュウは、うなずきながら、アンをかなしそうに見《み》やった。マリラは、それをおしのけるようにいかめしくいった。「ホワイト・

サンドにいって、このことをちゃんとかたづけてくるつもりですよ。アンもつれていきます。スペンサーさんのおくさんは、アンをすぐにノーバ・スコシアにおくる手《て》はずをしてくださると思《おも》いますよ。お茶《ちゃ》の用意《ようい》はしていきますけど、牛《うし》の乳《ちち》しぼりまでにはかえってきますから。」

それでも、マシュウは口《くち》をひらかなかったので、マリラはしゃべっただけむだをしたような気《き》がした。口《くち》ごたえをしない人《ひと》ほど、はらだたしいものはない。女《おんな》の人《ひと》でもそうだが。

しばらくして、マシュウが、馬車《ばしゃ》にくり毛《げ》の馬《うま》をつけたので、マリラとアンは出発《しゅっぱつ》した。マシュウがあけてやった庭《にわ》の門《もん》を、ふたりでゆっくりとおりすぎたとき、マシュウはだれにともなく話《はな》しかけた。

「クリークのちびのジェリー＝ブオトが、けさきたんで、夏《なつ》やといたいといっておいたよ。」

マリラはなにもこたえずに、馬《うま》にあらあらしくひとむちあてた。かわいそうに、こんなしかたになれていない馬《うま》は、ふんぜんとして、小道《こみち》をものすごいはやさではしりだした。馬車《ばしゃ》がはずんだひょうしに、マリラがふりかえってみると、はらだたしいことには、マシュウが門《もん》によりかかって、かなしげにふたりのほうを見《み》おくっているのが見《み》えた。

五　アンのおいたち

「この遠《とお》のりを、とてもたのしむことにしようときめたの。」と、アンはうちあけるようにいった。「たのしもうって、かたく決心《けっしん》すれば、たいてい、いつもたのしくしていられるっていうこと、知《し》ってるわ。もちろん、ほんとにかたく決心《けっしん》しなくちゃだめよ。遠《とお》のりしてるあいだは、孤児院《こじいん》にもどることはかんがえないことにして、遠《とお》のりのことだけ、かんがえるの。

あら、早咲《はやざ》きの野《の》バラがひとつさいてる、きれいね。バラだったらいいと思《おも》わない？　バラが口《くち》がきけたら、すばらしくいろんなたのしいことを、話《はな》してくれるでしょうね。ピンクって、世《よ》の中《なか》でいちばん魅力《みりょく》のある色《いろ》じゃないかしら？　とてもすきだけど、その色《いろ》、着《き》られないの。赤毛《あかげ》の人《ひと》がピンクの洋服《ようふく》を着《き》るなんて、想像《そうぞう》することもできないわ。おばさん、小《ちい》さいころ赤毛《あかげ》で、年《とし》とってから髪《かみ》の色《いろ》がかわった人《ひと》、だれか知《し》らないかしら？」

「いいえ、知《し》りませんよ。」と、マリラはつっけんどんにいった。「あんただって、そんなことになるとは思《おも》わないね。」

アンは、ためいきをついた。

「それじゃ、またひとつ希望《きぼう》がなくなってしまったわ。あたしの人生《じんせい》って、『ほうむられた希望《きぼう》の墓地《ぼち》』みたいだわ。この文句《もんく》は、まえに本《ほん》で読《よ》んだことがあるの。なにかがっかりしたことがあると、いつもこういっては、じぶんをなぐさめてるの。」

「どうして、なぐさめになるのか、わたしには、わかりませんね。」と、マリラはいった。

「だって、すごくすてきで、ロマンチックにきこえるわ。まるで、小説《しょうせつ》の主人公《しゅじんこう》になったみたいによ。ロマンチックなこと、あたしだいすきなの。『ほうむられた希望《きぼう》の墓地《ぼち》』なんて、いちばんロマンチックだと思《おも》うわ。ひとつでもそれを知《し》っていてうれしいの。きょうは、〈きらめく湖《みずうみ》〉をまわっていくの？」

「あなたがいっているのがバリーの池《いけ》なら、まわりませんよ。海《うみ》べの通《とお》りをいきます。」

「海《うみ》べの通《とお》りって、すてきにきこえるわ。」アンは、うっとりしていった。「そのとおりすてきなのかしら？おばさんが〈海《うみ》べの通《とお》り〉っていったとき、すぐに頭《あたま》のなかにその光景《こうけい》がうかんだわ。ホワイト・サンドもきれいな名《な》まえだけど、アボンリーほどじゃないわ。アボンリーは、なんていってもいい名《な》まえ、音楽《おんがく》みたいにきこえるわ。ホワイト・サンドまで、どれくらいかしら？」

「八キロですよ。あんたは夢中《むちゅう》でしゃべってるようだけど、どうせなら、あんたのいままでのことでも、話《はな》したらどうだね。」

「あら、じぶんのことなんて、話《はな》すほどのことはないわ。」アンは熱心《ねっしん》にいった。「おばさんが、あたしがじぶんについて想像《そうぞう》していることをきいてくださるなら、そのほうがもっとおもしろいと思《おも》うけど。」

「いいえ、あんたの想像《そうぞう》したことなど、もうたくさんですよ。ありのままのことを話《はな》しなさい、はじめからだよ。どこで生《う》まれて、いまはいくつなのかね？」

「このあいだの三月《がつ》で、十一になりました。」アンは、小《ちい》さなためいきをついて、ありのままを話《はな》しはじめた。

「ノーバ・スコシアのボーリングブロークで生《う》まれたの。おとうさんの名《な》まえは、ウォルター＝シャーリイ。ボーリングブロークの高校《こうこう》の先生《せんせい》だったの。おかあさんの名《な》まえは、ベルタ。ウォルターとベルタって、すてきな名《な》まえだわね。ふたりがこんな名《な》まえでうれしいわ。おとうさんの名《な》まえが、たとえば、ジュディアだったら、とてもいやだわ。」

「その人《ひと》がちゃんとしてれば、名《な》まえなんてどうでもいいと思《おも》いますよ。」

と、マリラはいった。まともな、よい教育《きょういく》をしなければ、というきもちだった。

「さあー、あたしにはわからないわ。」と、アンはかんがえこんだ。「本《ほん》で、バラはべつの名《な》まえでよばれたとしても、おなじように甘《あま》いかおりがするって読《よ》んだけど、信《しん》じられないわ。バラが、アザミやザゼンソウという名《な》まえだったら、そんなにすてきだと思《おも》わないわ。でも、おとうさんがジュディアという名《な》まえだったとしても、いい人《ひと》だったと思《おも》うの。きっと、そんな名《な》まえだと重荷《おもに》でしょうけど。

　それから、おかあさんもおなじ高校《こうこう》の先生《せんせい》だったの。父《ちち》と結婚《けっこん》してからは、もちろんやめたわ。夫《おっと》がいるだけで、じゅうぶん責任《せきにん》があったんですもの。トーマス夫人《ふじん》がいってらしたけど、ふたりともあかんぼうみたいで、すごくまずしかったんですって。ボーリングブロークにある、ちいちゃな黄色《きいろ》の家《いえ》にすんだんですって。見《み》たことはないけど、何千回《なんぜんかい》も想像《そうぞう》したわ。きっと、居間《いま》の窓《まど》の上《うえ》にスイカズラがあって、まえの庭《にわ》にライラックがあって、門《もん》のすぐ内《うち》がわにはスズランがさいてたと思《おも》うわ。窓《まど》には、モスリンのカーテンがあって、モスリンのカーテンって風《かぜ》とおしがいいの。あたし、そこで生《う》まれたの。

トーマス夫人《ふじん》の話《はなし》だと、あたしは、目《め》ばかり大《おお》きくて、やせてちっぽけで、見《み》たこともないくらいみっともなかったんですって。でも、おかあさんは、とてもきれいな子《こ》だって思《おも》ったんですって。母親《ははおや》のほうが、はたらきにくる女《おんな》の人《ひと》よりも正《ただ》しい判断《はんだん》ができるような気《き》がするけど。とにかく、おかあさんがあたしにまんぞくしてくれて、うれしかったわ。もし、あたしにがっかりしてたら、たまらなくかなしいだろうと思《おも》うわ。それからまもなく、死《し》んでしまったんですもの。あたしがまだ三か月《げつ》のとき、熱病《ねつびょう》にかかって死《し》んでしまったの。あたしが、おかあさんってよんだことをおぼえていられるくらいまで、生《い》きていてほしかったわ。『おかあさん！』ってよぶのは、とてもいいきもちのするものだと思《おも》うんだけど。

おとうさんも、四日《か》あとに、熱病《ねつびょう》で死《し》んだの。そこで、あたしはみなしごになってしまって、まわりの人《ひと》はこまったんですって。トーマス夫人《ふじん》がいってたわ。そのときも、あたしをひきとるって人《ひと》がなかったのよ。それが、あたしの運命《うんめい》みたい。

父《ちち》も母《はは》も、遠《とお》くからきていたし、親類《しんるい》のないこともわかってたんです。ついに、トーマスさんのおばさんが、びんぼうでよっぱらいのご主人《しゅじん》がいたけど、ひきとるっていったの。おばさんは、あたしを牛乳《ぎゅうにゅう》でそだててくれたわ。ねえ、牛乳《ぎゅうにゅう》でそだてられたからって、ほかの人《ひと》よりいい子《こ》になるとはいえないでしょう？

だって、あたしがわるいことをすると、トーマスさんのおばさんはとがめるように、牛乳《ぎゅうにゅう》でそだてたのになぜこんなにわるい子《こ》になったんだろうって、こごとをいってたわ。

　トーマスさんたちが、ボーリングブロークからメアリースビルにうつって、あたしは八つまでいっしょにいたの。トーマスさんの子《こ》どもたちの世話《せわ》をてつだいながらね。あたしより年下《としした》の子《こ》が四人《にん》いたの。ほんとに世話《せわ》がやけたのよ。それから、トーマスさんが汽車《きしゃ》にひかれて死《し》んでしまったの。それで、トーマスさんのおかあさんが、おばさんと子《こ》どもたちをひきとるっていってくれたけど、でも、あたしのことはいらないっていうの。トーマスおばさんはとほうにくれて、あたしをどうしたものかこまっていたら、川上《かわかみ》にすんでるハモンドのおばさんがきて、あたしが子《こ》どもの世話《せわ》をみつけてるので、ひきとるっていったの。そこで、あたしは川上《かわかみ》へつれてかれて、切《き》り株《かぶ》がいっぱいある小《ちい》さな開墾地《かいこんち》で、ハモンドさんとくらすことになったの。

ずいぶんさびしいとこだったわ。あたしに想像力《そうぞうりょく》がなかったら、あんなとこ、とてもくらせなかったと思《おも》うわ。ハモンドのおじさんは、そこで製材所《せいざいしょ》をやってて、おばさんは七人《にん》の子持《こも》ちだったの。ふたごを三度《ど》もうんだのよ。あたし、あかんぼうきらいじゃないけど、ふたごをつづけて三組《く》みもうむなんて、あんまりだわ。さいごのふたごが生《う》まれたとき、あたし、おばさんにはっきりそういってやったわ。いつも、あちこちあかんぼうをだいてまわるんで、ふらふらにつかれてたのよ。

川上《かわかみ》のハモンドのおばさんとこで二年以上《ねんいじょう》くらしてから、おじさんが死《し》んで、おばさんは、所帯《しょたい》をつぶしちゃったの。子《こ》どもたちは親類《しんるい》にわけて、じぶんはアメリカにいっちゃったの。それであたしは、ホープ・タウンの孤児院《こじいん》へいくことになったのよ。だれもひきとりてがなかったんですもの。

ほんとは、孤児院《こじいん》でも、あたしにきてほしくないくらいいっぱいだって、いわれたけど、しかたなくひきとることになったの。そこへいって、四か月《げつ》たったら、スペンサーのおくさんがみえたのよ。」

アンは、話《はな》しおわると、またためいきをついた。こんどはほっとしたためいきだった。たしかに、アンは、じぶんをのぞんでいない世界《せかい》での体験《たいけん》を、話《はな》したくないきもちのようだった。

「学校《がっこう》はいったことあるの？」

マリラは、くり毛《げ》の馬《うま》を海《うみ》べの通《とお》りへむけながらきいた。

「あんまりいってないの。トーマスのおばさんとこにいたさいごの年《とし》に、ちょっといっただけ。川上《かわかみ》へいってからは、学校《がっこう》がとても遠《とお》くて、冬《ふゆ》はあるいていけないし、それに、夏《なつ》はお休《やす》みでしょ。だから、春《はる》と秋《あき》にいけただけなの。でも、孤児院《こじいん》にいるあいだは、もちろん、いったわ。読《よ》むほうはかなりよく読《よ》めるのよ。それから、詩《し》は、ずいぶんたくさん暗記《あんき》してるの――『ホーエンリンデンの戦《たたか》い』とか、『エジンバラ・アフター・フロッデン』とか、『ビンジェン・オン・ライン』とか、『湖上《こじょう》の美人《びじん》』のなかのものもたくさん暗記《あんき》してるし、ジェイムズ＝トムソンの『四季《しき》』のなかのなら、ほとんど暗記《あんき》してるわ。詩《し》って、読《よ》んでると背中《せなか》がぞくぞくしてくるような感《かん》じで、つい夢中《むちゅう》になっちゃうでしょ？

五年《ねん》の教科書《きょうかしょ》に、こんなのがあったの――『ポーランドの滅亡《めつぼう》』っていうの――それはもう、からだがふるえてくるくらいなの。もちろん、あたしは、まだ五年生《ねんせい》じゃなかったし――まだ、四年《ねん》の本《ほん》をやってたんだけど――でも、上級生《じょうきゅうせい》がいつも、じぶんたちの本《ほん》をかしてくれたのよ。」

「そのおばさんたち――トーマスさんやハモンドさんたちは――しんせつにしてくれたのかい？」マリラは、アンをよこ目《め》で見《み》ながら、きいた。

「うーん。」アンは、くちごもった。

感《かん》じやすい小《ちい》さな顔《かお》は、さっと赤《あか》くなり、とうわくの色《いろ》をうかべた。

「あの人《ひと》たちは、しんせつにしてくれたつもりだったのよ――そう、できるだけやさしくしてくれるつもりだったらしいの。そのつもりさえあれば、べつにそのとおりにはできなくても気《き》にすることはないでしょ。お酒《さけ》のみのご主人《しゅじん》がいると、それはたいへんだってこと、わかるでしょう。それに、ふたごをつづけて三組《くみ》もうんだら、とてもたいへんだと思《おも》わない？　でも、ふたりとも、あたしにしんせつにしてくれるつもりだったんだと思《おも》うわ。」

マリラは、それ以上質問《いじょうしつもん》しなかった。アンは、だまって、海《うみ》べの通《とお》りのながめに夢中《むちゅう》になり、マリラはぼんやりとくり毛《げ》の馬《うま》にむちをあてながら、ふかく考《かんが》えにしずんでいった。

ふいにマリラの心《こころ》は、この子《こ》にたいするあわれみのきもちでいっぱいになった。なんという愛《あい》に飢《う》えた生活《せいかつ》を、この娘《むすめ》は、あじわってきたのだろう――つらい仕事《しごと》とまずしさのなかにほったらかされた生活《せいかつ》を。マリラは、アンの物語《ものがたり》をきいて、そのなかにひそんでいるほんとうのものを見《み》ぬくだけの目《め》はもっていた。この子《こ》が、ほんもののじぶんの家《いえ》ができると思《おも》ったとき、あんなにまでよろこんだのも、むりのないはなしだった。この子《こ》をおくりかえすのは、なんともかわいそうなことだったが、もしマリラが、マシュウの気《き》まぐれをゆるして、この子《こ》を家《いえ》においてやったら、いったいどうなのだろうか？マシュウはその気《き》になっているし、この子《こ》もどうやら、すなおな、世話《せわ》のやけない、いい子《こ》のように思《おも》われた。

（なんとも、しゃべりすぎるけれど。）マリラはかんがえた。（おしえれば、なおるかもしれない。それに、ことばも、がらはわるくないし、いいかげんではない。なかなかおっとりした子《こ》だ。両親《りょうしん》はなかなかりっぱな人《ひと》たちのようだ。）

海《うみ》べの通《とお》りは、人《ひと》けがなく、緑《みどり》におおわれていて、自然《しぜん》のままであった。右《みぎ》てには、小《ちい》さなモミの林《はやし》がつづき、長年《ながねん》の潮風《しおかぜ》とのたたかいにもめげず、びっしりとはえしげっていた。左《ひだり》ては赤《あか》い砂岩《さがん》のけわしいがけで、ときどきぐっと道《みち》にせまり、このくり毛《げ》のようにしっかりした馬《うま》でなかったら、うしろにのっているふたりが、きもをひやすようなこともあったろう。がけの真下《ました》には、波《なみ》にあらわれてむきだしの岩《いわ》や、海《うみ》の宝石《ほうせき》のような小石《こいし》をちりばめた砂《すな》の入《い》り江《え》が見《み》えた。

そのむこうには、きらきらひかる青《あお》い海《うみ》がひろがり、カモメがつばさを銀色《ぎんいろ》にひらめかせながら、まいあがっていた。

「海《うみ》って、すてきだわね。」ながいこと、大《おお》きな目《め》をひらいたままだまりこくっていたアンが、夢《ゆめ》からさめたようにいった。「一度《ど》、メアリースビルにすんでいたころ、トーマスのおじさんが馬車《ばしゃ》をやとって、うちのものを、一・五キロほどはなれた海岸《かいがん》へつれてって、一日《にち》じゅうあそばせてくれたことがあったわ。子《こ》どもたちのおもりのしどおしだったけど、その日《ひ》は一日《にち》じゅうたのしかったわ。あとになって、何年《なんねん》も夢《ゆめ》にみたくらいよ。でも、ここの海岸《かいがん》は、メアリースビルの海岸《かいがん》よりも、もっとすてきだわ。あのカモメ、すばらしいじゃない？　おばさんカモメになりたくない？　あたしはなりたいな。——もちろん人間《にんげん》の女《おんな》の子《こ》になれなかったらのはなしよ。ねえ、すばらしいと思《おも》わない？　日《ひ》がのぼると目《め》をさまして、あとは一日《にち》じゅう、海《うみ》の上《うえ》をすれすれにかすめたり、あの青《あお》い空《そら》のなかはるかにきえていったりするなんて？

ああ、あたし、じぶんがそうやってること、想像《そうぞう》できるのよ。あら、あのまえに見《み》える大《おお》きな家《いえ》、なんなの？」

「あれは、ホワイト・サンド・ホテルよ。カークさんが経営《けいえい》してるんだけど、まだ、シーズンじゃないんだよ。夏《なつ》になると、アメリカ人《じん》がいっぱいやってくるね。てごろな海岸《かいがん》だと思《おも》うらしいね。」

「あれがスペンサーのおくさんの家《いえ》かと思《おも》ったの。」アンは、かなしそうにいった。「あたし、つきたくないわ。なんだか、つくとそれでなにもかもおわってしまうような気《き》がするんですもの。」

六　マリラ決心《けっしん》する

しかし、ふたりは、やがてスペンサー家《け》についた。

スペンサー夫人《ふじん》は、ホワイト・サンド入《い》り江《え》の大《おお》きな黄色《きいろ》い家《いえ》にすんでいた。

ふたりがつくと、夫人《ふじん》は、やさしい顔《かお》におどろきと歓迎《かんげい》の色《いろ》をうかべて、玄関《げんかん》までむかえにでた。

「おやまあ。」スペンサー夫人《ふじん》はさけんだ。「きょうおめにかかれるとは、思《おも》ってもみませんでしたわ。でも、ほんとにようこそ。馬《うま》をおいれになりますね。あんたは、元気《げんき》なの、アン?」

「ごらんのとおり元気《げんき》です。どうも。」

アンは、むっつりとこたえた。不安《ふあん》なきもちが、もやのように彼女《かのじょ》をつつんでしまっているようだった。

「馬《うま》をやすませるあいだだけ、しばらくおじゃまさせていただきましょう。」

と、マリラはいった。「きょうは、はやくかえると、マシュウにやくそくしてきましたんで。じつは、おくさん、どうもみょうなてちがいがおきたよう

なので、いったいどうしたものかと思《おも》って、おうかがいしたんです。

マシュウとわたしは、孤児院《こじいん》から男《おとこ》の子《こ》をひとりつれてきていただきたいと、おくさんの弟《おとうと》さんのロバートさんに、おことづけしたんでしたけど。十か十一才《さい》ぐらいの男《おとこ》の子《こ》がほしいと、つたえていただいたつもりでしたが。」

「おやまあ、マリラさん、まさか！」スペンサー夫人《ふじん》は、すっかりこまったようすで、「そりゃね、ロバートは娘《むすめ》のナンシイにことづけてよこしましたが、あなたがたが女《おんな》の子《こ》をひとりほしがっていらっしゃると、もうしましたよ――そうだわねえ、フローラ＝ジェイン？」

夫人《ふじん》は、ちょうど階段《かいだん》のそばに顔《かお》をだしたじぶんの娘《むすめ》に、たすけをもとめた。

「ナンシイは、たしかにそういってましたわ、ミス・カスバート。」

フローラはきっぱりと、母《はは》に同意《どうい》した。

「ほんとうに、もうしわけございません。」と、スペンサー夫人《ふじん》はいった。「おきのどくなことになってしまって。でも、わたしがとりちがえたのではございませんのよ、ミス・カスバート。わたしはわたしで、できるだけのことをして、おさしずどおりにしたつもりでしたわ。ナンシイは、それはもうあわてものの娘《むすめ》でしてね、不注意《ふちゅうい》をしかることが、いままでもよくありましたの。」

「いえ、わたしたちもまちがってたと思《おも》います。」マリラは、あきらめて、いった。「だいじなことを、あんなふうに口《くち》づたえにしないで、じぶんでおたくへうかがうのがほんとでした。とにかく、おきてしまったことですし、いまは、それをどうするべきかが問題《もんだい》ですね。この子《こ》を孤児院《こじいん》へおくりかえせるでしょうかね？ひきとってくれるでしょうね。」

「それは、できるでしょうけど。」スペンサー夫人《ふじん》は、やさしくこたえた。「でも、その必要《ひつよう》はないんじゃないかと思《おも》いますよ。ピーター＝ブルーエットさんのおくさんがきのうみえてね、おてつだいの娘《むすめ》さんをひとりぜひ世話《せわ》してほしいって、おっしゃってました。あちらは、ほら、大家族《だいかぞく》ですし、てつだいの人《ひと》がなかなかみつからなくて、おこまりのようだから。

アンは、あのお宅《たく》にうってつけじゃありませんか？　それこそ、神《かみ》さまのおみちびきだと思《おも》いますわ。」

マリラは、神《かみ》のみちびきが、この問題《もんだい》にとってあまりありがたいとは思《おも》わないようだった。このゆきどころのないみなしごをやっかいばらいする、いいチャンスを目《め》のまえにしながら、マリラは、感謝《かんしゃ》のきもちさえおこらなかった。

彼女《かのじょ》は、ブルーエット夫人《ふじん》とは、あったことがあるというていどで、小《こ》がらな、よぶんな肉《にく》は一グラムもないほどやせて、口《くち》やかましそうな感《かん》じの人《ひと》だ、ということしか知《し》らなかった。でも、うわさはきいていた。「ひどく働《はたら》きもので、人《ひと》もこきつかう人《ひと》」――そんなふうにいわれていた。ピーター夫人《ふじん》がかんしゃくもちで、けちで、子《こ》どもたちもわがままで、けんかばかりしていることを、おはらいばこになった召使《めしつかい》たちの口《くち》から、おそろしいくらいきいていた。

マリラは、アンをこのような人《ひと》にわたすことに、良心《りょうしん》のとがめをかんじた。

「ではおたずねして、あちらとよくお話《はな》ししてみましょう。」と、マリラはいった。

「あら、ブルーエットのおくさんなら、いま、ほら、あそこにおいでになるのがみえますよ！」

スペンサー夫人《ふじん》は、大声《おおごえ》をあげて、ふたりをせきたて、広間《ひろま》をとおって、客間《きゃくま》へあんないした。

客間《きゃくま》は、ぞっとするほど寒《さむ》かった。ぴったりとおろされたこい緑《みどり》のブラインドのために、空気《くうき》は、まるであたたかさをすいとられてくるみたいだった。

「ほんとうに運《うん》がよかったですね。これでこの問題《もんだい》もすぐにかたがつきますもの。どうぞ、そのひじかけいすにおかけになって、ミス・カスバート。アン、あなたはそこの長《なが》いすにね。もじもじしなくていいんですよ。さあ、おふたりともお帽子《ぼうし》をいただきましょう。

フローラ、いって、おやかんをかけてきてちょうだい。

ようこそ、ブルーエットのおくさん。わたくしたち、あなたがいまおいでになって、ほんとに運《うん》がよかったと、話《はな》しあっていたんですよ。では、おひきあわせしましょ。

こちらがブルーエットのおくさん。こちらは、カスバートさんです。

ちょっと失礼《しつれい》します。フローラに、パン・ケーキをオーブンからだすようにいうのを、わすれましたの。」

スペンサー夫人《ふじん》は、ブラインドをあげると、いそいで姿《すがた》をけした。

アンは、両手《りょうて》をぴったりとひざでにぎりしめ、だまって長《なが》いすにかけたまま、ブルーエット夫人《ふじん》を、かたずをのんでみつめていた。かたまりのようなものがのどにこみあげ、目《め》にはじーんと涙《なみだ》がにじんできた。

そして、もうこれ以上《いじょう》、涙《なみだ》をおさえることができないと思《おも》いはじめたとき、スペンサー夫人《ふじん》がほおをほてらせて、にこにこ、どんな難問題《なんもんだい》でもなんでも、その場《ば》で解決《かいけつ》してみせるといういきごみで、もどってきた。「わたし、カスバートのごきょうだいは、いった。「わたし、カスバートのごきょうだいは、女《おんな》の子《こ》をひきとりたいというおつもりかと思《おも》ってましたの。たしかそうききました。ところが、男《おとこ》の子《こ》をのぞんでらしたんですよ。それで、もしあなたが、まだきのうとおなじおきもちでしたら、この子《こ》はうってつけだと思《おも》いますけど。」

ブルーエット夫人《ふじん》は、アンを、頭《あたま》のてっぺんからつまさきまで、じろりと見《み》た。

「いくつになるの？　それから名《な》まえは？」

「アン＝シャーリイです。」すっかりちぢみあがっているアンは、アンのつづりに注文《ちゅうもん》をつける勇気《ゆうき》もなく、くちごもりながら、こたえた。「年《とし》は、十一です。」

「ふむ！　見《み》たところ、たいした子《こ》じゃないようだけど、しまったからだつきをしてる。けっきょく、しんのつよいものがいちばんだと思《おも》うがね。そう、わたしんとこへくるなら、いい子《こ》になってもらわないと――まじめで、気《き》がきいて、ぎょうぎよく、ね。たべるだけはじぶんではたらいてかせいでもらうよ。これはまちがえてもらってはこまるよ。

よろしい、この子《こ》はゆずっていただきますよ。ミス・カスバート。あかんぼうが、ひどくかん持《も》ちでしてね、そりゃもう、こまりはてているんですよ。よかったら、いますぐこの子《こ》をつれていってもよろしいんですがね。」

マリラはアンをふりかえって、心《こころ》がくじける思《おも》いだった。うちしおれ、だまってすわりこんでいるそのあおざめた顔《かお》。このみじめな、よるべない子《こ》どもは、やっとのがれたと思《おも》ったわなに、またもやかかろうとしているのだ。いま、このみじめな姿《すがた》のうったえをはねつけたならば、死《し》ぬまで後悔《こうかい》することになるだろう、と思《おも》った。

それに、ブルーエット夫人《ふじん》は、このましくなかった。感《かん》じやすい、鋭敏《えいびん》な子《こ》どもをこんな婦人《ふじん》の手《て》にわたすなんて！　いや、とてもそんなことはできない！

「さあ、どうしますか。」

マリラは、ゆっくりといった。

「まだ、兄《あに》とわたしがこの子《こ》を手《て》ばなすことを、はっきりきめたわけじゃありません。じつのところ、マシュウは、この子《こ》を手《て》もとにおきたがっているんですよ。わたしは、ただ、どうしてこんなまちがいがおきたか、たしかめにうかがったまでなんです。

とにかく、いちおうつれかえって、兄《あに》と相談《そうだん》したほうがいいと思《おも》います。なににせよ、相談《そうだん》しないできめるわけにはいきません。もし、わたしどもが、この子《こ》を手《て》ばなすときめましたら、明晩《みょうばん》つれておうかがいいたします。さもなければ、家《いえ》におくむねをお知《し》らせいたしましょう。よろしいでしょうか、おくさん？」

「そうしてもらうしかないわね。」

ブルーエット夫人《ふじん》は、ぶあいそにいった。

マリラが話《はな》しているあいだに、アンの顔《かお》は、日《ひ》がのぼるようにしだいに明《あか》るくなっていった。まず、絶望《ぜつぼう》の色《いろ》がきえていき、つづいて希望《きぼう》の血《ち》のあからみが、かすかに、ほおにあらわれた。目《め》は、明《あ》けの明星《みょうじょう》のように、ふかくかがやきはじめた。

アンの表情《ひょうじょう》は、すっかりかわってしまい、マリラの話《はなし》がおわったつぎのしゅんかん、ブルーエット夫人《ふじん》が、訪問《ほうもん》の目的《もくてき》の、料理法《りょうりほう》の相談《そうだん》でスペンサー夫人《ふじん》と姿《すがた》をけすと、アンは、とびあがって、マリラのところへかけよった。

「ねえ、おばさん、もしかすると、グリーン・ゲイブルズにおいてくださるっていったこと、ほんと?」大《おお》きな声《こえ》をだすと、この希望《きぼう》の火《ひ》がけされてしまうのをおそれるように、アンは、息《いき》をはずませて、ささやいた。「ほんとうにそういったの? それとも、あたしが想像《そうぞう》しただけなの?」

「ほんとうのことと、そうでないことの見《み》わけがつかないなら、アン、すこしあんたの想像力《そうぞうりょく》とやらを、おさえるようにしたほうがいいと思《おも》うよ。」マリラは、気《き》むずかしくいった。「そう、あんたのきいたとおりです。そして、それだけです。まだ、はっきりきまったことじゃありません。どうかして、ブルーエットのおくさんにあんたをわたすことになるかもしれないね。あの人《ひと》のほうが、わたしよりずっとてつだいを必要《ひつよう》としてるんだから。」

「あの人《ひと》のところでくらすくらいなら、孤児院《こじいん》へかえったほうがいいわ。」アンは、かっとなっていった。「あの人《ひと》、まるで、まるで――錐《きり》みたいな人《ひと》なんだもの。」

マリラは、アンのこういうもののいいかたはしからねばならない、と思《おも》いながらも、わらいをかみころした。

「あんたのような子《こ》どもが、おとなの、しかも知《し》らないかたのことを、そんなふうにいうのは、はずかしいことですよ。」マリラは、きびしい口調《くちょう》でいった。「むこうで、おとなしくすわって、ちゃんと口《くち》をとじて、おぎょうぎよくしていなさい。」

「もし、おばさんのとこにおいてもらえるなら、なんでも、おばさんのいうとおりにするわ。」

そういって、アンは、おとなしく長《なが》いすにもどった。

その夕《ゆう》がた、ふたりがグリーン・ゲイブルズについたとき、マシュウが小道《こみち》までむかえにでていた。かれがぶらついている姿《すがた》を遠《とお》くのほうからみつけて、マリラは、ははあ、と思《おも》った。ともかくアンをつれてかえったのを見《み》て、マシュウがほっとするのをみてとっても、マリラはべつにおどろきはしなかった。

しかし、ふたりで裏庭《うらにわ》の納屋《なや》のむこうへ、牛《うし》の乳《ちち》しぼりにでるまでは、このことについては、なにも話《はな》さなかった。そこでマリラは、アンの身《み》のうえ話《ばなし》と、スペンサー夫人《ふじん》の家《いえ》でのてんまつを、かいつまんで話《はな》した。

「じぶんの気《き》にいったものなら、たとえ犬《いぬ》だって、あのブルーエットのあまなんかにはやるもんか。」

マシュウは、いつにないはげしさで、そういった。

「あの人《ひと》のやりくちは、わたしだってきらいですよ。」マリラも、それはみとめた。「でも、問題《もんだい》は、あの人《ひと》にわたすか、うちにおくかなんですよ、マシュウ。で、にいさんはおいときたいらしいし、それならばわたしもよろこんで――というか、そうしなければいけないと思《おも》いますよ。とっくりと納得《なっとく》できるまで、このことをかんがえてね、うちにおくのがとうぜんだと思《おも》いましたよ。わたしは、子《こ》どもを、それも女《おんな》の子《こ》を、そだてたことはなし、はっきりいって、大失敗《だいしっぱい》をやるかもしれませんけど、全力《ぜんりょく》をつくしてみますよ。だから、わたしとしては、おいてやるつもりなんです、にいさん。」

内気《うちき》なマシュウの顔《かお》は、よろこびのため、ぱっと、明《あか》るくなった。

「そうかい、おまえもそうかんがえるようになると思《おも》っとったよ。あの子《こ》は、じっさいおもしろい子《こ》だからな。」

「やくにたつ子《こ》といえるほうが、おもしろいより、もっとありがたいですね。」マリラはやりかえした。「でもまあ、そういう子《こ》にはわたしが仕込《しこ》んでみせます。いいですかね、マシュウ、わたしのやりかたに、ちょっかいはださないでくださいよ。そりゃ、ひとりものの女《おんな》は、子《こ》どものそだてかたをたいして知《し》らないでしょうけど、ひとりものの男《おとこ》よりはましだと思《おも》いますね。だからまかせてもらいますよ。しくじりでもしたら、そのときこそにいさんのでる番《ばん》なんだから。」

「いいとも、いいとも、マリラ、おまえの思《おも》うとおりにするさ。」マシュウは、力《ちから》をこめてそういった。「ただ、できるだけかわいがってやるんだな、あまやかさないていどにだが。あの子《こ》のきもちさえつかめば、おまえの思《おも》うとおりにそだつ子《こ》だと、わしは、かんがえているんだが。」

マリラは、マシュウの女《おんな》の人《ひと》にたいする意見《いけん》なんかというけいべつのきもちを、ふん、とあらわして、おけを手《て》にして乳牛《にゅうぎゅう》のほうにあるいていった。

「今夜《こんや》は、ここにいられるということを、あの子《こ》に話《はな》さないでおこう。」ミルクをこしてクリームをとりながら、マリラはかんがえた。「興奮《こうふん》して、ぜんぜんねむれなくなってしまうだろうから。さて、マリラ＝カスバート、あんたも、ぬきさしならないはめにおちこんだね。みなしごを養女《ようじょ》にするなんて、一度《ど》でもかんがえたことがあったかね？　まったく、おどろいたはなしだ。でも、もとはといえばマシュウなんだもの、なおさら、おどろいたはなしだ。女《おんな》の子《こ》とくれば、いつも死《し》ぬほどおそれていたマシュウなんだから。とにかく、やってみるときめたものの、いったいどうなるか、それはやってみなけりゃね。」

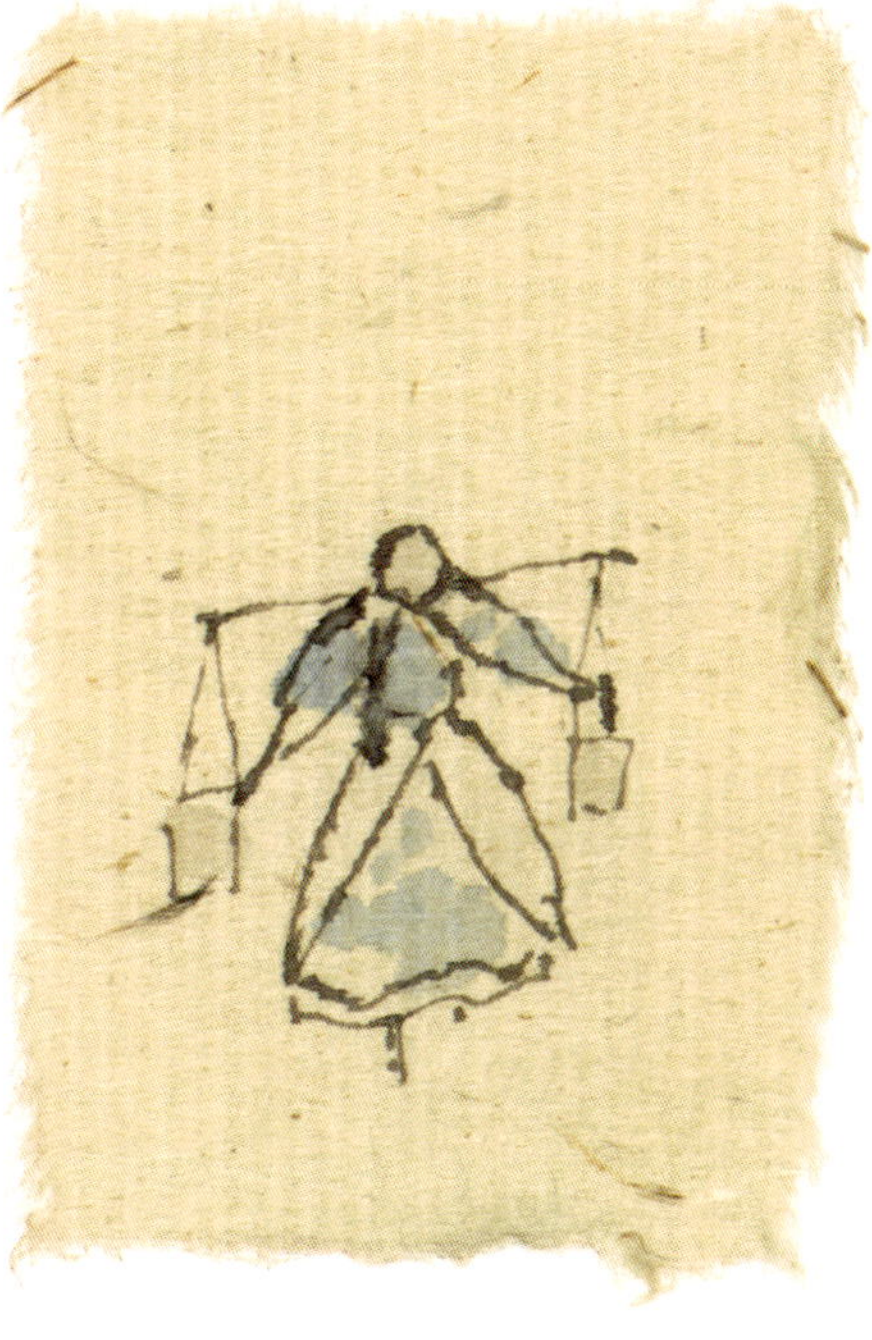

七　アンのお祈《いの》り

その夜《よる》、アンをねかせるとき、マリラは、きつい口調《くちょう》でいった。

「いっとくがね、アン。ゆうべあんたは、ぬいだものをぜんぶ、ベッドにほうりなげたままだったね。ああいうだらしない習慣《しゅうかん》は、ゆるしませんよ。ぬいだものは、なんでもすぐ、きちんとたたんで、いすの上《うえ》におきなさい。きちんとできない女《おんな》の子《こ》は、きらいですよ。」

「ゆうべは、あたし、心《こころ》がずたずたにされたようなきもちだったんで、服《ふく》のことなんか、かんがえられなかったの。今夜《こんや》はきれいにたたむわ。孤児院《こじいん》でも、ずっとさせられていたのよ。でも、二度《ど》に一度《ど》は、わすれてたけど。はやくベッドにはいって、ゆっくりいろいろなことを想像《そうぞう》したかったんで、あわててたの。」

「ここにずっといたいと思《おも》うなら、もうすこし、ものおぼえをよくしてもらわなくちゃね。」と、マリラはたしなめて、

「そう、見《み》たところ、まああだね。じゃ、お祈《いの》りをして、ベッドにはいりなさい。」

「あたし、お祈《いの》りって、しないんです。」と、アンがいった。

　マリラは、きもをつぶしたようだった。

「なんですって、アン、どういうこと？　お祈《いの》りをおそわったことがないのかね？　子《こ》どもたちのお祈《いの》りは、神《かみ》さまのみ心《こころ》にかなうものなのだよ。神《かみ》さまがどういうかたか、知《し》らないのかね、アン？」

「神《かみ》は、その存在《そんざい》、知恵《ちえ》、力《ちから》、気高《けだか》さ、正《ただ》しさ、善良《ぜんりょう》さ、真実《しんじつ》さ、すべてにおいて、無限《むげん》であり、永遠《えいえん》であり、不変《ふへん》であるところの聖霊《せいれい》なり。」

アンは、すぐに、ぺらぺらとこたえた。

マリラは、すこしはほっとしたようだった。

「いちおう知《し》ってるね、ありがたいことに！　なんにも知《し》らないのかと思《おも》ったけど、そうでもないらしい。どこでおそわったのかい？」

「あら、孤児院《こじいん》の日曜学校《にちようがっこう》でよ。問答《もんどう》は、ぜんぶ、おぼえさせられたの。わりあいすきだったわ、なかなかすてきなことばがあるんですもの。

『無限《むげん》であり、永遠《えいえん》であり、不変《ふへん》である。』

堂々《どうどう》としているわね？　なにか――大《おお》きなオルガンをひいているようなひびきがあって。詩《し》とはいえないけど、詩《し》のような流《なが》れがあるじゃない？」

「詩《し》の話《はなし》をしてるわけじゃないのよ、アン――お祈《いの》りのことをいってるんです。毎晩《まいばん》お祈《いの》りをしないなんて、とんでもないことだってこと、知《し》らないのかね？　あんたは、とてもいけない子《こ》だと思《おも》いますよ。」

「だれだって、もしじぶんが赤毛《あかげ》だったら、いけない子《こ》になりがちなものなのよ。」アンは、いいかえした。「赤毛《あかげ》じゃない人《ひと》には、このなやみはわからないわ。トーマスのおじさんが、神《かみ》さまは、あたしの髪《かみ》の毛《け》をわざと赤《あか》くしたんだって、いったの。それからは、あたし、神《かみ》さまのことなんか、気《き》にかけないことにしたのよ。それに、あたしは、いつも、夜《よる》はとってもつかれてしまって、お祈《いの》りするどころじゃなかったの。

ふたごの世話《せわ》をみなくちゃならない人《ひと》に、お祈《いの》りなんてできっこないわよ。どう、できると思《おも》う?」

マリラは、たったいまからでも、アンに信仰心《しんこうしん》をもたせるように努力《どりょく》をしなければ、と思《おも》った。たしかに、おそすぎるくらいだった。

「このうちにいるあいだは、ちゃんと、お祈《いの》りをするんですよ、アン。」

「あら、もちろんします。おばさんがそうしてほしいっていうのなら。」アンは、ほがらかに、承知《しょうち》した。「おばさんのためなら、あたし、なんでもするわ。でも、いまだけ、なにをいえばいいか、おしえてくださらなくちゃ。そうしたら、ねるまえに、いつもとなえるすてきなお祈《いの》りを、かんがえだしてみせるわ。なんだか、興味《きょうみ》がわいてきたわ。」

「まず、ひざまずくんですよ。」

マリラは、すっかりあわてて、いった。

アンは、ひざまずいて、ひざに手《て》をおき、まじめな顔《かお》をして見《み》あげた。

「どうして、お祈《いの》りをするときはひざまずくのかしら? ほんとにお祈《いの》りがしたいとき、あたしはどうするか、おしえてあげましょうか? 大《おお》きなひろい野原《のはら》か、ふかいふかい森《もり》のなかへ、ひとりだけでいって、空《そら》を見《み》あげるの——上《うえ》の、上《うえ》の、上《うえ》のほうまで——どこまでいっても果《は》てしないような、青《あお》い青《あお》い空《そら》の果《は》てまで、見《み》あげて、それから、ただ心《こころ》にだけお祈《いの》りをかんずるのよ。いいわ、準備《じゅんび》したわよ。なんていえばいいの?」

マリラは、いよいよとまどってしまった。あのむかしながらの子《こ》どものお祈《いの》り——われ眠《ねむ》りの床《とこ》につか

ん——を、アンにおしえるつもりだった。

でも、マリラは、まえにも話《はな》したように、すこしばかり、ユーモアのある人《ひと》——なにがここではふさわしいかを見《み》てとる人《ひと》だったから、母親《ははおや》のひざの上《うえ》で、白《しろ》い長《なが》いねまきを着《き》て、かたことでお祈《いの》りをする子《こ》どもの祈《いの》りの文句《もんく》は、ここにいるそばかすだらけのおませな魔女《まじょ》には、ふさわしくないことを、思《おも》いついた。この娘《むすめ》は、神《かみ》の愛《あい》については、人間《にんげん》の愛《あい》をとおしてほんやくしてもらったことが一度《ど》もないのだ。

「あんたはもう、じぶんでお祈《いの》りができる年《とし》ですよ。」マリラは、やっと、こういった。「神《かみ》さまのおめぐみにたいしてお礼《れい》をいって、それから、じぶんのねがいを、つつましく、もうしあげるんです。」

「いいわ、がんばってみるわ。」と、アンはやくそくして、マリラのひざに顔《かお》をうずめた。

「めぐみふかき天《てん》なる父《ちち》よ——」

アンは、ちょっと顔《かお》をあげて、

「教会《きょうかい》で牧師《ぼくし》さんはこんなふうにいうでしょ。だから、うちでするときも、これでいいでしょう?」

めぐみふかき天《てん》なる父《ちち》よ、〈よろこびの白《しろ》い道《みち》〉と、〈きらめく湖《みずうみ》〉と、〈雪《ゆき》の女王《じょおう》〉をあたえたもうたことを、感謝《かんしゃ》いたします。心《こころ》から、まことに、これらのものに感謝《かんしゃ》しています。たったいま思《おも》いつくあなたへの感謝《かんしゃ》は、これだけです。

おねがいしたいものとなると、ひじょうにたくさんありますので、ぜんぶもうしあげるには、時間《じかん》がかかります。それで、いちばんだいじなことを、二つもうしあげます。

どうかわたしを、グリーン・ゲイブルズにおいてもらえるようにしてください。

それから、わたしが、大《おお》きくなったら、美《うつく》しくしてください。草々《そうそう》。

アン＝シャーリイ

「どう、うまくいえたかしら?」アンは、たちあがって、熱心《ねっしん》にきいた。「もうすこしかんがえる時間《じかん》があったら、もっとずっと、はなやかにできたんだけど。」

マリラは、やっとの思《おも》いで、気《き》をとりなおした。このとてつもないおねがいは、なにもアンの不信心《ふしんじん》からではなく、信仰《しんこう》について無知《むち》だからだということが、よくわかっていたからだ。

アンをベッドのなかにいれ、あすはかならず、この子《こ》にお祈《いの》りのしかたをおしえようと、心《こころ》に誓《ちか》って、ろうそくを手《て》にへやをでようとすると、アンが声《こえ》をかけた。

「たったいま、思《おも》いついたんだけど、『草々《そうそう》』のところで、『アーメン』といわなくちゃいけなかったんだわね？　牧師《ぼくし》さんはそういったわね。あたし、わすれてたわ。でも、お祈《いの》りはきちんとおわらさなくちゃと思《おも》って、べつな文句《もんく》をいれたのよ。あれではへんかしら？」

「へんでも――そうへんでもありませんよ。」と、マリラはいった。「さ、いい子《こ》にして、ねなさい。おやすみ。」

「あたし、今夜《こんや》は、さっぱりしたきもちで、おやすみなさいがいえるわ。」とアンはいって、まくらのなかに、ふかぶかと身《み》をまるめた。

マリラは、台所《だいどころ》へもどってくると、テーブルの上《うえ》に、ろうそくをしっかりとすえ、もえるような目《め》で、マシュウをみつめた。

「にいさん、あの子《こ》はだれかがひきとって、ちゃんと教育《きょういく》してやらなければいけない年《とし》ごろですよ。もうすこしで、異教徒《いきょうと》になるところなんですから。今夜《こんや》まで、一度《ど》もお祈《いの》りをしたことがないなんて、かんがえられますか。あした牧師館《ぼくしかん》へ使《つか》いをやって、『心《こころ》の光《ひかり》』シリーズのものを、かりてきてやりますよ。かならず、そうします。それから、ちゃんとした服《ふく》をつくってやったら、すぐにも日曜学校《にちようがっこう》へやらなくちゃ。いそがしくなることは、わかってますよ。でも、まあ、しかたないでしょう。生《い》きていくには、それなりの苦労《くろう》があるもんですからね。いままでは、かなりきらくなくらしをしてきましたけど、わたしも、とうとう、でる番《ばん》がきたようなものだわ。こうなったからには、全力《ぜんりょく》をつくさなければいけないというもんです。」

八　アンの教育《きょういく》はじまる

アンをグリーン・ゲイブルズにおくことになったことを、マリラは、じぶんひとりの考《かんが》えで、翌日《よくじつ》の午後《ごご》まで、アンには話《はな》さなかった。

午前《ごぜん》ちゅうはずうっと、なにかとアンに仕事《しごと》をさせて、その仕事《しごと》ぶりに、するどく目《め》をくばっていた。お昼《ひる》ごろまでには、アンが、よく気《き》がついて、すなおで、よろこんではたらき、おぼえもはやい、とマリラは見《み》てとっていた。

いちばんの欠点《けってん》は、仕事《しごと》のさいちゅうに空想《くうそう》にふけりはじめて、仕事《しごと》のほうはすっかりおるすになり、しかられるか、大失敗《だいしっぱい》をやらかすかして、はっとわれにかえるまではだめなのだった。

お昼《ひる》のさらあらいをすませると、とつぜん、アンは、かくごをきめたというような、悲壮《ひそう》な顔《かお》つきで、マリラのまえにやってきた。ほっそりとした小《ちい》さなからだは、頭《あたま》のてっぺんからつまさきまでふるえていた。顔《かお》には血《ち》がのぼり、底光《そこびか》りするほど黒《くろ》い目《め》を、大《おお》きく見《み》ひらいていた。手《て》をかたくにぎりしめて、アンは、もだえるような調子《ちょうし》でいった。

「ねえ、おねがいです。ミス・カスバート。あたしをどこかへやってしまうのかどうか、おしえてください。午前《ごぜん》ちゅうずっと、必死《ひっし》でがまんしてきたの。でも、もうまっているのは、がまんできません。そのことがわからないと、とても、たまらないんです。ねえ、おしえてください。」

「あんたは、まだ、わたしがいったように、ふきんをきれいなお湯《ゆ》であらってませんよ。」マリラは、耳《みみ》をかさずにいった。「さあ、これ以上《いじょう》なにもきかないで、もどって、しておくことをしておきなさい。」

アンは、ふきんをあらいにいき、またマリラのまえへもどってきて、哀願《あいがん》する目《め》つきでじっとみつめた。「では、」これ以上《いじょう》の、答《こた》えをのばす理由《りゆう》がなにもみつからないので、マリラはいった。「おしえてあげたほうがいいようだね。マシュウとわたしは、あんたをうちにおくことにきめたんだけど――そりゃ、あんたが、りっぱな娘《むすめ》になるきもちがあって、それがうれしいことだというならば、ですよ。おや、なんです、いったい？」

「泣《な》いてるんです、あたし。」アンは、とりみだしているようだった。「どうして泣《な》けるんだか、わからないの。うれしくってしようがないのに。うれしいなんて、ことばでは、ぜんぜんぴったりしないわ。〈白《しろ》い道《みち》〉や〈サクラの花《はな》〉を見《み》たときは、うれしいんです――でも、いまは、うれしいだけとはいえないわ。とっても幸福《こうふく》なんです。

あたし、いい子《こ》になるようにがんばります。なかなかむずかしいと思《おも》うけど。だって、トーマスさんのおばさんが、どうしようもないわるい子《こ》だって、よくいってたんですもの。でも、あたし、いっしょうけんめいやってみるわ。

だけど、あたしは、なぜ泣《な》いてるのかしら？　おしえてくださらない？」

「それは、ま、すっかり興奮《こうふん》しているからだろうね。」マリラは、たしなめるようにいった。「そのいすにすわって、気《き》をしずめなさい。あんたは、泣《な》くほうもわらうほうも、ひどくかんたんすぎるようだね。

そう、あんたはここにいられるんだよ。わたしたちも、してあげるべきことは、するつもりですよ。学校《がっこう》にいかなければならないが、夏休《なつやす》みまであと二週間《しゅうかん》だから、九月《がつ》にはじまるまで、いかなくてもいいだろう。」

「おばさんのこと、なんてよんだらいいでしょうか?」アンが、きいた。「いつも、ミス・カスバートって、よぶんですか? それとも、マリラおばさんってよんでもいい?」

「いいえ、ただマリラとよべばいいんです。ミス・カスバートなんて、よばれつけてないから、おちつかないわね。」

「でも、ただマリラとよぶのは、とても失礼《しつれい》みたいな気《き》がするわ。」

アンは、はんたいした。

「気《き》をつけて、尊敬《そんけい》のきもちをこめていえば、べつに失礼《しつれい》ではありませんよ。アボンリーでは、わかい人《ひと》も、年《とし》とった人《ひと》も、牧師《ぼくし》さんのほかは、だれでも、わたしのことを、マリラとよびますよ。牧師《ぼくし》さんだけは、ミス・カスバートですがね——名《な》まえを思《おも》いだしたときはね。」

「あたしは、どうしてもマリラおばさんってよびたいの。」とアンは、おもいつめた口調《くちょう》でいった。「あたし、おばさんだとか、身内《みうち》の人《ひと》って、いままでひとりもいなかったし——おばあさんだってなかったわ。このよびかたひとつで、ほんとにおばさんのうちの子《こ》だってきもちになれるんですもの。マリラおばさんってよんでは、だめ?」

「だめです。わたしはあんたのおばさんじゃないし、そうよばれるのは、感心《かんしん》しませんね。」

「でも、あたしのおばさんだって想像《そうぞう》できるでしょう?」

「わたしはできないよ。」

マリラは、てきびしい調子《ちょうし》でいった。

「おばさんは、ほんとうとはちがったことを、なにも想像《そうぞう》しないの？」

アンは、目《め》をまるくしてきいた。

「しないね。」

「あら！」アンは、ふかく息《いき》をすって、「じゃあ、ミス・カス――じゃない、マリラ、ずいぶんつまらないでしょうねえ！」

「ものごとを、じっさいとはちがったふうに想像《そうぞう》するなんて、わたしは感心《かんしん》しませんね。」マリラは、やりかえした。

「神《かみ》さまは、わたしたちがかってな想像《そうぞう》をしてもいい、なんておつもりで、わたしたちを、この世《よ》にすまわせてらっしゃるんじゃありませんよ。

そうそう、それで思《おも》いだした。アン、居間《いま》へいって――そう、いってもへやをよごさないように、それから、ハエがはいらないように気《き》をつけて――炉《ろ》だなにのっている絵入《えい》りのカードをとってらっしゃい。それに主《しゅ》の祈《いの》りが書《か》いてありますから、きょうの午後《ごご》、ひまがあったら、それをすっかり暗記《あんき》してしまいなさい。ゆうべみたいなお祈《いの》りは、もう二度《ど》としてもらいたくないからね。」

「あたしも、とてもへんてこだったと思《おも》うの。」アンは、いいわけをするように、「だって、そら、まだ一度《ど》もお祈《いの》りしたことがないでしょ？　はじめてだと、どうしてもじょうずにお祈《いの》りできないじゃない？　あたし、ちゃんとやくそくしたとおりに、ねてから、すばらしいお祈《いの》りを思《おも》いついたのよ。牧師《ぼくし》さんのにまけないくらい長《なが》くて、それにとても詩的《してき》だったわ。でも、信《しん》じてもらえるかしら？　けさ目《め》をさましたら、ひとことも思《おも》いだせないの。あんなにいいのは、二度《ど》とかんがえだせないと思《おも》うわ。そうね、二度《ど》めに思《おも》いだしたときって、はじめほどよくないものなんでしょうね。そんなこと、気《き》づいたことある？」

「あんたが気《き》づかなければいけないのはね、アン、なにかしなさいといったとき、すぐ、いったとおりにするということですね。ただつったって、ああだのこうだのって、いってないで。さ、いって、わたしのいいつけどおりにしなさい。」

アンはすぐ、広間《ひろま》をとおって、居間《いま》へいった。だが、なかなかかえってこないので、十分《ぷん》まってから、マリラは、編《あ》みものをおいて、こわい顔《かお》をしてさがしにいった。

アンは、二つの窓《まど》のあいだのかべにかかっている絵《え》のまえに、じっと立《た》っていた。両手《りょうて》をうしろにくみ、絵《え》を見《み》あげている目《め》は、夢《ゆめ》みるようにかがやいていた。そとのサクラの花《はな》とツタをとおしてながれこんでくる白《しろ》と緑《みどり》のいりまじった光《ひかり》は、うっとりと絵《え》に見《み》いっているアンの姿《すがた》に、なにかこうごうしい光《ひかり》をそえていた。

「アン、いったいなにをかんがえているんです？」

マリラは、きびしく問《と》いかけた。

「あれよ。」アンは、『子《こ》どもたちを祝福《しゅくふく》するキリスト』という題《だい》の、くっきりといろどられた石版画《せきばんが》をさして、いった。

「あたしね、じぶんもあのなかのひとりだと想像《そうぞう》してたとこなの――あの青《あお》い服《ふく》を着《き》て、あたしみたいにだれも身内《みうち》がないような、はじっこのほうにひとりで立《た》ってる女《おんな》の子《こ》、あの子《こ》があたしだって想像《そうぞう》してたの。あの子《こ》、ひとりぼっちで、かなしそうだって思《おも》わない？　おとうさんもおかあさんもないんだと思《おも》うわ。でも、やっぱり祝福《しゅくふく》はうけたいんで、みんなのそばに、こっそりちかづいてきたのよ。イエスさまには気《き》がついてもらいたいと思《おも》いながらね。

あの子《こ》のきもち、ほんとにあたしにはわかるのよ。胸《むね》はどきどきしてるし、手《て》はつめたくなっていたにちがいないわ。ここにおいてもらえるかどうか、あたしがおばさんにきいたときみたいに。

イエスさまがじぶんに気《き》がつかないんじゃないかって、心配《しんぱい》してるけど、気《き》がつくわね？　あたし、おわりまでずうっと想像《そうぞう》して見《み》てたのよ――あの子《こ》は、すこしずつイエスさまのほうにちかづいていって、とうとうイエスさまのすぐそばまでくるの。そうすると、イエスさまはあの子《こ》をごらんになって、髪《かみ》の上《うえ》に手《て》をおのせになるの。そしたら、ああ、あの子《こ》は、からだじゅうに、よろこびの火《ひ》が、さあっとつたわるのよ！

でも、イエスさまの顔《かお》、あんなにかなしそうにかかなかったほうがいいと思《おも》うわ。イエスさまの絵《え》って、注意《ちゅうい》してみると、みんなこうね。だけど、ほんとうは、あんなかなしそうな顔《かお》してらっしゃらなかったと思《おも》うわ。じゃなければ、子《こ》どもたちがイエスさまをこわがると思《おも》うのよ。」

「アン。」マリラは、なぜもっとはやくアンの話《はなし》をやめさせなかったのか、じぶんでもふしぎに思《おも》いながら、口《くち》をはさんだ。「そんなふうにいうなんて、不信心者《ふしんじんしゃ》のことばですよ。まったくですよ。」

アンは、びっくりして、目《め》をまるくした。

「あら、あたし、心《こころ》から信《しん》じるきもちでいったのよ。不信心《ふしんじん》なんてつもりはないわ。」

「ま、それはそうでしょうけど、こういうことで、なれなれしい口《くち》をきくのは、いいことじゃありません。それから、もうひとつ、わたしがなにかをとりにやったときは、すぐそれをもってくるんですよ。絵《え》のまえにつったって、ぼんやり空想《くうそう》にふけったりするんじゃありません。いいね？　そのカードをとってまっすぐ台所《だいどころ》へいらっしゃい。

さあ、そのすみにすわって、お祈《いの》りをすっかりおぼえるんです。」

アンは、カードをリンゴの花《はな》がいっぱいさしてある水《みず》さしにたてかけて――この花《はな》は、アンが食卓《しょくたく》をかざるためにとってきたものだが、マリラはよこ目《め》でじろりと見《み》ただけで、なにもいわなかった――あごに両手《りょうて》をあて、熱心《ねっしん》に読《よ》みはじめた。しばらくしずかになった。

「これ、すきだわ、あたし。」ついに、アンはしゃべりだした。「美《うつく》しいことばだわ。まえにもきいたことがあるの――孤児院《こじいん》の日曜学校《にちようがっこう》の校長先生《こうちょうせんせい》が、このお祈《いの》りなさったのを、きいたの。でも、そのときは、かさかさした声《こえ》で、とてもめいった調子《ちょうし》で、あまりいいと思《おも》わなかったわ。校長先生《こうちょうせんせい》はきっと、お祈《いの》りはいやな仕事《しごと》だってかんがえてらっしゃるんだと、思《おも》ったくらいよ。

これは詩《し》じゃないけど、詩《し》を読《よ》んだときとおなじきぶんがするわ。

『天《てん》にましますわれらの父《ちち》よ、み名《な》をあがめさせたまえ。』

ほんとに、音楽《おんがく》の一節《いっせつ》みたいだわ。ああ、これをあたしにおぼえさせようとしてくださって、とてもうれしいわ、ミス・カスバ――じゃなかった。マリラ。」

「さ、おぼえるんです、おしゃべりしないで。」

マリラは、そっけなくいった。

アンは、リンゴの花《はな》の花《か》びんをかたむけて、ピンクのつぼみにそっとキスしてから、しばらくは熱心《ねっしん》に勉強《べんきょう》をつづけていたが、また、

「マリラ、アボンリーで、あたしに心《こころ》の友《とも》ができると思《おも》う?」

「ここ――なんのともだって?」

「心《こころ》の友《とも》――ふたりとない親友《しんゆう》ね――心《こころ》の奥底《おくそこ》をうちあけることができる、ほんとうの友《とも》だちのこと。そういう友《とも》だちにめぐりあうのが、ずうっとあたしの夢《ゆめ》だったの。でも、夢《ゆめ》にすぎないとは思《おも》ってたんだけど、こんなに、あたしの一生《いっしょう》のねがいが、どんどんかなえられるんですもの、この夢《ゆめ》だって、実現《じつげん》するんじゃないかと思《おも》いだしたの。めぐりあえると思《おも》う?」

「ダイアナ＝バリーって子《こ》が、オーチャード・スロープにいるけど、おない年《どし》ぐらいだね、あんたと。とてもいい子《こ》だから、かえってきたら、いい遊《あそ》びあいてになるだろうよ。ちょうどいま、カーモディのおばさんとこにいってるがね。

だけど、気《き》をつけて、いい子《こ》にしてなきゃだめだよ。バリーのおくさんは、やかましい人《ひと》だからね。いい子《こ》じゃなければ、ダイアナとあそばせてくれないよ。」

リンゴの花《はな》をすかしてマリラをみつめているアンの目《め》は、かがやいてきた。

「ダイアナって、どんな子《こ》？　赤毛《あかげ》じゃないでしょうね？　ねえ、そうじゃないわね？　じぶんが赤《あか》い毛《け》でうんざりしてるのに、心《こころ》の友《とも》までそうだとしたら、もう、こりごりするわ。」

「ダイアナは、それはきれいな子《こ》です。目《め》も髪《かみ》の毛《け》も黒《くろ》で、バラ色《いろ》のほおをしてるよ。それに、いい子《こ》で、りこうだね。これはきれいなんてことより、ずっとだいじなことだ。」

マリラは、『ふしぎの国《くに》のアリス』の公爵夫人《こうしゃくふじん》みたいに教訓《きょうくん》ずきで、育《そだ》ちざかりの子《こ》になにかいうときは、かならずなにか教訓《きょうくん》をそえるように心《こころ》がけていた。

でも、アンのほうは、教訓《きょうくん》などはそっちのけで、たのしい見《み》とおしに夢中《むちゅう》になっていた。

「あら、とてもきれいな子《こ》だなんてうれしいわ。そりゃ、じぶんがきれいなほうが――でも、あたしのばあいは、だめだし――心《こころ》の友《とも》が美《うつく》しい人《ひと》だったら、すてきだわ。

トーマスのおばさんのとこにいたときね、居間《いま》に、ガラス戸《ど》がついた本箱《ほんばこ》があったの。本《ほん》はぜんぜんなくて、トーマスのおばさんが、とっときのせとものをしまったり、なにかだいじなものがあるとしまっとく場所《ばしょ》だったの。片方《かたほう》の戸《と》は、トーマスのおじさんがすこし酔《よ》ってかえった晩《ばん》に、ぶつかって、こわれてたけど、もう片方《かたほう》はちゃんとしてたの。それで、あたし、そこにうつるじぶんのことを、本箱《ほんばこ》のなかにすんでるべつな女《おんな》の子《こ》だと思《おも》うことにしたのよ。

ケイティ＝モーリスという名《な》にして、とても仲《なか》よくしてたわ。いつも時間《じかん》をきめて話《はなし》をして――ことに日曜日《にちようび》ね――なんでもうちあけたの。

ケイティは、あのころのただひとつのなぐさめだったわ。

　あたし、こうかんがえることにしたの。――この本箱《ほんばこ》には魔法《まほう》がかかっていて、もしあたしがじゅもんを知《し》って、となえられたら、本箱《ほんばこ》はもう、トーマスのおばさんのとっときをしまう本箱《ほんばこ》じゃなくて、ケイティのすんでいるへやのとびらをあけて、なかにはいれるんだって。

　そうすると、ケイティがあたしの手《て》をとって、花《はな》がいっぱいさいてる、日《ひ》の光《ひかり》や、妖精《ようせい》のまっている、すばらしいところにあたしをあんないするの。そこでふたりで、永遠《えいえん》にしあわせにくらすの。

　ハモンドのおばさんのうちへいくことになったとき、ケイティをおいてくのが、ほんとうに心《こころ》がはりさけるようだったわ。ケイティもそうだったの、とっても。本箱《ほんばこ》のガラス戸《ど》ごしに、あたしにさよならのキスをしたとき、泣《な》いてたんですもの。

ハモンドのおばさんのうちには本箱《ほんばこ》はなかったけど、うちからちょっといった川上《かわかみ》に、ほそ長《なが》い緑《みどり》の谷《たに》があって、ほれぼれするような声《こえ》のこだまが、そこにすんでいたの。べつに大《おお》きな声《こえ》をださなくても、こっちのいうひとこと、ひとこと、みんなこたえてくれたわ。

あたし、そのこだまを、ヴィオレッタという名《な》の小《ちい》さな女《おんな》の子《こ》だときめて、親友《しんゆう》になったの。あたし、その子《こ》をケイティにまけないくらいすきになったわ――まったくおなじでなくても、ほとんどおなじくらいよ――わかるでしょ?

孤児院《こじいん》へいくまえの晩《ばん》、あたしがヴィオレッタに、さよならをいうと、ねえ、ヴィオレッタも、かなしそうなかなしそうな声《こえ》で、さよならっていったわ。

あたしは、どうしてもヴィオレッタをわすれられなかったから、孤児院《こじいん》では、想像《そうぞう》にしても、とても心《こころ》の友《とも》をつくる気《き》にはなれなかったわ。孤児院《こじいん》でも、想像《そうぞう》しようと思《おも》えば想像《そうぞう》できたのかもしれないけど。」

「できなくて、けっこうでしたよ。」マリラは、にべもなくいった。「そういうみょうなくせは、感心《かんしん》できないね。あんたは、じぶんの想像《そうぞう》したものを、はんぶんほんとにしてしまってるようじゃないか。生《い》きているほんものの友《とも》だちをつくって、そんなばかげたものは、かんがえないようにしたほうがいい。でも、バリーのおくさんには、そのケイティやらヴィオレッタやらの話《はなし》をしちゃだめだよ。うそをつく子《こ》だって思《おも》われるからね。」

「あら、話《はな》しゃしないわ。だれにでも話《はな》すなんて、とてもできないことなのよ――神聖《しんせい》な思《おも》い出《で》なんですもの。だけど、おばさんにだけは知《し》ってもらいたかったの。

あら、見《み》て。リンゴの花《はな》から大《おお》きなハチがおっこちたわ。なんてすばらしいうちにすんでるんでしょう——リンゴの花《はな》のおうちなんて！　風《かぜ》にゆれて、リンゴの花《はな》のなかでねむるなんて！　もし、あたしが人間《にんげん》の子《こ》どもじゃなかったら、ハチになって、花《はな》のなかでくらしたいわ。」

「きのうはカモメになりたいっていったじゃないの。」マリラは、ふんといった口調《くちょう》でいった。「あんたは、ひどく気《き》まぐれなところがあるね。お祈《いの》りをおぼえなさい。おしゃべりをしないで、といったはずだよ。でも、だれか聞《き》き手《て》がいると、やめなさいといってもだめだから、じぶんのへやへいって、おぼえなさい。」

「あら、もうほとんどみんなおぼえたわ——まだなのは、さいごの行《ぎょう》だけよ。」

「それはもういいから、いったようにしなさい。へやへいって、ちゃんとおわりまでおぼえるんです。そして、わたしがお茶《ちゃ》のしたくによぶまで、へやにいなさい。」

「リンゴの花《はな》をもってってもいい？」

　アンは、たのんだ。

「だめですね。へやを花《はな》びらでちらかしたくないでしょ？　だいたい、木《き》から切《き》ってくることも、まちがってますよ。」

「あたしも、ちょっと、そう思《おも》ったの。」アンは、いった。「枝《えだ》を切《き》ったりして、このすばらしいいのちをちぢめるのはよくないって、かんじたわ——あたしがリンゴの花《はな》だったら、やっぱりいやだと思《おも》うわ。でも、ほしいってきもちをおさえられなかったの。どうしてもほしいと思《おも》ったら、おばさん、どうなさる？」

「アン、じぶんのへやにいきなさいっていったのが、きこえなかったんですか？」

アンはためいきをついて、東《ひがし》の破風窓《はふまど》のへやへもどり、窓《まど》ぎわのいすにこしをおろした。

「さあ――このお祈《いの》りはもうわかった、と。さいごのところも、二階《かい》へくるまでにおぼえちゃったし。じゃ、このへやをいろんな想像《そうぞう》でかえてしまって、いつまでも想像《そうぞう》のままにしとこう。

床《ゆか》には、ぜんぶ、ピンクのバラの花《はな》もようをちらした白《しろ》いビロードのじゅうたんがしいてあって、窓《まど》にはピンクの絹《きぬ》のカーテンがかかっているの。

かべには、金糸《きんし》と銀糸《ぎんし》で織《お》ったつづれ織《お》りがかけてある。

寝具《しんぐ》はマホガニーのもの――マホガニーって見《み》たことないけど、なんだか豪華《ごうか》な感《かん》じがするんですもの。

この寝《ね》いすは、とってもはなやかな、ピンクやブルーや深紅《しんく》のや金色《きんいろ》の絹《きぬ》のクッションでうずまっていて、そこであたしは、ふんわりとからだをよこたえているの。

あそこのかべには、大《おお》きな、すばらしい鏡《かがみ》があって、そこに姿《すがた》をうつしてみると、あたしは、背《せ》が高《たか》くて、気品《きひん》があって、白《しろ》いレースのついたすそまであるガウンを着《き》て、胸《むね》にも髪《かみ》にも、真珠《しんじゅ》をつけているの。

髪《かみ》は夜空《よぞら》のようにまっくろで、はだはぞうげのように、すきとおるまでに白《しろ》いの。

名《な》まえはレイディ・コーデリア＝フィッツジェラルド（貴族《きぞく》の婦人《ふじん》の称号《しょうごう》のようなもの）。あら、だめだわ――この名《な》まえは、ほんとみたいに思《おも》えないもの。」

アンは、さっと身《み》をひるがえして、小《ちい》さな鏡《かがみ》のところへいって、のぞきこんだ。

そばかすだらけの顔《かお》と、まじめくさった灰色《はいいろ》の目《め》が、アンをのぞきかえした。

「あんたは、やっぱりグリーン・ゲイブルズのアンだわね。」アンは、しんけんな口調《くちょう》でいった。「じぶんが、レイディ・コーデリアだって想像《そうぞう》するたびに、あんたのこんな姿《すがた》が見《み》えてくるんだわ。でも、どこのだれでもないアンより、グリーン・ゲイブルズのアンのほうが、百万倍《ばい》もいいじゃない？」

アンは、かがみこんで、鏡《かがみ》のなかのじぶんに心《こころ》をこめてキスをして、それから、窓《まど》のところにとってかえした。

「〈雪の女王《ゆきのじょおう》〉さま、こんにちは。こんにちは、くぼ地《ち》のモミの木《き》。こんにちは、むこうの丘《おか》の灰色《はいいろ》のおうちよ。ダイアナは、あたしの心《こころ》の友《とも》になってくれるかしら？　なってくれると思《おも》うわ。そしたら、あたしは、ダイアナがだいすきになるにきまってる。でも、ケイティやヴィオレッタのことを、わすれたりしたらだめね。ふたりとも、とてもきずつくでしょうよ。あたし、本箱《ほんばこ》のなかの子《こ》でも、こだまの女《おんな》の子《こ》でも、人《ひと》の心《こころ》をきずつけるなんて、とってもできないもの。だから、注意《ちゅうい》してわすれないようにして、毎日《まいにち》ふたりに、キスをおくるようにしなくちゃ。」

アンは、指《ゆび》のさきからリンゴの花《はな》ごしにキスをふたつおくり、それから、両手《りょうて》にあごをのせて、空想《くうそう》の海《うみ》の上《うえ》を、豪華《ごうか》な夢《ゆめ》の船《ふね》にのって、ただよいつづけていた。

九　レイチェル＝リンド夫人《ふじん》　すっかりあきれる

アンがグリーン・ゲイブルズにきて、二週間《しゅうかん》もしてから、はじめて、リンド夫人《ふじん》がアンを見《み》にやってきた。レイチェル夫人《ふじん》は、べつにくるのをしぶっていたわけではない。たちのわるいはやりかぜにかかったため、このまえグリーン・ゲイブルズをおとずれた日《ひ》からずうっと、家《いえ》にとじこもったきりだったのである。

レイチェル夫人《ふじん》は、あまり病気《びょうき》をしないほうで、よく病気《びょうき》にかかる人《ひと》たちを、おおいにけいべつしていたが、夫人《ふじん》の力説《りきせつ》するのは、はやりかぜだけはほかの病気《びょうき》とはちがって、まったく神《かみ》の摂理《せつり》というほかはない、とのことだった。

お医者《いしゃ》のゆるしがでると、さっそくレイチェル夫人《ふじん》は、グリーン・ゲイブルズへやってきた。いまやアボンリーの人《ひと》のうわさや想像《そうぞう》のまとになっている、マシュウとマリラのもらい子《ご》にあってみたいきもちで、はちきれそうであった。

アンは、この二週間《しゅうかん》、目《め》がさめているあいだは、一刻一刻《いっこくいっこく》を、たのしくすごしてきた。

このあたりの木《き》やしげみとは、みんなちかづきになった。ある小道《こみち》をいくと、リンゴ園《えん》の下《した》へでて、それがほそ長《なが》い森《もり》につうじているのをみつけた。小川《おがわ》にそってあるき、橋《はし》をこえ、モミの林《はやし》やヤマザクラのアーチをとおって、おいしげるシダのなかにふみこみ、枝《えだ》をたれたカエデやトネリコのしげみをぬけたりして、いちばん奥《おく》までいってみた。

くぼ地《ち》の泉《いずみ》とも仲《なか》よしになった。そのすばらしい、ふかくすみきった、氷《こおり》のようにつめたい泉《いずみ》は、すべすべした赤《あか》い砂岩《さがん》のなかからわきでていて、シュロのように大《おお》きなミズシダのしげみにふちどられていた。泉《いずみ》のむこうの小川《おがわ》には、丸木橋《まるきばし》がかかっていた。

その橋《はし》をかろやかにわたって、アンは、むこうの丘《おか》までいったが、そこは、うっそうとしげったモミやエゾマツが、まっすぐにたちならんでいて、いつもたそがれどきのように暗《くら》かった。さいている花《はな》はといえば、かぞえきれないほどの、しおらしく美《うつく》しい森《もり》の花《はな》――やさしいツリガネソウと、去年《きょねん》さいた花《はな》の精《せい》のような、青白《あおじろ》くたおやかなスターフラワーがすこしと、それだけだった。木々《きぎ》のクモの巣《す》は、銀《ぎん》の糸《いと》のようにひかり、モミの枝《えだ》や花《はな》ぶさは、したしくかたりかけるふぜいがあった。

こういう、たのしくてたまらない探検《たんけん》は、あそんでもいいといわれた三十分《ぷん》ほどのあいだにしたのだが、かえってくると、アンは、じぶんの発見《はっけん》のかずかずを、マシュウとマリラに、耳《みみ》がとおくなるくらい、しゃべりまくった。マシュウは、いやな顔《かお》ひとつしないで、だまって、たのしそうにほほえみながら、すっかりきいてくれた。マリラも、だまってこの「おしゃべり」をきいていたが、じぶんがついつい話《はなし》にひきこまれてしまっているのにきづくと、あわてて「もうおだまり。」というのだった。

レイチェル夫人《ふじん》がきたとき、アンは、ちょうど果樹園《かじゅえん》で、夕日《ゆうひ》にそまったみずみずしい草《くさ》が風《かぜ》にさわいでいるなかを、散歩《さんぽ》しているところだった。そこで、レイチェル夫人《ふじん》は、じぶんの病気《びょうき》のことを、こまごまと話《はな》すことができたが、痛《いた》みがどうで、脈《みゃく》はくがどうだったというその話《はな》しぶりがいかにもたのしそうなので、マリラは、はやりかぜにかかるのもそうわるくないものだな、と思《おも》ったくらいであった。

さて、病気《びょうき》のほうの話《はなし》のたねがつきてしまうと、レイチェル夫人《ふじん》は、たずねてきたほんとうのわけを話《はな》しはじめた。

「あんたと、マシュウについて、びっくりするような話《はなし》を、二、三きいてるんだけど。」

「こっちのほうがびっくりしてますよ、あんたどころじゃありませんよ。」と、マリラはいった。「いまやっと、おちついたところだけど。」

「ほんとにこまったことだね、こんなまちがいがおきたりして。」レイチェル夫人《ふじん》は、きのどくそうに、いった。「その子《こ》を、おくりかえせなかったのかね？」

「そりゃ、かえせただろうけど、そうしないことに、わたしたち、きめたんです。マシュウがすっかり気《き》にいっちまってね、それに、わたしだって、正直《しょうじき》いってあの子《こ》がきらいじゃなし――まあ、いろいろと欠点《けってん》はありますがね。うちのなかが、がらりとかわった感《かん》じですよ。ほんとに明《あか》るいたちの子《こ》ですよ。」

マリラは、はじめにかんがえていたよりも、しゃべりすぎたようだった。レイチェル夫人《ふじん》の、どうも感心《かんしん》しない、という顔《かお》つきを読《よ》みとったから。

「あんたたちは、たいへんな責任《せきにん》をしょいこんだんですよ。」レイチェル夫人《ふじん》は、おもおもしい調子《ちょうし》でいった。「とくに、あんたたちは、子《こ》どものこととときたら、なんの経験《けいけん》もないんだから。その子《こ》のおいたちにしても、ほんとうの気《き》だてについても、たいして知《し》らないだろうし、ああいう子《こ》どもは将来《しょうらい》どうなるか、わかったもんじゃありませんからね。だけど、あんたのきもちをくじくつもりでいってるんじゃないんですよ、マリラ。」

「くじけたりしやしませんよ。」マリラは、そっけなくいった。「わたしは、いったんこうときめたら、さいごまでやりぬきますからね。アンにあってみたいおきもちがありましょうから、よんできますよ。」

まもなく、アンが、果樹園《かじゅえん》をあるきまわったときのよろこびに顔《かお》をかがやかせたまま、かけこんできたが、おもいがけず、見知《みし》らぬ客《きゃく》がいるのにきづいて、きまりわるそうに、戸口《とぐち》のところでたちどまった。

孤児院《こじいん》から着《き》てきたままの、つんつるてんの交織《こうしょく》の服《ふく》の下《した》から、ほそい足《あし》を、みっともないほどにょっきりとだして立《た》っているアンの姿《すがた》は、たしかにおかしなものだった。そばかすはいつもよりはっきりしてめだつくらいだったし、帽子《ぼうし》をかぶっていなかったので、風《かぜ》でばさばさになった髪《かみ》の毛《け》は、まったくすさまじいばかりで、赤《あか》いのなんの、このときくらい赤《あか》く見《み》えたことはないくらいだった。

「なるほど、あんたはきりょうでひろわれたんじゃないね、これはまちがいない。」

レイチェル＝リンド夫人《ふじん》は、力《ちから》をこめて、いった。

レイチェル夫人《ふじん》は、じぶんの思《おも》ったことを、なんの気《き》がねもなく口《くち》にすることをじまんにしている、愛《あい》すべき人《ひと》びとのひとりだった。

「またひどくやせっぽちで、ぶきりょうな子《こ》じゃないの、マリラ。さ、ここへきて、ようく顔《かお》をみせておくれ。なんとまあ、こんなそばかすって、見《み》たこともないわ。それに、髪《かみ》の毛《け》の赤《あか》いこと、まるでにんじんね。さ、こっちへきなさい。さあ。」

アンは、きたには「きた」が、そのきかたは、レイチェル夫人《ふじん》が思《おも》っていたのとは、どうもちがっていた。ひととびで台所《だいどころ》をつっきったかとおもうと、怒《いか》りで顔《かお》をまっかにして、くちびるをふるわせ、頭《あたま》のてっぺんから足《あし》のつまさきまで、ほそい全身《ぜんしん》をふるわせて、レイチェル夫人《ふじん》のまえにつったった。

「あんたなんか、だいきらい。」足《あし》をふみならし、声《こえ》をつまらせて、アンはいった。「だいきらいよ——だいきらい——だいきらい——」

だいきらい、というたびに、ますますはげしく足《あし》をふみならしながら、いいつづけた。

「よくも、あたしのことを、やせっぽちで、みっともないなんていったわね！　よくも、そばかすだらけで、赤毛《あかげ》だなんていったわね！　ずいぶんざんこくな、失礼《しつれい》な、なさけ知《し》らずの人《ひと》ね、あんたって！」

「アン！」

マリラは、びっくり仰天《ぎょうてん》して、さけんだ。

しかし、アンはひるまず、頭《あたま》をきっとあげ、目《め》をもえたたせ、両手《りょうて》をにぎりしめ、レイチェル夫人《ふじん》をにらみつけて、立《た》っていた。はげしい怒《いか》りが全身《ぜんしん》からふきだすようだった。

「よくもそんなことがいえるわね！」アンは、もうれつないきおいで、くりかえした。「もしあんたがそんなことをいわれたら、どんなきもち？　でぶで、ぶかっこうで、想像力《そうぞうりょく》なんてひとっかけらもないっていわれたら？　こんなことといってあんたの心《こころ》をきずつけたって、あたしへいきだわ！　きずつけてやりたいくらいよ。まえに、トーマスのおばさんの、よっぱらいのだんなさんに、とてもひどいことをいわれたけど、あんたのほうが、もっと、わたしのきもちをきずつけたわ。そんなことというなんて、あたし、けっしてあんたをゆるさないわ。けっして、ゆるしゃしないから！」

ドシン！　ドシン！

「なんてまあ、ひどいかんしゃくもちなの！」

レイチェル夫人《ふじん》は、あきれかえって、さけんだ。

「アン、へやにもどって、あたしがいくまで、そこにいなさい。」

なんとかものをいう力《ちから》をとりもどして、マリラがいった。

アンは、わあっと泣《な》きだして、戸口《とぐち》にむかってかけだし、ものすごいいきおいで、戸《と》をバタンとしめたので、そとのポーチのかべにかかっているブリキが共鳴《きょうめい》して、はげしくひびきあった。それから、つむじ風《かぜ》のように広間《ひろま》をとおりぬけ、二階《かい》へかけあがっていった。

すこしひくい、バタン、という音《おと》が上《うえ》のほうできこえたので、東窓《ひがしまど》の戸《と》も、おなじようにはげしくしめられたということがわかった。

「やれやれ、あの子《こ》をそだてるなんて、とてもうらやましいとはいえませんね、マリラ。」

レイチェル夫人《ふじん》は、なんともいえぬ、にがにがしげな顔《かお》つきでいった。

マリラは、なんとおわびしていいかわからない、というつもりで、口《くち》をひらいたが、でてきたことばは、いつ思《おも》いだしてもマリラ自身《じしん》びっくりするような、いいぐさだった。

「あの子《こ》に、きりょうがどうのこうのなんていうのは、よくないねえ、レイチェル。」

「マリラ、あんたはまさか、たったいま、あんなおそろしいかんしゃくをおこしてみせた、あの子《こ》のかたをもつ気《き》じゃないだろうね？」

レイチェル夫人《ふじん》は、むっとして、いった。

「むろん、そうですよ。」マリラは、ゆっくりといった。「あの子《こ》のためにいいわけをしようとは思《おも》いませんね。あの子《こ》はたしかにわるかったし、そのてんは、よくいいきかせにゃならないと思《おも》ってるけどね。わたしたちにしても、大目《おおめ》に見《み》てやらなけりゃ。ぎょうぎひとつおそわったことがないんだから。それに、あんたは、あの子《こ》にひどすぎたと思《おも》うね、レイチェル。」

マリラは、このさいごのひとことを、つけくわえずにはいられなかった。もっとも、そういってから、またじぶんのことばにおどろいてしまったが。

レイチェル夫人《ふじん》は、むっとしたようすで、立《た》ちあがった。

「けっこう。わかりましたとも。わたしも、せいぜい口《くち》をつつしむとしましょう、マリラ。どこの馬《うま》の骨《ほね》かわからないみなしごのきもちとやらが、なによりもだいじなんだそうだから。いえ、おこってなんかいませんよ――気《き》にしなくてよござんす。あんたがきのどくで、おこる気《き》にもなれませんよ。あの子《こ》のことでは、あんたもさぞ苦労《くろう》するだろうさ。

だけど、もしわたしの忠告《ちゅうこく》をきく気《き》があるなら――そりゃきく気《き》もないだろうが、十人《にん》の子《こ》どもをそだてて、ふたりをなくした、このわたしのいうことにせよね――あんたのいう『話《はな》してきかせる』とやらは、ふとめのカバのむちでやることだね。ああいった子《こ》どもには、それが、ことば以上《いじょう》ききめがあると思《おも》うね。そう、あの子《こ》のかんしゃくときたら、あのばさばさの髪《かみ》の毛《け》に似《に》あってるよ。

では、ごきげんよう、マリラ。いままでどおり、ちょくちょく、よってくださいよ。でも、わたしのほうは、とうぶんはおたずねしないと思《おも》いますがね。あんなふうにかみつかれて、さんざんあくたいつかれるようじゃね。ま、わたしも、こんなめにあったのは、はじめてのことだ。」

こういったかとおもうと、レイチェル夫人《ふじん》は、さっさとひきあげていった——いつもよちよちあるいている、でっぷりした婦人《ふじん》が、さっさとひきあげた、といってよければだが。

マリラは、たいへんむずかしい顔《かお》をして、東《ひがし》の破風窓《はふまど》のへやへいった。

階段《かいだん》をのぼりながら、マリラは、いったい、アンにどう話《はな》したらいいのかとかんがえて、おちつかなかった。たったいま目《め》のまえでおこったことに、ひどくらくたんしていた。アンが、人《ひと》もあろうに、レイチェル＝リンド夫人《ふじん》のまえで、あんなかんしゃくをおこしたとは、なんと運《うん》がわるかったのだろう！

そう思《おも》うと、こんどはきゅうに、じぶんが、アンの性質《せいしつ》にあんな欠点《けってん》があるのを発見《はっけん》してかなしむよりも、それがじぶんの恥《はじ》であるような気《き》がしてきた。じぶんのなかにある、人《ひと》を責《せ》めるきもちにもきづいた。

では、あの子《こ》を、どう罰《ばっ》したらいいだろう？　カバのむちをあてるというレイチェル夫人《ふじん》のすすめも、ききめがあるのかどうか——レイチェル夫人《ふじん》の子《こ》どもたちが証人《しょうにん》になってくれるだろうが——マリラには、なっとくできなかった。子《こ》どもをむちでうつなどということは、できない、と思《おも》った。それよりもアンに、はらをたてるような大罪《だいざい》をおかしたことをさとらせるためには、なにかほかの罰《ばっ》しかたがあるはずだ、と思《おも》った。

アンは、ベッドにうつぶせになり、はげしく泣《な》いていた。どろだらけのくつをぬぐのもわすれ、かけぶとんの上《うえ》に身《み》をなげていた。

「アン。」

マリラは、あまりきびしいとはいえない声《こえ》で、よんだ。

アンが、へんじをしなかったので、こんどは、もっときびしい調子《ちょうし》で、

「アン、いますぐベッドからおりて、わたしのいうことをききなさい。」といった。

アンは、もぞもぞとベッドからおりて、そばのいすに、かたくなってすわった。顔《かお》は涙《なみだ》でよごれ、はれていた。目《め》は、強情《ごうじょう》に床《ゆか》をにらんだままだった。

「たいへんなおぎょうぎだったね、アン！　はずかしくないかい？」

「あの人《ひと》には、あたしのことを、みっともないとか、赤毛《あかげ》だとかいう権利《けんり》はないわ。」

アンは、いいかえした。

「あんたにも、あんなおこりかたをしたり、あんなものいいかたをする権利《けんり》はありませんよ。わたしはあんたのことをはずかしく思《おも》ったね――ほんとに、リンドのおくさんには、ちゃんとしたぎょうぎをみせてほしかったのに――それどころか、わたしに恥《はじ》をかかせたんだもの。

どうしたっていうのかい？　リンドのおくさんが、ただ、あんたのことを赤毛《あかげ》でぶきりょうだっていっただけで、なぜあんなにかんしゃくをおこしたのかい？　じぶんでいつもそういってるくせに。」

「あら、じぶんでそういうのと、人《ひと》からいわれるのとでは、大《おお》ちがいよ。」アンは、泣《な》き声《ごえ》でいった。「いくらじぶんではわかっていても、ほかの人《ひと》はそう思《おも》ってないといいな、ってきもちになるものだわ。あたしがひどいかんしゃくもちに見《み》えたでしょうけど、がまんできなかったのよ。あの人《ひと》があんなこといったとき、なにか、ぐうっとこみあげてきて、胸《むね》がしめつけられるようだったのよ。どうしてもあの人《ひと》をやっつけな

くちゃ、おさまらなかったわ。」

「ま、いい恥《はじ》さらしをしたわけだよ。リンドのおくさんは、どこへいっても、あんたについてはいい話《はなし》のたねができただろうよ——じっさいね。あんなふうに怒《いか》りをぶちまけるなんて、ほんとうにたいへんなことですよ、アン。」

「だって、かんがえてよ。だれかがめんとむかって、おまえはやせっぽちでみっともない娘《むすめ》だなんていったら、どう思《おも》うかって。」

アンは、涙《なみだ》をぽろぽろこぼしながら、うったえた。

とつぜん、マリラの心《こころ》に、遠《とお》いむかしの記憶《きおく》がよみがえってきた。マリラは、たいへん小《こ》がらな子《こ》どもだったが、おばが、だれかにこういうのを、きいたことがあった。

「かわいそうに、この子《こ》はまあ、色《いろ》も黒《くろ》いし、ほんとにぶきりょうだねえ。」

そのときの、胸《むね》にくぎをさされたようなきもちは、五十になったいまでもわすれてはいない。

「まあね、なにも、リンドのおくさんがあんたにむかってあんなことをいう権利《けんり》がある、といってるわけじゃありませんよ、アン。」マリラは、調子《ちょうし》をやわらげた。「レイチェルは、たしかに無遠慮《ぶえんりょ》だからね。だけど、そうかといって、あんたがあんなふるまいをしていいというわけにはいきません。あの人《ひと》は、知《し》らない人《ひと》でもあるし、目上《めうえ》の人《ひと》だし、わたしのお客《きゃく》です——これだけのりっぱな理由《りゆう》が三つもあるんだから、あんたは、とうぜん礼儀正《れいぎただ》しくしなければならないんだよ。それを、あんたは、無礼《ぶれい》で、生意気《なまいき》なたいどをとったんですよ。それに——」

きゅうにマリラの頭《あたま》に、すばらしい罰《ばつ》がひらめいた。

「そうだ、あの人《ひと》のところへいって、あんなふるまいをしてもうしわけなかったと、ゆるしてもらってきなさい。」

「そんなこと、ぜったいにできません。」アンは、陰気《いんき》な顔《かお》できっぱりといった。「すきなようにあたしを罰《ばっ》してもいいわ、マリラ。ヘビやヒキガエルがいる、暗《くら》いじめじめした土牢《つちろう》にあたしをおしこめて、パンと水《みず》しかたべさせなくても、もんくはいわないわ。でも、リンドのおくさんのとこへいって、あやまるのは、いやです。」

「わたしらは、人《ひと》を暗《くら》いじめじめした土牢《つちろう》におしこめる習慣《しゅうかん》はありませんよ。」マリラは、そっけなくいった。「とくに、アボンリーには、土牢《つちろう》なんてないしね。だけど、リンドのおくさんにあやまることは、あんたにしてもらいますよ。あんたが、じぶんですすんであやまりにいく気《き》になるまで、このへやにいてもらいますから。」

「それなら、永遠《えいえん》にこのへやにいることになるわね。」アンは、かなしげにいった。「だって、あんなことをいってすまない、なんて、いえないんですもの。おばさんをこまらしたのはわるいと思《おも》うわ。だけど、あの人《ひと》にああいってやって、うれしかったのよ。胸《むね》がすっとしたわ。すまないなんて思《おも》ってないのに、すみませんなんていえる？　想像《そうぞう》することだってできないわ。」

「ま、朝《あさ》までには、あんたの想像力《そうぞうりょく》とやらも、もっとよくはたらくようになるでしょうよ。」マリラは、そういって、立《た》ちあがった。「じぶんのしたことを、今晩《こんばん》ゆっくりかんがえれば、心《こころ》もずっとおちつくだろうよ。あ

レイチェル＝リンド夫人　すっかりあきれる

んたは、グリーン・ゲイブルズにおいてもらえれば、いい子《こ》になる努力《どりょく》をするっていったけど、今晩《こんばん》のようすじゃ、たいして期待《きたい》できそうにもないね。」

おさまりのつかないアンの胸《むね》に、このうずくようなすてぜりふをのこして、マリラは台所《だいどころ》へおりていったが、心《こころ》はなにかいらだち、みだれていた。

アンにたいしておこっているのとおなじように、じぶんにたいしても、はらだたしかった。それは、レイチェル夫人《ふじん》のあっけにとられた表情《ひょうじょう》を思《おも》いだすたびに、なんとも罪《つみ》ぶかいこととは思《おも》いながら、つい口《くち》がほころび、わらいだしたくなってしかたがなかったからだ。

十　アンのおわび

マリラはその晩《ばん》、マシュウには、なにも話《はな》さなかった。でも、アンがつぎの朝《あさ》になってもきげんをなおさず、朝食《ちょうしょく》にも姿《すがた》をみせなかったので、その理由《りゆう》を話《はな》さなければならなかった。マリラは、こんどの事件《じけん》のてんまつを、アンのたいどがわるかったことを強調《きょうちょう》して、マシュウに話《はな》した。

「レイチェル＝リンドをおこりつけたのは、いいこった。かげぐち屋《や》で、おせっかいやきのばあさんだものな。」と、マシュウは、なだめるようにいった。

「マシュウ、あんたにはあきれるよ。アンがわるかったと知《し》ってて、あの子《こ》のかたをもつなんて。まるで、あの子《こ》を、けっしてしかるなといいたいみたいじゃないの。」

「いや、そういうわけでもないんだが。」マシュウは不安《ふあん》そうにいった。「すこしはしかってもいいだろうが、あまりきつくしなさんなよ、マリラ。だってアンには、だれも行儀作法《ぎょうぎさほう》をおしえてやらなかったんだし。――おまえ――おまえはあの子《こ》に、なにかたべさせてやるんだろうね。」

「わたしが人《ひと》のしつけをするのに、たべさせないようなことをするとでも思《おも》うんですか？」マリラはむっとしていった。

「むろんあの子《こ》には、いつものように食事《しょくじ》させます。わたしがはこんでいってやりますよ。ただ、じぶんからリンド夫人《ふじん》にあやまるまでは、ぜったいに屋根裏《やねうら》べやから、おろしてやりませんからね、マシュウ。」

朝《あさ》、昼《ひる》、晩《ばん》の三度《ど》の食事《しょくじ》は、まったくしずかなものだった――アンがまだ強情《ごうじょう》をはっていたからだ。食後《しょくご》に、マリラは、いっぱい食《た》べものをのせたおぼんを東《ひがし》の屋根裏《やねうら》べやにもっていったが、たいして手《て》をつけていないのを、さげてもどるのだった。マシュウは、こんどもへっていないおぼんの上《うえ》のさらを、心配《しんぱい》そうにみやった。いったいアンは、すこしでもたべたのだろうか?

その夕《ゆう》がた、納屋《なや》のあたりをうろついて、おりをみていたマシュウは、マリラが裏《うら》の牧場《ぼくじょう》の牛《うし》を集《あつ》めにでたすきに、どろぼうのように家《いえ》のなかにしのびこみ、二階《かい》にあがった。いつもは、台所《だいどころ》とじぶんの寝室《しんしつ》のあいだを往復《おうふく》するだけで、たまに牧師《ぼくし》さんがお茶《ちゃ》によばれてきたときに、しかたなく居間《いま》に顔《かお》をだすくらいだった。二階《かい》には、四年《ねん》まえの春《はる》、客用《きゃくよう》の寝室《しんしつ》のかべ紙《かみ》をはるてつだいにあがって以来《いらい》、いったことがなかった。

かれは、しのび足《あし》で廊下《ろうか》をわたり、東《ひがし》の屋根裏《やねうら》べやの戸口《とぐち》で、すこしためらってから、やっと勇気《ゆうき》をだしてノックをすると、戸《と》をあけてのぞきこんだ。

アンは、窓《まど》のそばの黄色《きいろ》いいすにすわって、かなしそうに庭《にわ》をながめていた。その姿《すがた》がとてもおさなくて、いたいたしく見《み》え、マシュウは胸《むね》がいっぱいになった。かれはしずかに戸《と》をしめて、アンのそばに、しのび足《あし》でちかづいた。

「アン。」かれはそっとよびかけた。だれかにきかれやしないかとささやき声《ごえ》で、「どうだい、なんとかやってるかい?」

アンは力《ちから》なくほほえんだ。

「ええ、なんとかね。いろんな想像《そうぞう》をしてるわ。そうすると時間《じかん》がつぶせるもの。ちょっとさびしいけど、でも、なれなくちゃいけないでしょ。」

そういって、またほほえんだ。これからつづく長《なが》い孤独《こどく》な日々《ひび》に、勇気《ゆうき》をだしてたちむかう決心《けっしん》をしたかのように。

マシュウは、マリラがかえってこないうちに、いそいでここにきた用事《ようじ》を話《はな》してしまおうと思《おも》った。

「なあ、アン、もうこんなことは、かたづけてしまったほうがいいと思《おも》わないかね？　おそかれはやかれ、やらなければならないだろ。ねえ、マリラは、おそろしくがんこだし、まったくあとにはひかないよ。はやいとこすませてしまおうよ。」

「リンドおばさんにあやまれっていうの？」

「そう、あやまる——それだよ。」マシュウは力《ちから》をこめていった。「まあ、まるくおさめるのさ。それをいいたかったんだよ。」

「おじさんのためなら、そうしてもいいわ。」アンはかんがえこんでいった。「わるかったとも思《おも》えるわ。ほんとにいまでは、わるいことをしたと思《おも》ってるのよ。ゆうべはちっともそう思《おも》わなかったんだけど。とってもはらがたって、ひと晩《ばん》じゅうおこってたわ。夜中《よなか》に三回《かい》、目《め》がさめたら、三回《かい》ともむかむかしてたんだから、たしかにそうよ。でもけさになったら、なおっちゃったの。そして、とってもはずかしくなったの。でも、リンドおばさんのところへいって、そんなことという気《き》にはなれなかったわ。だって、とてもはずかしかったんですもの。それより、いっそここに、いつまでもとじこもっていようと思《おも》ったの。でも——おじさんのためなら、なんでもするわ――おじさんがそうおっしゃるなら――」

「うん、ほんとにそうしてもらいたいね。おまえが下《した》にいなけりゃ、さびしくてたまらないんでね。ちょっといって、あやまってくればいいんだよ、いい子《こ》だから。」

「ええ、いいわ。」アンは、あきらめたようにいった。「マリラがきたら、すぐに後悔《こうかい》しているっていうわ。」

「そうだ。そうだ、アン。でも、わしがそのことでなにかいったなんて、しゃべっちゃいけないよ。わしがそうさせたと思《おも》うからね。わしはよけいなことをしないと、やくそくしてあるんだからね。」

「野馬刑《やばけい》（馬《うま》の足《あし》に人《ひと》をくくりつけて人《ひと》を八つざきにする刑《けい》）にされても、いわないわ。」と、アンはいかめしくちかった。「それに、野生《やせい》のどんな馬《うま》に秘密《ひみつ》がわかるっていうの？」

だが、マシュウは、じぶんの成功《せいこう》にわれながらおそろしくなって、退散《たいさん》した。マリラにあやしまれないように、馬《うま》をはなしてある牧場《ぼくじょう》のすみっこに、いそいでにげてしまった。

マリラのほうは、家《いえ》にかえると階段《かいだん》の手《て》すりの上《うえ》から「マリラ。」とよびかけるかぼそい声《こえ》をきいて、びっくりした。

「なんだね。」

マリラは玄関《げんかん》にはいっていった。

「あたし、かっとなってひどいことをいってしまったのね。だから、リンドおばさんのところへいって、あやまってきます。」

「それがいい。」マリラの、このあっさりしたへんじだけでは、安心《あんしん》したきもちはくみとれなかったが、もしアンが、いつまでたっても折《お》れなかったらどうしようかと、まよっていたのだ。「乳《ち》しぼりがすんだら、つれていってあげるよ。」

こうして、乳《ち》しぼりのあとで、マリラとアンは、ならんで小道《こみち》をおりていった。マリラはほこらしげに胸《むね》をはり、アンはうなだれて、意気消沈《いきしょうちん》していた。しかし、道《みち》の途中《とちゅう》で、しおれていたアンの姿《すがた》は、まるで魔法《まほう》にかかったようにきえてしまった。頭《あたま》をあげ、夕《ゆう》やけの空《そら》をみつめながら、足《あし》どりもかるくなってきた。きもちがうきうきしてくるのをおさえきれない、とでもいうようだった。

マリラは、この変《か》わりかたに感心《かんしん》できなかった。おこっているリンド夫人《ふじん》のところへつれていく娘《むすめ》のようすとしては、後悔《こうかい》のあらわしかたがたりないと思《おも》った。

「なにをかんがえているのかね、アン?」

マリラは、きびしくたずねた。

「リンドおばさんにいう、おわびのことばを、かんがえてたの。」

アンは、夢《ゆめ》うつつでいった。

その答《こた》えは、りっぱだった——それでいいはずだった。でも、マリラは、じぶんのかんがえた罰《ばつ》の計画《けいかく》が、どこかでくるってしまったような気《き》がしてならなかった。アンはこんなにうきうきしてはいられないはずなのだ。

リンド夫人《ふじん》のところにつくまで、アンのようすはかわらなかった。けれど、台所《だいどころ》の窓《まど》ぎわにすわって編《あ》みものをしている夫人《ふじん》を見《み》たとたん、アンのうれしそうなようすはきえてしまい、かなしい後悔《こうかい》の色《いろ》にかわった。きゅうにアンはひざまずいて、両手《りょうて》をさしのべ、おどろいているリンド夫人《ふじん》に声《こえ》をかけた。

「ああ、リンドおばさん、わたくしは、とてもわるうございました。」アンは、声《こえ》をふるわせていった。「このわたくしの悲《かな》しみをいいあらわすことは、とうていできません。たとえ、辞書《じしょ》のなかのすべてのことばをつかっても。ただ想像《そうぞう》してください。わたくしは、あなたにたいして、ひどい失礼《しつれい》をしてしまいました。男《おとこ》の子《こ》でもないのにグリーン・ゲイブルズにおいてくださったマシュウとマリラに、恥《はじ》をかかせました。たいへん恩知《おんし》らずの娘《むすめ》です。ですから、りっぱな人《ひと》たちに罰《ばっ》せられて、永久《えいきゅう》に仲間《なかま》はずれにされても、あたりまえなのです。あなたがほんとうのことをおっしゃったからといって、おこってしまい、わるうございました。でも、それは、ほんとうのことなのです。あなたのいったことは、みんな、ほんとうだったのです。わたくしは赤毛《あかげ》で、そばかすだらけで、やせていて、みにくいのです。わたくしがあなたにいったこともほんとうのことでしたけれど、でもそれは、いうべきではなかったのです。

おお、リンドおばさん、どうか、どうか、おゆるしください。もしゆるしていただけなければ、わたくしは一生《いっしょう》なげきつづけるでしょう。たちがわるいからといって、かわいそうな孤児《こじ》の小娘《こむすめ》に、一生《いっしょう》の悲《かな》しみをおわせたりはなさらないでしょうね。ええ、もちろん、あなたはそんなかたではないと信《しん》じています。どうか、わたくしをゆるすといってください、おばさん。」

アンは両手《りょうて》をくみ、頭《あたま》をたれ、判決《はんけつ》のことばがくだるのをまった。

アンがしんけんなことは、たしかだった。それはどのことばにもあふれていたし、その調子《ちょうし》を、マリラもリンド夫人《ふじん》もみとめた。だが、マリラは、アンが心《こころ》の底《そこ》ではこのざんげをたのしんでいるのをみてとって、あっけにとられてしまった。じぶんが得意《とくい》になっていた愛《あい》のむちは、いったい、どこへいってしまったのだろうか？　アンは、それをよろこびにかえてしまったのだ。

お人《ひと》よしで、にぶいリンド夫人《ふじん》には、そこまでわからなかった。アンのしごくていねいなおわびを見《み》て、少々《しょうしょう》おせっかいだが、根《ね》はやさしい夫人《ふじん》の心《こころ》から、怒《いか》りはすっかりきえてしまった。

「さあ、さ、お立《た》ちなさい。」彼女《かのじょ》はきげんよくいった。「もちろんゆるしてあげますよ。わたしも、すこしきついことをいいすぎたと思《おも》うよ。どうもあたしは率直《そっちょく》すぎるんでねえ。気《き》にしないでほしいね。あんたの髪《かみ》の毛《け》はひどく赤《あか》いにはちがいないけど、むかしわたしの知《し》ってた女《おんな》の子《こ》が——じつはいっしょに学校《がっこう》へいっていたんだけどね——やっぱり、小《ちい》さいときあんたみたいに髪《かみ》が赤《あか》くてね。でも大《おお》きくなったら、色《いろ》がこくなって、きれいな金《きん》かっ色《しょく》にかわったんだよ。あんたの髪《かみ》だって、そうなるかもしれないよ。ええ、きっとそうなるでしょうよ。」

「まあ、リンドおばさん！」アンは立《た》ちあがると、ふかく息《いき》をすいこんだ。「あなたは、あたしに希望《きぼう》をあたえてくださったわ。おばさんをいつも恩人《おんじん》と思《おも》うわ。大《おお》きくなると美《うつく》しい金《きん》かっ色《しょく》になると思《おも》えば、どんなことだってがまんできます。美《うつく》しい金《きん》かっ色《しょく》の髪《かみ》だったら、もっとかんたんにいい子《こ》になれると思《おも》うわ、ね、おばさん。ねえ、あなたとマリラがお話《はなし》をしているあいだ、庭《にわ》にでて、リンゴの木《き》の下《した》のベンチにすわっていてもかまいませんか？　あそこにいけば、もっともっと、いろんなことを想像《そうぞう》できるんですもの。」

「かまいませんとも、走《はし》っていきなさい。よかったら、すみにある白《しろ》スイセンをひと束《たば》つんでおいで。」

アンが戸《と》をしめてでていくと、リンド夫人《ふじん》は元気《げんき》よく立《た》ちあがって、ランプに火《ひ》をつけた。

「ほんとうにおかしな子《こ》だね、あの子《こ》は。こっちのいすにかけなさいよ、マリラ。このほうが、いまあんたがかけているのよりらくですよ。雇《やと》い人《にん》の男《おとこ》の子《こ》がつかっているものだけど。そう、たしかにあの子《こ》は、おかしな子《こ》だね。でも、なにか人《ひと》をひきつけるところがある。わたしはもう、あんたとマシュウがあの子《こ》をおいてやってるのを見《み》ても、まえほどおどろかないし、べつに、あんたたちを、きのどくだとも思《おも》わないよ。あの子《こ》は、よくなりますよ。もちろん、ちょっといいぐさが――なんていうか――強《つよ》すぎるっていうのかね。そういうところもあるけど、いまはもう、文明人《ぶんめいじん》のなかでくらすようになったんだから、すぐになおるだろうよ。それから、ちょっとかんしゃくもちだけど、かえってそれがいいところでしょう。おこりっぽい子《こ》は、おこってもすぐきげんをなおすし、うそをついたり、ずるいことはしないもんですよ。ずるがしこい子《こ》はいやだね、ほんとに。まあ、とにかくマリラ、わたしはあの子《こ》がきらいじゃないよ。」

マリラがいとまをつげてでてくると、アンは、あまいかおりのただよう果樹園《かじゅえん》の夕《ゆう》やみのなかから、白《しろ》いスイセンの花束《はなたば》をかかえてでてきた。

「あたし、わりにじょうずにあやまったでしょう？」道《みち》をあるきながら、アンは得意《とくい》げにいった。「どうせしなければならないのなら、徹底的《てっていてき》にあやまっちゃおうと思《おも》ったの。」

「まったく、徹底《てってい》すぎたよ。」マリラはいった。

彼女《かのじょ》は、あのようすを思《おも》いだして、おもわずわらいかけたが、ばつがわるくなった。あんまりじょうずにあやまりすぎたことを、しからなければならない。でも、それではみょうなことになる。

「もうあんなあやまりかたは、たびたびしないでもらいたいね。これからは、なるべく、はらだちをおさえることだよ、アン。」ときびしくいって、じぶんの良心《りょうしん》をなっとくさせた。

「顔《かお》やからだのことをあれこれいわれなければ、そうできるんだけど。」アンはためいきをついた。「ほかのことならおこりはしないけど、髪《かみ》の毛《け》のことをからかわれるのは、つくづくいやになったわ。それをいわれると、すぐかーっとするのよ。わたしの髪《かみ》、大《おお》きくなったら、ほんとうに金《きん》かっ色《しょく》になると思《おも》う?」

「あんまり、じぶんの姿形《すがたかたち》を気《き》にするのはよくないね。あんたは、どうやらみえっぱりだね。」

「じぶんが美人《びじん》じゃないことを知《し》ってるのに、どうしてみえっぱりになれるの?」アンはいいかえした。「あたしはきれいなものがすきよ。だから鏡《かがみ》に、みにくいものがうつるのはいやなの。とてもかなしいからよ。どんなものでも、みっともないものを見《み》るとかなしいの。美《うつく》しくないからかわいそうなの。」

「心《こころ》うるわしければ、みめまたうるわし。」

マリラは、ことわざを口《くち》にだした。

「まえにもそういわれたわ。でも、それはうたがわしいわ。」そういいながら、アンは、スイセンのにおいをかいだ。「わあ、この花《はな》、なんてきれいなの！　リンドおばさん、この花《はな》をくれるなんて、しんせつだわ。もう、おばさんのこと、おこってなんかいないわ。おわびしてゆるしてもらうって、いい感《かん》じのものね。今夜《こんや》のお星《ほし》さま、きれいじゃない?　もし星《ほし》にすむことができるとしたら、どの星《ほし》がいいかしら?　あたし、あのむこうの丘《おか》の上《うえ》の、きれいな、ひかっている、大《おお》きいのがいいわ。」

「アン、たのむよ。もうだまっておくれ。」

マリラは、とうとう、アンの連想《れんそう》についていくのにくたびれてしまった。

ふたりが家《いえ》への小道《こみち》にさしかかるまで、アンはなんにもいわなかった。そよ風《かぜ》が、どこからか、わかい、つゆにぬれたシダのあまいにおいをのせてながれてきた。夕《ゆう》やみのたちこめたむこうの木立《こだ》ちのあいだから、グリーン・ゲイブルズの台所《だいどころ》の灯《ひ》がたのしそうにもれていた。アンはきゅうにマリラによりそって、年《とし》をへたかたい手《て》のひらに、じぶんの手《て》をすべりこませた。

「うちにかえるって、たのしいものね、ほんとの、じぶんのうちだっていうところへ。」アンはいった。「あたし、グリーン・ゲイブルズが、だいすきだわ。いままでのほかのどこよりも。やっぱりうちっていいわね。ねえ、マリラ、あたし、とってもしあわせよ。いまならすぐにお祈《いの》りできるわ。」

マリラは、じぶんの手《て》のひらに、かぼそい、小《ちい》さな手《て》がふれているとき、なにかあたたかくてここちよいものが、心《こころ》にわきあがってくるようにかんじた。たぶん、いままでにあじわってみたことのない、人《ひと》の親《おや》としての感動《かんどう》だったかもしれない。こんなことにはなれてもいないし、このあまいこころよさに、マリラは動揺《どうよう》した。そこで教訓《きょうくん》をもちだして、じぶんのいつもの冷静《れいせい》さをとりもどすことにした。

「いい子《こ》になれば、いつでもしあわせなんだよ、アン。そうなれば、いつだって、お祈《いの》りがらくにできるんだよ。」

「お祈《いの》りを口《くち》でとなえることと、ほんとにお祈《いの》りすることとはべつよ。」とアンは、考《かんが》えにしずみながらいった。「いま、あたし、じぶんが木《き》のこずえをふいている風《かぜ》だと想像《そうぞう》するの。木《き》にあきたら、しずかにシダのほうにおりてくるの。そしてリンドおばさんの庭《にわ》にとんでいって、花《はな》たちにダンスをさせるの。それから、クローバーのさいている野原《のはら》をさーっとひとっとびでこえて、こんどは〈きらめく湖《みずうみ》〉の上《うえ》をふいて、水《みず》のおもてに、

きらきらと小《ちい》さな波《なみ》をたてるの。あら、風《かぜ》って、想像《そうぞう》することがずいぶんあるのね。だから、いまはもう、
これ以上話《いじょうはな》さないわ、マリラ。」
「やれやれ、ありがたいね。」マリラは心《こころ》からほっとした。

十一　アンの日曜学校《にちようがっこう》での印象《いんしょう》

「さあ、気《き》にいったかい？」と、マリラはいった。

アンは東《ひがし》の屋根裏《やねうら》のへやで、立《た》ったまま、ベッドの上《うえ》にならべられた三枚《まい》の新《あたら》しい洋服《ようふく》を、神妙《しんみょう》な顔《かお》をしてながめていた。

そのうちの一枚《まい》は、こげたろうそくのしんのような色《いろ》のギンガムで、去年《きょねん》の夏《なつ》、行商人《ぎょうしょうにん》から、もちがよいことをすすめられて、マリラが乗《の》り気《き》になって買《か》ったものだった。もうひとつは、おなじ年《とし》の冬《ふゆ》、特売場《とくばいじょう》でみつけた黒《くろ》と白《しろ》のしまのはいった綿《めん》サテンで、あとの一枚《まい》は、ついこのあいだカーモディ・ストアで手《て》にいれた、あまり感《かん》じのよくない紺色《こんいろ》の、手《て》ざわりのわるいプリント地《じ》だった。

三枚《まい》とも、マリラがじぶんで仕立《した》てたもので、むだをなくしたふくらみのないスカートに、きっちりしまったウェスト、おなじようにすこしもかざりけのない、ゆとりのないそで、というふうなデザインだった。

「あたし、気《き》にいったつもりでいましょう。」

アンは、まじめな顔《かお》でこたえた。

「つもりになってほしいなんて、いいませんよ！」マリラはふきげんになった。「ああ、わかったよ。服《ふく》が気《き》にいらないんだね。いったい、このドレスのどこが気《き》にくわないのかい。悪趣味《あくしゅみ》で、うすよごれて、おまけに新《あたら》しくない、とでもいうのかい。」

アンはしぶしぶこたえた。

「だって……だって、きれいじゃないんですもん。」と、アンはしぶしぶこたえた。

「じゃ、どうしてかね。」

「そんなことないわ。」

「ふん、きれいだって！　あんたに美《うつく》しい服《ふく》をつくってあげようなんて、かんがえもしなかったよ。そんなみえっぱりをそだてるようなことはね。アン、よくいっとくけどね、この服《ふく》は品《ひん》がよくて上等《じょうとう》だし、長《なが》もちもするんだよ。――フリルやかざりのベルトなんかもついてないし。とにかく、この夏《なつ》の洋服《ようふく》はこれだけだよ。茶《ちゃ》のギンガムと青《あお》いプリント地《じ》は、学校《がっこう》がはじまったら着《き》ていくんですよ。サテン地《じ》のは、教会《きょうかい》と日曜学校行《にちようがっこうい》きにしなさい。

いつもきちんときれいにあつかって、やぶったりなんぞしないように。いままでは、みすぼらしい化繊《かせん》地《じ》のを着《き》ていたんだから、どんなものでもよろこぶと思《おも》ったのにねえ。」

「ええ、とても感謝《かんしゃ》しています。」アンは、そんなマリラのことばにちょっと抗議《こうぎ》した。「でも……もしね、どれかこのなかの一つに、ふくらましたそでをつけてくださったら、もっともっとうれしかったと思《おも》うわ。ふくらんだそでは、いまとってもはやっているんですもの。ふくらんでるそでのを着《き》たら――もう、それだけでわくわくしちゃうわ。」

「じゃあ、わくわくしないでもらおうかね、いまいったことをちゃんとなさい。そでをふくらますようなよぶんの布地《ぬのじ》はありませんね。だいいち、あんなのは、みっともないと思《おも》うよ。質素《しっそ》でおちついたものがいちばんだよ。」

「でも、みんなとちがってあたしだけが質素《しっそ》で地味《じみ》なのを着《き》るくらいなら、みんなといっしょにみっともないのを着《き》るほうがましだわ。」

アンは、やりきれなさそうにいいはった。

「いったようになさい。さあ、服《ふく》をだいじに戸《と》だなにつるして、すわって日曜学校《にちようがっこう》の勉強《べんきょう》をなさい。今学期《こんがっき》のテキストをベルさんからもらってきてあるから、あしたから日曜学校《にちようがっこう》にいくんですよ。」

マリラはひどくふきげんになって、下《した》におりていった。

アンは手《て》をくんで服《ふく》をみつめたが、がっかりしたようにためいきをついた。

「ひとつぐらい、ふくらんだそでの白《しろ》いドレスがあるだろうな、と思《おも》ったんだけど、そんなそでのあるドレスのために、お祈《いの》りをしたんだけど……でも、あんまりあてにはしてなかったんだ。神《かみ》さまが、ちっちゃな孤児《こじ》の服《ふく》のことなんて、気《き》にかけてくださるはずはないと思《おも》ったもの。神《かみ》さまでなくて、やっぱりマリラにたのむべきだってわかってたの。でもいいわ――このうちのひとつが、すばらしいレースのフリルがあって、三段《だん》にくびれてふくらませたそでの、まっしろなモスリンの服《ふく》だって想像《そうぞう》できるもの。」

つぎの朝《あさ》、マリラは頭痛《ずつう》がして、アンといっしょに日曜学校《にちようがっこう》にでかけることができなかった。

「ちゃんと、リンドおばさんのとこによっていくんですよ。あんたのクラスにつれていってくれるんだからね。さあ、いいね、おぎょうぎよくするんですよ。お説教《せっきょう》のときまでのこって、リンドおばさんに、教会《きょうかい》のうちの家族席《かぞくせき》をおしえてもらいなさい。これは献金《けんきん》の一セントだよ。ほかの人《ひと》をじろじろ見《み》たり、そわそわしたりしないで。かえったら、どんなお説教《せっきょう》だったかわたしにきかせておくれ。」

アンは、ごわごわした黒白《くろしろ》のサテン地《じ》の服《ふく》を着《き》て、一見《いっけん》もうしぶんのないいでたちで、でかけた。長《なが》さもてきとうで、きつすぎることもなかったが、アンのやせたからだのぎすぎすした線《せん》を、そこらじゅうめだたせていた。帽子《ぼうし》は小《ちい》さくてひらたい、ぴかぴかの水平帽《ぼう》だったが、あまりあっさりしすぎていて、これもまた、アンをがっかりさせていた。じつは、アンは、リボンや花《はな》かざりのついた帽子《ぼうし》を思《おも》いえがいていたのだ。

でも、このひそかなのぞみは、表通《おもてどお》りにでるまでにかなえられた。こがね色《いろ》のあらしのような、風《かぜ》にゆらいでいるキンポウゲや、まぶしいほど野《の》バラのさきあふれる小道《こみち》のなかばで、アンは、すぐに重《おも》たい花《はな》のかんむりをつくって、帽子《ぼうし》をかざりたてた。だれになんといわれようと、大満悦《だいまんえつ》で、赤《あか》い髪《かみ》の上《うえ》にのっかったピンクと黄色《きいろ》のかざりをおさえながら、意気揚々《いきようよう》と、足《あし》どりもかるく街道《かいどう》をくだっていった。

リンド夫人《ふじん》は、もうでかけたあとだったが、アンは、ひとりで教会《きょうかい》をさしてあるいていった。入《い》り口《ぐち》につくと、白《しろ》やピンクの服《ふく》をはなやかに着《き》かざった少女《しょうじょ》たちがいて、とてつもなくかわった花《はな》かざりをつけた見《み》なれぬ女《おんな》の子《こ》を、ふしぎそうに、じろじろとながめた。アボンリーの少女《しょうじょ》たちは、アンについてのおかしなうわさを、とっくにきいていた。リンド夫人《ふじん》は、アンをひどいかんしゃくもちだといっていたし、雇《やと》い人《にん》の少年《しょうねん》のジェリーは、アンがくるったようにひとりでしゃべりつづけ、水《みず》や花《はな》にも話《はな》しかける、といっていた。少女《しょうじょ》たちは、アンを見《み》てはノートで顔《かお》をかくして、ひそひそささやきあい、礼拝《れいはい》がおわってからも、だれひとりアンにちかづくものはいなかった。

アンはミス・ロジャソンのクラスにはいった。

ロジャソンは、日曜学校《にちようがっこう》で二十年《ねん》もおしえている中年《ちゅうねん》の婦人《ふじん》だった。教室《きょうしつ》では、教科書《きょうかしょ》にある質問《しつもん》をだして、こたえる女《おんな》の子《こ》のほうを、教科書《きょうかしょ》ごしにぐっとにらむくせがあった。そしてロジャソンは、なんどもアンのほうに目《め》をむけたが、マリラの教《おし》えのききめがあって、てきぱきとこたえた。

しかし、アンが、質問《しつもん》と答《こた》えの両方《りょうほう》の意味《いみ》がよくわかっていたかどうかは、あやしい。

アンは、ロジャソンがどうもすきにはなれなかったし、クラスの女《おんな》の子《こ》が、みんなふくらんだそでのを着《き》ているのを見《み》て、ひどくやりきれないきもちになった。ふくらんだそでのを着《き》なかったら、生《い》きていてもしようがないとさえ思《おも》った。

「さあ、日曜学校《にちようがっこう》はどうだったたい。」

アンがかえると、マリラはいちはやくたずねた。帽子《ぼうし》の花《はな》かざりはしおれたので、小道《こみち》の途中《とちゅう》ですててきた。そこで、マリラはしばらくのあいだ、そのことを知《し》らずにいた。

「あたし、だいきらい。とてもいやだったわ。」

「アン＝シャーリイ！」

マリラはしかった。

アンはふかいためいきをつくと、ゆりいすにすわり、〈ポニー〉と名《な》づけたアオイの葉《は》にキスをしてから、ツリウキソウの花《はな》に手《て》であいずをした。

「あたしがいなくて、さびしかったでしょうからね……」アンはいいわけした。「ねえ、日曜学校《にちようがっこう》のことだけど――あたし、おばさんにいわれたとおり、おぎょうぎよくしたわ。リンドおばさんは、おでかけになったあとだったけど、ちゃんとひとりでいったわ。おおぜいの女《おんな》の子《こ》たちと教会《きょうかい》にはいって、礼拝《れいはい》のあいだじゅう、窓《まど》ぎわの家族席《かぞくせき》のすみっこにすわってたの。ベルさんは、とても長《なが》いお祈《いの》りをしたの。だから窓《まど》のよこにいなかったら、うんとたいくつしたと思《おも》うわ。でも、窓《まど》から〈きらめく湖《みずうみ》〉がよく見《み》えたもんで、いろいろすてきな想像《そうぞう》してたの。」

「そんなことしてたらいけませんね。ベルさんのお話《はなし》をきかなければ。」

「でもね、ベルさんは、あたしに話《はな》しかけてなかったのよ。」アンはさからった。「神《かみ》さまと話《はな》してたのよ。あまり熱心《ねっしん》とはいえなかったわ。きっと、神《かみ》さまがあまり遠《とお》くにいらして、お祈《いの》りをいくらしてもむだかもしれないとかんがえているように思《おも》えたの。でも、あたしはじぶんで、みじかいお祈《いの》りをしたのよ。シラカバの林《はやし》が湖《みずうみ》にむかってかたむくようにずうっとならんでて、そのあいだから日《ひ》の光《ひかり》がもれては、ずっとふかく、水《みず》のなかにさしこんでたの。ねえマリラ、ほんとにきれいな夢《ゆめ》みたいだったわ。あたし、とてもうれしくって、二回《かい》も三回《かい》も『神《かみ》さま、ありがとう。』っていったの。」

「まさか大声《おおごえ》をだしたんじゃなかろうね。」

マリラは心配《しんぱい》そうにきいた。

「いいえ、小《ち》さい声《こえ》でよ。そのうちやっとお祈《いの》りがすむと、あたし、ミス・ロジャソンの組《くみ》のみんなと教室《きょうしつ》にいくようにいわれたの。ほかに女《おんな》の子《こ》が九人《にん》いたわ。みんな、ふっくらしたそでだったわ。あたしもそんなそでのつもりになろうとしたけど、だめだったわ。どうしてだろう。へやにひとりでいるときはかんたんに想像《そうぞう》できるのに、まわりのほんとにふくらんだそでの人《ひと》たちを見《み》ると、とてもむずかしいものね。」

「日曜学校《にちようがっこう》では、そでのことなんかかんがえずに、しっかり授業《じゅぎょう》をうけなくてはいけませんね。そのくらいのことはわかってると思《おも》ったがね。」

「わかってますとも。だから、たくさんの質問《しつもん》にこたえたわ。ミス・ロジャソンは、とても質問《しつもん》するの。あんなに質問《しつもん》をあびせるのは公平《こうへい》じゃないわ。先生《せんせい》にききたいことが山《やま》ほどあったけど、その気《き》がしなくなったわ。だって、話《はなし》がわかりそうもなかったんですもの。それから、ほかの女《おんな》の子《こ》は全員《ぜんいん》で、なにか詩《し》の一節《せつ》を暗唱《あんしょう》したの。先生《せんせい》は、あたしにもなにか知《し》ってるかってきかれたから、あまり知《し》らないけど、もしおのぞみなら『主人《しゅじん》の墓《はか》を守《まも》る犬《いぬ》』ならできます、ってこたえたの。ローヤル・リーダーの第《だい》三巻《かん》にあって、べつに宗教詩《しゅうきょうし》ではないんだけど、あまりかなしくて、しずんでいるから、宗教詩《しゅうきょうし》を読《よ》んでる感《かん》じになるの。先生《せんせい》はそれはだめだから、テキストの第《だい》十九章《しょう》をこんどの日曜日《にちようび》までおぼえてくるように、おっしゃったわ。あとで教会《きょうかい》で読《よ》んでみたらすばらしいのよ。このなかの二行《ぎょう》なんか、とくにすてきなのよ。

ミディアンの呪《のろ》われし日《ひ》に
討《う》たれし騎兵隊《きへいたい》のたおるるがごとくすみやかに

あたし、「騎兵隊《きへいたい》」も「ミディアン」も、意味《いみ》はよく知《し》らないけど、とにかく悲劇的《ひげきてき》にきこえるわ。はやく暗唱《あんしょう》したくて、とてもこんどの日曜《にちよう》までまてないわ。毎日《まいにち》、練習《れんしゅう》しよーっと。

学校《がっこう》がおわってから、ロジャソン先生《せんせい》に、家族席《かぞくせき》をおしえていただいたわ。だって、リンドおばさんは、

遠《とお》くにいらしたんですもの。牧師《ぼくし》さんのお話《はなし》のあいだは、とてもしずかにしてたわ。黙示録《もくしろく》の第《だい》三章《しょう》の第《だい》二、三節《せつ》だったのよ。とても長《なが》いの。あたしが牧師《ぼくし》さんなら、ぱっとおわるようなみじかいのにしたわ。それに、お説教《せっきょう》もおそろしく長《なが》かったのよ。きっと、テキストの長《なが》さにあわせて長《なが》くしたんでしょうよ。牧師《ぼくし》さんだって、ちっともおもしろそうじゃなかったわ。牧師《ぼくし》さんは、あんまり想像力《そうぞうりょく》にめぐまれてないようよ。あたしお話《はなし》はよくきかないで、いろいろ想像《そうぞう》をめぐらして、とてつもなくおもしろいことをかんがえてたわ。」

マリラはこんな話《はなし》にとまどって、きつくしからなくてはとも思《おも》ったが、アンのことばのなかにはうなずけることもあるので、ためらった。ことに、牧師《ぼくし》の説教《せっきょう》や、ベル氏《し》のお祈《いの》りについては、じつはマリラも、口《くち》にこそださないが、まえまえから気《き》がついていたことだった。その、胸《むね》にしまっていたきもちが、あけっぴろげの子《こ》どもの口《くち》から、はっきりとじぶんにつきつけられたように思《おも》われた。

十二　重大《じゅうだい》な誓《ちか》いとやくそく

つぎの金曜日《きんようび》になって、はじめて、マリラは花輪《はなわ》のついた帽子《ぼうし》のことを知《し》った。リンド夫人《ふじん》の家《いえ》からかえってくると、すぐにアンをよんで、問《と》いつめた。

「アン、リンドのおばさんがいってたけど、おまえは日曜日《にちようび》に帽子《ぼうし》にバラやキンポウゲをごてごてかざりたてて、教会《きょうかい》へいったんだってね。だれにおそわってそんなばかげたことをしたんだろう。なんともあさましいかっこうだったろうよ。」

「ええ、ピンクや黄色《きいろ》は、あたしに似《に》あわないことは、わかってるの。」と、アンは話《はな》しはじめた。

「似《に》あうが、なんだって！　あきれたもんだ。どんな色《いろ》だろうが、帽子《ぼうし》に花《はな》をつけることが、だいたいばかげたことだというんです。なんともなさけない、ひどい子《こ》だろう。」

「服《ふく》には花《はな》をつけるのに、どうして帽子《ぼうし》につけたらいけないの。」アンはさからった。「服《ふく》に、花束《はなたば》をピンでとめてる女《おんな》の子《こ》は、たくさんいたわ。」

マリラは、にがてな理屈《りくつ》にひきこまれまいとして、わかりきった事実《じじつ》のほうにもどった。

「そんなくちごたえをするもんじゃないよ、アン。なんてばかげたことか。こんどこそ、あんなことをしたらしょうちしないよ。レイチェルおばさんは、あんたがあんななりをしてきたのを見《み》て、床《ゆか》の下《した》にずるずるとおっこちてしまいそうにびっくりしたそうだよ。そばにいって、花《はな》をとってしまいなさいといいたく

ても、はなれていて、まにあわなかったんだって。みんな、ひどくかげぐちをいってたそうじゃないか。そりゃ、わたしがあんななりをさせたものだと、思《おも》うにちがいないよ。」

「ああごめんなさい。」アンの目《め》には涙《なみだ》があふれてきた。「おばさんが気《き》にするとは思《おも》わなかったの。あのバラやキンポウゲがとてもきれいだもんだから、帽子《ぼうし》につけたらすてきだろうと思《おも》ったの。たくさんの女《おんな》の子《こ》が、帽子《ぼうし》に造花《ぞうか》をつけているんですもの。あたしは、おばさんにとてもめいわくかけてしまうんじゃないかしら。孤児院《こじいん》におくりかえしたほうがいいんじゃないかしら。そんなこととてもいやでがまんできそうもないけど。きっと肺病《はいびょう》になってしまうわ。だって、こんなにやせているんですもの。でも、あなたにめいわくかけるよりいいわね。」

「ばかをいっちゃいけないよ。」マリラは、子《こ》どもを泣《な》かせてしまったじぶんに、はらがたってきた。「孤児院《こじいん》におくりかえそうなんて、まさか思《おも》ってやしないよ。ただ、ほかの女《おんな》の子《こ》とおなじようにして、とっぴなことをしてくれなければいいのさ。さ、泣《な》くのをおやめ。かわったことをおしえてあげよう。ダイアナ＝バリーがきょうかえってきたんだよ。これから、バリーのおくさんのところで、スカートの型紙《かたがみ》をかりてくるから、あんたもいっしょにいったらどうだね？　顔見知《かおみし》りになっとくといい。紹介《しょうかい》するから。」

アンは、手《て》をにぎりしめて立《た》ちあがった。ほおにはまだ涙《なみだ》のあとがひかっていて、縁《ふち》かがりをしていたふきんが床《ゆか》にすべりおちたのにも気《き》がつかなかった。

「ああ、マリラ、あたしこわいわ。とうとうやってきたんですもの。とてもこわいの。もしダイアナがあたしをきらいだったら、どうしよう！　そしたら悲劇《ひげき》だし、もうあたしの生涯《しょうがい》もおしまいだわ。」

「まあ、おちつきなさいよ。それに、小《ちい》さな娘《むすめ》がそんなに長《なが》ったらしいしゃべりかたをするもんじゃない。おかしいよ。ダイアナはあんたを気《き》にいるだろうけど、それよりも、ダイアナのおかあさんに注意《ちゅうい》するんだよ。ダイアナがいくらおまえをすきでも、おかあさんにきらわれたらだめなんだから。あんたがリンドおばさんをどなりつけたり、キンポウゲを帽子《ぼうし》につけて教会《きょうかい》へいったりしたことをきいたら、なんと思《おも》うかね。ぎょうぎよくきちんとして、そんなみょうないいかたは、しないようにおし。おや、ふるえているのかい、この子《こ》は。」

アンはほんとうにふるえていた。顔《かお》はこわばって、あおざめていた。

「でもマリラ、あなただって、仲《なか》よしになりたい女《おんな》の子《こ》にあいにいくのに、その子《こ》のおかあさんにすかれないかもしれないと思《おも》うと、どきどきすると思《おも》うわ。」

いそいで帽子《ぼうし》をとりにいきながら、アンはいった。

ふたりは近道《ちかみち》をして、小川《おがわ》をわたり、モミの木《き》のしげった丘《おか》をのぼって、オーチャード・スロープについた。マリラがノックすると、バリー夫人《ふじん》が台所《だいどころ》の入《い》り口《ぐち》にでてきた。夫人《ふじん》は背《せ》が高《たか》く、目《め》や髪《かみ》が黒《くろ》く、口《くち》もとはひきしまっていた。じぶんの子《こ》どもたちにはとてもきびしいという評判《ひょうばん》だった。

「ようこそ、マリラ。」夫人《ふじん》はやさしくあいさつした。「なかへはいりなさいよ。この子《こ》が、あんたがたのひきとった娘《むすめ》さんですね?」

「ええ、アン＝シャーリイというんですよ。」

マリラはこたえた。

「つづりには〝e〟をつけるの。」

アンは、息《いき》をつまらせていった。興奮《こうふん》して、ふるえてはいても、これは重要《じゅうよう》なことなので、ねんのためにいっておこうと心《こころ》にきめたのだ。

バリー夫人《ふじん》は、きこえなかったのか、よく意味《いみ》がわからなかったのか、ただ握手《あくしゅ》をして、やさしくいった。

「ごきげんいかが?」

「ちょっときもちは動揺《どうよう》してますけど、からだは元気《げんき》です。ありがとうございます。」アンはいった。それからマリラに、「べつにみょうなことはいわなかったでしょう?」とささやいたが、その声《こえ》はよくきこえなかった。

ダイアナはソファーで本《ほん》を読《よ》んでいたが、ふたりがはいってくると、目《め》をあげた。かわいい女《おんな》の子《こ》で、母《はは》とおなじように髪《かみ》と目《め》が黒《くろ》く、ほおはバラ色《いろ》で、そのたのしそうな表情《ひょうじょう》は父親《ちちおや》ゆずりだった。

「娘《むすめ》のダイアナです。」バリー夫人《ふじん》は紹介《しょうかい》した。「ダイアナ、アンを庭《にわ》につれていって、花《はな》を見《み》せてあげなさい。本《ほん》を読《よ》んで目《め》がつかれてるだろうから。この子《こ》はあまり読《よ》みすぎるんですよ。」

娘《むすめ》たちがでていくと、マリラにむかっていった。

「どうしてもやめさせられないんですよ。父親《ちちおや》がさせておきたがるのでね。だから、いつも本《ほん》にうずまってるんですよ。でも、遊《あそ》び友《とも》だちができそうだからいいわ。そうすれば、もっとおもてにでるようになるでしょう。」

庭《にわ》は、暗《くら》いモミの林《はやし》から西《にし》のほうまでおだやかな夕日《ゆうひ》がみなぎって、そのなかのアンとダイアナは、あざやかなオニユリのしげみをはさんで、はずかしそうにおたがいをみつめあっていた。

木《こ》かげのおおい、花《はな》にうずまったバリー家《け》の庭《にわ》は、こんなふうに運命《うんめい》のきまろうとするいっしゅんでなかったなら、アンをよろこばせただろう。古《ふる》い大《おお》きなヤナギとモミの木《き》にかこまれ、その下《した》には、日《ひ》かげをこのむ花《はな》がさきほこっていた。貝《かい》がらでみごとにふちどられた小道《こみち》が、ぬれた赤《あか》いリボンのように庭《にわ》のそこかしこをめぐり、花壇《かだん》には古風《こふう》な花《はな》がさきみだれていた。バラ色《いろ》のケマンソウ、真紅《しんく》のシャクヤク、白《しろ》くかおりのよいスイセン、とげのある美《うつく》しいスコッチローズ、ピンクや青《あお》や白《しろ》のオダマキ、ライラック色《いろ》のシャボンソウ、ヨモギやリボングラスやハッカのしげみ、むらさきのラン、ラッパズイセン、きゃしゃな白《しろ》い羽《はね》のような茎《くき》をみせているクローバーの群《む》れ、きどった白《しろ》いジャコウソウの上《うえ》には、もえるような緋色《ひいろ》の、やりの形《かたち》の花《はな》がのっている。この庭《にわ》には、日《ひ》の光《ひかり》もかげることをおしむかのようで、ハチはのどかにうなりつづけ、風《かぜ》はとどまって、やさしい音《おと》をたてつづけていた。

「ねえ、ダイアナ。」ついに、アンは、手《て》を組《く》みあわせて、ささやくようにいった。「あのう――あのう、あなた、わたしのことすきになれそう？　よき友《とも》になってくれる？」

ダイアナはわらった。ダイアナは、いつも、なにかしゃべるまえにわらうのだった。

「ええ、なれそうよ。」と、正直《しょうじき》にいって、「あんたがグリーン・ゲイブルズにきて、とてもうれしいわ。いっしょにあそべる人《ひと》がいるって、たのしいもの。このへんには、女《おんな》の子《こ》がいないし、妹《いもうと》はまだ小《ちい》さすぎるのよ。」

「いつまでもあたしの友《とも》だちでいてくれるって、誓《ちか》える？」

アンは熱心《ねっしん》にいった。

ダイアナはびっくりして、

「誓《ちか》いをたてるって、わるいことよ。」と、責《せ》めるようにいった。

「ああ、ちがうの。ふたとおりの誓《ちか》いかたがあるのよ。」

「わたしは、ひととおりしか知《し》らないわ。」

ダイアナは、うたがわしげにいった。

「べつの誓《ちか》いかたがあるのよ。それはちっともわるいことじゃないの。ただ、しっかりと誓《ちか》って、やくそくすればいいのよ。」

「じゃあ、してもいいわ。」ダイアナは安心《あんしん》した。「どういうふうにするの？」

「手《て》をとりあうの――こうやって。」アンはまじめにいった。

「それは、ながれている水《みず》の上《うえ》でしなければいけないの。この道《みち》を水《みず》の流《なが》れだと思《おも》ってね。あたしがまず、誓《ちか》いのことばをいうわよ。『太陽《たいよう》と月《つき》のかがやきつづけるかぎり、わがよき友《とも》ダイアナ＝バリーに忠誠《ちゅうせい》を誓《ちか》う。』さ、こんどはあんたがあたしの名《な》まえをいれて、誓《ちか》ってよ。」

ダイアナは、わらってから誓《ちか》いのことばをのべおわると、またわらった。

「あんたって、かわってるわね、アン。まえからかわってるとはきいてたけど、でも、ほんとにあんたがすきになりそうよ。」

マリラとアンがかえるとき、ダイアナは丸木橋《まるきばし》のところまでおくってきた。ふたりの少女《しょうじょ》は肩《かた》をくみあってあるいた。小川《おがわ》のところで、あしたの午後《ごご》のやくそくをたくさんして、わかれた。

「どうかね、ダイアナとは気《き》があうかい？」グリーン・ゲイブルズの庭《にわ》をのぼりながら、マリラはたずねた。

「ええ、あうわ。」マリラの皮肉《ひにく》な調子《ちょうし》にはきづかず、アンはきもちよさそうにためいきをついた。「ねえ、マリラ、たったいま、あたしは、プリンス・エドワード島《とう》でいちばんしあわせな女《おんな》の子《こ》だわ。今晩《こんばん》はほんとに、心《こころ》からお祈《いの》りするわ。あしたはダイアナと、ベルさんのシラカバの林《はやし》で、おもちゃの家《いえ》をつくるのよ。まき小屋《ごや》のなかにあるせとものこわれたの、もらっていい？　ダイアナの誕生日《たんじょうび》は二月《がつ》で、あたしは三月《がつ》なの。ふしぎなぐうぜんじゃない？　あたしに本《ほん》をかしてくれるんですって。とてもうまくいえないくらいわくわくする本《ほん》ですって。うらの森《もり》のイネユリのさいているところにも、つれていってくれるんですって。ダイアナの目《め》って情熱的《じょうねつてき》じゃない？　あたしもそんな目《め》だったらいいんだけど。『はんのき谷《だに》のネリー』っていう歌《うた》もおしえてくれるんですって。かべにかける絵《え》もくれるのよ。とてもきれいなんですって――水色《みずいろ》の絹《きぬ》のドレスを着《き》た美《うつく》しい女《おんな》の人《ひと》の絵《え》で、ミシンの販売員《はんばいいん》からもらったんですって。あたしもなにかダイアナにあげるものがあったらいいんだけど。あたし、ダイアナより三センチ背《せ》が高《たか》いけど、でも、ダイアナのほうがずっとふとっているわ。やせてるほうがかっこうがいいって、あの人《ひと》いったけど、なぐさめるためにそういったんじゃないかしら。こんどいつか、ふたりで海岸《かいがん》へいって、貝《かい》がらをあつめるのよ。丸木橋《まるきばし》のそばの泉《いずみ》を、ふたりで〈ドライアドの泉《いずみ》〉ってよぶことにしたの。とても上品《じょうひん》な名《な》まえでしよ？むかし、そんな名《な》まえの泉《いずみ》の話《はなし》を読《よ》んだことがあるけど、ドライアドって、おとなになった妖精《ようせい》のことだと思《おも》うわ。」

「いっとくがね、ダイアナがこまるほどしゃべりすぎるんじゃないよ。」と、マリラはいった。「なにをはじめようと、これだけはおぼえておくんだよ、アン。ずっとあそんでばかりいるわけにゃいかないんだよ。まずさきに、じぶんの仕事《しごと》をすませてからということをね。」

アンの胸《むね》はしあわせであふれそうだった。マシュウが、そのうえにもっとしあわせをそそいでくれた。かれは、ちょうどカーモディの市場《いちば》からかえってきて、ポケットから、はずかしそうに小《ちい》さなつつみをとりだすと、マリラをおずおずと見《み》やりながら、アンにわたした。

「おまえが、チョコレート菓子《がし》がすきだといってたから、買《か》ってきたんだよ。」

「ふん。」マリラはあざわらった。「チョコレートは、歯《は》にも胃《い》にもよくないものだね。まあ、まあ、そんなかなしそうな顔《かお》をしなさんな。たべてもいいよ。だが、ペパーミントのほうがよかったけどね。からだのためにもさ。いちどにたべたら、からだをこわすよ。」

「ええ、もちろん、そんなことしないわ。」アンは夢中《むちゅう》になっていった。「今夜《こんや》は一つだけにするわ、マリラ。それに、はんぶんダイアナにあげるわね。そしたら、残《のこ》りのはんぶんは、おいしさが二倍《ばい》になるもの。ダイアナにあげるものができて、うれしいわ。」

「ものわかりのいい子《こ》だね。」マリラは、アンが屋根裏《やねうら》べやにいってからいった。「あの子《こ》はけちじゃないからいいよ。けちんぼの子《こ》どもぐらい、なんていってもいやなものはないですよ。おやおや、まだここにきて三週間《しゅうかん》もたたないのに、まるであの子《こ》とずっとくらしてたような気《き》がするよ。あの子《こ》のいないうちなんて、かんがえられやしない。だからいったじゃないかなんて、そんなふうな目《め》で見《み》ないでくださいよ。女《おんな》からそんな目《め》で見《み》られるのもいやだけど、男《おとこ》からじゃ、たえられませんよ。あの子《こ》をおくことにしてよかったことも、あの子《こ》をすきになってくことも、白状《はくじょう》しますがね。なんかかんかいわないでくださいよ、マシュウにいさん。」

十三　まちきれないよろこび

「もううちにはいって、縫《ぬ》いものをしてなきゃいけない時間《じかん》なのに。」

　マリラはちらと時計《とけい》をみやってから、そとに目《め》をむけた。なにもかも熱気《ねっき》でまどろんでいる、八月《がつ》の午後《ごご》だった。

「やくそくより三十分《ぷん》も長《なが》くダイアナとはあそんでるし、いまだって、じぶんの仕事《しごと》を百も承知《しょうち》のうえで、まきの山《やま》にこしかけて、ひっきりなしにマシュウとしゃべっているんだから。マシュウもマシュウだ。まるでばかみたいに、アンの話《はなし》にききほれてるよ。アンがおしゃべりすりゃそれだけ、それもみょうなことをいえばいうほど、ほくほくしてよろこんじまうんだから。アン＝シャーリイ、すぐこっちへきなさい。きこえたかい？」

　西《にし》の窓《まど》をとんとんたたく高《たか》い音《おと》がしたので、アンは、裏庭《うらにわ》からもどってきた。目《め》をかがやかせ、ほおをピンクに上気《じょうき》させ、ほどいた髪《かみ》をいきおいよくなびかせていた。

「ねえ、マリラ。」アンは息《いき》をきらして、声《こえ》をはずませながらいった。「来週《らいしゅう》、日曜学校《にちようがっこう》のピクニックがあるのよ。〈きらめく湖《みずうみ》〉のすぐ近《ちか》くの、ハーモン＝アンドルーさんの野原《のはら》よ。それで、ベルさんのおばさんと、リンドのおばさんが、アイスクリームをつくってくれるんですって。ねえ、マリラ、アイスクリームよ。だからねえ、マリラ、いっていいでしょ？」

「時計《とけい》を見《み》てごらん、アン。何時《なんじ》にもどるようにいったかね?」

「二時《じ》よ。でも、ピクニックなんですもの、いっていい? まだ、あたし、一度《ど》もピクニックにいったことないの。いつも空想《くうそう》ばかりしてたんだけど、まだ、一度《ど》も。」

「そう、二時《じ》にもどるようにいったね。いまは三時《じ》十五分《ふん》まえ。どうしてあんたはわたしのいうことがきけないのかね。」「なぜって? できるだけしたのよ。でも、〈アイドルワイルド〉がどんなにおもしろいものか、おばさんは知《し》らないんだわ。それで、さっきもマシュウに、ピクニックのこと話《はな》さなきゃならなかったの。マシュウは、あんなにいっしょうけんめいきいてくれるんだもの。ねえ、いっていい?」

「アイドルだとかなんとかに夢中《むちゅう》になるまえに、何時何分《なんじなんぷん》にもどるようにいったときは、きっちり、その時間《じかん》のことをかんがえるんだよ。三十分《ぷん》もおくれる時間《じかん》のことは、いってないよ。それに、おまえの長話《ながばなし》のいい聞《き》き手《て》なんかに、途中《とちゅう》でしゃべってやることもないんだよ。ピクニックだがね、もちろんいってもかまいません。生徒《せいと》なんだから、ほかの子《こ》がみんないくのに、おまえだけいかせないなんてことはありません。」

「でも、でも。」アンはくちごもった。「ダイアナがいったけど、みんな、食事《しょくじ》をいれたバスケットをもってかなきゃいけないんですって。ね、あたしお料理《りょうり》できないでしょ? マリラ。だから、それで、ふくらんだそでのドレスじゃなくてもピクニックへいくのは気《き》にならないけど、バスケットなしでいくのは、とってもはずかしいの。ダイアナにきいてから、そのことでずっとなやんでたの。」

「それなら、なやむことはないよ。わたしがおべんとうをつくってあげるから。」

「あら、マリラ、なんてやさしいの。ああ、ほんとうにうれしいわ。」

しきりに「ああ。」とくちばしって、アンは、マリラにとびついて、夢中《むちゅう》でマリラのしらちゃけたほおにキスをした。

子《こ》どもにとびつかれてキスをされたのは、生《う》まれてはじめてのことだったから、きゅうに、あのあまい、こころよい感激《かんげき》をあじわった。マリラは内心《ないしん》よろこんだが、そのためか、かえってそっけなくいった。

「さあさ、こんなちょっとのことでキスなんかしてないで。それより、いわれたことをきちんとしてくれたほうがいい。料理《りょうり》だけど、ちかいうちにおしえてあげるよ。でもおまえはすこしあわてものだからね、アン。すこしおちついてちゃんとするまで、まつつもりだよ。料理《りょうり》は、しっかり、ゆだんしないで、途中《とちゅう》で思《おも》いにふけったりしないいんだよ。さあ、つぎ当《あ》てをしてらっしゃい。お茶《ちゃ》までに、きめたぶんをすませておきなさい。」

「つぎを当《あ》てるのはすきじゃないわ。」アンはつまらなそうにいってから、裁縫箱《さいほうばこ》をさがしだすと、赤《あか》や白《しろ》のひし形《がた》の布《ぬの》が山《やま》のようにつまれたまえに、ためいきをついてすわった。

「ものによっては縫《ぬ》いものもわるくないけど、つぎ当《あ》てにはちっとも想像《そうぞう》がわかないもの。もちろん、あそんでばかりいるアンより、このへやでつぎ当《あ》てをしているアンのほうがいいわ。でも、つぎをしてるときも、ダイアナと話《はな》してるときみたいに、時間《じかん》がはやくすぎないかしら。

とってもすてきなのよ、マリラ。あとからあとから想像《そうぞう》しなくちゃいけないけど。でも、わたしならうまくできるわ。ほら、バリーさんとうちのあいだの小川《おがわ》をこえたところに、小《ちい》さな土地《とち》があるでしょ？

あれ、ベルさんのものなのね。右《みぎ》のすみに、シラカバがまるく輪《わ》になってはえてるとこがあるの。とってもロマンチックな場所《ばしょ》よ、マリラ。ダイアナとふたりで、そこにままごとの家《いえ》をつくったの。〈アイドルワイルド〉って名《な》にしたのよ。詩的《してき》な名《な》まえでしょ？　必死《ひっし》になってかんがえたんですもの。ほとんどねむらないでかんがえたけど、思《おも》いつかなかったの。それで、ついうとうとっとしかけたとたんに、ひらめいたの。ダイアナに話《はな》したら、もう、夢中《むちゅう》になったわ。

その家《いえ》、すてきにできたのよ。見《み》にきてくれる？　ねえ、マリラ。コケのはえた大《おお》きな石《いし》をいすにして、枝《えだ》から枝《えだ》にわたした板《いた》をたなにしたの。その上《うえ》に、おさらなんかのせたのよ。もちろんこわれたのばかりだけど、ちゃんとしてると想像《そうぞう》でおぎなうのは、らくよ。赤《あか》と黄色《きいろ》のツタのもようの、とってもきれいなおさらが一枚《まい》あるんだけど、そ

れは居間《いま》においておくわ。そこには妖精《ようせい》の鏡《かがみ》もあるのよ。まるで夢《ゆめ》みたいにかわいらしいわ。ダイアナがとり小屋《ごや》のうしろの森《もり》でみつけたの。にじがたくさん見《み》えるのよ――まだおとなにならないほんとにちっちゃなにじだけど――ダイアナのママは、まえにつかってたつりランプのかけらだっていったそうだけど。でも、妖精《ようせい》たちが舞踏会《ぶとうかい》をひらいたとき、なくしてしまったとかんがえたほうが、もっとすてきでしょ。だから、妖精《ようせい》の鏡《かがみ》ってよんでるの。マシュウがあたしたちにテーブルをつくってくれるって。

そうだ、あたしたち、バリーさんのとこの庭《にわ》の小《ちい》さなまるい池《いけ》を、〈ウィローミア〉って名《な》まえにしたの。それは、ダイアナがかしてくれたスリラー小説《しょうせつ》のなかからとったの。その本《ほん》のヒロインは、五人《にん》も恋人《こいびと》をもってるのよ。あたしならひとりでもいいんだけど。ねえ、そうでしょ。彼女《かのじょ》はとってもきれいで、とても苦労《くろう》するのよ。それに、わけもなく気絶《きぜつ》できるの。気絶《きぜつ》できたらいいわね。とってもロマンチックなんだもの。でも、あたしこんなにやせてるけど、すごくじょうぶなんですものね。でも、いまにふとってくるみたいよ。そう思《おも》わない？　毎朝《まいあさ》おきると、肉《にく》がついてひじのところにえくぼができてないかなって、よく見《み》るのよ。

ダイアナは、ピクニックに、新《あたら》しい半《はん》そでのドレスを着《き》ていくんですって。こんどの水曜日《すいようび》はきっと晴《は》れますように。もし、なにかあってピクニックにいけなくなったら、とてもとてもがまんできそうもないわ。なんとか生《い》きていけるとは思《おも》うけど、一生《いっしょう》くやむことになるにきまってるわ。あとになって百回《かい》もピクニックへいったとしても、しようがないわ。そんなことで、こんどのピクニックのつぐないはできやしないもの。〈きらめく湖《みずうみ》〉でボートをこいだり、ね、アイスクリームもたべるんですって。あたし、アイスクリームって、まだたべたことないのよ。ダイアナが説明《せつめい》しようとしたけれど、アイスクリームって、とても想像《そうぞう》のおよばないものらしいわね。」

「アン、もう十分以上《ぶんいじょう》もしゃべってますよ。」マリラはいった。「さあ、おなじだけだまっていられるかどうか、やってごらん。」

アンは、いわれたように口《くち》をとじたが、その週《しゅう》のあいだじゅう、ピクニックのことをしゃべり、かんがえ、夢《ゆめ》にまでみた。土曜日《どようび》に雨《あめ》がふったときは、この雨《あめ》が水曜日《すいようび》までふりつづくのではないかと思《おも》って、いらいらした。マリラは、アンの気《き》をしずめるために、いつもよりたくさんの、つぎ当《あ》ての仕事《しごと》をさせた。

日曜日《にちようび》の教会《きょうかい》のかえり道《みち》で、アンは、牧師《ぼくし》さんからピクニックの話《はなし》があったとき、ほんとうにからだじゅうさむけがしたと、マリラに話《はな》した。

「背中《せなか》がぞくっとしたのよ、マリラ。ピクニックへいくなんて、それまではほんきで信《しん》じてるとはいえなかったの。想像《そうぞう》だけじゃないかって。でも、牧師《ぼくし》さんが壇《だん》に立《た》っていわれたんだから、すっかり信《しん》じてしまったんだわ。」

「あんたは、あまりいろんなことに熱中《ねっちゅう》しすぎるよ、アン。」マリラはためいきをついた。「これからさき、どれだけ失望《しつぼう》するかわからないよ。」

「あのう、マリラ、まってるってことには、もうそのよろこびのはんぶんくらいのうれしさが、あるんじゃないかしら。」アンは、じぶんの考《かんが》えをのべてみた。「もしかしたら、実現《じつげん》しないかもしれないけど、それをまっているよろこびは、どんなことがあってもきえはしないわ。リンドおばさんがおっしゃったわ、『なにごとも期待《きたい》せぬものは幸《さいわ》いなり、失望《しつぼう》なきゆえに。』って。でも、わたしは、なにも期待《きたい》しないほうが、失望《しつぼう》することよりつまらないと思《おも》うの。」

マリラは、その日《ひ》もいつものように、紫水晶《むらさきずいしょう》のブローチをつけて、教会《きょうかい》へいった。それをつけないことは、献金《けんきん》をもっていかないこととおなじように神《かみ》をけがすものと思《おも》っていた。この水晶《すいしょう》は、マリラにとって貴重《きちょう》なもので、船乗《ふなの》りのおじが、母《はは》におくったのを、母《はは》がマリラにのこしたのだった。

そのブローチは、むかしふうなだ円形《えんけい》で、なかに母《はは》のかたみの髪《かみ》がひとふさはいっており、まわりにごく上質《じょうしつ》の紫水晶《むらさきずいしょう》がちりばめられていた。

マリラは宝石《ほうせき》のことについてほとんど知《し》らなかったので、どのくらいの値《ね》うちのものかわからなかったが、たいそう美《うつく》しいと思《おも》っていた。そして、上等《じょうとう》の茶《ちゃ》のサテンのドレスを着《き》てそれをつけると、見《み》えなくても、のどのところであわいむらさき色《いろ》の光《ひかり》がまたたいているのが、ここちよくわかるのだった。

はじめてそのブローチを見《み》たとき、アンは感激《かんげき》しきって、ぼうっとしてしまった。

「ああ、マリラ、なんてすばらしいブローチなの。これをつけて、よくもお説教《せっきょう》やお祈《いの》りをきいたりできるわね。あたしだったら、できやしないわ。紫水晶《むらさきずいしょう》って、なんともいえずきれいだわ。あたしの空想《くうそう》したダイヤモンドとよく似《に》てるわ。ずっとまえダイヤモンドをまだ見《み》なかったころ、本《ほん》で読《よ》んでどんなものか想像《そうぞう》してみたの。きっとけむるようにひかる、美《うつく》しいむらさき色《いろ》の石《いし》だと思《おも》ったの。ある日《ひ》、どこかの女《おんな》の人《ひと》が指《ゆび》にはめている本《ほん》もののダイヤを見《み》たとき、がっかりして泣《な》いてしまったわ。もちろん、それはきれいだったけど、あたしのかんがえてたダイヤとはちがったんですもの。ちょっとだけもたせて、マリラ。紫水晶《むらさきずいしょう》って、まるでかわいいスミレたちのたましいだと思《おも》わない？」

十四　アンの告白《こくはく》

ピクニックのまえの月曜日《げつようび》の夕《ゆう》がた、マリラはこまりきったようすで、じぶんのへやからおりてきた。

「アン。」

マリラは声《こえ》をかけた。アンは、テーブルのよこで豆《まめ》のさやをむきながら、ダイアナ仕込《じこ》みの上達《じょうたつ》のあとがうかがわれるせいいっぱいの声《こえ》とふしまわしで、「はんのき谷《だに》のネリー」をうたっていた。

「わたしの紫水晶《むらさきずいしょう》のブローチを、みかけなかったかい。きのうの晩《ばん》、教会《きょうかい》からかえってから、針山《はりやま》にさしておいたと思《おも》ったんだけど、どこにも見《み》あたらないんだよ。」

「それならあたし、きょうの午後《ごご》、慈善会《じぜんかい》にいらしたときに見《み》たわ。」アンはゆっくりこたえた。「おへやのまえをとおったとき、台《だい》の針山《はりやま》の上《うえ》にあったんで、よく見《み》ようと思《おも》ってなかへはいったの。」

「手《て》にとってみたのかい?」

マリラはきびしい声《こえ》でいった。

「ええ、手《て》にとって、どんなふうに見《み》えるかと思《おも》って、胸《むね》につけてみたの。」

「そんなことをする権利《けんり》はありません。子《こ》どもが人《ひと》のものに手《て》をだすのは、とてもいけないことです。だいいち、わたしのへやにはいるべきではなかったし、それに、あんたのものでもないブローチを、手《て》にとってみることもいけません。どこにおいたの?」

「机《つくえ》の上《うえ》よ。一分《ぷん》ももってなかったわ。人《ひと》のものに手《て》をだすなんてつもりじゃなかったのよ、マリラ。へやにはいってブローチをつけてみるのが、わるいとは思《おも》わなかったの。でもいま、わるかったことがわかったから、もうけっしてしないわ。ためになることをきいたわ。きっとおなじいたずらはしません。」

「かえしておかなかったんだね。」と、マリラはいった。「机《つくえ》の上《うえ》のどこにもないよ。もっていったかどうかしたのかね、アン。」

「ちゃんとかえしたわ。」

アンはすぐにいった。マリラには、こまっしゃくれたいいかたに思《おも》えた。

「机《つくえ》の上《うえ》にもどしたか、せとものおぼんの上《うえ》においたかおぼえてないけど、かえしておいたのはたしかなのよ。」

「もういちど、見《み》てきます。」マリラは、ついに意《い》をけっしていった。「もし、かえしておいたなら、ブローチはまだあるはずです。もしなかったら、かえさなかったことになるだけだよ。」

マリラはへやへいって、机《つくえ》の上《うえ》だけでなく、ブローチがありそうな場所《ばしょ》をすっかりさがした。ブローチはみつからなかった。マリラは台所《だいどころ》へもどった。

「アン、ブローチはみつからないね。さっきじぶんでいったように、あんたがさいごに手《て》にしたんですよ。さあ、いったいどうしたの。いますぐ、ほんとうのことをいいなさい。どこかへもっていって、なくしたのかい？」

「あたしはそんなことしないわ。」アンは、マリラのおこったまなざしをまともに見《み》ながら、おちついていった。「けっして、へやからブローチなんてもちださなかったわ。ほんとうのことよ。たとえ断頭台《だんとうだい》につれていかれたって——そりゃ断頭台《だんとうだい》ってよく知《し》らないけど、とにかく、ね、マリラ。」

アンの「とにかく、ね」といったのは、ただことばを強《つよ》めるためだけなのだが、マリラは、それが人《ひと》をみくだすようなたいどにうけとれた。

「あんたは、うそをついてるのかね、アン。」と、マリラはきびしくいった。「わたしにはわかるよ。もうほんとうのことをいうつもりになるまで、なにもききたくないね。それまで、へやへいってなさい。」

「この豆《まめ》をもってっていい？」

アンは、おどおどしていった。

「いいえ、わたしがあとでむきます。いったとおりになさい。」

アンがいってしまうと、マリラはおちつかないきもちのまま、夕《ゆう》げのしたくにとりかかったが、たいせつなブローチのことが気《き》になってしかたなかった。もし、アンがなくしでもしていたら？　だれの目《め》にもアンがとったのがあきらかなのに、それをとってないというなんて、なんて子《こ》どもだろう。おまけに、あんなに身《み》におぼえがないような顔《かお》をして！（これからさき、なにをするかわからないね。）マリラは、いらだたしげに豆《まめ》の皮《かわ》をむきながら、かんがえた。（もちろん、あの子《こ》が、ぬすもうなんてつもりじゃなかったのは、わかる。あれであそぶ気《き》だったのか、それとも、いつものなにかになったきぶんで、手《て》にとったんだろう。アンがとったにはちがいない。なぜって、わたしが上《うえ》へいくまで、あの子《こ》がじぶんでいってるとおり、へやにはあの子《こ》のあとはだれもはいらなかったんだから。ブローチがなくなったんだから、たしかなことだ。なくしてしまって、罰《ばつ》をうけるのがこわいんで、いおうかいうまいかこまっているんだね。

あの子《こ》がうそをついてると思《おも》うと、おそろしくなるよ。気《き》みじかなことより、ずっとおそろしいことだ。信用《しんよう》できない子《こ》どもをうちにおいとくとは、たいした重荷《おもに》をしょったもんだ。ずるくて、信用《しんよう》できない――そのとおりだよ。このほうが、ブローチをなくしたことより、もっと気《き》がおもいね。ただ、ほんとうのことをいってくれれば、こんなに気《き》にもならなかったのに。）

マリラは、その日《ひ》の夜《よる》じゅう、ちょくちょくへやへいってブローチをさがしたが、みつからなかった。ねる時間《じかん》になって、東《ひがし》の屋根裏《やねうら》べやをのぞいても、むだだった。アンは、ブローチについてはなにも知《し》らないといいはり、マリラは、ますますアンにちがいないと、信《しん》じこんでいった。つぎの朝《あさ》、マリラは、マシュウにいっさいを話《はな》した。マシュウはとうわくした。すぐにアンをうたがったりはしなかったが、状況《じょうきょう》はアンに不利《ふり》なことをみとめぬわけにはいかなかった。

「たしかに、机《つくえ》のうしろにゃ、おちてやしないだろうね？」というのが、せいいっぱいの意見《いけん》だった。

「机《つくえ》をうごかして、引《ひ》き出《だ》しをはずして、割《わ》れめやすきまもぜんぶ見《み》たんですよ。」というのが、答《こた》えだった。

「ブローチはありませんよ。あの子《こ》は、とって、うそをついてるんですよ。なさけないことだけど、事実《じじつ》なんだよ、マシュウ。この問題《もんだい》をまともにうけとめなくちゃ。」

「それで、どうする気《き》なんだい？」

マシュウは、よわよわしげにきいた。じぶんでなくマリラがこの事件《じけん》の決着《けっちゃく》をつけることを、ひそかに感謝《かんしゃ》した。

「白状《はくじょう》するまで、へやにとじこめます。」マリラは、以前《いぜん》、この方法《ほうほう》で成功《せいこう》したことを思《おも》いだしながら、きびしくいった。「そうしたらわかります。あの子《こ》が、どこにもちだしたかいってくれさえすれば、ブローチはみつかるんだもの。どっちにせよ、てきびしく罰《ばっ》してやりますよ、マシュウ。」

「そうだな、おまえがアンを罰《ばっ》することだな。」マシュウは帽子《ぼうし》に手《て》をのばしながら、いった。「わしはなにもかまうことないんだから、そうだな。おまえがわしに意見《いけん》をいうなと、いったんだから。」

マリラは、だれからもみはなされたような気《き》がした。リンド夫人《ふじん》のところに助言《じょげん》をたのみにいくこともできなかった。ひどくきまじめな顔《かお》をして、東《ひがし》のへやへいき、もっときまじめな顔《かお》をしたまま、でてきた。アンは、がんこに白状《はくじょう》しなかった。ブローチをとらないといいはった。アンが泣《な》いていたので、マリラはかわいそうに思《おも》ったが、ぐっとこらえた。

夜《よる》になると、ついにマリラのほうが、くたびれはてた。

「白状《はくじょう》するまでこのへやからだしませんよ、アン。そのつもりでいなさい。」

マリラは、きっぱりといった。

「でも、ピクニックはあしたなのよ、マリラ。」と、アンはさけんだ。「いかせないなんていわないでしょ？ 午後《ごご》は、そとへだしてくれるでしょ。そのあとは、元気《げんき》で、いわれたとおりここにいるわ。でも、ピクニックにはいかなくちゃならないわ。」

「白状《はくじょう》するまでは、ピクニックどころか、どこへもいかせません。」

「どうして、マリラ。」アンは息《いき》づまるようにいった。しかし、マリラは戸《と》をしめて、いってしまった。

水曜《すいよう》の朝《あさ》は、ピクニックにおあつらえむきの、晴《は》れわたった天気《てんき》だった。鳥《とり》はアンの屋根裏《やねうら》べやのまわりでさえずり、目《め》に見《み》えない風《かぜ》にのってマドンナユリのかおりが、広間《ひろま》やへやにながれこんできた。くぼ地《ち》のシラカバの木《き》は、いつものアンのあいずをまつように、たのしげに枝《えだ》をゆらしていた。でも、アンは窓《まど》のところにいなかった。

マリラが朝食《ちょうしょく》をもっていくと、アンは目《め》をきらきらさせてくちびるをきっとむすび、あおざめた顔《かお》をつんとあげて、心《こころ》をきめたようにベッドにすわっていた。

「マリラ、ほんとうのことをいってしまうわ。」

「あれ！」マリラはぼんをおいた。ふたたび、じぶんのやりかたが成功《せいこう》したのだ。でも、この成功《せいこう》は、彼女《かのじょ》にはつらかった。「じゃ、いいたいことをきこうかね、アン。」

「あたし、紫水晶《むらさきずいしょう》のブローチとりました。」アンは、まるでならった課目《かもく》をくりかえすように、いった。「おばさんがいったように、とっただけよ。へやにはいったときは、とろうなんて気《き》はなかったわ。でも、ブローチがとっても美《うつく》しかったから、胸《むね》につけてみたの。そしたら、どうしようもない誘惑《ゆうわく》にまけてしまったの。これを〈アイドルワイルド〉にもっていって、コーデリア＝フィッツジェラルドになってみたら、どんなにすばらしいかって思《おも》ったの。本《ほん》ものの紫水晶《むらさきずいしょう》をつければ、コーデリア＝フィッツジェラルドのつもりになるのは、とてもかんたんよ。ダイアナとふたりで、野《の》バラの実《み》で首《くび》かざりをつくったけど、それと紫《むらさき》水晶《ずいしょう》じゃ、くらべものにならないでしょ？　だから、ブローチをとったの。あなたがかえるまでに、かえせると思《おも》ったの。

　時間《じかん》をながびかせるために、遠《とお》まわりの道《みち》をいって、〈きらめく湖《みずうみ》〉の橋《はし》にさしかかったとき、ブローチをもういちど見《み》ようとしたの。ああ、日《ひ》の光《ひかり》をあびて、なんてきれいだったでしょう。それから、橋《はし》によりかかったら、指《ゆび》のあいだをすりぬけて――おちてしまったの。そう――ふかくふかくしずみながら、むらさき色《いろ》にひかって、すべては永遠《えいえん》に、〈きらめく湖《みずうみ》〉の底《そこ》へしずんでしまったの。これがあたしの真実《しんじつ》の告白《こくはく》なのよ、マリラ。」

　マリラの胸《むね》に、また怒《いか》りがこみあげてきた。この子《こ》は、じぶんの宝《たから》のブローチをなくしてしまったのだ。そのうえ後悔《こうかい》するようすもなく、おちつきはらって、一部始終《いちぶしじゅう》を、ことこまかに説明《せつめい》してみせたのだ。

「アン、おそろしいことですよ、なんとも。」マリラは、つとめてしずかに話《はな》そうとした。「きいたこともないくらい、あんたはたちのわるい子《こ》です。」

「ええ、あたしもそう思《おも》うわ。」アンは、おちつきはらって同意《どうい》した。「だから、罰《ばつ》をうけなければならないわ。罰《ばっ》する人《ひと》はマリラなのよ。どうかすぐ罰《ばっ》してほしいわ。心《こころ》おきなくピクニックへいきたいんですもの。」

「ピクニックですって！　ピクニックどころじゃない。いかせませんよ。アン！　これが罰《ばつ》です。これでも、あんたのしたことのはんぶんの罰《ばつ》にもなりませんよ！」

「ピクニックへいけないの！」アンはとびあがって、マリラの腕《うで》をぎゅっとにぎった。「でも、やくそくしたじゃないの。ああ、マリラ、どうしてもピクニックにいきたいのよ。だから告白《こくはく》したのよ。ほかのことならなんでも罰《ばっ》して。ねえ、マリラ、ほんとうにおねがいだから、ピクニックへいかせて。アイスクリームのことをかんがえてみて。もう二度《ど》とアイスクリームをたべる機会《きかい》はないわ。」

マリラは、まきついたアンの手《て》を、つめたくほどいた。

「たのみこんでもむだですよ、アン。ピクニックへはいかせません、それだけです。もう、いっさいききませんよ。」

マリラのきもちがかわらないと知《し》ると、アンは、手《て》をあわせ、ふりしぼるようなさけび声《ごえ》をあげて、ベッドにうつぶせになり、身《み》をふるわせて泣《な》いた。

「あれ、どうしたっていうんだろう。」マリラは、おどろいたようにへやからでていった。「あの子《こ》は気《き》がへんだよ。まともなら、あんなたいどはみせないからね。気《き》がおかしくないなら、よっぽどわるい子《こ》だ。や

れやれ、もしかして、はじめからレイチェルのいったとおりかもしれない。だけど、いったんやりかけたら、くやんでもはじまらないがね。」

ゆううつな朝《あさ》であった。マリラはもうれつにはたらいて、とくにすることがなくなると、まだきれいなポーチの床《ゆか》と、製乳室《せいにゅうしつ》のたなをみがいてから、庭《にわ》の土《つち》をならした。昼食《ちゅうしょく》のしたくができると、マリラは階段《かいだん》の下《した》にいってアンをよんだ。涙《なみだ》でよごれた顔《かお》が手《て》すりごしに見《み》え、かなしげに下《した》を見《み》おろしていた。

「アン、お昼《ひる》だからおりてきなさい。」

「ごはんなんかほしくないわ、マリラ。」と、アンはすすり泣《な》いた。「なにもたべられないの。悲《かな》しみにしずんでいるんですもの。きっとあとで後悔《こうかい》するでしょうよ、マリラ。でも、あたしはゆるしてあげるわ。そんなときになったら、ゆるしてあげたことを思《おも》いだしてね。でもいまは、なにかたべろなんていわないでよ。いま、この心境《しんきょう》で、ブタの煮《に》たのや野菜《やさい》は、なまなましすぎるんですもの。」

マリラはひどくきぶんをがいして、台所《だいどころ》にもどると、マシュウにとめどなくこぼした。マシュウは、アンのおこないにたいする冷静《れいせい》な判断《はんだん》と、おさえられない同情《どうじょう》とで、ひどくこまっていた。

「そうだな、アンも、ブローチをとったり、なにやかやと話《はなし》をでっちあげたりしちゃ、いけなかったな。」

マシュウは、じぶんの目《め》のまえのさらにもられた、れいのなまなましいブタの煮《に》ものや野菜《やさい》を、アンのようにそぐわないきぶんでながめながら、ゆううつそうにこたえた。

「だがね、まるで子《こ》どもだし……まあかなりおもしろい子《こ》だし、あれほどたのしみにしていたものをいかせないというのは、ちときびしすぎやしないかい。」

「マシュウ、まったくあんたはあきれた人《ひと》だ。わたしは、あんまりあまやかしすぎたんじゃないかと思《おも》っているんだよ。それなのにね、あの子《こ》は、じぶんがいけない子《こ》だったと反省《はんせい》するようすは、もうとうないんですよ。それが、なんていっても不安《ふあん》のたねなんだよ。もしわびるきもちでもあれば、そりゃかんたんでですよ。ところが、あんたまでまるでわかっていないようだ。いつもあの子《こ》のかたをもって、いいわけしているんだから――あたしにはよくわかるんですよ。」

「だが、なにせ子《こ》どもだからな。しつけひとつうけたことがないんだし――ねえ、マリラ、すこしは大目《おおめ》にみてやることも必要《ひつよう》だよ。」

マシュウは、よわよわしげにくりかえした。

「しつけは、いまやっていますよ。」

マリラはいいかえした。

マリラの強《つよ》い口調《くちょう》に、マシュウは、なっとくがいかないまま、だまってしまった。

その日《ひ》の昼食《ちゅうしょく》は、なんともしずんでいた。ただ、やとっている少年《しょうねん》のジェリーだけが陽気《ようき》にはしゃぐので、マリラはその無神経《むしんけい》さにはらをたてた。さらをあらって、パン種《だね》の用意《ようい》をすまし、ニワトリにえさをやったあとで、マリラは、月曜日《げつようび》の午後《ごご》、慈善会《じぜんかい》からかえって、とっときの黒《くろ》レースのショールをはずしたとき、ちょっとほころびていたのを思《おも》いだした。そこで、あれをなおしておこうと思《おも》いたった。

ショールはトランクのなかの、物入《ものい》れにはいっていた。マリラがショールをとりだしたとき、窓《まど》べのツタのしげみごしにもれてくる光《ひかり》が、なにか肩《かた》かけにひっかかっているものにあたって、ひかったのに気《き》づいた。それは、キラリとむらさき色《いろ》にかがやいた。マリラは、びくっとして、それをつかんだ。レースの糸《いと》にからまってひっかかっていたのは、紫水晶《むらさきずいしょう》のブローチだった。

「こりゃいったい、どうしたことだろう。」マリラはぼんやりとした。「ブローチがあるじゃないか。バリーの池《いけ》にしずんだと思《おも》っていたのが、そのまんま。どうして、あの子《こ》は、このブローチをとってなくしたなんて、いったんだろうね。グリーン・ゲイブルズには、まかふしぎなことがあるものだ。そう、かんがえてみれば、月曜日《げつようび》の午後《ごご》、ショールをはずして、ほんのちょっとのあいだ、たんすの上《うえ》においたっけ。あのとき、ブローチがひっかかったにちがいない。やれ、まあ！」

マリラはブローチを手《て》にして、アンのいる東《ひがし》のへやにいった。アンは涙《なみだ》もかれはてて、窓《まど》べに力《ちから》なくすわっていた。

「アン＝シャーリイ。」マリラは、ゆっくりと、力強《ちからづよ》くいった。「たったいま、ブローチが黒《くろ》のレースのショールにひっかかっているのに気《き》づいたんだけど、けさおまえがくだくだとしゃべったことは、いったいなんなんだい。」

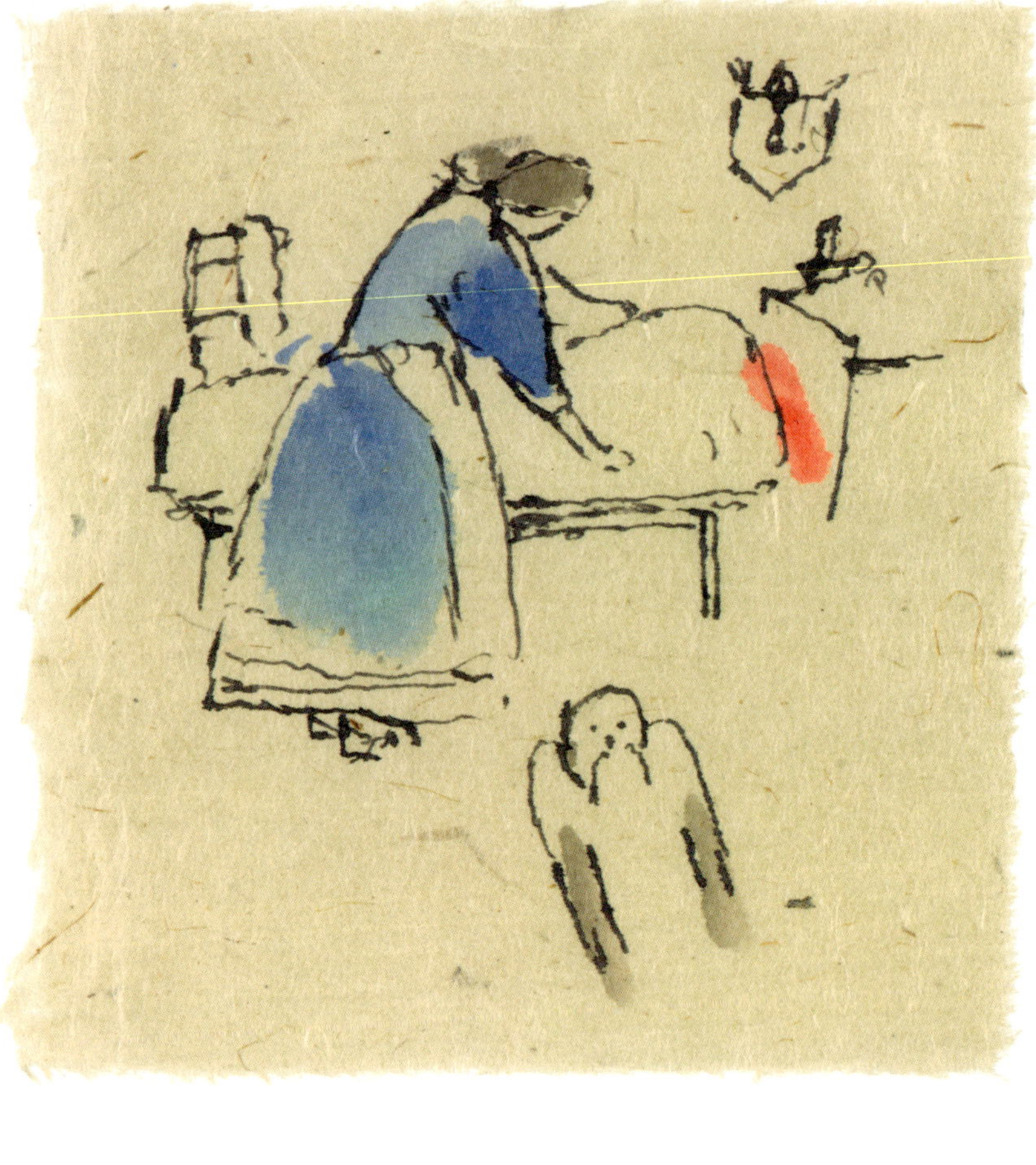

「だって、マリラは、あたしがなにかしゃべるまでは、ここにいなくてはいけないいって、いったんですもの。」アンは、よわよわしくこたえた。「それで、あたしは告白《こくはく》をする決心《けっしん》をしたのよ。ピクニックにいかなくちゃならなかったんですもの。きのうの晩《ばん》、ベッドにはいってから、いろいろとかんがえたの。とびきりおもしろそうな告白《こくはく》を、かんがえだしたのよ。それで、わすれちゃいけないと思《おも》って、なんどもくりかえしてみたの。でも、おばさんがどうしてもピクニックはだめだというんで、あたしの苦労《くろう》も水《みず》のあわだったわ。」

マリラは、わらいがこみあげて、こらえようがなかった。また、アンにはわるいことをしたな、と思《おも》った。

「アン、こっちのまけだよ。まちがいだった——よくわかりました。いままであんたはうそついたことがないんだから、いったことをうたがってはいけなかったね。だけど、やりもしないことをまことしやかにしゃべるのは、なんとしてもいけないことだね。とはいっても、そうさせたのはあたしなんだから——もし、あんたがゆるしてくれるなら、あたしもさっぱりわすれてあげるよ。さあ、またはじめからやりなおそうよ。そら、ピクニックの用意《ようい》はいいのかい。」

アンは、まるでロケットのようにとびあがった。

「マリラ、おそすぎやしないかしら。」

「そんなことはない。まだ二時《じ》だよ。みんなぽつぽつあつまったくらいだろうし、お茶《ちゃ》までには一時間《じかん》もあるよ。さあ、顔《かお》をあらって、髪《かみ》をといて、あのギンガムを着《き》なさい。わたしはバスケットにつめてあげるよ。焼《や》いた食《た》べものはたくさんあるからね。ジェリーに、馬車《ばしゃ》でピクニックのところまでおくらせるようにいうから。」

「わあ、マリラ！」アンはよろこびの声《こえ》をあげて、洗面台《せんめんだい》にとんでいった。「五分《ふん》まえには、あたし、生《う》まれてこなければよかったと思《おも》うほどみじめだったわ。いまときたら、しあわせで、しあわせで、天使以上《てんしいじょう》よ。」

その晩《ばん》、わたのようにつかれきったアンは、それでも、いいしれぬ満《み》ちたりたきもちで、グリーン・ゲイブルズにかえってきた。

「ねえ、あたし、きょうは、めくるめくようなたのしいときをすごしてきたのよ。『めくるめく』ということばは、メアリイ＝ベルからきいて、きょうはじめておぼえたんだけど、どう？　とても感《かん》じがでてない？　なにもかもすてきだったわ。たのしいお茶《ちゃ》のあとで、ハーモン＝アンドリュースさんが、みんなをボートにのせてくださったの。一度《ど》に六人《にん》ずつなのよ。あのね、ジェーン＝アンドリュースは、ボートからおっこちそうになったのよ。ボートから身《み》をのりだして、スイレンをとろうとしたの。はっとしたしゅんかん、アンドリュースさんがジェーンのベルトをつかんだからよかったのよ。そうでなかったら、ジェーンはおぼれていたわ。

それがあたしだったらとも思《おも》うの。おぼれかかるなんて、とてもロマンチックな経験《けいけん》じゃない？　スリルのある、話《はなし》のたねになったと思《おも》うの。そのあと、アイスクリームをたべたの。アイスクリームって、口《くち》では説明《せつめい》できないものね。じつに感動的《かんどうてき》よ。あんなものほかにはないわ。」

その夜《よ》、マリラはくつ下《した》かごのまえで、マシュウにこれまでのいっさいを話《はな》した。

「わたしがわるかったことは、あっさりみとめますよ。」とマリラはしめくくった。「でも、いい勉強《べんきょう》になりましたよ。アンの告白《こくはく》のことをかんがえると、どうしようもなくわらいがこみあげてきてね。うそをついていたのだから、わらうどころじゃないんですがね。でも、そんなにわるいとはいえませんよ。多少《たしょう》わたしにも責任《せきにん》があるんですから。まったくあの子《こ》は、なにかしらふしぎなところがあるけど、このさきよくなっていくだろうし、あの子《こ》のいるところ、どんなうちでも、たいくつというものはないでしょうよ。これだけはたしかだね。」

十五　学校《がっこう》でのできごと

「なんてすてきな日《ひ》でしょう。」アンは、深呼吸《しんこきゅう》をしながらいった。「こんな日《ひ》に生《い》きているなんて、それだけでうれしくなってしまうじゃない？　まだ生《う》まれてこない人《ひと》たちがかわいそう。もちろんその人《ひと》たちだって、すばらしい日《ひ》があるわね。でも、けっしてきょうのことは知《し》らないでしょうよ。それに、学校《がっこう》にいくのにこのすばらしい小道《こみち》があるなんて、なおさらよ。」

「街道《かいどう》をいくより、よっぽどいいわ。道路《どうろ》はとてもほこりっぽいし、暑《あつ》いんだもの。」

ダイアナは、まじめにこたえると、バスケットをのぞきこみながら、三個《こ》のかおりのいい木《き》イチゴパイが、十人《にん》の友《とも》だちにわけて、いったいひとりにどのくらいゆきわたるかということに、気《き》をくばっていた。

アボンリー学校《がっこう》の少女《しょうじょ》たちは、いつでもおべんとうを共同《きょうどう》にしていたので、三個《こ》の木《き》イチゴパイを、ひとりでたべたり、いちばん仲《なか》よしにだけわけたりしたら、永久《えいきゅう》に「けちんぼ」といわれたにちがいない。もっとも、十人《にん》にわけてしまうと、もっとほしくなってじりじりするほどわずかになってしまう。

アンとダイアナが学校《がっこう》へいく道《みち》は、まったくきれいな道《みち》だった。アンは、ふたりでかよう毎日《まいにち》はじぶんの想像《そうぞう》でもかなわない、と思《おも》っていた。街道《かいどう》はおもしろくなかったが、〈恋人《こいびと》たちの道《みち》〉や、〈ウィローミア〉や、〈スミレの谷《たに》〉や〈シラカバの道《みち》〉をいくのは、なんといってもたのしかった。

〈恋人《こいびと》たちの道《みち》〉は、グリーン・ゲイブルズのある果樹園《かじゅえん》の下《した》からカスバート農場《のうじょう》のおわりまで、森《もり》のなかをずっとのびていた。それは、牛《うし》がむこうの牧場《ぼくじょう》にかよったり、冬《ふゆ》になると材木《ざいもく》がはこばれる道《みち》だった。アンはグリーン・ゲイブルズにきてひと月《つき》もたたないうちに、〈恋人《こいびと》たちの道《みち》〉と名《な》づけた。

「恋人《こいびと》たちがほんとうにあるくわけじゃないの。」アンは、マリラに説明《せつめい》した。「でも、ダイアナとあたしがとてもすてきな本《ほん》を読《よ》んでたら、そのなかに〈恋人《こいびと》たちの道《みち》〉があったのよ。だから、あたしたちにも一つほしくなったの。とってもきれいな名《な》まえでしょ、そう思《おも》わない？　そこに恋人《こいびと》たちを想像《そうぞう》できるわ、わかる？　あの道《みち》がだいすきよ。あそこでは人《ひと》にきちがいだといわれたりしないでも、夢中《むちゅう》で空想《くうそう》できるからよ。」

アンが、朝《あさ》ひとりで〈恋人《こいびと》たちの道《みち》〉をくだって、小川《おがわ》にでると、ダイアナがまっていて、ふたりはいっしょに、カエデの葉《は》のアーチの下《した》の小道《こみち》をあるいていった。――「カエデはほんとにあいきょうがあるわ。いつもサラサラ、なにかささやきかけるわ。」

やがて、ふたりは小道《こみち》をぬけ、バリーさんのうしろの畑《はたけ》をとおり、〈ウィローミア〉をすぎた。〈ウィローミア〉をこえると、〈スミレの谷《たに》〉――アンドリュース＝ベルさんの大《おお》きな森《もり》のかげにある、緑《みどり》のくぼ地《ち》だった。

「もちろん、いまはスミレなんてさいてないわ。」アンは、マリラに話《はな》した。「でもダイアナは、春《はる》になるといちめんにさくっていうの。ねえ、マリラ、想像《そうぞう》できる？　息《いき》がつまるかもしれないわ。それで、〈スミレの谷《たに》〉って名《な》まえつけたの。ダイアナは、あたしが夢《ゆめ》のような名《な》まえをつけるのがとてもじょうずだって、いってるわ。でも、ダイアナは〈シラカバの道《みち》〉というのをつけたのよ。そうよびたいっていうから、よ

ばせてあげたけど、あたしなら、〈シラカバの道《みち》〉なんかより、なにかもっと詩的《してき》なのを思《おも》いついたでしょうよ。でも、あそこは、世界《せかい》じゅうでとくべつきれいなところの一つよ、マリラ。」

そのとおりだった。アンだけではなく、この道《みち》にふっとはいった人《ひと》はだれでも、そうかんがえた。せまい、まがりくねった小道《こみち》で、丘《おか》をまわりながらこえ、ベルさんの森《もり》をまっすぐぬけていた。そして、びっしりしげったエメラルドの葉《は》のふるいをわけてくる光《ひかり》は、ダイヤモンドのようにすみきっていた。幹《みき》が白《しろ》くてしなやかな、ほっそりしたわかいシラカバの木《き》が、小道《こみち》のほとりにならんでいた。谷間《たにま》のシダや、スターフラワーや、山《やま》ユリや、まっかなイバラの実《み》が、道《みち》にそっておいしげり、あたりは、いつでもきもちのいいかおりにみちていた。こずえのほうでは小鳥《ことり》がさえずり、風《かぜ》はつぶやいたり、しのびわらいをしていた。たまに、ウサギがよこぎってとんでいくのを見《み》ることもあった。一度《ど》、青白《あおじろ》い月《つき》の光《ひかり》のなかで、ふたりはそれを見《み》た。谷間《たにま》をくだったところで、小道《こみち》は本通《ほんどお》りにであい、やがてエゾマツの丘《おか》を学校《がっこう》までのぼっていた。

アボンリー学校《がっこう》は、軒《のき》は低《ひく》いが、窓《まど》のひろい、白《しろ》く洗《あら》われた建物《たてもの》で、なかには、三代《だい》にわたる生徒《せいと》の、かしら文字《もじ》や象形文字《しょうけいもじ》がふたにきざまれている、古風《こふう》だが感《かん》じのいい机《つくえ》がそなえつけられていた。校舎《こうしゃ》は道路《どうろ》からひっこんでいて、うらにはうす暗《ぐら》いモミの林《はやし》と小川《おがわ》があり、子《こ》どもたちは朝《あさ》、この小川《おがわ》にミルクびんをつけて、お昼《ひる》までに、ひやしておいしくしておくのだった。

マリラは、九月《がつ》のはじめの日《ひ》、あれこれと心配《しんぱい》しながら、アンを学校《がっこう》におくりだした。アンはひときわかわった子《こ》だから、どうやってほかの子《こ》どもたちとやっていくのだろうか、いったいどのように学校《がっこう》で口《くち》をつぐんでいられるだろうか。

　しかし、マリラがおそれていたより、ことはうまくはこんだ。アンはその晩《ばん》、意気揚々《いきようよう》とかえってきた。

「あたしは、ここの学校《がっこう》がすきになれると思《おも》うわ。でも先生《せんせい》は尊敬《そんけい》できないわ。いつも口《くち》ひげをひねってて、プリシイ＝アンドリュースに目《め》をむけてるの。わかるでしょ、プリシイはおとなよ。十六才《さい》で、来年《らいねん》シャーロットタウンのクィーン学院《がくいん》の入学試験《にゅうがくしけん》をうけるんで、勉強《べんきょう》してるのよ。ティリイ＝ボールターは、先生《せんせい》は彼女《かのじょ》にまいってるといってたわ。あの人《ひと》は美人《びじん》で、茶《ちゃ》の巻《ま》き毛《げ》で、それも、なかなか上品《じょうひん》に巻《ま》き上《あ》げてるの。うしろの長《なが》いいすにすわってて、先生《せんせい》も勉強《べんきょう》をみてあげるんで、ほとんどそこにすわっているっていうの。でもルビイ＝ギリスは、プリシイが赤《あか》くなってくすくすわらったというの。それは勉強《べんきょう》とぜんぜん関係《かんけい》ないっていうのよ。」

「アン＝シャーリイ、そんなふうに先生《せんせい》についていうのは、もうききたくありませんね。」マリラはきつくいった。「あんたは、先生《せんせい》を批評《ひひょう》しに学校《がっこう》にいくのではないんですよ。先生《せんせい》はあんたに、いろいろおしえるはずです。それをまなぶのがあんたの仕事《しごと》でしょ。あんたが先生《せんせい》の話《はなし》をしにかえってくるんじゃないということを、いまからわかってほしいね。そんなことは、わたしはちっともさんせいできない。あんたがいい女《おんな》の子《こ》であればそれでいいよ。」

「ほんとう。」アンは、明《あか》るくこたえた。「それは、あなたがかんがえるほどひどくはないのよ。あたし、ダイアナのとなりにすわるの。窓《まど》のそばの右《みぎ》がわで、〈きらめく湖《みずうみ》〉が見《み》おろせるの。学校《がっこう》にはたくさんすてきな女《おんな》の子《こ》がいて、お昼休《ひるやす》みに、すごくゆかいな遊《あそ》びをしたのよ。たくさんの女《おんな》の子《こ》とあそべるって、とってもおもしろいのね。でも、もちろん、ダイアナがいちばんすきだし、ずっとそうよ。あたしは、ダイアナを尊敬《そんけい》しているの。あたし、ほかの人《ひと》たちよりとってもおくれてるの。みんなは五番《ばん》めの教科書《きょうかしょ》なのに、あたしひとり四番《ばん》めなの。はずかしかったわ。だけど、あたしのような想像《そうぞう》をする人《ひと》はいないことがわかったの。

きょう、読書《どくしょ》と地理《ちり》とカナダ史《し》と書取《かきと》りをやったの。フィリップス先生《せんせい》は、わたしのつづりはさんざんだといって、石盤《せきばん》をなおしてくれたのをみんなに見《み》せたのよ。とってもくやしかったわ、マリラ。はじめての人《ひと》には、もっとていねいにするべきでしょう？

ルビイはリンゴをくれてね、ソフィアは『あなたのうちをたずねてもよいですか』と書《か》いてある、かわいいもも色《いろ》のカードをかしてくれたの。あしたかえすつもりよ。ティリイは午後《ごご》じゅうビーズの指輪《ゆびわ》をはめさしてくれたの。屋根裏《やねうら》べやの古《ふる》い針《はり》さしから、あの真珠《しんじゅ》のビーズいくつかとって、あたしの指輪《ゆびわ》をつくってもいい？　そうだわ、マリラ。プリシイがセイラに、あたしの鼻《はな》がかわいいと話《はな》してるのを、ミニイがきいて、ジェーンにいったんですって。マリラ、生《う》まれてはじめて、あたしがほめられたわけよ。なんともきみょうな感《かん》じだったわ、わかるかしら。マリラ、ほんとにあたしのはかわいい鼻《はな》だと思《おも》う？　あなたはほんとうのことをいってくれるわね。」

「あんたの鼻《はな》はそれでけっこう。」

　マリラは、かんたんにいった。ひそかに、アンの鼻《はな》はかなりきれいだと思《おも》っていた。でも、アンにいうつもりはなかった。

　それから三週間《しゅうかん》すぎたが、それまでは、すべてこともなくはこんだ。そしていま、このすがすがしい九月《がつ》の朝《あさ》、〈シラカバの道《みち》〉をうきうきとあるいていくアンとダイアナは、アボンリーでもとりわけしあわせな少女《しょうじょ》たちだった。

「きっと、きょうは、ギルバート＝ブライスが学校《がっこう》にくると思《おも》うの。」ダイアナがいった。「夏休《なつやす》みじゅう、ニュー・ブランズウィックの、いとこのうちにいってて、土曜日《どようび》の夜《よる》にかえってきたのよ。とてもすてきな人《ひと》なのよ、アン。それに、女《おんな》の子《こ》をすごくからかうの。そりゃあ、ぎゅうぎゅうのめにあわせるのよ。」

　ダイアナの話《はな》しぶりでは、かえってぎゅうぎゅうのめにあわされたいかのようだった。

「ギルバートのこと？」アンはいった。「入《い》り口《ぐち》のかべに、ジュリア＝ベルの名《な》まえとならべて『注意《ちゅうい》！』と書《か》かれてあった、あの人《ひと》？」「そう。」ダイアナは、頭《あたま》をふりながらいった。「だけど、ジュリアのこと、そんなにすきじゃないと思《おも》うわ。なぜって、かけ算《ざん》の九九を、ジュリアのそばかすで勉強《べんきょう》したっていうのをきいたもの。」

「あら、あたしにそばかすの話《はなし》をしないでよ。」アンは、かなしそうにいった。「こんなにたくさんあるんだから、気《き》をわるくするわよ。でも男《おとこ》の子《こ》や女《おんな》の子《こ》のことを、かべに『注意《ちゅうい》』なんて書《か》くのは、いちばんばかげているわ。じぶんの名《な》まえを、男《おとこ》の子《こ》の名《な》まえといっしょに書《か》かれたのを見《み》たい？　もちろん、べつにだれかが書《か》くってわけじゃないけど。」

アンは、いそいでつけたした。

そして、ためいきをついた。名《な》まえを書《か》かれるのはいやだけれど、まったくその心配《しんぱい》がないというのは、多少《たしょう》つらいことだと思《おも》った。

「ばかばかしいわ。」

ダイアナはいった。ダイアナの黒《くろ》いひとみとつやのある髪《かみ》は、アボンリーの男《おとこ》の子《こ》たちの心《こころ》をだいぶさわがしたので、ダイアナの名《な》は半《はん》ダースも、『注意《ちゅうい》！』といっしょにかべに書《か》かれていた。

「どうせ、じょうだんなのよ。あんたの名《な》まえがぜったい書《か》かれないとは、いえないわよ。チャーリイ＝スローンはあなたに夢中《むちゅう》よ。おかあさん――かれのおかあさんに、あなた、いい？　学校《がっこう》であんたがいちばんりこうな女《おんな》の子《こ》だって、話《はな》したのよ。そのほうが、きれいだっていうことよりましだわ。」

「ちがうわ。」心《こころ》までしおらしくなったアンはいった。「あたし、りこうなのより、きれいになりたいわ。チャーリイ＝スローンはきらいよ。ぎょろぎょろした目《め》つきの男《おとこ》の子《こ》には、たえられないの。もし、だれかあた

しの名《な》まえをあの子《こ》といっしょに書《か》いたら、きっとがまんできないわ、ダイアナ。でも、クラスで一番《ばん》をまもれるって、すてきなものね。」
「こんどは、あんたたちのクラスに、ギルバートがはいるわよ。」ダイアナはいった。「あの人《ひと》、いつも、クラスで一番《ばん》だったのよ。すぐに十四になるんだけど、まだ四番《ばん》めの教科書《きょうかしょ》なのよ。四年《ねん》まえ、おとうさんが病気《びょうき》でアルバータに静養《せいよう》しにいかなければならなかったの。ギルバートもいっしょにいったのよ。そこに三年《ねん》いて、かえってくるまで、ほとんど学校《がっこう》にいかなかったのよ。アン、これからは、あなたが一番《ばん》でいられるのも、やさしくないわよ。」
「あたし、うれしいわ、ほんの九つや十の小《ちい》さな人《ひと》たちのなかで一番《ばん》だからって、たいして得意《とくい》になれないもの。きのうから、『沸騰《ふっとう》』のつづりをはじめたわ。ジョシイ＝パイが一番《ばん》だったわ。ねえ、あの人《ひと》、本《ほん》をのぞいたのよ。フィリップス先生《せんせい》は見《み》てなかったわ、プリシイ＝アンドリュースを見《み》てたの。でも、あたしは見《み》てたから、けいべつをこめて、つめたく見《み》かえしてやったの。そしたら、いつものように赤《あか》くなって、けっきょくまちがえちゃったのよ。」

「パイ家《け》の女《おんな》の子《こ》たちって、みんなそうなのよ。」ダイアナは、街道《かいどう》の堤《つつみ》をこえるとき、ふんがいしながらいった。「きのうパイは、小川《おがわ》のあたしの場所《ばしょ》に、ミルクをおいたのよ。あたし、もう話《はな》しかけないの。」

フィリップス先生《せんせい》が、プリシイ＝アンドリュースのラテン語《ご》をうしろできいてやっているとき、ダイアナは、アンにささやいた。

「あなたのとこから通路《つうろ》をへだてて右《みぎ》にすわっているのが、ギルバートよ、アン。ちょっと、見《み》てごらんなさい、すてきだと思《おも》わない？」

アンは、そちらに目《め》をむけた。ちょうどいいときだった。というのは、そのギルバートは、こっそり、じぶんのまえのルビイ＝ギリスの黄色《きいろ》い長《なが》いおさげを、いすのうしろにとめるのに熱中《ねっちゅう》してたからだ。かれは、とび色《いろ》のカールした髪《かみ》をしていて、いたずらっぽいハシバミ色《いろ》の目《め》と、人《ひと》をからかうようなわらいを口《くち》もとにうかべた、背《せ》の高《たか》い少年《しょうねん》だった。

やがて、ルビイ＝ギリスは、計算《けいさん》を先生《せんせい》のところへもっていこうとして、小《ちい》さなかなきり声《ごえ》をあげて、じぶんの席《せき》にたおれかかった。彼女《かのじょ》は、髪《かみ》の毛《け》がつけ根《ね》からひっこぬかれたと思《おも》った。みんながふりむき、フィリップス先生《せんせい》はけわしい顔《かお》でにらみつけたので、ルビイは泣《な》きだした。ギルバートはさっとピンをはらいのけ、世《よ》にもげんしゅくな顔《かお》つきをして歴史《れきし》の勉強《べんきょう》をはじめていた。さわぎがしずまると、かれは、アンを見《み》て、なんともいえないおどけた顔《かお》で、ウインクをした。

「あんたのギルバートは、なかなかいいと思《おも》うわ。」アンはダイアナにこっそりいった。「でも、そうとう心臓《しんぞう》が強《つよ》いと思《おも》うわ。はじめての女《おんな》の子《こ》にウインクするなんて、どうかと思《おも》うわ。」

でも、午後《ごご》までは、一大事《いちだいじ》はおこらなかった。

フィリップス先生《せんせい》は、うしろのすみでプリシイに代数《だいすう》の問題《もんだい》を説明《せつめい》していた。ほかの生徒《せいと》は、青《あお》いリンゴをかじったり、ないしょ話《ばなし》をしたり、石盤《せきばん》に絵《え》をかいたり、コオロギに糸《いと》をつけて通路《つうろ》のところでうごかしたり、すきかってなことをやっていた。

ギルバートは、アンの目《め》をじぶんにむけさせようとしていたが、失敗《しっぱい》した。というのは、アンはそのとき、ギルバートにかぎらずほかの生徒《せいと》も、アボンリー学校《がっこう》そのものさえもわすれていた。ほおづえをついて、西《にし》がわの窓《まど》にひろがる〈きらめく湖《みずうみ》〉の青《あお》い光《ひかり》をみつめながら、はるかなきらきらした夢想《むそう》にとりつかれていて、そのうっとりした世界《せかい》のそとのものは、なにひとつ、目《め》にも耳《みみ》にもはいらなかったのだ。

ギルバートは、女《おんな》の子《こ》の目《め》をじぶんにむけさせようとして失敗《しっぱい》したことはなかったので、赤《あか》い毛《け》の、すこしとがったあごをした、大《おお》きな目《め》の女《おんな》の子《こ》を、どうしてもふりむかせたかった。

ギルバートは、通路《つうろ》から手《て》をのばして、アンの長《なが》い髪《かみ》のはしをつまみあげ、おしころしたような声《こえ》でいった。

「にんじん！　にんじん！」

そこで、みごとにアンは、かれをふりむいた。

みつめたというより、とびあがって、怒《いか》りをこめた目《め》で、にらみつけた。いままでの夢《ゆめ》はむざんにとびちって、すぐに怒《いか》りの涙《なみだ》が、目《め》にあふれてきた。

「なに！　なんていやらしいやつ！」アンは、かっとなってさけんだ。「よくもいったわね！」

それから――パシッ！　と、ギルバートの頭《あたま》を石盤《せきばん》でたたいて、わってしまった。頭《あたま》ではなく、石盤《せきばん》を。

みんなは、いつもなにか事件《じけん》のおこるのをまっている。ダイアナは息《いき》がつまったし、ヒステリーがちのルビイは泣《な》きはじめた。トミイはじぶんのコオロギどもがにげだすのも気《き》がつかずに、ぽーっと口《くち》をあけて、この活劇《かつげき》に気《き》をうばわれていた。

フィリップス先生《せんせい》は、通路《つうろ》をずかずかとあゆみよってきて、アンの肩《かた》に手《て》をおいた。

「アン＝シャーリイ、これはどういうことだ。」と、おこっていった。

アンはこたえなかった。生徒《せいと》たちをまえにして、「にんじん」とよばれたなどといわせることは、むずかしい相談《そうだん》だった。だいたんに弁護《べんご》したのは、ギルバートだった。

「ぼくが、わるかったんです、先生《せんせい》。ぼくがからかったんです。」

フィリップス先生《せんせい》は、ギルバートのことばにはぜんぜん注意《ちゅうい》をはらわなかった。

「こんな気《き》みじかな性質《せいしつ》と、はらだちをさらけだす生徒《せいと》がいるとは、ざんねんなことだ。」と、おもおもしい口調《くちょう》でいった。「アン、午後《ごご》の残《のこ》り時間《じかん》のあいだ、ずっと、黒板《こくばん》のまえにいって、立《た》っていなさい。」

アンは、むちでうたれるほうがましだと思《おも》った。アンの敏感《びんかん》な心《こころ》はおののきふるえた。あおざめた石《いし》のような表情《ひょうじょう》で命令《めいれい》にしたがった。

先生《せんせい》はチョークで、アンの上《うえ》の黒板《こくばん》にこのように書《か》いた。

「アン＝シャーリイは短気《たんき》である。アン＝シャーリイは、この短気《たんき》を制《せい》することをまなばなければならない。」

それから大《おお》きな声《こえ》で読《よ》みあげたので、字《じ》の読《よ》めない下《した》のクラスの子《こ》どもにもわかったにちがいない。

アンは、その黒板《こくばん》の下《した》で、午後《ごご》の残《のこ》り時間《じかん》じゅう立《た》っていた。彼女《かのじょ》は泣《な》きもせず、うなだれもしなかった。さっきの怒《いか》りとそのための苦痛《くつう》が、かえって身《み》をささえてくれた。怒《いか》りのまなざしと上気《じょうき》したほおは、あわれみのこもったダイアナの目《め》や、チャーリイ＝スローンのおなじ怒《いか》りのまなざしや、ジョシイ＝パイのいじのわるいわらいとむきあっていた。アンはもうかれらを、けっして見《み》なかった。話《はな》しかけようともしなかった。

学校《がっこう》がおわったとき、アンは、赤《あか》い頭《あたま》をぐっとそらして、堂々《どうどう》とでてきた。ギルバートは出口《でぐち》のところで、アンをひきとめようとした。

「ほんとにごめん。きみの髪《かみ》をからかったりして、アン。」かれは後悔《こうかい》したようにささやいた。「ねえ、そんなにだまりこまないでくれよ。」

アンは、ばかにしたように、ふりむきもせず、耳《みみ》もかさずに、とおりすぎた。

「まあ、どうかして？　アン。」

ダイアナは、街道《かいどう》をくだりながら、非難《ひなん》と賛嘆《さんたん》をまじえていった。ダイアナは、じぶんだったらギルバートのたのみをしりぞけることなど、きっとできない、と思《おも》ったのだ。

「あたし、けっして、ギルバートをゆるさないわ。」アンはしっかりといった。「フィリップス先生《せんせい》も、あたしの名《な》まえを〝e〟をおとしてつづったわ。ダイアナ、くさりがあたしの胸《むね》のなかにくいこんだのよ。」

ダイアナには、アンのいったことばがさっぱりわからなかったが、なにかおそろしいことだ、ということはかんじとった。

「あなた、ギルバートがあなたの髪《かみ》をからかったって、気《き》にすることないわ。」ダイアナはなぐさめた。「ねえ、あの人《ひと》、どの女《おんな》の子《こ》でもからかうのよ。あたしの髪《かみ》がとても黒《くろ》いっていうんで、おかしいってわらったのよ。何回《なんかい》も、あたしのことをカラスってよんだわ。それに、あの人《ひと》、いままでどんなことでも、あやまったなんてこときいたことないわ。」

「カラスとよばれるのと、にんじんとよばれるのとでは大《おお》ちがいよ。」アンはおもおもしくいった。「ギルバートは、あたしの心《こころ》をむざんにきずつけたのよ、ダイアナ。」

もし、ほかになにもおこらなければ、その事件《じけん》はわすれられてしまったかもしれない。ところがいったんことがおこると、つぎつぎにあとまでおこるものとみえる。

アボンリー学校《がっこう》では、昼休《ひるやす》みを、ベルさんの針《はり》モミの森《もり》や丘《おか》をこえたり、ブタの牧草地《ぼくそうち》をよこぎってすごすことがあった。そこから、先生《せんせい》が下宿《げしゅく》しているイブン＝ライトの家《いえ》を見張《みは》ることができた。フィリップス先生《せんせい》があらわれるのを見《み》てから、みんな校舎《こうしゃ》にかけてもどるのだったが、ライトさんの家《いえ》の道《みち》より、三倍《ばい》も距離《きょり》があるので、息《いき》をきらして学校《がっこう》につくと、ほんの二、三分《ぷん》おくれてしまうのだった。

つぎの日《ひ》、フィリップス先生《せんせい》は、食事《しょくじ》にいくまえにきゅうに思《おも》いついて、じぶんがもどってきたとき、みんなちゃんと席《せき》についているように、もしおくれてはいってきたものは罰《ばっ》せられる、ということをいいわたした。

男《おとこ》の子《こ》のぜんぶと、いく人《ひと》かの女《おんな》の子《こ》は、ガムを「ひとかみ」するあいだだけのつもりで、ベルさんの針《はり》モミの森《もり》に、いつものようにでかけた。しかし、針《はり》モミの森《もり》は魅力《みりょく》があるし、黄色《きいろ》い木《き》の樹脂《じゅし》のガムはやめられなかった。かれらはガムをあつめ、ぶらつき、さまよった。そして、はっと気《き》がついたときは、いつものように古《ふる》い針《はり》モミの上《うえ》から、ジミイ＝グローバーが、「先生《せんせい》がくるぞう！」とさけんだときだった。

地面《じめん》にいた女《おんな》の子《こ》たちは、さきにかけだして、時間《じかん》すれすれに校舎《こうしゃ》にたどりついた。少年《しょうねん》たちは木《き》からすべりおりなければならなかったので、もっとおくれた。アンは、ガムはとっていなかったが、森《もり》のはずれまでさまよいあるいていき、ワラビのなかにこしまでうめて、野《の》の精《せい》のようにユリの花輪《はなわ》を頭《あたま》にのせて、ひとりで鼻歌《はなうた》をうたっていたから、いちばんおくれた。しかし、アンは、シカのようにすばしこかったので、わんぱく小僧《こぞう》のようにかけつけて、戸口《とぐち》のところで少年《しょうねん》たちに追《お》いつき、フィリップス先生《せんせい》が帽子《ぼうし》をかけようとしたとき、男《おとこ》の子《こ》といっしょに教室《きょうしつ》になだれこむことになってしまった。

フィリップス先生《せんせい》は、さっきのこらしめの思《おも》いつきについてはもう熱《ねっ》がさめていたので、おおぜいの生徒《せいと》を罰《ばっ》するのがわずらわしくていやになっていた。でも、やくそくをしたてまえ、なにかする必要《ひつよう》があったので、みんなの身《み》がわりに、アンをみつけた。

アンは息《いき》をはあはあさせて、とりわすれたユリの花輪《はなわ》を片方《かたほう》の耳《みみ》にななめにぶらさげ、いかにも遊《あそ》びほうけていた感《かん》じで、どさりと席《せき》についたところだった。

「アン＝シャーリイ、あなたは、たいへん男《おとこ》の友《とも》だちがすきなようだから、きょうの午後《ごご》は、あなたのたのしみをまんぞくさせてあげることにしよう。」先生《せんせい》は、皮肉《ひにく》な口調《くちょう》でいった。「髪《かみ》からその花《はな》をとって、ギルバートといっしょにすわりなさい。」

ほかの男《おとこ》の子《こ》たちは、くすくすわらった。ダイアナは、きのどくで、まっさおになり、アンの頭《あたま》からその花輪《はなわ》をひったくると、アンの手《て》をにぎりしめた。アンは、石《いし》のように先生《せんせい》をみつめた。

「わたしのいったことがきこえたかね、アン。」

フィリップス先生《せんせい》は、強《つよ》く問《と》いつめた。

「はい。」ゆっくりとアンはこたえた。「でも、ほんきでおっしゃったのではないと思《おも》いました。」

「ほんきでいったとも。」その皮肉《ひにく》な口《くち》ぶりは、子《こ》どもたちのきらいないいかたで、ことにアンはいやだったから、なおさら胸《むね》につきささった。「いま、いったとおりにしなさい。」

ちょっとのあいだ、アンはさからおうとしたようにみえたが、しかたがないとさとると、通路《つうろ》をよこぎって、ギルバートのよこにこしかけ、机《つくえ》の上《うえ》に腕《うで》をのせて、顔《かお》をうずめた。

そのようすをちらと見《み》たルビイは、かえり道《みち》で、ほかの友《とも》だちに、「いままであんなの見《み》たことがないわ。ところどころ、こわいような赤《あか》いはん点《てん》があって、まっさおだったわ。」と話《はな》した。

アンにとっては、これはすべてのおわりだった。おおぜいのおなじ罪人《ざいにん》のなかから罰《ばつ》のためにえらばれたのは、運《うん》がわるかったが、男《おとこ》の子《こ》とすわらされたのは、なおいやだった。そのうえ、少年《しょうねん》がギルバートなのだから、きずの上《うえ》に恥《はじ》をぬるようなものだった。どうにもがまんできないと思《おも》った。そして、はずかしさと怒《いか》りで全身《ぜんしん》うちのめされた。

はじめ、ほかの生徒《せいと》たちは、アンのほうを見《み》てささやきあったり、くすくすわらったり、たがいにつつきあったりした。が、アンが頭《あたま》をあげようともせず、ギルバートはギルバートで、分数《ぶんすう》の勉強《べんきょう》がすべてかのようなうちこみぶりだったので、しばらくすると、かれらもめいめいの勉強《べんきょう》にもどり、アンのことはわすれた。

歴史《れきし》の授業《じゅぎょう》にはいったとき、アンはギルバートのとなりから席《せき》をうつすはずだった。が、アンはいっこうにうごこうとしなかったし、フィリップス先生《せんせい》も『プリシラへ』という詩《し》の韻《いん》をさがすのに夢中《むちゅう》で、アンのほうにはいちべつもくれなかった。

一度《ど》、だれも見《み》ていないすきに、ギルバートは机《つくえ》のなかから、金色《きんいろ》の文字《もじ》で「あなたはすてきだ」と書《か》きこみのある小《ちい》さなハート形《がた》のピンクのキャンデーをとりだして、それを、アンの腕《うで》のあいだからすべりこませた。すると、アンは立《た》ちあがって、指《ゆび》のさきでそのハート形《がた》のキャンデーを注意《ちゅうい》ぶかくつまむと、床《ゆか》におとし、かかとでこなごなにしてしまって、ギルバートのほうにはふりむきもせず、もとの姿勢《しせい》にもどった。

授業《じゅぎょう》がおわると、アンは、ちゅうちょせずにじぶんの机《つくえ》にかえり、本《ほん》、書《か》きもの板《いた》、ペン、インキ、聖書《せいしょ》、算数《さんすう》の教科書《きょうかしょ》などを机《つくえ》のなかからこれ見《み》よがしにとりだすと、こわれた石盤《せきばん》の上《うえ》にピシッとつみあげた。

「アン、どうして、それみんな、うちにもってかえるの。」

道《みち》にでるやいなや、ダイアナはアンにたずねた。それまでダイアナは、アンにきくのをためらっていたのだった。

「もう学校《がっこう》にはもどらないつもりよ。」

アンはこたえた。

ダイアナは息《いき》をのむと、いまのことばの意味《いみ》をいぶかるように、アンの顔《かお》をみつめた。

「マリラは、あなたをうちにいさせてくれる？」

ダイアナはきいた。

「もちろんよ。あたし、学校《がっこう》へも、あんな男《おとこ》のところへも、けっしていかないわ。」

「まあ、アン！」ダイアナは、いまにも泣《な》きだしそうなようすだった。「あなたはほんとうにひどい人《ひと》だわ。

あたしはどうしたらいいの。フィリップス先生《せんせい》は、あたしを、あのだいきらいなガーティ＝パイとならばせるわよ――そう、きっとよ。だってアンがいなくなったら、あの子《こ》のとなりはあくでしょう。ねえ、おねがい、かえってよ。」

「ダイアナ、あたし、あなたのためならたいていのことはするわ。そう、もしあなたのためになるなら、かたわにだってなってよ。でも、これだけはだめ。だから、そんなふうにたのむのだけはやめてよ。あたしをくるしませるだけよ。」

アンはかなしげにいった。

「ねえ、アン、これからたのしいことがたくさんあるのよ。あなた、それはどうでもいいの？」ダイアナは、ためいきをついた。「小川《おがわ》のほとりに、いままで見《み》たこともないようなすてきなおうちをつくるのよ。来週《らいしゅう》はボール・ゲームよ。アン、あなたはボール遊《あそ》びしたことがないでしょ。とてもスリルがあるのよ。それに、新《あたら》しい歌《うた》もおぼえるし……歌《うた》はいまジェーン＝アンドリュースが用意《ようい》してるわ。もうひとつ、アリスが、来週《らいしゅう》、新《あたら》しい本《ほん》をもってくることになってるわ。そう、小川《おがわ》のほとりにいって、みんなで一章《しょう》ごと、大声《おおごえ》で朗読《ろうどく》しあうのよ。あんた、朗読《ろうどく》すきじゃない？」

アンの決心《けっしん》はかたかった。

アンは、学校《がっこう》にも、フィリップス先生《せんせい》のもとにも、いくつもりはなかった。そして、家《いえ》にかえると、マリラにそのとおり話《はなし》をした。

「ばかな。」マリラはいった。

「ちっともばかじゃないわ。」アンのまなざしはしんけんで、くいいるようだった。「マリラ、わからないの？　あたしはぶじょくされたのよ。」

「ぶじょく！　ばかばかしい。あしたはいつものとおり学校《がっこう》にいきなさい。」

「いや、いやよ。」アンは、しずかに首《くび》をふった。「マリラ、あたし学校《がっこう》にはもどらないわ。うちで勉強《べんきょう》するの。できるだけいい子《こ》でいるし、おしゃべりもしないようにするわ。ともかく学校《がっこう》へはぜったいにいきません。」

マリラは、アンの表情《ひょうじょう》に、なにかぜったいにゆずらないがんこさをかんじてとると、彼女《かのじょ》を説得《せっとく》することのむずかしさをさとり、いまはこのままにしておいたほうがよさそうだと、賢明《けんめい》な判断《はんだん》をくだした。

「そうだ、今晩《こんばん》、ひとつレイチェルに相談《そうだん》にいってみよう。いま、あんなに興奮《こうふん》しているアンをなっとくさせることはむりのようだし、あの子《こ》が一度《ど》なにかいいだしたらてこでもうごかないのは、わたしにもわかっている。それに、あの子《こ》の話《はなし》のようすじゃ、フィリップス先生《せんせい》もどうやら手《て》あらくやりすぎたらしい。——といって、そんなことあの子《こ》にいえたもんじゃないし、やはり、レイチェルと話《はな》しあってみよう。子《こ》どもを十人《にん》も学校《がっこう》にだしたんだから、なにか知《し》っているだろう。それに、この話《はなし》も、もうレイチェルの耳《みみ》にはいっているだろう。」

リンド夫人《ふじん》はいつものように、せっせとたのしげに、掛《か》けぶとんをぬっていた。

「なんでここにきたかおわかりと思《おも》うけど。」

マリラは、すこしきまりわるそうだった。

「学校《がっこう》でアンのおこしたさわぎのことでしょう？　ティリイ＝ボールターが学校《がっこう》のかえりによって、その話《はなし》

をしていきましたよ。」

レイチェル夫人《ふじん》はうなずいた。

「どうしたらよいかわからないんですよ。あの子《こ》は二度《ど》と学校《がっこう》へはもどらないっていうでしょう。あんなに気性《きしょう》のはげしい子《こ》は見《み》たことがないやね。アンが学校《がっこう》にかよいはじめたときから、あたしは、あの子《こ》がなにかごたごたをおこしゃしないかと、思《おも》っていたんですよ。いままで、どうもあまりうまくいきすぎましたよ。あの子《こ》はじつにかんの強《つよ》い子《こ》だし、レイチェル、どうしたらいいかね。」

「そうねえ、わたしの考《かんが》えをおききのようだからいいますがね。」リンド夫人《ふじん》はあいそよくこたえた――リンド夫人《ふじん》は、意見《いけん》をもとめられるのをとてもこのんだ。「はじめは、ちょっとばかしあの子《こ》のきげんをとってやることだね。わたしならそうしますよ。フィリップス先生《せんせい》に非《ひ》があるのはたしかだし――そりゃもちろん、アンにもおなじことがいえるがね。きのう、あの子《こ》がかんしゃくをおこしたとき、罰《ばっ》したのはいいですよ。でもね、きょうのはちょっと事情《じじょう》がちがうようだよ。ほかにおくれて教室《きょうしつ》にはいった子《こ》も、アンとおなじようにあつかうべきだったね。そこが問題《もんだい》だというんですよ。それにねえ、いくら罰《ばっ》のためとはいえ、女《おんな》の子《こ》を男《おとこ》の子《こ》といっしょにすわらせるなんて、よくないよ。おだやかじゃないしさ。ティリイ＝ボールターもふんがいしてましたよ。ティリイはまったくアンのかたをもっていたし、ほかの生徒《せいと》もみなおなじだといってましたよ。ともかく、アンは仲間《なかま》のあいだでとても人気《にんき》があるようよ。あの子《こ》がそんなにうまくやっていくとは、思《おも》ってもみなかったけどね。」

「じゃあ、あんたは、あの子《こ》を学校《がっこう》にやらないでいいと、ほんきでいいなさるんだね。」

マリラは、おどろいてたずねた。

「そのとおり。わたしだったら、あの子《こ》がじぶんで口《くち》にするまで、わたしから学校《がっこう》ということはいわないだろうね。ほうっておいてごらん、マリラ。一週間《しゅうかん》もすればあの子《こ》も冷静《れいせい》になって、じぶんからもどるといいだすよ。そうなるさね。でも、あんたがいますぐに学校《がっこう》にもどれなんていうと、こんどはどんなさわぎをおこして、これ以上《いじょう》にやっかいなことにならないともかぎらないよ。さわぎは小《ちい》さいにこしたことはない――そう思《おも》うんだがね。こんどのようなことがつづくなら、あの子《こ》は、学校《がっこう》にいったってプラスにはならないよ。

フィリップスは、先生《せんせい》としちゃぜんぜんだめだね。あの人《ひと》のやりかたはなっちゃいないよ。クィーン学院《がくいん》を受験《じゅけん》しようとする上級《じょうきゅう》の子《こ》にばかり力《ちから》をそそいで、小《ちい》さな子《こ》は問題《もんだい》にしないんだから。フィリップスもおじが理《り》事《じ》をしてなかったら、とっくのむかしにくびだったろうさ。なにしろあの理《り》事《じ》ときたら、このあたりのふたつの学校《がっこう》を鼻《はな》さきでうごかすんだからね。まあそんなとこさ。でもね、いったい、この国《くに》の教育《きょういく》はどうなっちゃうんだろう。」

リンド夫人《ふじん》は、じぶんがこの地方《ちほう》の教育組織《きょういくそしき》の長《ちょう》であったならば、すべてがうまくいくとでもいいたいくちぶりで、首《くび》をふった。

マリラはリンド夫人《ふじん》の忠告《ちゅうこく》にしたがって、学校《がっこう》にいけとは二度《ど》と口《くち》にしなかった。アンは家《いえ》で勉強《べんきょう》し、あたえられた仕事《しごと》をし、つめたいむらさき色《いろ》の秋《あき》の夕《ゆう》ぐれに、ダイアナとあそんだ。

しかし、アンは、道《みち》や日曜学校《にちようがっこう》でギルバート＝ブライスとたまたまあうことがあっても、けいべつをこめたひややかさでとおりすぎ、なんとかアンをなだめたいというギルバートのたいども、つうじなかった。また、ふたりを仲《なか》なおりさせようとしたダイアナの努力《どりょく》も、なんの効果《こうか》もなかった。アンが一生《いっしょう》ギルバートをにくむ決心《けっしん》をしたのは、あきらかだった。

そして、ギルバートをにくめばにくむほど、情熱的《じょうねってき》な小《ちい》さな胸《むね》から生《う》まれる愛《あい》のかぎりを、ダイアナにそそいだ。ある日《ひ》の夕《ゆう》がた、リンゴでいっぱいのバスケットを手《て》に果樹園《かじゅえん》からもどったマリラは、夕《ゆう》やみにつつまれた東《ひがし》がわの窓《まど》べに、アンがたったひとりですわって、はげしく泣《な》きじゃくっているのに気《き》づいた。

「どうしたの、アン。」

マリラはたずねた。

「ダイアナのことなの。」アンは、泣《な》くことに酔《よ》っているかのようだった。「あたし、ダイアナがとてもすきなの。ダイアナなしでは生《い》きていけないわ。でも、おとなになったらダイアナは結婚《けっこん》して、あたしからは去《さ》っていくわ。ええ、わかっているの。ねえ、そしたら、あたし、どうしたらいい？　あたし、彼女《かのじょ》のだんなさんをにくむわ。ひどく、ひどくにくむわ。あたしにはなにもかもみんな、想像《そうぞう》できるの――婚礼《こんれい》もなにもかも。ダイアナは純白《じゅんぱく》のドレスを着《き》て、ベールにつつまれ、まるで女王《じょおう》さまのようなの。つきそいのわたしも、すてきなドレスを着《き》ているわ――ふくらんだそでのついたのよ。でも、えがおの下《した》で、わたしの心《こころ》は、はりさけんばかりなの。そしてダイアナにさようなな……」

アンの話《はなし》のおわりは、まえにもましてはげしい泣《な》き声《ごえ》にかわった。

マリラはくるりと背《せ》をむけて、いまにもわらいだしそうな顔《かお》をかくした。が、こらえられずにそばのいすにくずれかかると、いつにないほがらかなわらい声《ごえ》をあげたのだった。

そんな陽気《ようき》なわらい声《ごえ》に、ちょうど庭《にわ》をとおりかかったマシュウは、びっくりしてたちどまった。あんなわらい声《ごえ》をきくのは何年《なんねん》ぶりだろうか。

「ねえ、アン＝シャーリイ、もし、どうしてもなにかなやみをもちたいのだったら、身《み》ぢかなところでおさがし。たしかにあんたには、とてつもない想像力《そうぞうりょく》があるようだ。」

十六　ダイアナ来訪《らいほう》の悲劇《ひげき》

　グリーン・ゲイブルズの十月《がつ》は、美《うつく》しい月《つき》であった。くぼ地《ち》のシラカバの葉《は》は日光《にっこう》のようなこがね色《いろ》にかわり、果樹園《かじゅえん》のうらてのカエデは、すばらしい深紅《しんく》になり、小道《こみち》にそってはえている野生《やせい》のサクラは、いろどりよい、こい赤《あか》と青銅色《せいどういろ》にそまり、いっぽう畑《はたけ》のほうも明《あか》るく照《て》りはえていた。アンは、じぶんのまわりの色《いろ》の世界《せかい》に、無我夢中《むがむちゅう》になっていた。「ああ、マリラ。」ある土曜日《どようび》の朝《あさ》、アンは両腕《りょううで》にはなやかなもみじの枝《えだ》をいっぱいにかかえ、こおどりしながらはいってきて、さけんだ。「この世《よ》に十月《がつ》という月《つき》があるなんて、あたしほんとにうれしいわ。もし、九月《がつ》から十一月《がつ》にとんでしまったら、どうしよう。ほら、このもみじの枝《えだ》を見《み》て、胸《むね》がおどってこない？　――わくわくわくっとしてこない？　あたし、これでじぶんのへやをかざろうと思《おも》うの。」

「ちらかるだろうよ。」マリラはいった。彼女《かのじょ》の審美眼《しんびがん》は、たいして進歩《しんぽ》していなかった。「あんたは、じぶんのへやにくだらないものをそとからもちこんで、ちらかしすぎるよ、アン。寝室《しんしつ》は、なかでねるためにあるんだよ。」

「あら、それに、なかで夢《ゆめ》をみるためにもあるわ、マリラ。人《ひと》はきれいなもののあるへやでは、ずっといい夢《ゆめ》をみることができるって知《し》ってるでしょ。この枝《えだ》を、古《ふる》い青《あお》いつぼにいれて、テーブルの上《うえ》におこうと思《おも》うの。」

「じゃ、そのとき、階段《かいだん》に葉《は》をちらかさないように、気《き》をつけておくれ。わたしは、きょうの午後《ごご》、カーモディへ後援会《こうえんかい》の集《あつ》まりででかけるからね。たぶんおそくなるから、マシュウとジェリーの食事《しょくじ》の用意《ようい》は、あんたがしなくちゃならないが、このまえみたいに、テーブルについてはじめて、お茶《ちゃ》をいれてないのがわかった、なんてことがないようにしておくれよ。」

「わすれたのは、ほんとうにわるかったと思《おも》います。」アンはあやまった。「でも、あの午後《ごご》は、あたし、〈スミレの谷《たに》〉の名《な》まえのことを、ずっとかんがえていたし、ほかのことやなんかでいそがしかったのよ。マシュウはとてもやさしくて、ちっともしからずに、じぶんから、お茶《ちゃ》をすこしぐらいまつのはなんでもない、っていってくれたわ。それに、まってるあいだに、かわいいおとぎ話《ばなし》をしたら、ちっともまってるあいだが長《なが》いと思《おも》えなかったですって。その話《はなし》、ほんとに美《うつく》しいおとぎ話《ばなし》だったのよ、マリラ。あたし、おわりをわすれてしまったの。だから、じぶんでその話《はなし》のおわりをつくっちゃったんだけど、マシュウは、どこからつくり話《ばなし》になったのかわからなかったんですって。」

「マシュウはね、アン、たとえ、あんたが夜中《よなか》におきだして食事《しょくじ》をしようと、なんとも思《おも》わないだろうよ。だけど、こんどは、よく気《き》をつけてもらいたいね。それから――いいことかわるいことかよくわからないんだけど――あんたをもっとおかしくしてしまうかもしれないけど――お昼《ひる》からダイアナをここによんで、お茶《ちゃ》でもあげていいよ。」

「わあ、マリラ！」アンは手《て》をにぎりあわせた。「なんて、すてきなの！　あなたの想像力《そうぞうりょく》は、あたしののぞみを知《し》ってるみたいよ。すばらしくって、とてもおとなになったみたいよ。あたしの友《とも》だちがきたら、きっと、お茶をいれるのをわすれたりしないわ。ねえ、マリラ、バラのつぼみと小枝のもようのお茶のセット、つかってもいいかしら？」

「とんでもないね！　バラのつぼみの茶器《ちゃき》だって！　つぎはなにをいいだすんだろう？　あれは、牧師《ぼくし》さんか、後援会《こうえんかい》の会合《かいごう》のとき以外《いがい》は、けっしてつかわないことを知《し》ってるだろう。古《ふる》い茶色《ちゃいろ》のセットをだしておけばいいよ。でも、サクランボをつけてある小《ちい》さい黄色《きいろ》のびんは、あけてもいいよ。たべごろだし——味《あじ》もよくなってるはずだから。それから、フルーツケーキを切《き》ったり、クッキーやショウガ入《い》りビスケットもたべていいんだよ。」

「あたしが、テーブルの上手《かみて》にすわってお茶《ちゃ》をついでいるところが、目《め》にうかぶわ。」アンは、うっとりと目《め》をとじたまま いった。「そして、ダイアナに『お砂糖《さとう》はいかが？』ってきくの！　ダイアナがいらないってこと知《し》ってるけど、もちろん、知《し》らないふりして、きいてみるの。それから、もうひとつフルーツケーキをすすめたり、びんづめのサクランボはどう？　って、あげたりするの。ああ、マリラ、かんがえただけでも、なんともいえない感《かん》じだわ。ダイアナがきたら、帽子《ぼうし》をおきに、お客用《きゃくよう》の寝室《しんしつ》につれていってもいい？　それから、客間《きゃくま》ですわってもいい？」

「いけません。あんたとあんたの友《とも》だちには、居間《いま》がいいんだよ。だけど、せんだっての晩《ばん》、教会《きょうかい》の親睦会《しんぼくかい》のときの木《き》イチゴジュースが、びんにはんぶんはいっているから、よかったらおあがり。居間《いま》の戸《と》だなの二段《だん》めにおいてあるよ、クッキーをいっしょにたべるといい。マシュウはジャガイモを船《ふね》にはこんでいるから、お茶《ちゃ》にはまにあわないと思《おも》うからね。」

アンは、くぼ地《ち》をとびおりていき、〈ドライアドの泉《いずみ》〉をとおりすぎ、エゾマツの小道《こみち》をぬけ、オーチャード・スロープにいって、ダイアナをお茶《ちゃ》にさそった。

やがて、マリラがカーモディにでかけたすぐあとで、ダイアナは二番《ばん》めに上等《じょうとう》なよそいきを着《き》てやってきた。ほかのときなら、ノックもしないで台所《だいどころ》にかけこんでくるのだが、いまは、きどって、玄関《げんかん》のドアをノックした。すると、じぶんも二番《ばん》めにいい服《ふく》を着《き》こんだアンは、やはり、きどってドアをあけ、ふたりの少女《しょうじょ》は、はじめてあったものどうしのように、まじめくさって、握手《あくしゅ》をした。このかたくるしさは、ダイアナの帽子《ぼうし》をおきに東《ひがし》のへやにいって、居間《いま》でつまさきをそろえて十分《ぷん》ばかりすわるころまで、つづいた。

「おかあさんのおぐあいは、いかがですか。」

アンは、ていねいにたずねた。じつは、その朝《あさ》、元気《げんき》いっぱいでリンゴをとっているバリー夫人《ふじん》を見《み》たばかりだった。

「おかげさまで、とっても、元気《げんき》ですのよ。カスバートさんは、きょうの午後《ごご》は、リリー・サンド号《ごう》にジャガイモをつんでいらっしゃるのではありません?」

と、ダイアナはたずねた。彼女《かのじょ》は、その朝《あさ》、マシュウの車《くるま》にのってハーモン=アンドリュースさんのところへいってきたばかりだった。

「はあ。わたしのところのことしのジャガイモは、とてもあたりましてね。あなたのおたくのジャガイモは、いかがですの?」

「かなりいいようですわ、どうもありがとう。もう、リンゴはおとりになりまして?」

「ええ、とてもたくさんとったわ。」アンは、きどっていることもわすれて、たちまちとびあがった。「果樹園《かじゅえん》へいって、紅玉《こうぎょく》リンゴをとらない？　ダイアナ。マリラが、木《き》にのこっているのはとってもいいって、いったわ。マリラは、とてもきまえがいいのよ。フルーツケーキや、サクランボのびんづめを、お茶《ちゃ》といっしょにたべていいんですって。でも、お客《きゃく》さまに、これからどんなごちそうをだすのかしゃべるなんて、失礼《しつれい》よね。だから、マリラがのんでいいっていったもののことも、いわないでおくわ。ただ、それは、キの字《じ》ではじまり、きれいな赤《あか》い色《いろ》をしてるのよ。赤《あか》い色《いろ》してるのすきだわ。あなたは？　ほかのどんな色《いろ》のより、ずっとおいしいのよ。」

果樹園《かじゅえん》には、リンゴの実《み》がおもたげに、地面《じめん》すれすれまでさがって大《おお》きくゆれている下枝《したえだ》があったので、少女《しょうじょ》たちは、たのしさのあまり、ほとんど午後《ごご》いっぱいそこですごした。霜《しも》にまぬがれて、まだ青《あお》あおとしている草原《そうげん》のかたすみにこしをおろして、ここちよい秋《あき》の日《ひ》ざしをあびながら、リンゴをたべたり、しゃべれるだけしゃべった。

ダイアナは、アンに、学校《がっこう》のことをたくさん話《はな》した。ガーティ＝パイとならんですわらされて、それがいやでたまらないこと。ガーティは、いつもえんぴつをキーキーならし、身《み》の毛《け》がよだつこと。ルビイ＝ギリスは、おどろいたことには、クリークのメアリイ＝ジョーのおばあさんからもらった魔法《まほう》の小石《こいし》で、いぼをみんなとってしまったこと。新月《しんげつ》のころに、その小石《こいし》でいぼをこすり、それを左肩《ひだりかた》の上《うえ》からなげたら、いぼがみんななくなってしまったこと。

チャーリイ＝スローンの名《な》まえが、エム＝ホワイトといっしょに入《い》り口《ぐち》のかべに書《か》かれていたので、エム

=ホワイトがおそろしくおこっていること。サム＝ボールターがフィリップス先生《せんせい》に授業《じゅぎょう》ちゅうに生意気《なまいき》なことばづかいをしたので、先生《せんせい》は、かれをむちでうったこと。そしたら、サムのおとうさんが学校《がっこう》にやってきて、おれの子《こ》どものひとりにでも手《て》をあげてみろ、とフィリップス先生《せんせい》にすごんだこと。それからマティ＝アンドリュースが、新《あたら》しい赤《あか》いフードをつけ、ふさのある青《あお》い肩《かた》かけをしてきたら、そのようすが、なんともいやだったこと。リジイ＝ライトがマミイ＝ウィルソンと話《はな》さなかったのは、マミイ＝ウィルソンの姉《あね》が、リジイ＝ライトの姉《あね》の恋人《こいびと》をだしぬいてしまったからだった。

そして、みんなが、アンが学校《がっこう》にこないのをさびしがっていて、みんな、また学校《がっこう》へくるのをまっている。

そしてギルバート＝ブライスは――

アンは、ギルバート＝ブライスのことは、ききたくなかった。そこで、とびあがって、家《いえ》で木《き》イチゴのジュースでものみましょう、とさそってみた。

アンは、戸《と》だなの二段《だん》めを見《み》てみたが、木《き》イチゴジュースはなかった。さがしてみると、いちばん上《うえ》のたなにあった。アンはそれをおぼんの上《うえ》にのせ、テーブルの上《うえ》に、コップといっしょにおいた。

「さあ、どうぞ、ご自由《じゆう》にめしあがってくださいな、ダイアナ。」とアンは、ていちょうにすすめた。「あたし、いま、ほしくないの。あのリンゴをたべたから、なにも。」

ダイアナはコップにたっぷりとついで、その明《あか》るい赤《あか》い色《いろ》をつくづくながめてから、上品《じょうひん》に口《くち》のほうへもっていった。

「これ、すごくおいしい木《き》イチゴジュースね。あたし、木《き》イチゴジュースがこんなにおいしいとは知《し》らなかっ

たわ。」

「気《き》にいってもらってうれしいわ。のめるだけのんでね。あたし、ちょっとそとにでて、火《ひ》をかきたててくるから。うちのきりもりをするものは、あれこれ気《き》をつかうことがあるのよ。」

アンが台所《だいどころ》からかえってくると、ダイアナは、二はいめの木《き》イチゴジュースをのんでいるところだった。そして、またアンにすすめられると、三ばいめをことわりもしなかった。コップは大《おお》きかったし、木《き》イチゴジュースはたしかにおいしかった。

「いままでのんだうちで、いちばんおいしいわ。」ダイアナはいった。「リンドおばさんは、じぶんのをとてもじまんするけど、このほうがずっとずっとおいしいわ。味《あじ》がリンドおばさんのとぜんぜんちがうわ。」

「そりゃあ、マリラの木《き》イチゴジュースのほうが、リンドおばさんのより、ずっとおいしいでしょ。」と、アンは忠実《ちゅうじつ》にいった。「マリラのうでまえは有名《ゆうめい》だもの。

あたしにお料理《りょうり》のしかたをおしえようとしているけれど、そりゃあね、ダイアナ、たいへんな仕事《しごと》ね。お料理《りょうり》には想像《そうぞう》の余地《よち》がほとんどないんだもの。ただ規則《きそく》どおりにやるだけなんですもの。

このまえ、ケーキをつくったとき、あたし、粉《こな》いれるのわすれちゃったの。だって、あなたとあたしのとてもすばらしいお話《はなし》をかんがえていたんでね、ダイアナ。あんたは天然痘《てんねんとう》でとても重病《じゅうびょう》なのよ。みんながあなたを見捨《みす》ててしまったけれど、あたしだけゆうかんに、あなたのまくらもとで看護《かんご》したら、ついにあなたは元気《げんき》になったの。すると、こんどはあたしが天然痘《てんねんとう》にかかって、死《し》んでしまって、墓地《ぼち》のあのポプラの木《き》の下《した》にうめられるの。あんたは、あたしのお墓《はか》のよこにバラのつるをうえて、そこに涙《なみだ》をふりそそぐのよ。そして、あんたは、じぶんのために命《いのち》をおとした若《わか》き時代《じだい》の友《とも》をけっしてわすれない、という物語《ものがたり》なの。ああ、こんなにあわれなすじだったのよ、ダイアナ。

あたしがケーキをまぜあわせているあいだじゅう、涙《なみだ》がほおをながれっぱなしだったの。ところが、粉《こな》をわすれてしまったから、ケーキはひどい失敗《しっぱい》だったのよ。ケーキには、粉《こな》がとてもたいせつでしょ。マリラはすごくおこったけれど、あたりまえだわね。

あたし、マリラにとってたいへんやっかいものなのよ。

先週《せんしゅう》はプディングソースのことで、ひどく恥《はじ》をかいてしまったし。火曜日《かようび》の食事《しょくじ》のときに、プラムプディングをたべたのよ。そしたら、プディングがはんぶんとソースがつぼ一ぱいのこったの。マリラは、もう一食分《しょくぶん》はじゅうぶんにのこったから、それを台所《だいどころ》のたなにのせてふたをしておくようにと、あたしにいったの。あたし、できるだけちゃんと、それにふたをするつもりだったのよ、ダイアナ。でも、それをはこんでいく

ときに、あたしがシスターだと想像《そうぞう》していたの――もちろんあたしはプロテスタントだけれど、カトリックだと想像《そうぞう》してね――うき世《よ》をはなれた修道院《しゅうどういん》で、失恋《しつれん》の悲《かな》しみを黒《くろ》いベールにうずめようとしたの。そしたらあたし、すっかり、プディングソースにふたをするのをわすれてしまったのよ。

つぎの朝《あさ》、気《き》がついて台所《だいどころ》にとんでいってみたらね、ダイアナ、おそろしいことには、そのプディングソースのなかで、一ぴきのネズミがおぼれ死《じ》んでいるのがわかったの。あたし、スプーンでそのネズミをすくいだして、それを裏庭《うらにわ》のほうになげすててから、そのスプーンを、三回水《かいみず》をかけてあらったのよ。マリラは乳《ちち》しぼりにでかけてたから、かえってきたら、そのソースをブタにやってもいいかって、たずねる気《き》だったの。でも、かえってきたとき、あたしは霜《しも》の精《せい》になったつもりで、森《もり》の木《き》を、赤《あか》や黄色《きいろ》に、すきなようにかえてすぎ去《さ》っていくところも、想像《そうぞう》してたもんだから、またわすれてしまったの。

それからマリラは、あたしにリンゴもぎをさせたの。その朝《あさ》、スペンサービルのチェスター＝ロスさん夫婦《ふうふ》がやってきたのよ。ふたりはとてもおしゃれな人《ひと》たちで、夫人《ふじん》はことにそうでしょ。マリラがあたしをよんだときには、食事《しょくじ》の用意《ようい》はすっかりできてて、みんな席《せき》についていたの。あたし、できるだけ礼儀正《れいぎただ》しく、威厳《いげん》のあるようにしようとしたの。たとえ美《うつく》しくなくとも、チェスター＝ロス夫人《ふじん》に、あたしが淑女《しゅくじょ》らしい少女《しょうじょ》だと思《おも》われたかったからなのよ。すべてがうまくいってたんだけど、マリラを見《み》ると、片手《かたて》にプラムプディングをもち、もひとつの手《て》にプディングソースの入《い》れものを、それもあたためたのをもってはいってくるじゃない。ダイアナ、まったくおそろしいしゅんかんだったわ。

あたし、すべてを思《おも》いだしたものだから、いきなり立《た》ちあがって、大声《おおごえ》でさけんだの。

『マリラ、そのプディングソースはつかえません。そのなかに、ネズミがおぼれていたんです。さっきいうのをわすれていました。』

ああ、ダイアナ、あたしはそのおそろしさを、百まで生《い》きてたってわすれやしないでしょうよ。夫人《ふじん》は、ただあたしをみつめているだけだったし、あたしははずかしくって、穴《あな》があったらはいりたいくらいだったわ。あの人《ひと》はそりゃうでのたつ主婦《しゅふ》だし、あたしたちのことをどう思《おも》うかぐらい、わかるじゃないの。マリラは火《ひ》のように赤《あか》くなったけれど、そのときはひとこともいわなかったの。そのソースとプディングをはこびたして、そのかわりにびんづめのイチゴをもってきて、あたしにわけてくれたりしたのよ。でもあたしは、ひと口《くち》もたべられなかったわ。あんなひどいめにあわせたのに、こんなにしてくれたんですものね。夫人《ふじん》がかえってから、マリラは、あたしをひどくしかったわ。あら、ダイアナ、どうしたの?」

ダイアナは、ふらふらしながら立《た》ちあがったが、また、頭《あたま》を手《て》でおさえながら、すわってしまった。

「あたし、あたしとってもきもちがわるいの。」と、彼女《かのじょ》は息《いき》ぐるしそうにいった。

「でも、お茶《ちゃ》をのまないでかえるなんていわないでちょうだいな。」アンは、気《き》おちしていった。「あたし、すぐにお茶《ちゃ》を用意《ようい》するわ――いますぐ、お茶《ちゃ》をいれにいってくるから。」

「うちにかえらなくちゃ。」ダイアナは、まがぬけたように、でも、決心《けっしん》したようにいった。

「とにかく、昼食《ちゅうしょく》の用意《ようい》はさせてね。」アンはたのんだ。

「フルーツケーキを一つと、サクランボのびんづめをたべてくださらない? きぶんがよくなるまで、すこしソファーでよこにならない? どこかいたいの?」

「うちにかえらなくちゃ。」

ダイアナはいった。それだけしかいわなかった。いくらアンがたのんでも、むだだった。

「あたしの友《とも》だちが、お茶《ちゃ》ものまないでかえるなんて、きいたこともないわ。」と、アンはなげいた。「ねえ、ダイアナ、あなたが天然痘《てんねんとう》にかかることがほんとうにあると思《おも》う? もし、あなたがかかったら、あたしが看病《かんびょう》してあげるわ。きっとよ、あたし、あなたを見捨《みす》てたりしないわ。でも、お茶《ちゃ》をのむまでいてほしいわ。ほんとうに、どこがいたいの?」

「あたし、すごくふらふらするの。」とダイアナはいった。そしてダイアナは、ほんとうにふらふらしながらあるいた。アンはらくたんのあまり、涙《なみだ》で目《め》をいっぱいにしながら、ダイアナの帽子《ぼうし》をとり、バリー家《け》の裏庭《うらにわ》のかきねまで、彼女《かのじょ》をおくっていった。それから、泣《な》きながらグリーン・ゲイブルズまでもどり、かなしそうに木《き》イチゴジュースの残《のこ》りを、戸《と》だなにもどし、そしてマシュウとジェリーのために、がっかりしたきもちでお茶《ちゃ》の用意《ようい》をした。

つぎの日《ひ》は日曜日《にちようび》だった。そして朝《あさ》から晩《ばん》までどしゃぶりだったので、アンは、グリーン・ゲイブルズから一歩《ぽ》もでなかった。

月曜日《げつようび》の午後《ごご》、マリラは、アンをリンド夫人《ふじん》の家《いえ》につかいにだした。いってからすぐ、アンは、ほおにぽろぽろ涙《なみだ》をながしながら、小道《こみち》をかけのぼってきた。アンは台所《だいどころ》にとびこみ、ソファーの上《うえ》にうつぶせに身《み》をなげだした。

「こんどはなにがおこったのかい？　アン。」マリラはうろたえた。「リンド夫人《ふじん》のところで、なんか失礼《しつれい》なことでも、したのではないだろうね。」

アンはひとこともこたえずに、ますます涙《なみだ》をながして、はげしくすすり泣《な》いた。

「アン、わたしがなにかきいたらこたえてもらいたいね。ちゃんとすわって、なんで泣《な》いているのか、いってごらん。」

アンは悲《かな》しみの権化《ごんげ》のようにおきあがった。

「リンドのおばさんが、きょう、バリー夫人《ふじん》にあいにいったら、バリー夫人《ふじん》がひどくおこっていたんですって。」アンは泣《な》きじゃくった。「日曜日《にちようび》に、ダイアナを酔《よ》っぱらわして、あられもないかっこうでかえしたっていうんですって。あたしは、まったくわるい、いけない子《こ》だから、もう二度《ど》とダイアナとあそばせないっ

もりだって、いったんですって。ああマリラ、あたしはなげきにうちくだかれてしまったわ。」

マリラはおどろきのあまり、ただぽかんと、みつめるだけだった。

「ダイアナを酔《よ》っぱらわせたって！」口《くち》がきけるようになると、マリラはいった。「アン、あんたか、それとも、バリー夫人《ふじん》の気《き》がくるってるのかね？　いったい、なにをダイアナにのませたんだね？」

「たいしたものじゃなくて、ただの木《き》イチゴジュースだけよ。」アンは、すすり泣《な》いていった。「木《き》イチゴジュースで人《ひと》が酔《よ》うなんて、ちっとも知《し》らなかったんだもの、マリラ――たとえダイアナのように、大《おお》きなコップに三ばいのんだって。そうよ、まるでトーマスのだんなさんのようにきこえるわ。でもダイアナを酔《よ》わそうなんて、かんがえもしなかったのに。」

「酔《よ》わせるとは、ばかばかしいね！」

マリラは、居間《いま》の戸《と》だなのほうへいった。

そこの戸《と》だなのびんを見《み》て、マリラは、すぐにそれが三年《ねん》たった自家製《じかせい》のブドウ酒《しゅ》だとわかった。というのは、アボンリーではマリラはすぐれたブドウ酒《しゅ》づくりだったからだ。でも一部《いちぶ》のやかましい人《ひと》は、強《つよ》くそれにははんたいしていて、バリー夫人《ふじん》もそのひとりだった。同時《どうじ》に、マリラは、木《き》イチゴジュースのびんを、アンにおしえた戸《と》だなではなく、地下室《ちかしつ》においたことを思《おも》いだした。

マリラは手《て》にブドウ酒《しゅ》のびんをもって、台所《だいどころ》にもどってきた。その顔《かお》は、わらいをかみころしていた。

「アン、あんたはまったくさわぎをおこす天才《てんさい》だ。あんたがダイアナにのませたのは、木《き》イチゴジュースじゃなくて、ブドウ酒《しゅ》だったんだよ。そのちがいが、あんたにわからなかったのかねえ。」

「あたしは、のまなかったんですもの。」アンはいった。「それ、木《き》イチゴジュースだと思《おも》ったわ。あたし、いっしょうけんめい、もてなそうと思《おも》ったの。ダイアナはきぶんがわるくなって、うちにかえりたいっていうのよ。ダイアナは、ただもう、ぐでんぐでんに酔《よ》っていたと、バリー夫人《ふじん》はリンドおばさんに話《はな》したそうよ。ダイアナは、おかあさんがどうしたのかきいても、ただばかみたいにわらうだけで、ベッドにいって、何時間《なんじかん》もねむってしまったんですって。息《いき》をかいでみて彼女《かのじょ》が酔《よ》っているのがわかったそうよ。ダイアナは、きのう一日《にち》じゅう、ひどい頭痛《ずつう》がしたんですって。バリー夫人《ふじん》はすごくおこってしまって、あたしがわざとやったわけじゃないのに、そう信《しん》じこんでいるんですって。」

「いずれにせよ、コップに三ばいも、がぶがぶのむようなダイアナを罰《ばっ》するほうが、正《ただ》しいと思《おも》うがね。」マリラはいってのけた。「まあ、たとえ木《き》イチゴジュースだったにせよ、あの大《おお》きなコップ三ばいじゃ、やっぱりきぶんがわるくなるだろうよ。ともかく、この話《はなし》は、ブドウ酒《しゅ》づくりでわたしに頭《あたま》のあがらない人《ひと》たちの、いい口実《こうじつ》になるだろうよ。もっとも、牧師《ぼくし》さんが不賛成《ふさんせい》なさってからは、三年間《ねんかん》、いっさいつくっていなかったけどね。病気《びょうき》のときのために、一つだけ、のこしておいたんだよ。さあ、さあ、いい子《こ》だから泣《な》くのはおよし。あんたがおこられていいとは思《おも》わないよ。こんなめにあってざんねんだけどね。」

「泣《な》かずにいられないわ。あたしの心《こころ》はやぶれてしまったんですもの。運命《うんめい》の星《ほし》があたしにさからうんだわ。マリラ、ダイアナとわたしは、永久《えいきゅう》にわかれてしまうのね。ねえ、マリラ、あたしたちがはじめて友情《ゆうじょう》の誓《ちか》いをたてたとき、こんなことは夢《ゆめ》にも思《おも》わなかったのに。」

「ばかなことをいうんじゃないよ、アン。バリー夫人《ふじん》だって、あんたがほんとうはわるくないとわかれば、かんがえなおすだろうよ。あんたがつまらないじょうだんかなんかでやったとしか、思《おも》っていないよ。今晩《こんばん》いって、わけを話《はな》すのがいちばんいいと思《おも》うよ。」

「ダイアナのことできずついたおかあさんと顔《かお》をあわせるなんて、思《おも》っただけで勇気《ゆうき》がでないわ。」アンはためいきをついた。「マリラがいってくださらない？　あたしよりずっと威厳《いげん》があるし、あたしなんかよりあなたの話《はなし》のほうを、よくきいてくれると思《おも》うわ。」

「そうだね、じゃ、いってみよう。」マリラも、そのほうがいいだろうと思《おも》った。「さ、もう、泣《な》くのはおよし、アン。いいぐあいになるだろうよ。」

マリラはだいじょうぶだといったが、オーチャード・スロープからかえってきたときには、じぶんの考《かんが》えがあまかったことに気《き》がついていた。

アンはマリラをまちかねていて、入《い》り口《ぐち》の戸《と》のところにとんでいって、でむかえた。

「ああ、マリラ、あなたの顔《かお》を見《み》れば、だめだったのがわかるわ。」アンはかなしそうにいった。「バリー夫人《ふじん》は、あたしをゆるしてくださらないのね?」

「バリー夫人《ふじん》かい、なんとも、はや!」マリラは、がみがみといった。「ふんべつのない女《おんな》のうちでも、あんなにひどいのははじめてだね。わたしは、あれはみんなあやまりだったと、そして、あんたがわるかったんじゃないと、いってやったんだよ。そしたら、どうだろう? わたしの話《はなし》を信用《しんよう》しようとしないんだよ。そうして、わたしのブドウ酒《しゅ》のことや、それがすこしも人《ひと》の害《がい》にならないといってたことまで、つべこべいうんだからね。わたしは、だからはっきりと、ブドウ酒《しゅ》は一度《ど》に三ばいものむようなものではないし、もしわたしの目《め》がとどく子《こ》どもが、そんなにいやしんぼうなら、その子《こ》のしりをたたいて目《め》をさまさせてやるのに、といったのさ。」

ひどく心《こころ》をかきみだされたマリラは、台所《だいどころ》へさっさといってしまった。そして戸口《とぐち》には、これもまたひどくとりみだしたアンが、のこっていた。やがて、アンは、帽子《ぼうし》もかぶらずに、寒《さむ》い秋《あき》のたそがれのなかにふみこんでいった。

決心《けっしん》したように、しっかりした足《あし》どりで、枯《か》れたクローバーの野原《のはら》をすぎ、丸木橋《まるきばし》をわたり、西《にし》の森《もり》に低《ひく》くかかった青白《あおじろ》い小《ちい》さな月《つき》の光《ひかり》をあびたエゾマツの森《もり》を、とおりぬけていった。

ひそかなノックの音《おと》にこたえて、ドアまででてきたバリー夫人《ふじん》は、入《い》り口《ぐち》の階段《かいだん》に、血《ち》のけのないくちびるをして、目《め》をひからせている、あわれな女《おんな》の子《こ》をみつけた。

バリー夫人《ふじん》の顔《かお》は、こわばっていた。バリー夫人《ふじん》は、先入観《せんにゅうかん》と偏見《へんけん》の強《つよ》い人《ひと》で、おこりかたはつめたく、アンの心《こころ》を、ひどくうちのめした。

夫人《ふじん》は、アンが、まえまえからたくらんで、ダイアナを酔《よ》わせたものと信《しん》じこんでいて、そんな子《こ》とは、これ以上《いじょう》つきあわせないで、かわいい娘《むすめ》が不良《ふりょう》になるのをふせごうと、しんけんに心配《しんぱい》していたのだ。

「どんな用《よう》なの?」彼女《かのじょ》は、つきはなすようにいった。

アンは両手《りょうて》をにぎりあわせて。

「あの、バリーさん、どうかゆるしてください。あたし――ダイアナを酔《よ》わせる気《き》は、すこしもなかったんです。どうしてそんなことができます? もし、バリーさんがかわいそうな小《ちい》さな孤児《こじ》で、しんせつな人《ひと》びとにひきとられて、この世界《せかい》でたったひとりの、心《こころ》からの友《とも》をもったとしたら、あなたは、その友《とも》をわざと酔《よ》わせようとなさるでしょうか? あたし、あれはただの木《き》イチゴジュースだと思《おも》ったんです。ああ、ダイアナをあたしとあそばせないなんて、いわないでください。おねがいです。もしそうなったら、あたしの生涯《しょうがい》は、なげきの黒《くろ》い雲《くも》でおおわれてしまうでしょう。」

このことばも、人《ひと》のいいリンド夫人《ふじん》の心《こころ》なら、またたくまにやわらげることができるだろうが、バリー夫人《ふじん》にはなんの効果《こうか》もなく、ただ、ますます、彼女《かのじょ》をいらだたせるだけだった。アンのおおげさなことばや、芝居《しばい》じみた身《み》ぶりをうたがわしいと思《おも》い、アンが、じぶんをからかっているのではないかとさえ思《おも》った。そこで、つめたく、つきさすように、

「あなたは、ダイアナとつきあうのにふさわしくないと思《おも》えるんでね。うちにかえって、ぎょうぎよくしてたほうがいいですよ。」

アンのくちびるは、ふるえていた。

「たったの一度《ど》でいいから、さようならをいうのに、ダイアナにあわせていただけませんか？」

アンは嘆願《たんがん》した。

「ダイアナは、おとうさんと、カーモディへいってしまいましたよ。」

そういって、バリー夫人《ふじん》は家《いえ》のなかにはいって、戸《と》をしめてしまった。アンはがっかりして、むしろ冷静《れいせい》に、グリーン・ゲイブルズにかえっていった。

「あたしのさいごのねがいは、きえたわ。」とマリラにいった。「あたし、じぶんでバリー夫人《ふじん》にあってきたのよ。そしたら、ひどくぶじょくされたわ。どうみても、あれが教養《きょうよう》のある人《ひと》と思《おも》えないわ。あとはただ、祈《いの》る以外《いがい》にないのね。でも、お祈《いの》りもあまりやくにたつとは思《おも》えないの。だって、マリラ、神《かみ》さまでも、バリー夫人《ふじん》みたいにがんこな人《ひと》にたいしては、たいしたことはおやりになれないと思《おも》うからよ。」

「アン、そんなことはいうものじゃないですよ。」

マリラはしかりながらも、しぜんにわらいがこみあげてくるのを、いっしょうけんめいにおさえた。そして、その晩《ばん》、マシュウにいっさいを話《はな》したとき、マリラはアンの災難《さいなん》をかんがえて、心《こころ》からわらったのであった。

しかし、ねるまえに東《ひがし》のへやにいって、アンが泣《な》き泣《な》きねむってしまったのを見《み》ると、いつにもなく、やさしい顔《かお》つきになった。

「かわいそうなもんだ！」

マリラはそうつぶやくと、アンの涙《なみだ》でよごれた顔《かお》から、ほつれた巻《ま》き毛《げ》をつまみあげた。それから、身《み》をかがめて、まくらの上《うえ》のぽっと赤《あか》らんでいるアンのほおにせっぷんした。

十七　生活《せいかつ》への新《あたら》しい関心《かんしん》

つぎの日《ひ》の午後《ごご》、台所《だいどころ》の窓《まど》のところでつくろいものをしていたアンが、ふと顔《かお》をあげてみると、〈木《き》の精《せい》の泉《いずみ》〉のよこで、ダイアナが、いわくありげに手《て》まねきしているのをみつけた。すぐに家《いえ》からはしりでて、そのくぼ地《ち》までとんでいった。アンの目《め》には、よろこびといぶかしさがうかんでいた。しかし、ダイアナのしょげかえった顔《かお》を見《み》たとき、彼女《かのじょ》の期待《きたい》はきえうせた。

「どお？　おかあさんのごきげんはまだなおらないのね？」

アンは、あえぎながらたずねた。ダイアナは、かなしそうに頭《あたま》をよこにふるばかりだった。

「だめなの。ああ！　アン、あなたとは、もういっしょにあそんじゃいけないっていうのよ。あたし、うんと泣《な》いて、それはアンのせいじゃないし、たいしたことじゃないっていったの。やっとのことでときふせて、さよならをいうあいだだけ、ここにくるのをゆるしてもらったの。たった十分《ぷん》しかここにいられないの。時計《とけい》ではかっているのよ。」

「十分《ぷん》なんて、永遠《えいえん》のお別《わか》れをいうにはみじかすぎるわよ。」アンは涙《なみだ》をこぼした。「ねえ、ダイアナ、たとえどんなに仲《なか》よしの友《とも》だちがいるにせよ、あなたの青春時代《せいしゅんじだい》の友《とも》として、あたしをわすれることなどけっしてないと、やくそくしてくれるわね？」

「ええ、もちろんよ。」と、ダイアナはすすり泣《な》いた。「もう二度《ど》と、心《こころ》からの友《とも》はもちはしないわ。もちた

いとも思《おも》わない。あんたを愛《あい》したようには、ほかの人《ひと》を愛《あい》せはしないわ。」

「あら、ダイアナ……」アンは、ダイアナの手《て》をにぎりしめながらさけんだ。「あんたは、あたしを愛《あい》してるの？」

「あら、もちろんよ、知《し》らなかったの？」

「ええ……」アンは大《おお》きく息《いき》をすった。「そりゃね、すきだとは思《おも》っていたわ。でも、愛《あい》しているなんて、かんがえもおよばなかったわ。なぜって、あたしなんかを愛《あい》してくれる人《ひと》は、いやしないと思《おも》ってたの。思《おも》いだしてみただけでも、ひとりだっていないわ。ああ、なんてすてきなんでしょう。それは、なれとひきさかれた道《みち》の暗《くら》やみを永遠《えいえん》に照《て》らすひとすじの光《ひかり》よ。ねえ、もう一度《ど》だけ、そういってちょうだい。」

「心《こころ》からあんたを愛《あい》しているのよ、アン。」ダイアナは確信《かくしん》をもっていった。「それに、これからもずっと愛《あい》するし、そんなことあなたもわかっているくせに。」

「あたしも、ダイアナ、そなたをずっと愛《あい》するわ。」と、手《て》をおもおもしくにぎりしめていった。「これからも、そなたとの思《おも》い出《で》は、ともに読《よ》んだあのさいごの物語《ものがたり》のように、星《ほし》のように、あたしのひとりぼっちの人生《じんせい》のうえにかがやくであろう。ダイアナ、別《わか》れなむいま、永遠《えいえん》のかたみに、そなたの黒髪《くろかみ》のひとふさを、くれない？」

「あなた切《き》るものもってる？」

　真情《しんじょう》があふれるばかりのアンのいいまわしに、どっとながれた涙《なみだ》をふきながら、現実《げんじつ》にたちもどって、ダイアナはたずねた。

「ええ、幸運《こううん》にも、裁縫《さいほう》ばさみがエプロンのポケットにはいってるわ。」

とアンはこたえて、おごそかに、ダイアナの黒髪《くろかみ》のひとふさを切《き》りとった。

「さらばなり、愛《あい》する友《とも》よ、これからは、おたがいにとなりあってすんだとて、見知《みし》らぬ人《ひと》となりぬべし。でも、わが心《こころ》は永遠《えいえん》にそなたに忠実《ちゅうじつ》ならん。」

アンは、ダイアナがふりかえるたびに手《て》をふって、その姿《すがた》が見《み》えなくなるまで見《み》まもっていた。そうして、家《いえ》にもどったが、しばらくのあいだは、ロマンチックな別《わか》れのきぶんからぬけでることができなかった。

「もうすべてはおわりだわ。」アンはマリラにつげた。「もう友《とも》だちは、二度《ど》とつくらないわ。まえよりも、おもしろくなくなったわ。だって、ケイト＝モーリスもヴィオレッタもいまじゃいないでしょ。それに、友《とも》だちをもつにしたって、おなじようにはいかないし。親友《しんゆう》を知《し》ったあとでは、小《ちい》さな夢《ゆめ》をみてるような女《おんな》の子《こ》じゃ、つまらないし。

ダイアナと、泉《いずみ》のそばで劇的《げきてき》な別《わか》れかたをしてきたのよ。記憶《きおく》に永遠《えいえん》にのこると思《おも》うわ。できるかぎり情熱的《じょうねつてき》なことばをつかったの。『そなた』とか『おんみに』っていったの。『そなた』とか『おんみに』というのは、『あなた』とか『あなたに』よりずっとロマンチックですもの。ダイアナは、じぶんの髪《かみ》をひとふさくれたの。だからあたし、それを小《ちい》さな袋《ふくろ》にぬいこんで、一生身《いっしょうみ》につけていようと思《おも》うの。どうかそれを、あたしといっしょにうめるようにしてくださいね。だってあたし、もうさきが長《なが》くないと思《おも》うの。バリー夫人《ふじん》も、目《め》のまえに、死《し》んでつめたくなったあたしを見《み》たら、じぶんのしたことを後悔《こうかい》して、あたしのお葬式《そうしき》にダイアナをこさせてくれるのではないかしら。」

「しゃべれるくらいなんだから、かなしんで死《し》ぬようなおそれは、まずないと思《おも》うがね、アン。」

マリラは平然《へいぜん》といった。

つぎの月曜日《げつようび》、アンが本《ほん》のはいったかごをかかえ、意《い》をけっしたように口《くち》をむすんでへやからおりてきたので、マリラはおどろいた。

「あたし、学校《がっこう》にもどるわ。」アンはつげた。「あたしの人生《じんせい》にのこされていることは、それだけよ。親友《しんゆう》と無残《むざん》にひきはなされたいまはね。学校《がっこう》では、ダイアナとあえるし、過《す》ぎ去《さ》った日々《ひび》の思《おも》い出《で》にふけることができるもの。」

「あんた、学課《がっか》のことや算数《さんすう》のことに思《おも》いふけったほうがいいようだね。」思《おも》わぬほうへ事態《じたい》が発展《はってん》したので、うれしさをかくしながら、マリラはいった。「もし、学校《がっこう》へもどるなら、石盤《せきばん》を生徒《せいと》の頭《あたま》でわるようなことは、しないでおくれ。ちゃんとして、先生《せんせい》にいわれたとおりにするんだよ。」

「模範生《もはんせい》になるようにするわ。」力《ちから》なくアンは同意《どうい》した。「あまりおもしろくないと思《おも》うけど。フィリップス先生《せんせい》がいってたけど、ミニイ＝アンドリュースは模範生《もはんせい》だって。だけど、感覚《かんかく》のひらめきや、生気《せいき》が、彼女《かのじょ》にはないんですって。あの人《ひと》、のろまで、ぜんぜんたのしそうじゃないんですもの。だけど、いま、きぶんがめいってるから、模範生《もはんせい》になれそうだわ。表通《おもてどお》りをまわろう。〈シラカバの道《みち》〉をひとりぼっちでなんか、とてもいけないもの。泣《な》けてきてしまうがなくなっちゃうわ。」

アンは、こころよくみんなにむかえいれられた。彼女《かのじょ》のあそぶときの想像力《そうぞうりょく》や、うたうときの声《こえ》や、食事《しょくじ》のまえの劇的《げきてき》な朗読《ろうどく》を、みんなはまちこがれていた。

ルビイは聖書《せいしょ》の時間《じかん》に、アンズを三つくれた。エクハーソンは、花《はな》のカタログの表紙《ひょうし》から黄色《きいろ》い三色《さんしき》スミレを切《き》ってくれた。それは、アボンリーの学校《がっこう》で人気《にんき》のある、机《つくえ》かざりにつかうものだった。ソフィアは、とてもしゃれた新《あたら》しいレース編《あ》みのもようを、おしえてあげるといった。それは、エプロンのふちをかざるのにちょうどよかった。ケティは香水入《こうすいい》れをくれた。ジュリアは、ふちを扇形《おうぎがた》もようでかざった、うすいピンクの紙《かみ》に、つぎのような詩《し》をうつしてくれた。

アンへ

たそがれがそのとばりをおろし
一つ星《ぼし》かがやくとき
なれ、ひとりの友《とも》をわするるなかれ
たとえ遠《とお》くをさまようとも

「だいじにされるって、うれしいわ。」

その夜《よる》、アンは有頂天《うちょうてん》になって、マリラにうちあけた。

彼女《かのじょ》をだいじにしてくれたのは、女《おんな》の子《こ》たちだけではなかった。昼休《ひるやす》みのあとじぶんの席《せき》へもどると――アンは、フィリップス先生《せんせい》に、模範生《もはんせい》のミニイ＝アンドリュースとならんですわるようにいわれていた――机《つくえ》の上《うえ》に、大《おお》きな、見《み》ただけでおいしそうなリンゴがのっていた。アンは手《て》にとりあげて、がぶりとひと口《くち》たべようとした。そのしゅんかん、ふっと、このリンゴができるところは、アボンリーでは、一か所《しょ》で、〈きらめく湖《みずうみ》〉のむこうの、ブライス家《け》の古《ふる》い果樹園《かじゅえん》だけだということを思《おも》いだした。アンは、まるでやけどでもしたように、リンゴをふりおとすと、ハンカチでじぶんの手《て》をおおげさにふいた。つぎの朝《あさ》まで、リンゴはアンの机《つくえ》の上《うえ》にそのままのっていたが、校舎《こうしゃ》のそうじと火《ひ》をおこす仕事《しごと》をしている少年《しょうねん》のティモシイが、これも役得《やくとく》のひとつと、じぶんで処分《しょぶん》してしまった。

チャーリイは昼食後《ちゅうしょくご》、石筆《せきひつ》をくれたが、この石筆《せきひつ》は赤《あか》と黄《き》のしまになった紙《かみ》を、はでにまきつけてあった。ふつうのは一セントなのだが、それは二セントもした。そして、リンゴよりもいい待遇《たいぐう》をうけた。アンがにこにこして贈《おく》り主《ぬし》からそれをうけとったので、アンに夢中《むちゅう》のかれは、よろこびのあまり、第《だい》七天国《てんごく》までまっすぐのぼってしまったかのようで、あげくのはてに書取《かきと》りで大失敗《だいしっぱい》をした。フィリップス先生《せんせい》は放課後《ほうかご》かれをのこして、書《か》きなおしを命《めい》じた。

しかし、『ブルータスの胸像《きょうぞう》の見《み》えぬシーザーの行列《ぎょうれつ》は、ますます彼女《かのじょ》に、ローマ最上《さいじょう》のその人《ひと》を思《おも》いださせた。』とあるように、ガーティ＝パイとならんでいるダイアナから、なんの報《むく》いも、あいずもないので、アンの心《こころ》はおもかった。「ダイアナだって、一度《ど》ぐらいわらい顔《がお》を見《み》せたっていいと思《おも》うわ。」

その夜《よる》、アンはマリラにむかって、泣《な》きごとをいった。しかし、つぎの朝《あさ》、アンのところへ、おそろしいくらいたくみにねじってたたまれた紙切《かみき》れが、まわされてきた。

親愛《しんあい》なるアン
おかあさんが、学校《がっこう》でも、あなたとあそんだり、お話《はな》ししてはいけないというの。わたしのせいじゃないから、わたしを責《せ》めないで。わたし、かわらずにあなたを愛《あい》しているわ。わたしの秘密《ひみつ》ぜんぶ、あなたに話《はな》したいの。だから、あなたが恋《こい》しくて。ガーティ＝パイなんてちっともすきじゃないわ。あなたに、赤《あか》い紙《かみ》でしおりを一枚《まい》つくってあげる。いま、流行《りゅうこう》しているんだから。学校《がっこう》じゃ、たった三人《にん》しか作《つく》りかた知《し》らないんだから。それ見《み》たら思《おも》いだしてね。

あなたの心《こころ》の友《とも》
ダイアナ＝バリー

アンは紙切《かみき》れを読《よ》んで、しおりにキスし、すばやく返事《へんじ》を書《か》いて、教室《きょうしつ》のむこうがわへおくった。

わたしの愛《あい》するダイアナ
もちろん、あなたを責《せ》めたりはしないわ。だってあなた、おかあさんのいうことときかなければならないんでしょう。わたしたちの心《こころ》は一つよ。いつまでも、あなたの贈《おく》りものたいせつにもってます。となりのミニイ＝アンドリュースは、たいへんいい人《ひと》だけれど、想像力《そうぞうりょく》に欠《か》けてます。だけど、ダイアナの親友《しんゆう》だったわたしは、ミニイとは親友《しんゆう》になれません。わたしの字《じ》、進歩《しんぽ》したと思《おも》うけど、まだそんなによくないでしょう。まちがっていたらごめんなさい。
死《し》がわれらをわかつまで、おんそばに

アン　またの名《な》コーデリア＝シャーリイ

アン　またの名《な》コーデリア

追伸《ついしん》　今夜《こんや》、あなたの手紙《てがみ》、まくらの下《した》においてねむります。

マリラは悲観的《ひかんてき》に思《おも》っていたので、アンが学校《がっこう》にいきはじめてからは、もっと悩《なや》みがますのではないかと心配《しんぱい》していた。しかし、なにごともちあがらなかった。ミニイ＝アンドリュースから模範精神《もはんせいしん》なるものをつかみとったのだろうか、すくなくとも、その後《ご》、フィリップス先生《せんせい》とは、うまくやっていた。アンは、勉強《べんきょう》に身《み》も心《こころ》もなげだして、ギルバート＝ブライスにどの課目《かもく》でもまけるものかと、心《こころ》にきめていた。ふたりのあいだの競争《きょうそう》は、すぐにめだってきた。ギルバートのほうはぜんぜん悪意《あくい》はないのだが、アンのほうはというと、うらみを根《ね》にもっているので、そうとはいえなかった。愛《あい》するほうもはげしかったが、憎《にく》しみも強《つよ》かった。勉強《べんきょう》でギルバートと張《は》りあうなどということはいやだった。それは、ぜったいにみとめたくないかれの存在《そんざい》を、みとめざるをえないことだったから。しかし、ふたりはきそいあった。名誉《めいよ》は、ふたりのあいだで、いったりきたりした。

ギルバートがスペルで一番《ばん》になると、つぎにはアンが、長《なが》い赤毛《あかげ》のおさげをふりたてて、かれをまかしてしまうのだった。ある朝《あさ》、ギルバートが計算《けいさん》をぜんぶ正解《せいかい》して、黒板《こくばん》に名《な》まえを書《か》かれると、つぎの朝《あさ》には、アンが、まえの日《ひ》徹夜《てつや》してまで小数《しょうすう》にとっくんで、一番《ばん》になった。ある日《ひ》にはふたりは同点《どうてん》で、ならんで黒板《こくばん》に書《か》かれた。それは、らくがきで書《か》かれるほど、わるい効果《こうか》があった。ギルバートがまんぞくしたのはだれの目《め》にもあきらかだったが、アンのふんがいは、それこそすさまじかった。

月末《げつまつ》の筆記試験《ひっきしけん》がおこなわれたときの緊張感《きんちょうかん》は、たいしたものだった。さいしょの日《ひ》はギルバートが三点差《てんさ》で勝《か》った。二日《か》めは、アンが五点差《てんさ》でかれをまかした。しかし、彼女《かのじょ》の勝利《しょうり》は、ギルバートが全校生《ぜんこうせい》のまえで心《こころ》からアンを祝福《しゅくふく》したので、だいなしになってしまった。かれが敗北《はいぼく》のくやしさをかんじてくれたほうが、どんなに心《こころ》がかるかったろう。

フィリップス先生《せんせい》は、教師《きょうし》としてはたいした人《ひと》とはいえなかったが、アンのように向学心《こうがくしん》にもえた生徒《せいと》なら、どんな先生《せんせい》のもとでも、進歩《しんぽ》しないはずはなかった。学期《がっき》のおわりころ、アンとギルバートは、ふたりそろって五クラスに進級《しんきゅう》した。そして、ラテン語《ご》、地理《ちり》、フランス語《ご》、代数《だいすう》などの「特別課目《とくべつかもく》」をはじめることをゆるされた。幾何《きか》では、アンは悪戦苦闘《あくせんくとう》の連続《れんぞく》だった。

「まったくひどいもんよ、マリラ。」アンはうなった。「手《て》も足《あし》もでやしないわ。想像力《そうぞうりょく》のはいる余地《よち》がぜんぜんないんですもの。フィリップス先生《せんせい》は、いままで、あたしみたいに幾何《きか》のできない子見《こみ》たことないんですって。だのにギル……いえほかの人《ひと》のことだけど、よくできるんですって。まったくくやしいわ、マリラ。ダイアナさえ、あたしよりよくできるのよ。だけど、ダイアナにまけるのはかまわないわ。いまではおたがいに知《し》らんぷりしているんだけど、あたし、きえることのない愛《あい》でもって、彼女《かのじょ》を愛《あい》しているの。ダイアナのこと思《おも》うと、ときどき、とてもかなしくなるの。でもね、マリラ、こんなおもしろい世界《せかい》にすんでちゃ、ほんとに、いつまでもかなしんでなんかいられないわね。そうでしょ?」

十八　アン、たすけにいく

大事《だいじ》はすべて小事《しょうじ》とかかわっている。ちょっとかんがえてみたところでは、さるカナダの首相《しゅしょう》がプリンス・エドワード島《とう》を遊説旅行《ゆうぜいりょこう》のなかにくみいれたことが、グリーン・ゲイブルズの少女《しょうじょ》アン＝シャーリイの運命《うんめい》に、なんらかのかかわりをおよぼすなどとはかんがえられないことだが、事実《じじつ》はそうなったのだ。

その首相《しゅしょう》は、一月《がつ》にシャーロットタウンでひらかれた国民集会《こくみんしゅうかい》にやってきて、かれの熱心《ねっしん》な支持者《しじしゃ》や反対派《はんたいは》の人《ひと》びとをまえに、演説《えんぜつ》をした。アボンリーの人《ひと》びとは、ほとんど首相《しゅしょう》がわについていたので、その国民集会《こくみんしゅうかい》のあった夜《よる》、男《おとこ》の人《ひと》はほとんどぜんぶ、女《おんな》の人《ひと》もおおぜい、四十八キロはなれた町《まち》まででかけていった。

レイチェル＝リンド夫人《ふじん》もでかけた。夫人《ふじん》は熱心《ねっしん》な政治家《せいじか》で、じぶんがいなければ、たとえ反対派《はんたいは》であっても、その国民集会《こくみんしゅうかい》は進行《しんこう》すまいと、かんがえそうな人《ひと》だった。そこで、彼女《かのじょ》は、夫《おっと》と——トマスは馬《うま》の世話《せわ》をしてもらうためにだが——マリラとをつれて、町《まち》へでかけた。マリラは内心《ないしん》、政治《せいじ》に興味《きょうみ》をもっていたし、また、生《い》きた本《ほん》ものの首相《しゅしょう》を見《み》ることができる、ただ一度《ど》の機会《きかい》になるかもしれないと思《おも》ったので、ふたつ返事《へんじ》でレイチェル夫人《ふじん》に同意《どうい》して、アンとマシュウに、翌日《よくじつ》までのるすをたのんだ。

というわけで、マリラたちが国民集会《こくみんしゅうかい》でおおいにたのしんでいるあいだ、アンとマシュウはふたりだけで、グリーン・ゲイブルズの居《い》ごこちのよい台所《だいどころ》を占領《せんりょう》していた。古風《こふう》なウォタールー型《かた》ストーブには、火《ひ》が

赤《あか》あかともえさかり、青白《あおじろ》いつららが窓《まど》ガラスにかがやいていた。マシュウは、ソファーで農業雑誌《のうぎょうざっし》をひろげたままこっくりをしていた。アンはテーブルで、意《い》をけっして勉強《べんきょう》をしていたが、目《め》のほうは、時計《とけい》のたなのほうにいくのだった。

そこには、ジェーンがきょうかしてくれた新《あたら》しい本《ほん》がのっている。その本《ほん》に、スリルがあるわよ、とときかされていたので、アンはむずむずしていた。けれど、読《よ》んでいれば、あしたはギルバートが勝《か》つことになるので、アンはたなに背《せ》をむけて、そこには本《ほん》はないのだとじぶんにいいきかせた。

「マシュウおじさん、学校《がっこう》へいってたとき、幾何《きか》を勉強《べんきょう》したことあって？」

「そうだなあ、いや、ないな。」

とたんにねむりからさめて、マシュウはいった。

「勉強《べんきょう》してくれてたらよかったのに。」とアンはためいきをつき、「そしたら、あたしのきもちわかってもらえるでしょ。したことがないんじゃ、わかってもらえないだろうな。おさきまっくらになっちゃった。まったく、幾何《きか》ってにがてよ。」とつづけた。

「さあて、どうしたもんかね。」なぐさめるように、マシュウはいった。「おまえはなにをやっても、うまくやると思《おも》うがな。フィリップス先生《せんせい》にカーモディのブレアの店《みせ》であったらな、おまえは学校《がっこう》でいちばん頭《あたま》のいい学者《がくしゃ》さんで、長足《ちょうそく》の進歩《しんぽ》をするといってなすったぞ。『長足《ちょうそく》の進歩《しんぽ》』と、そういいなすった。フィリップス先生《せんせい》のことを、ありゃたいした先生《せんせい》じゃないなんていうやつもいるがな、わしゃ、りっぱな先生《せんせい》だと思《おも》う。」

マシュウにとっては、アンをほめるものはだれでも、りっぱだと思《おも》われた。

「先生《せんせい》が問題《もんだい》さえかえなけりゃ、幾何《きか》だってうまくいくんだけど。」と、アンはこぼした。「定理《ていり》を、やっと暗記《あんき》するでしょ、すると先生《せんせい》は、本《ほん》にあるのとまるでちがう問題《もんだい》を黒板《こくばん》に書《か》くの。だから、もうこんがらがっちゃうわよ。そんなひきょうなまねすべきじゃないと思《おも》うの。

マリラやリンドおばさんは、いまごろ、たのしんでいるでしょうね。リンドおばさんがいってたわ。カナダは、いまオタワでやってるようなことしてちゃだめだって。もし女《おんな》の人《ひと》が選挙《せんきょ》できたら、すぐにもすばらしい変化《へんか》がおこるって。どっちへ投票《とうひょう》するの？　おじさん。」

「保守党《ほしゅとう》さ。」

マシュウはすぐにこたえた。保守党《ほしゅとう》に投票《とうひょう》することは、マシュウの宗教《しゅうきょう》にとって欠《か》かせないことなのだ。

「じゃ、あたしも保守党《ほしゅとう》にするわ。あたし、うれしいわ。なぜって、ギル――学校《がっこう》のいく人《にん》かの男《おとこ》の子《こ》は、グリッツ党《とう》なんですもの。フィリップス先生《せんせい》もグリッツ党《とう》だと思《おも》うの。なぜって、プリシイのおとうさんもそうだし。ルビイ＝ギリスがいってたけど、男《おとこ》の人《ひと》が求婚《きゅうこん》ちゅうのときは、宗教《しゅうきょう》はあいてのおかあさんに、政治《せいじ》はおとうさんにしたがわなければならないんだって。ほんと？」

「そうさなあ、わからんが。」

「おじさんは、求婚《きゅうこん》したことないの？」

「そうだなあ、うん、ないな。」

かれは、そんなことは生涯《しょうがい》、一度《ど》もかんがえたことがなかったのだった。

アンは、ひじをついてかんがえた。

「おもしろいでしょうね。ねえ、ルビイ＝ギリスがいってたけど、おとなになったら思《おも》いのままにあやつれる求婚者《きゅうこんしゃ》をたくさんもって、かれらを夢中《むちゅう》にさせちゃうんだって。だけど、それじゃ、すこし刺激《しげき》が強《つよ》すぎると思《おも》うわ。あたしは、ちゃんとした人《ひと》がひとりだけいればいいわ。ルビイ＝ギリスにはたくさん大《おお》きなおねえさんがいるから、そんなことについちゃ、いろいろ知《し》ってんのよ。リンド夫人《ふじん》がいってたけど、ギリス家《け》の女《おんな》の子《こ》たちは、ホットケーキみたいによく売《う》れるんですって。フィリップス先生《せんせい》は、プリシイ＝アンドリュースに毎晩《まいばん》のようにあいにいくのよ。先生《せんせい》ったら、勉強《べんきょう》をみてやるんですって。でも、ミランダだってクィーンの試験準備《しけんじゅんび》してるし、プリシイより、もっとみてもらう必要《ひつよう》があると思《おも》うの。彼女《かのじょ》のほうが頭《あたま》がわるいんですもの。なのに先生《せんせい》は、夜《よる》一度《ど》だって、みてあげにいかないの。世《よ》の中《なか》には、わからないことがたくさんあるわねえ？」

「そうだなあ、世《よ》の中《なか》にはわからないことがあるからな。」

マシュウもみとめた。

「さあーて、勉強《べんきょう》をしちまわなきゃ。おわるまで、ジェーンがかしてくれた新《あたら》しい本《ほん》、ひらいちゃいけないんだ。でも、読《よ》みたいなあ、マシュウおじさん。背中《せなか》むけても、はっきりとそこにあるのがわかるの。ジェーンはあの本《ほん》を読《よ》んで、泣《な》けて泣《な》けてしようがなかったんですって。あたし、そんな本《ほん》がすき。だけど、あの本《ほん》を居間《いま》にもっていって、ジャムの戸《と》だなにいれて、かぎをかけちゃおう。かぎをあずかっといてね。あたしにわたしちゃだめよ、おじさん。勉強《べんきょう》がおわるまでは、あたしがどんなにたのんでもよ。誘惑《ゆうわく》にまけないなんて、口《くち》でいうのはかんたんだけど、かぎがなけりゃ、もっとかんたんですもの。じゃ、ちょっと地下室《ちかしつ》までいって、リンゴをもってくるわ。おじさん、リンゴきらい？」

「そうだなあ、わしもたべるとしよう。」

マシュウはリンゴはたべなかったが、アンがリンゴに目《め》がないのを知《し》っていた。アンは、おさらにリンゴをいっぱいのせて、ゆうぜんと地下室《ちかしつ》からあがってきた。

そのとき、そとのこおった板敷《いたじ》き道《みち》を、あわただしくかけてくる足音《あしおと》がきこえた。つぎのしゅんかん、台所《だいどころ》の戸《と》があけはなされて、ダイアナがとびこんできた。青白《あおじろ》い顔《かお》をして、息《いき》をはずませ、ショールをぞんざいにひっかぶっていた。アンはおどろいたひょうしに、ろうそくとおさらをおとしてしまったので、おさらとろうそくとリンゴは、地下室《ちかしつ》の階段《かいだん》をカラカラ、コロコロおちていき、つぎの日《ひ》、マリラがとけたろうのなかにみんなうずまっているのをみつけてかきあつめながら、よくも家《いえ》が火事《かじ》にならなかったことだと感謝《かんしゃ》した。

「どうしたの、いったい？　ダイアナ。」アンはさけんだ。

「とうとう、おかあさん、ゆるしてくれたの？」

「おお、アン、はやくきて。」ダイアナは、いてもたってもいられないようすだった。「ミニイ＝メイがひどくわるいの――喉頭炎《こうとうえん》にかかったってメアリイ＝ジョーはいうのよ――で、おとうさんも、おかあさんも町《まち》へでかけているし、お医者《いしゃ》をよびにいく人《ひと》がだれもいないのよ。ミニイはすごくわるいし、メアリイはどうしていいかわからないし――ああ、アン、あたし、こわいわ。」

マシュウは、だまって帽子《ぼうし》とコートをとって、ダイアナのよこをすりぬけ、庭《にわ》の暗《くら》やみのなかにきえていった。

「マシュウは、馬《うま》に馬具《ばぐ》をつけにいったのよ。きっと、医者《いしゃ》をよびにカーモディにいくのよ。」アンはいそいで、ずきんとジャケツをかぶりながら、いった。「あたし、わかるの。おじさんとあたしは、心《こころ》がつうじあってるから、だまってても、かんがえていることがわかるのよ。」

「カーモディで、お医者《いしゃ》をさがすことはできないと思《おも》うわ。」ダイアナはすすり泣《な》きながらいった。「ブレア先生《せんせい》もスペンサー先生《せんせい》も、町《まち》にいっているのよ、きっと。メアリイは喉頭炎《こうとうえん》にかかったものは見《み》たことがないし、リンドさんもでかけているし。ああ！　アン！」

「泣《な》かないで。」アンは、元気《げんき》づけるようにいった。「喉頭炎《こうとうえん》はどうすればいいか、あたし知《し》ってるわ。あんたわすれたの、ハモンドさんとこに三組《くみ》もふたごがいたってこと。三度《ど》もふたごの世話《せわ》をすれば、しぜんといろいろおぼえるってわけよ。みんなじゅんじゅんに喉頭炎《こうとうえん》にかかったのよ。わた

しが薬草《やくそう》のイピカックの箱《はこ》をもってくるまで、ちょっとまってて。あんたのうちにはないでしょうから。さ、きなさい。」

ふたりの少女《しょうじょ》は、手《て》をつないで、大《おお》いそぎで〈恋人《こいびと》たちの道《みち》〉をぬけ、こおってかちかちになった野原《のはら》をよこぎっていった。雪《ゆき》がふかいので森《もり》の近道《ちかみち》はとおれなかったからだ。アンは、心《こころ》からミニイ＝メイをかわいそうに思《おも》ったが、そのなりゆきはロマンチックで、親友《しんゆう》と、ふたたびこんなきぶんをわかちあえるたのしさをあじわった。

その夜《よる》、空《そら》はすんでいて、霜《しも》がおり、雪《ゆき》でおおわれた斜面《しゃめん》は銀色《ぎんいろ》にかがやいていた。大《おお》きな星《ほし》がしずかな野原《のはら》の上《うえ》にまたたいていた。あちこちには、黒《くろ》くさきのとがったモミの木《き》が、枝《えだ》に雪《ゆき》をおいて立《た》ちならんでいた。風《かぜ》は、その木立《こだ》ちのあいだをふきぬけていた。アンはこうかんがえた。長《なが》いあいだつきあえなかった親友《しんゆう》と、こんなに神秘的《しんぴてき》なすばらしいところをとおっていくのは、なんてたのしいのだろうと。

三才《さい》になったミニイ＝メイは、ひどくぐあいがわるかった。台所《だいどころ》のソファーによこたわって、熱《ねつ》にうなされてあえいでいた。はげしい息《いき》づかいは、家《いえ》じゅうにきこえるほどだった。メアリイ＝ジョーは肉《にく》づきのよい、顔《かお》のまるい、クリークからきたフランス娘《むすめ》で、バリー夫人《ふじん》がるすのあいだ、子《こ》もり役《やく》としてたのんだのだった。彼女《かのじょ》はおろおろするばかりでなにも手《て》につかず、どうしたらいいものかもわからないようすだった。

アンは、てぎわよく、すばやく、仕事《しごと》にかかった。

「ミニイ＝メイは、たしかに喉頭炎《こうとうえん》よ。かなりわるいけど、あの子《こ》たちはもっとわるかったわ。まず、お湯《ゆ》がたくさんいるわ。あら、ダイアナ、やかんにはコップ一ぱいくらいしかはいっていないじゃないの。そら、いっぱいにしたから、メアリイ＝ジョー、ストーブにまきくべてくれない？　気《き》をわるくしたらこまるけど、もうすこし頭《あたま》をはたらかせてたら、こんなことぐらい思《おも》いついてもよかったと思《おも》うわ。さ、ミニイ＝メイの服《ふく》をとって、ベッドにねかさなくちゃ。あんた、やわらかいフランネルの布《ぬの》みつけてきてくれない？　ダイアナ。まず、イピカックを一服《ぷく》のませるから。」

ミニイ＝メイは、なかなかくすりをのもうとしなかったが、アンも道楽《どうらく》でふたごをそだてたわけではなかったから、長《なが》いつらい夜《よる》のあいだ、くすりはなんべんか子《こ》どものどをくだった。その夜《よる》じゅう、ふたりの少女《しょうじょ》は、くるしそうなミニイ＝メイの世話《せわ》をがまんづよくやったが、メアリイ＝ジョーもできるだけのことをやりたい一心《いっしん》で、ごうごうと火《ひ》をたきつづけ、子《こ》どもの喉頭炎専門《こうとうえんせんもん》の病院《びょういん》でもじゅうぶんなほどのお湯《ゆ》をわかしつづけた。

三時《じ》になって、やっと、マシュウが医者《いしゃ》をつれてやってきた。はるばるスペンサービルまでいかねばならなかったからである。しかし、急場《きゅうば》のたすけがほしい時期《じき》はもうすぎて、ミニイ＝メイはたいそうよくなり、ぐっすりねむっていた。

「あたし、いまにもなげだしちゃうところだったわ。」アンは説明《せつめい》した。「ミニイ＝メイはだんだんわるくなって、ハモンドさんのふたごの、さいごの子《こ》たちよりもわるかったんですもの。窒息《ちっそく》して死《し》んでしまうんじゃないかって、ほんとうに思《おも》ったわ。そのびんにはいっているイピカックを、ひとつぶのこらずのませたの。さいごのひとつぶがのどをとおったとき、あたし、じぶんにこういったの――ダイアナやメアリイ＝ジョーにじゃなくよ。なぜって、ふたりにこれ以上心配《いじょうしんぱい》させたくなかったからよ。それで、じぶんのきもちをしずめるために、いいきかせたの。『これこそさいごののぞみのつなよ。きいてくれるかしら、だめかしら。』って。そうしたら、三分《ぷん》くらいたって、ミニイ＝メイはせきをして、たんをはきだして、それで、どんどんよくなってきたのよ。どんなにほっとしたか、わかるでしょ、先生《せんせい》？　なんともいいようないんですもの。そら、口《くち》ではうまくいえないこと、ありますよね？」

「うむ、うむ、わかるとも。」と医者《いしゃ》はうなずいた。かれはアンのことを、やはりことばでいいつくせないようすでみつめながら、なにかかんがえていた。けれども、あとになってかれは、それをバリー夫妻《ふさい》のまえで口《くち》にだした。

「カスバート家《け》にいる、あの赤毛《あかげ》の女《おんな》の子《こ》は、じつに機敏《きびん》なりこうな子《こ》どもですね。あの子《こ》があかんぼうの命《いのち》をたすけたんですよ。わたしがここについたときには、もう手《て》おくれだったかもしれないんですからな。あの年《とし》ごろの子《こ》どもにしちゃ、まったくめずらしい心《こころ》がまえで、りっぱな知恵《ちえ》をもっていたと思《おも》いましたな。わたしにあの病状《びょうじょう》について説明《せつめい》しているときのあの目《め》つきといったら、そりゃもう、いままで見《み》たこともないようなものでしたな。」

アンは、まっしろに霜《しも》がおりたさわやかな冬《ふゆ》の朝《あさ》、家《いえ》にもどった。寝不足《ねぶそく》で、目《め》ははれぼったくなっていたが、つかれもみせず、たえずマシュウに話《はな》しかけながら、ひろい、白《しろ》い原野《げんや》をよこぎり、〈恋人《こいびと》たちの道《みち》〉の上《うえ》にきらきらかがやく、おとぎの国《くに》で見《み》るようなアーチの下《した》をあるいていった。

「ねえ、おじさん、すばらしい朝《あさ》じゃない？　神《かみ》さまがご自身《じしん》でたのしむためにだけえがいてみせてくださったような世界《せかい》じゃない？　この木《き》ったら、あたしのひとふきでとんでいってしまうみたいよ――フゥー！　あたし、白《しろ》い霜《しも》がある世界《せかい》にすむことができてうれしいわ。それから、ハモンドさんのところに三組《くみ》もふたごがいて、やっぱりよかったと思《おも》うわ。もしいなかったら、あたし、ミニイ＝メイをどうしていいかわからなかったもの。ふたごのことでハモンド夫人《ふじん》につっかかったりして、ほんとうにいけなかったと思《おも》うわ。それにしても、ねえ、あたしねむたくて。学校《がっこう》にいけなくなっちゃう。いっても、目《め》がふさがってきて、おかしな返事《へんじ》をしそうよ。でも、やすむのもいやだし。だって、ギル――じゃない、だれかがクラスで一番《ばん》になるとこまるからよ。それをぬくのはとてもたいへんでしょう？　もちろん、努力《どりょく》してぬいたときのよろこびは、またいちだんと格別《かくべつ》ですけれどね。」

「そうだな、おまえならちゃんとやるだろう。」マシュウは、アンの小《ちい》さな白《しろ》い顔《かお》をながめていった。そして、目《め》のふちに黒《くろ》いくまのあるのを見《み》て、「すぐ床《とこ》について、ぐっすりおやすみ。わしがあとぜんぶやっておくからな。」といった。

アンはいわれたとおり床《とこ》につき、長《なが》いあいだぐっすりねむったので、目《め》をさましたのは、白《しろ》くおおわれ

た冬《ふゆ》の、バラ色《いろ》の日《ひ》ざしがさす午後《ごご》になっていた。アンが台所《だいどころ》におりていくと、そこには、しばらくまえに家《いえ》にもどっていたマリラが、いすで編《あ》みものをしていた。

「あら、首相《しゅしょう》にあってきた？」アンは、マリラを見《み》るなりさけんだ。

「どんな顔《かお》の人《ひと》？　マリラ。」

「そうね、あの顔《かお》からいったら、とても首相《しゅしょう》になれないってとこさね。ものすごい鼻《はな》をしてるんだよ。だけど、演説《えんぜつ》はたいしたもんだ。わたしも、保守党《ほしゅとう》を支持《しじ》してよかったね。レイチェル＝リンドはもちろん自由党《じゆうとう》だから、かれには用《よう》なしだ。あんたの食事《しょくじ》は、天火《てんぴ》のなかにあるよ、アン。戸《と》だなから、アンズの砂糖《さとう》づけだしてきておあがり。おなかがすいただろうね。マシュウがきのうの晩《ばん》のこと話《はな》してくれたよ。するべきことを心得《こころえ》ていて運《うん》がよかったね。わたしだったら、どうしていいかわからなかったと思《おも》うよ。喉頭炎《こうとうえん》にはまだおめにかかったことがないんだから。そらそら、たべおわるまでしゃべらなくてよろしい。話《はな》したくてしょうがないのはわかるけど、話《はなし》はくさりはしないからね。」

　マリラは、アンにいわなければならないことがあったが、いま

すぐにはいわないことにした。もし話《はな》そうものなら、アンは夢中《むちゅう》になって、食欲《しょくよく》などふりむきもしなくなるだろうからだ。さらに盛《も》ってあったアンズの砂糖《さとう》づけを、アンがたいらげてしまうと、すぐマリラは口《くち》をひらいた。

「バリーのおくさんが、午後《ごご》ここにみえてね、アン。あんたにあいにね。だけど、あんたをおこしたくなかったんだよ。おくさんは、あんたがミニイ＝メイの命《いのち》をたすけたんだといってなさったよ。それで、あのブドウ酒《しゅ》の件《けん》で、あんたにあんな無礼《ぶれい》なことしてわるかった、あんたがダイアナをわざと酔《よ》わせるつもりではなかったのが、いまになってわかったんですと。だから、あのことはわすれたものとしてゆるしてもらい、またダイアナと仲《なか》よしになってほしいですと。もしよかったら今夜《こんや》、おいでくださいということだよ。ダイアナはきのうの晩《ばん》、ひどいかぜをひいて、そとにでられないそうだから。これ、これ、アン、たのむから、そんなにとびあがらないでもらいたいね。」

この注意《ちゅうい》はむだではなかった。天《てん》にものぼるような顔《かお》つきでとびあがり、顔《かお》はよろこびでひかりかがやいていた。

「ねえ、マリラ、いますぐいっていい？――おさらあらわないでも？　かえってきたら、あらうから。こんなにうれしいときに、おさらあらいなんて、あんまり夢《ゆめ》がなさすぎると思《おも》わない？」

「わかったよ。いいから、はしっておいで。」あいそよくマリラはいった。「アン、気《き》でもちがったのかね！　なにか着《き》ていきなさい。まるで風《かぜ》としゃべってるようだよ。帽子《ぼうし》も外《がい》とうもつけないで、いってしまったよ、あの子《こ》。髪《かみ》をちらして果樹園《かじゅえん》をはしっていくかっこうったら。かぜでもひかなけりゃいいがね。」

アンは、むらさき色《いろ》にかすんだ夕《ゆう》ぐれの雪《ゆき》げしきのなかをおどるようにかえってきた。うすい黄色《きいろ》とバラ色《いろ》にそまった西南《せいなん》の空《そら》の果《は》てから、かすかな真珠《しんじゅ》のような光《ひかり》をおびた、冬《ふゆ》のよいの明星《みょうじょう》が、白《しろ》い雪《ゆき》の原野《げんや》や、黒《くろ》ずんだエゾマツの谷《たに》の上《うえ》に、その光《ひかり》をなげかけていた。雪《ゆき》におおわれた丘《おか》のあいだを、そりの鈴《すず》の音《ね》が、霜《しも》にけむる空気《くうき》をつきぬけて、妖精《ようせい》が鳴《な》らすチャイムみたいにきこえてきた。だが、その音楽《おんがく》でさえ、アンの心《こころ》のなかでかなでられている歌《うた》や、口《くち》ずさむ歌《うた》のようにあまいメロディーをはこんではこなかった。

「あなたの目《め》のまえにいる人《ひと》は、とってもしあわせな人《ひと》なのよ、マリラ。」と、アンはいった。「あたし、まったく幸福《こうふく》よ――あたしの髪《かみ》の毛《け》は赤《あか》いけれどね、もう問題《もんだい》じゃないの。バリー夫人《ふじん》はあたしにキスをして、泣《な》いていったの。とてもすまなかったって。どうお礼《れい》していいかわからないって。ほんとうにこまっちゃったわ、マリラ。でも、できるかぎり、ていねいにいったの。『あたし、なんとも思《おも》っていません。はっきりもうしあげますけれど、まえにも一度《ど》、ダイアナを酔《よ》わせるつもりはなかったと、もうしあげましたね。ですから、過去《かこ》は忘却《ぼうきゃく》のマントでおおいかくすことにいたします。』ってね。どう、ちょっと威厳《いげん》のあるいいかたでしょう、マリラ？　あたし、バリー夫人《ふじん》に、仇《あだ》を恩《おん》でかえしているような気《き》がしたわ。そうしてから、ダイアナとあたしで、すばらしい午後《ごご》をすごしたの。ダイアナはね、カーモディのおばさんがおしえてくれた新《あたら》しい編《あ》みかたを、おしえてくれたのよ。とってもきれいに編《あ》めるの。アボンリーでは、だれも知《し》らないわ。あたしたち、だれにもおしえないって、かたく誓《ちか》ったの。ダイアナは、バラの花輪《はなわ》のついたきれいなカードをくれたの。それには詩《し》が書《か》いてあるのよ。

もしわたしがあなたを愛《あい》するように
あなたもわたしを愛《あい》してくれるなら
死《し》ぬ日《ひ》までふたりをわかつものはなにもない

これほんとうよ、マリラ。あたしたち、フィリップス先生《せんせい》に、学校《がっこう》でまたいっしょにすわらせてくれるように、たのむことにしたの。すてきなお茶《ちゃ》だったわ。バリー夫人《ふじん》は最高級《さいこうきゅう》のお茶《ちゃ》の道具《どうぐ》をだしてくれたのよ。まるでたいせつなお客《きゃく》さまみたいによ。どんなにわくわくしたか、わかるでしょう。いままであたしのために、最高級《さいこうきゅう》のお茶道具《ちゃどうぐ》をつかってくれた人《ひと》なんか、いなかったんですもの。そうして、フルーツケーキや、パウンドケーキや、ドーナツと、二種類《しゅるい》の砂糖《さとう》づけをたべたのよ。バリー夫人《ふじん》は、お茶《ちゃ》をひとついかが、ってたずねたの。そして、『おとうさま、どうしてアンにビスケットさしあげないの。』っていうの。おとなになるってすばらしいことなのね。おとなのようにあつかわれるって、こんなにうれしいんだもの。」
「さて、どんなものかね。」

マリラは、ふっと息《いき》をついていった。

「とにかく、あたしがおとなになったら……」アンはきっぱりと、「小《ちい》さな女《おんな》の子《こ》も、おとなのようにあつかってあげるわ。おとなのような口《くち》をきいても、ぜったいにわらったりなんかしないわ。身《み》におぼえがあるからわかるんだけど、そうすると、子《こ》どもはきずつくんですもの。お茶《ちゃ》のあとはね、ダイアナとタフィをつくったの。タフィがあまりうまくいかなかったのはね、ダイアナもあたしも、一度《ど》もつくったことがなかったからだわ。ダイアナがおさらにバターをぬっているあいだ、あたしにタフィをかきまわしていてちょうだいっていったんだけど、こがしちゃったの。台《だい》の上《うえ》においてさますために、とりだそうとしたら、ネコが一つのさらの上《うえ》をあるいちゃったから、そのおさら、すてなけりゃならなかったの。だけど、つくるのはすごくおもしろかったわ。うちにかえるっていったら、バリー夫人《ふじん》は、また、ちょくちょくあそびにいらっしゃいよ、って。ダイアナは、窓《まど》のところに立《た》って、〈恋人《こいびと》たちの道《みち》〉をあるいていくまで、投《な》げキスをしていたわ。ねえ、マリラ、今夜《こんや》はあたし、お祈《いの》りしようと思《おも》うの。とくべつのばあいでしょう、だから、とくべつのお祈《いの》りをかんがえてみたいの。」

十九　音楽会《おんがくかい》と大事件《だいじけん》と告白《こくはく》

「マリラ、ちょっとダイアナのとこにいってきていい？」

二月《がつ》のある夕《ゆう》がた、アンが東《ひがし》の屋根裏《やねうら》べやから息《いき》せききっておりてきて、たずねた。

「なんだって、暗《くら》くなってからであるく必要《ひつよう》があるんだい。」マリラは、ぶっきらぼうにいった。「あんたは、ダイアナといっしょに学校《がっこう》からかえってきて、雪《ゆき》のなかに一時間《じかん》も立《た》って、ぺちゃくちゃしゃべっていたじゃないか。それなのにまたあいにいきたいとは、どういうものかね。」

「でもあの人《ひと》、あたしにあいたがっているのよ。とても重大《じゅうだい》な話《はなし》があるんですって。」

「どうして、それがわかるんだい？」

「だっていま、ダイアナが窓《まど》からあいずしてたのよ。あたしたち、ろうそくとボール紙《がみ》で信号《しんごう》をつくったの。ろうそくを窓《まど》わくの上《うえ》においといて、ボール紙《がみ》をそのまえでさっさっとうごかして、光《ひかり》をおくるの。それで、何回《なんかい》おくるとどんな意味《いみ》かってきめたの。あたしがかんがえだしたのよ、マリラ。」

「あんたのかんがえそうなことだね。」とマリラは、てきびしくいった。「その、信号《しんごう》とかなんとか、くだらないことで、カーテンをもやしてくれるつもりかい。」

「もちろんそんなことのないように、注意《ちゅうい》してやってるわ。とてもおもしろいのよ。二回《かい》ひかると、『そこにいるの？』、三回《かい》だと『はい』、四回《かい》は『いいえ』、五回《かい》は『だいじな用《よう》があるから、はやくきて』っていう意味《いみ》なの。いま、ダイアナが五回光《かいひかり》をおくってきたのよ。だから、なんのことか知《し》りたくてどうしようもないの。」

「どうしようもないというなら、いっておいで。だけど、きっちり十分以内《ぷんいない》にかえってくるんだよ。わすれなさんな。」

マリラは皮肉《ひにく》っぽくいった。

アンはいわれたとおり、時間以内《じかんいない》にかえってきた。だが、ダイアナの重大《じゅうだい》な用事《ようじ》を、どうやって十分《ぷん》以内《いない》にきりあげてきたのかは、天《てん》のみぞ知《し》る、である。

「ねえ、マリラ、どう思《おも》う？　あしたはダイアナの誕生日《たんじょうび》なの。だからおかあさんが、ダイアナに、学校《がっこう》からまっすぐあたしをつれてかえって、ひと晩《ばん》とまっていいっていったんですって。それに、ダイアナのいとこたちが、ニューブリッジから大《おお》きな箱型《はこがた》そりにのってきて、あしたの晩《ばん》、公会堂《こうかいどう》の弁論部《べんろんぶ》の音楽会《おんがくかい》をききにいくの。ダイアナとあたしも音楽会《おんがくかい》へつれていってくれるんですって――もし、マリラがいいっていったら、だけど。ねえ、いいでしょう、マリラ？　ああ、あたし、ぞくぞくしちゃうわ。」

「それなら、おちついてかまわないよ。わたしはいいといわないからね。うちにいてねてるほうがよっぽどいいよ。弁論部《べんろんぶ》の音楽会《おんがくかい》なんて、まったく、くだらないからね。小《ちい》さな女《おんな》の子《こ》は、そんな場所《ばしょ》にいくもんじゃないよ。」

「でも、弁論部《べんろんぶ》の音楽会《おんがくかい》はとてもいいって信用《しんよう》があるのよ。」

アンは弁護《べんご》した。

「それはそうかもしれないけどね。でも、音楽会《おんがくかい》なんかへ、ふらふら出入《でい》りしたり、夜《よる》うちをあけるもんじゃないよ。子《こ》どものすることじゃないからね。バリーおばさんが、ダイアナをいかせるなんて、おどろいたね。」

「でも、こんなことってめったにないのよ。」アンは、泣《な》きそうになってうったえた。「ダイアナのお誕生日《たんじょうび》は、一年《ねん》に一回《かい》しかないのよ。ありふれたことだと思《おも》う？　プリシイが『こよいは晩鐘《ばんしょう》を鳴《な》らすなかれ』を暗唱《あんしょう》するのよ。とても教訓的《きょうくんてき》な詩《し》なの。きけばきっとためになると思《おも》うわ。合唱隊《がっしょうたい》が賛美歌《さんびか》みたいにすばらしい感動的《かんどうてき》な歌《うた》を、四曲《きょく》うたうのよ。それに、牧師《ぼくし》さんもお話《はな》しなさるのよ。ええ、たぶんお説教《せっきょう》とおなじだと思《おも》うわ。ねえ、おねがい。いっちゃいけない？」「いけないといったのがきこえなかったのかい？　さあ、長《なが》ぐつをぬいでねなさい。もう八時《じ》すぎたよ。」

「もうひとことだけいわせて、マリラ。」アンは、さいごの切《き》り札《ふだ》をだすかのようにいった。「バリーおばさんは、あたしたちをお客用《きゃくよう》のベッドにねかせてくださるんですって。あたしがお客用《きゃくよう》のベッドにねられるなんて、とても名誉《めいよ》なことじゃない？」

「そんな名誉《めいよ》は、なくたっていいんです。さあ、アン、もうなにもしゃべることはないよ。」

アンが涙《なみだ》をこぼしながら二階《かい》にあがってしまうと、ずっと安楽《あんらく》いすでねむっているようにみえたマシュウが、目《め》をあけて、はっきりといった。

「まあな、マリラ。アンをいかせてやるんだな。」

「いけませんよ。」マリラはいいかえした。「あの子《こ》をそだてているのはだれなんです？　あんたですかい、それともわたしですかい？」

「そりゃ、おまえだがな。」マシュウはみとめた。

「それなら、口《くち》だししないでください。」

「べつに、口《くち》だししてるわけじゃないさ。みんながじぶんの意見《いけん》をもつことは、口《くち》だしにはならんさ。アンをいかせたほうがいいということさ。」

「あんたは、もしアンが月《つき》にいきたいといえば、いかせたがるんだろうね。ダイアナといっしょにとまるだけなら、いいとは思《おも》うがね。音楽会《おんがくかい》へいくのはさんせいできませんよ。いけば、たぶんかぜをひくだろうし、くだらないことで刺激《しげき》されるだろうからね。一週間《しゅうかん》もおちつかなくなってしまうよ。あの子《こ》の性質《せいしつ》や、ためになることは、わたしのほうがあんたよりも承知《しょうち》していますからね、マシュウ。」

「アンをいかせることだよ。」

マシュウは、がんこにくりかえした。議論《ぎろん》は得意《とくい》ではなかったが、いいだしたら、ゆずらない男《おとこ》だった。マリラはどうしようもなく、ついにだまりこんでしまった。

つぎの朝《あさ》、アンが台所《だいどころ》でさらをあらっているとき、マシュウは、納屋《なや》にでかけていく足《あし》をとめて、マリラにむかってくりかえした。

「アンをいかせてやることだよ、マリラ。」

しばらく、マリラは、なにが口《くち》からとびだすかわからないほどきびしい顔《かお》つきになったが、ついにおれて、ぶっきらぼうにいった。

「けっこうです、いかせますよ。そうすれば気《き》がすむんでしょうから。」

アンは、台所《だいどころ》から、ぽたぽたと水《みず》のたれるふきんをもったままとびだしてきた。

「ああ、マリラ、マリラ、もういちどそのうれしいことばをきかせて。」

「一度《ど》いえばたくさんだと思《おも》うよ。マシュウがかんがえたことだから、わたしはかかわりないよ。他人《たにん》のベッドにねたり、夜中《よなか》に暑《あつ》くるしい公会堂《こうかいどう》からでて、肺炎《はいえん》になったって、わたしを責《せ》めるんじゃないよ。マシュウにいっておくれ。アン、あんた、油《あぶら》のついた水《みず》をそこらじゅうにたらしてるよ。こんな不注意《ふちゅうい》な子《こ》は見《み》たことがないね。」

「あら、ほんとにあたしはこまった子《こ》だと思《おも》うわ、マリラ。」アンは、もうしわけなさそうに、いった。「失敗《しっぱい》ばかりしてるもの。でも、あたしのしなかった失敗《しっぱい》のことも、かんがえてよ。これからするかもしれないけど。学校《がっこう》にいくまえに、砂《すな》をもってきてこすっとくわ。ああ、マリラ、あたし、音楽会《おんがくかい》のことで胸《むね》がいっぱいなの。まだ一度《ど》も、いったことがないんですもの。だから、学校《がっこう》でほかの女《おんな》の子《こ》たちが話《はなし》をしているときは、仲間《なかま》はずれにされているみたいな気《き》がするの。どんなにあたしがいきたがってるか、マリラにはわからなかったけど、マシュウにはわかったのね。おじさんはわかってくれるのよ。理解《りかい》されるってうれしいものね、マリラ。」

つぎの日《ひ》の午前《ごぜん》ちゅう、アンは興奮《こうふん》のため授業《じゅぎょう》に身《み》がはいらなかった。ギルバートにつづりでまけ、暗算《あんざん》でもひどくひきはなされてしまった。でも、音楽会《おんがくかい》とお客用《きゃくよう》ベッドのことが頭《あたま》にあったので、たいしてくやしいとも思《おも》わなかった。一日《にち》じゅう、ダイアナとそのことを話《はな》していたので、きびしい先生《せんせい》だったら、もっとしかられたにちがいない。もし音楽会《おんがくかい》にいけなかったら、この不成績《ふせいせき》はたえられなかったろう。

学校《がっこう》では音楽会《おんがくかい》の話《はなし》でもちきりだった。アボンリー弁論部《べんろんぶ》は、冬《ふゆ》のあいだ、二週間《しゅうかん》おきにあつまるが、これまでにも、小《ちい》さな無料《むりょう》のもよおしをした。だが、こんどのは大《おお》がかりなもよおしで、図書館援助《としょかんえんじょ》のために、十セントの入場料《にゅうじょうりょう》をとるのだった。アボンリーの若者《わかもの》たちは何週間《なんしゅうかん》もれんしゅうしていて、生徒《せいと》はみな、じぶんの兄《あに》や姉《あね》たちが出演《しゅつえん》するというので、とてもまちわびていた。九才以上《さいいじょう》の生徒《せいと》はみないくつもりだったが、キャリイ＝スローンはいかなかった。彼女《かのじょ》の父《ちち》がマリラとおなじ意見《いけん》で、小《ちい》さな女《おんな》の子《こ》は夜《よる》の音楽会《おんがくかい》などにいくものではない、と思《おも》っていたからだった。彼女《かのじょ》はその日《ひ》の午後《ごご》ずっと、文法《ぶんぽう》の教科書《きょうかしょ》のかげで泣《な》きつづけ、人生《じんせい》はまっくらだと思《おも》っていた。

アンの感激《かんげき》は、学校《がっこう》がおわると同時《どうじ》にはじまり、音楽会《おんがくかい》には最高潮《さいこうちょう》にたっした。「すばらしいお茶《ちゃ》」のあとで、二階《かい》のダイアナの小《こ》べやで、たのしいしたくにかかった。ダイアナは、アンの前髪《まえがみ》を最新《さいしん》のポンパジュア型《がた》にゆってやり、アンは、ダイアナのちょうリボンを独特《どくとく》のやりかたでむすんであげた。うしろ髪《がみ》のかたちを、すくなくとも六種類《しゅるい》のヘアスタイルにゆいなおしてみた。そして、ついに準備《じゅんび》は完了《かんりょう》した。ふたりはほおをそめ、目《め》をかがやかせていた。

たしかに、アンは、じぶんのそまつな黒《くろ》い帽子《ぼうし》と、かっこうのわるいそでのしまった手《て》づくりの灰色《はいいろ》のコートを、ダイアナのしゃれた毛《け》の帽子《ぼうし》や、スマートな小《ちい》さなコートとくらべたとき、少々胸《しょうしょうむね》をいためたが、すぐにじぶんの想像力《そうぞうりょく》がつかえることを思《おも》いだした。

やがて、ダイアナのいとこの、マレー家《け》の子《こ》どもたちが、ニューブリッジからやってきた。毛皮《けがわ》の服《ふく》を着《き》て、大《おお》きな箱型《はこがた》のそりにのって。アンは、公会堂《こうかいどう》までの道中《どうちゅう》を夢中《むちゅう》でたのしんだ。道《みち》はサテンのようになめらかで、はしるそりの下《した》で雪《ゆき》がパシパシと鳴《な》っていた。夕日《ゆうひ》は赤《あか》くもえ、雪《ゆき》におおわれた丘《おか》と、まっさおなセントローレンス湾《わん》の水《みず》が、そのかがやきをふちどって、まるで真珠《しんじゅ》とサファイアの巨大《きょだい》なつぼにブドウ酒《しゅ》と火《ひ》をたたえているかのようだった。そりの鈴《すず》の音《ね》と遠《とお》くのわらい声《ごえ》が、森《もり》の精《せい》のざわめきのように四方《しほう》からきこえてきた。

「ねえ、ダイアナ。」アンは、毛皮《けがわ》の外《がい》とうのなかの、ダイアナの毛《け》の手袋《てぶくろ》をはめたまるい手《て》をにぎりしめながら、息《いき》をきらしていった。「まるで夢《ゆめ》をみてるみたいじゃない？　あたし、いつものあたしと思《おも》える？　とてもちがうみたいだから、顔《かお》つきもちがってると思《おも》うわ。」

「あんた、とてもすてきに見《み》えるわよ。」ダイアナは、ちょうどいとこのひとりからほめられたばかりなので、じぶんもだれかをほめたくなっていた。「いちばん顔色《かおいろ》がいいわ。」

その晩《ばん》のプログラムは、スリルの連続《れんぞく》だった。アンがダイアナにいったところによると、プログラムが進行《しんこう》するにつれますますスリルはました。プリシイは、新《あたら》しいピンクの絹《きぬ》の服《ふく》を着《き》て、なめらかな白《しろ》い首《くび》に真珠《しんじゅ》の首《くび》かざりをして、髪《かみ》には本《ほん》もののカーネーションをつけて――うわさによれば、みんな、先生《せんせい》が彼女《かのじょ》のために、はるばる町《まち》からとりよせたものだそうだが――「ひとすじの光《ひかり》もさしていないどろだらけのはしごをのぼった」とき、アンはかわいそうで身《み》ぶるいした。

合唱隊《がっしょうたい》が『やさしきヒナギクのはるか上《うえ》に』をうたったとき、アンは、まるでフレスコ画《が》の天使《てんし》がかいてあるかのように、天井《てんじょう》をみつめた。サム＝スローンが、『どのようにしてソカティーがめんどりに卵《たまご》をだかせたか』を、絵《え》もみせて話《はな》すと、アンがあまりわらったので、人《ひと》びとは、このたいしてめずらしくない話《はなし》よりもアンに同情《どうじょう》して、わらいだした。

そして、フィリップス先生《せんせい》が、シーザーの死体《したい》のそばでアントニーがやった演説《えんぜつ》を、プリシイをみつめながら感情《かんじょう》をこめて朗読《ろうどく》したときには、アンは、もしひとりのローマ市民《しみん》がひきいてくれれば、いま、ここで立《た》ちあがり、反逆《はんぎゃく》をおこしたいとも思《おも》った。

プログラムのなかで、たった一つだけ興味《きょうみ》をひかれないものがあった。ギルバートが『ライン河畔《かはん》のビンゲン』を暗唱《あんしょう》しはじめると、アンは、ローダのもっていた貸本《かしほん》をとりあげて読《よ》みだし、暗唱《あんしょう》がすむと、ダイアナが手《て》がいたくなるほど拍手《はくしゅ》しているのに、かたく身動《みうご》きもしないですわっていた。

じゅうぶんたのしんで、山《やま》ほどある話《はなし》をかかえて家《いえ》についたときは、十一時《じ》だった。みなねてしまったらしく家《いえ》のなかは暗《くら》く、しんとしていた。アンとダイアナは、ぬき足《あし》で客間《きゃくま》にはいった。そこはほそ長《なが》いへやで、客用寝室《きゃくようしんしつ》につづいていた。へやはきもちよくあたためられ、だんろの残《のこ》り火《び》でうす明《あか》るかった。

「ここで服《ふく》をぬぎましょうよ。」ダイアナはいった。「あたたかくてきもちがいいから。」

「とてもたのしかったわね。」アンはしあわせそうにいった。

「あそこにあがって暗唱《あんしょう》するのって、すてきでしょうね。あたしたちも、いつかさせてくれるかしら、ダイアナ？」

「もちろん、いつかはね。いつも上級生《じょうきゅうせい》ばかり暗唱《あんしょう》させたがるのよ。ギルバートはよくでるわ。あたしたちより二つしか年上《としうえ》じゃないのに。ねえ、アン、あんた、よくもあれを、きかないふりしていられたわね。『いまひとりあり、そは妹《いもうと》にあらず』というところで、あの人《ひと》、あんたのことまっすぐ見《み》てたわよ。」

「ダイアナ。」アンは、おもおもしくいった。「あんたはあたしの親友《しんゆう》だわね。たとえそのあんたでも、あの人《ひと》のことだけは、口《くち》にだしてほしくないの。もうねるしたくできた？　どっちがはやくベッドにつくか、かけっこしましょうよ。」

この案《あん》に、ダイアナもさんせいした。二つの白《しろ》いねまき姿《すがた》は、長《なが》いへやをはしりぬけ、客用寝室《きゃくようしんしつ》の入《い》り口《ぐち》から、同時《どうじ》にベッドの上《うえ》にはねあがった。すると——なにかが——ふたりの下《した》でうごいて、さけび声《ごえ》をあげたとおもうと、あえぐように、「こわや、こわや。」といった。

アンとダイアナは、どのようにしてベッドをおり、へやからとびだしたかわからなかった。ただ、きちがいのようにかけだしてきて、気《き》がついたときには、ふたりは二階《かい》にいて、つまさきだちのまま、がくがくふるえていた。

「あれ、だれなの――なんだったの？」アンは、寒《さむ》さとおそろしさで、歯《は》をかちかちいわせてささやいた。

「ジョセフィンおばさんよ。」ダイアナは、わらいころげながらいった。「なにしろジョセフィンおばさんなのよ。なんであそこにいたのか知《し》らないけど。おばさん、かんかんにおこるわよ。そりゃこわいのよ、どうしましょう。でも、こんなおかしなことってないわね、アン。」

「ジョセフィンおばさんて、だれ？」

「おとうさんのおばさんなの。シャーロットタウンにすんでて、とても年《とし》とってるの――七十ぐらいよ。むかし、女《おんな》の子《こ》だったなんて信《しん》じられないくらい。ここにくることは知《し》ってだけど、こんなにはやくとは思《おも》わなかったわ。ひどいかたぶつで、ものものしいから、すごくしかられると思《おも》うわ。さあミニイ＝メイとねなければならないわ。あの子《こ》、とってもけとばすのよ。」

翌朝《よくあさ》ミス・ジョセフィン＝バリーは、はやい朝食《ちょうしょく》にあらわれなかった。バリー夫人《ふじん》はふたりにやさしくほほえんだ。

「ゆうべはおもしろかった？　ふたりがもどるまでおきてて、ジョセフィンおばさんがみえたからあんたたちはやっぱり二階《かい》でねてもらうことになったことを、おしえてあげようと思《おも》ったんだけど、とてもつかれてたんでねむってしまったのよ。おばさんにめいわくはかけなかったでしょうね、ダイアナ。」

ダイアナは用心《ようじん》ぶかくだまっていたが、ふたりでテーブルをはさんで、意味《いみ》ありげにわらいあった。

朝食《ちょうしょく》がすむと、アンはいそいで家《いえ》にかえったので、その後《ご》のバリー家《け》でおこった騒動《そうどう》は、夢《ゆめ》にも知《し》らなかった。

夕《ゆう》がた、マリラから用事《ようじ》をたのまれて、リンド夫人《ふじん》の家《いえ》へいった。

「あんたとダイアナは、かわいそうに、バリーのおばあさんを、死《し》ぬほどおどろかせたんだってね。」リンド夫人《ふじん》は、まじめな口調《くちょう》だったが、いたずらっぽい目《め》をしていった。

「バリーのおくさんが、すこしまえにカーモディにいく途中《とちゅう》ここへよったんだけど、そのことをとても気《き》にしていたよ。おばあさんは、おきたとき、ものすごいけんまくだったそうだよ。あの人《ひと》がおこったらこわいからね。ダイアナとは、ひとことも口《くち》をきかないそうだよ。」

「ダイアナがわるいんじゃないのよ。」アンはしょんぼりしていった。「あたしのせいなの。どっちがはやくベッドにつくか、競走《きょうそう》しようっていったの。」

「そうだと思《おも》ってたよ。」リンド夫人《ふじん》はじぶんの勘《かん》があたったので、まんぞくしていった。「あんたがかんがえだしたことは、わかっていたよ。とにかく、やっかいなことになったもんだ。バリーのおばあさんは、ひと月《つき》とまるつもりできたんだけれど、あしたにも家《いえ》にかえるっていいわたしたそうだよ。日曜日《にちようび》だっていうのにね。だれかおくってくれるなら、きょうにでもかえるところだろうがね。ダイアナに一学期分《がっきぶん》の音楽《おんがく》の月謝《げっしゃ》をだしてやるやくそくをしたのが、もうあんなおてんば娘《むすめ》にはなにもしてやらない、といってるそうだ。バリー家《け》じゃ、よわりきってるだろうさ。あのおばあさんは金持《かねも》ちだから、きげんをそこねたくないんだよ。バリーのおくさんがそんなことといったわけじゃないけど、わたしには、そのきもちがよくわかるんだよ。」

「あたし、なんて運《うん》がわるいんでしょう。」アンはなげいた。

「いつもなにかこまったことしでかすし、心《こころ》をわかちあった親友《しんゆう》までそんなはめに追《お》いこんでしまうんですもの。なぜかしら、おばさん？」

「あんたが不注意《ふちゅうい》で、ふんべつがないからですよ。なにごとも、たちどまってかんがえることをしないからね。すぐさま、いったり、したりするからだよ。」

「でも、そこがやっぱりいいとこじゃないかしら？」アンは抗議《こうぎ》した。「なにか、すばらしいことがひらめいたら、すぐそれをあらわしたくなってしまうの。よくかんがえたりしてたら、すっかりだめになってしまうわ。おばさんもそんな気《き》がすることない？」

リンド夫人《ふじん》は、かんがえぶかげに頭《あたま》をふって、いった。

「ものごとをすこしかんがえるようにしなさいよ、アン。あんたに必要《ひつよう》なことわざは、『ころばぬさきのつえ』だよ。とくに、客用《きゃくよう》ベッドにころがりこむまえなんかはね。」

夫人《ふじん》は、じぶんの気《き》のきいたしゃれにまんぞくしてわらったが、アンはそんな気《き》になれず、だまりこくっていた。すごすごと、こおりついた野原《のはら》をよこぎって、オーチャード・スロープへいった。ダイアナは台所《だいどころ》の戸口《とぐち》にでてきた。

「ジョセフィンおばさん、とてもおこってらしたんですってね。」

アンはささやいた。

「そうよ。」とダイアナはわらいをおさえて、居間《いま》のほうを気《き》づかいながらいった。「そりゃ、かんかんにおこられたわ。あたしみたいなぎょうぎのわるい子《こ》は見《み》たことない、こんな娘《むすめ》をそだてたとは、親《おや》として恥《は》じるべきだ、なんていってね。もうかえるっていってるけど、あたし気《き》にしないわ。でも、おとうさんとおかあさんが気《き》にしてるのよ。」

「どうしてそれ、あたしのせいだっていわなかったの？」

アンはきいた。

「あたしがそんなことすると思《おも》う？」ダイアナは、つんとしていった。「あたしは告《つ》げ口《ぐち》なんかしないわよ、アン。それに、あたしだって、あんたとおなじくらいわるかったんですもの。」

「じゃ、あたしがいって話《はな》してくるわ。」

アンは、決心《けっしん》していった。ダイアナは目《め》をまるくした。

「だめよ、アン。あなた、おばさんにたべられちゃうわよ。」

「もうこれ以上《いじょう》おどかさないで。」アンはたのんだ。「大砲《たいほう》の口《くち》へととびこむほうがましだと思《おも》ってるんだから。でも、いかなければいけ

ないのよ、ダイアナ。あたしがわるかったんだから、白状《はくじょう》しなくちゃ。いいぐあいに、告白《こくはく》なら、もう、れんしゅうずみなの。」

「おばさん、へやにいるわ。はいりたければはいってもいいわ。あたしならやめるわ。それに、効果《こうか》がないと思《おも》うけど。」

このことばに勇気《ゆうき》がでて、アンは、穴《あな》のなかのライオンにたちむかっていった——つまり、居間《いま》の入《い》り口《ぐち》に決然《けつぜん》としてあるいていき、そっとノックした。

「おはいり。」というするどい声《こえ》がした。

やせて、かどばったミス・ジョセフィン＝バリーは、だんろのまえでしきりに編《あ》みものをしていた。怒《いか》りはしずまるどころではなく、金《きん》ぶちのめがねのおくは、きらきらとひかっていた。ダイアナだと思《おも》って、いすをまわしてふりむくと、そこには、恐怖《きょうふ》といっしょうけんめいにたたかっている青《あお》い顔《かお》をした少女《しょうじょ》が立《た》っていた。

「どなただね。」ミス・バリーは、たずねた。

「わたし、グリーン・ゲイブルズのアンです。」と、小《ちい》さな訪問者《ほうもんしゃ》は、ふるえながら、いつものように手《て》をくみあわせていった。「告白《こくはく》させていただきにきたんです。もしよろしかったら。」

「告白《こくはく》って、なにをだい？」

「ゆうべ、ベッドにとびのったのは、みんな、わたしがわるかったんです。わたしがいいだしたのです。ダイアナはそんなこと思《おも》いついたりしません。あの人《ひと》はしとやかですもの。だから、どうかダイアナを責《せ》めないでください。」

「いいえ、責《せ》めないわけにはいかないよ。すくなくとも、あの娘《むすめ》はいっしょにベッドにとびのったんだから。この上品《じょうひん》なうちで、あんなばかげたことをするとはね！」

「でも、わたしたち、ふざけてやっただけなんです。」アンは主張《しゅちょう》した。「それに、もうおわびをしたんですから、ゆるしていただかなくては。とにかく、ダイアナをゆるしてあげてください。ダイアナはとても熱心《ねっしん》に、ならいたがっているんです。音楽《おんがく》の授業《じゅぎょう》をうけさせてあげないなんて、どれほどつらいか、わたしにはよくわかるんです。熱心《ねっしん》なのに、してはいけないなんて、わたしをおこってください。わたしは小《ちい》さいときからしかられてばかりいたんで、ダイアナよりはずっとたえられると思《おも》うんです。」

このころには、老婦人《ろうふじん》の目《め》からは、怒《いか》りの色《いろ》はだいぶきえて、興味《きょうみ》ぶかそうな光《ひかり》がまたたいていた。が、まだきびしい調子《ちょうし》でいった。

「じょうだんにやったなどということは、いいわけにはならないよ。わたしのわかいころは、小《ちい》さな女《おんな》の子《こ》は、けっしてそんなことはしなかったね。長《なが》いしんどい旅行《りょこう》をしてきて、ぐっすりねむっているところへ、大《おお》きなずうたいの女《おんな》の子《こ》にふたりでとびこまれて、おこされるっていうのは、どんなものかと思《おも》うがね。」

「知《し》らないけど、想像《そうぞう》できるわ。」アンは熱意《ねつい》をこめていった。「ひどくめいわくだったと思《おも》うわ。でも、わたしたちにも理由《りゆう》はあるの。あなたは想像《そうぞう》することがおできになりますか？　ミス・バリー。もしおありなら、わたしたちの身《み》になってください。わたしたちは、あのベッドにだれかがねているとは知《し》らなかったんで、それはもう、びっくりして、気絶《きぜつ》するほどこわかったんですよ。それに、やくそくしてあったのに、客用寝室《きゃくようしんしつ》でねられなかったんですよ。おばさんは客用寝室《きゃくようしんしつ》でねることにはなれていらっしゃると思《おも》うけど、もしあなたが、そんな名誉《めいよ》をあたえられたことのない孤児《こじ》の少女《しょうじょ》だったら、どんなにらくたんするか、想像《そうぞう》してみてくださいな。」

このときはもう、まったく怒《いか》りのきえてしまったミス・バリーは、ほんとうにわらいだした。その声《こえ》をきいて、台所《だいどころ》で息《いき》をひそめていたダイアナは、ほっとためいきをついた。

「わたしの想像力《そうぞうりょく》は、すこし油《あぶら》がきれたようだね――だいぶ長《なが》いことつかわなかったからね。」彼女《かのじょ》はいった。「あんたの涙《なみだ》をさそう話《はな》しぶりは、こちらのいいぶんにまけないくらいだ。まあ見《み》かたはいろいろあるけれどね。さあ、すわって、あんたのことを話《はな》しておくれ。」

「もうしわけありませんけど、そうしていられませんの。」アンはきっぱりいった。「おばさんはとてもおもしろいかただし、見《み》かけによらず心《こころ》からのお友《とも》だちかもしれないから、そうしたいんですけれど、マリラ＝カスバートのところへかえらなければいけないんです。マリラは、わたしをりっぱにそだてようと、ひきとってくれた、とてもやさしい人《ひと》なんです。いっしょうけんめいやってくれてるんですけれど、とてもたいへんなことなのね。わたしがベッドにとびあがったことで、あの人《ひと》を責《せ》めないでくださいね。どうか、わたしがかえるまえに、ダイアナをゆるして、予定《よてい》どおりアボンリーにとまると、いってくださらない？」

「もしあんたが、ちょくちょくわたしのところへ話《はな》しにきてくれるなら、そうしてもいいと思《おも》うね。」と、ミス・バリーはいった。

その晩《ばん》、ミス・バリーは、ダイアナに銀《ぎん》の腕輪《うでわ》をくれ、家《いえ》のものたちには、旅行《りょこう》カバンのかぎをあけたことをつげた。

「あのアンとかいう子《こ》どもと、もっと知《し》りあいになりたいんでね、ここにいることにしたよ。」と、ミス・バリーは率直《そっちょく》にいった。「あの娘《むすめ》はおもしろい子《こ》だね。この年《とし》になると、なかなかおもしろい人間《にんげん》にであわなくなるもんだがね。」

ミス・バリーは、予定《よてい》の一か月以上《げついじょう》、滞在《たいざい》した。いつもよりきげんのよい泊《と》まり客《きゃく》になっていた。アンのために、すっかりきげんをよくしたからだった。

かえるときに、バリーおばさんはいった。

「いいかい、アンの娘《むすめ》さんよ。町《まち》にきたら、きっとわたしのところによりなさい。とくべつの客用寝室《きゃくようしんしつ》のベッドにねかせてあげるからね。」

「バリーおばさんて、やっぱりすばらしい友《とも》だちだったわ。」アンは、そっとマリラにいった。「みかけによらないけど、ほんとうなのよ。マシュウみたいに、すぐにわかったわけではないけど、だんだんわかってくるのよ。いい友《とも》だちって、まえに思《おも》っていたほどすくなくはないのね。世《よ》の中《なか》にはたくさんいるものね。うれしいわ。」

二十　こまった想像力《そうぞうりょく》

グリーン・ゲイブルズに、また春《はる》がめぐってきた。美《うつく》しくて、きまぐれで、ぐずぐずやってくる、カナダの春《はる》。四月《がつ》から五月《がつ》にかけて、さわやかな、すがすがしい日《ひ》がつづいて、ピンクの夕《ゆう》やけがひろがり、あらゆるものが生《い》きかえったようにのびはじめる。

〈恋人《こいびと》たちの道《みち》〉のカエデは赤《あか》い芽《め》をつけ、〈木《き》の精《せい》の泉《いずみ》〉のまわりには、小《ちい》さなシダがはえそろっていた。サイラス＝スローン家《け》の地所《じしょ》のうしろの荒《あ》れ地《ち》には、イワナシが、茶色《ちゃいろ》の葉《は》の下《した》にピンクと白《しろ》の星《ほし》のような花《はな》をのぞかせていた。太陽《たいよう》のかがやくある午後《ごご》、学校《がっこう》の生徒《せいと》たちはみんな、イワナシをつみにいき、晴《は》れわたった夕《ゆう》がた、うでやかごに花《はな》のえものをいっぱいにして、かえってきた。

「イワナシのない国《くに》にすんでいる人《ひと》は、きのどくだわ。」と、アンはいった。「ダイアナは、その人《ひと》たちにはもっといいものがあるかもしれない、といってるけど、イワナシよりいいものがあるはずないわ、ねえ、マリラ？　もし、イワナシがどういうものか知《し》らないなら、なくたってがっかりしないでしょうと、ダイアナがいうの。でも、あたしはそれがいちばんかなしいと思《おも》うわ。イワナシがどんなものか知《し》らないで、なくてもがっかりしないことのほうが悲劇《ひげき》だわ。あたしがイワナシのことどう思《おも》ってるか、わかる？　マリラ。あれは去年《きょねん》の夏死《なつし》んだ花《はな》のたましいで、これが花《はな》の天国《てんごく》だと思《おも》うの。

でも、きょうはすてきだったわ。あたしたち、古井戸《ふるいど》のそばのコケのはえたくぼ地《ち》でおべんとうをたべたんだけど、ロマンチックなとこだったのよ。チャーリイはアーティ＝ギリスに井戸《いど》をとびこせるかと、けしかけたの。アーティは、勇気《ゆうき》がないと思《おも》われるのがいやで、やったわ。学校《がっこう》じゃ、あぶないことをするのがはやってるの。

フィリップス先生《せんせい》は、みつけたイワナシをプリシイにぜんぶあげて、『美《うつく》しいものは美《うつく》しい人《ひと》に』といってるのを、あたしきいちゃった。そのことばは本《ほん》からとったんでしょうけど、先生《せんせい》にもすこしは想像力《そうぞうりょく》があることがわかったわ。あたしにもイワナシをあげるといった人《ひと》があったけど、ことわったの。その人《ひと》の名《な》はいえないの。けっして口《くち》にしないと、じぶんに誓《ちか》ったんだもの。

あたしたちイワナシで花輪《はなわ》をつくって、帽子《ぼうし》にかざったの。かえるときにはふたりずつ行列《ぎょうれつ》をつくって、花束《はなたば》や花輪《はなわ》をもって『丘《おか》の上《うえ》のわが家《や》』をうたいながら、街道《かいどう》を行進《こうしん》したの。すてきだったわ、マリラ。スローン家《け》の人《ひと》たちがみんなとびだして見《み》るし、道《みち》であった人《ひと》はたちどまって見《み》おくってたわ。たいしたさわぎだったんでしょ。」

「そうだろうよ。そんなばかばかしいことをやるんだもの。」

これがマリラの返事《へんじ》だった。

イワナシのあとはスミレで、〈スミレの谷《たに》〉はむらさき色《いろ》にそまっていた。アンはまるで聖地《せいち》にでもふみこむように、うやうやしい目《め》つきと足《あし》どりで、学校《がっこう》へかよう道《みち》すがらここをあるいた。

「どういうわけか、ここをとおっているときにはギル——いえ、だれがクラスであたしを追《お》いこすか、追《お》いこさないか、気《き》にならないわ。」と、アンはダイアナにいった。「でも学校《がっこう》につくと、まるでちがって、あ

いかわらず気《き》になるの。あたしのなかにいろんなアンがいるんだわ。だから、こんなにやっかいな人間《にんげん》なんじゃないかと、ときどき思《おも》うの。もし、あたしがたったひとりのアンだったら、もっと気《き》らくなんだけど、そうなったら、いまのはんぶんもおもしろくないでしょうよね。」

ある六月《がつ》の夕《ゆう》ぐれ、果樹園《かじゅえん》にはふたたびピンクの花《はな》がひらき、カエルが〈きらめく湖《みずうみ》〉の上《うえ》の沼《ぬま》で鳴《な》いていた。空気《くうき》は、クローバーの原《はら》とモミの林《はやし》の、いいかおりがしていた。アンは復習《ふくしゅう》をしていたが、本《ほん》を読《よ》むにはあまり暗《くら》くなったので、〈雪《ゆき》の女王《じょおう》〉とよんでいるサクラの木《き》の枝《えだ》ごしに、そとをうっとりながめながら、目《め》を大《おお》きくあけたまま空想《くうそう》にふけりだした。〈雪《ゆき》の女王《じょおう》〉はふたたび花《はな》ざかりだった。

このアンの小《ちい》さなへやは、本質的《ほんしつてき》にはかわっていなかった。かべはまっしろだし、針《はり》さしはかたいし、黄色《きいろ》のいすはがっちりと、まっすぐ立《た》っていた。けれども、へやの感《かん》じはすっかりかわっていた。血《ち》がかよっている人間《にんげん》の息《いき》づかいがへやじゅうにあふれていた。

それは、学校《がっこう》へいっている少女《しょうじょ》の本《ほん》や、洋服《ようふく》やリボンや、テーブルの上《うえ》にリンゴの花《はな》をさしたふちのかけた青《あお》い花《か》びんがあることとは、べつのことだった。このへやの活発《かっぱつ》な女《おんな》の子《こ》の、ねてもさめてもみている夢《ゆめ》が、目《め》にはみえるが形《かたち》のないものになって、がらんとしたへやいっぱいに、にじや月《つき》の光《ひかり》の織《お》りものを織《お》っているようだった。

やがてマリラが、アイロンをかけたばかりのエプロンをもって、はいってきた。マリラはエプロンをいすにかけて、ほっとこしをおろした。午後《ごご》からいつもの頭痛《ずつう》がはじまり、痛《いた》みはとれたがつかれきってしまって、じぶんで「ばてた」といっていた。アンは同情《どうじょう》のこもった目《め》でマリラをながめた。

「かわりにあたしがなるといいのに。マリラのためならよろこんでがまんするのに。」

「あんたは、てつだってくれたり、やすませてくれたり、よくやってくれたよ。」とマリラはいった。「仕事《しごと》もじょうずになったし、いつもより失敗《しっぱい》もすくなかったようだね。マシュウのハンカチにのりをつけたのは、いらないことだけど。それに、たいていの人《ひと》は、お昼《ひる》までにパイを天火《てんぴ》にいれてあたためておこうというときには、かりかりにこげるまでほうっておきやしないね。でも、あんたのやりかたらしいがね。」

　頭痛《ずつう》は、いつもマリラを、すこしばかり皮肉《ひにく》にした。

「あら、ごめんなさい。」アンはすまなそうにいった。「パイを天火《てんぴ》にいれたしゅんかんから、すっかりわすれてたわ。お昼《ひる》のとき、なにかたりないとは、本能的《ほんのうてき》にかんじてたけど。あたし、けさいいつけられたとき、ほかのことはぜったい想像《そうぞう》しないでおこうと、かたく決心《けっしん》したのよ。天火《てんぴ》にいれるまではかなりうまくいったんだけど、そうしたら、さけられない誘惑《ゆうわく》がやってきたの。あたしは魔法《まほう》をかけられた王女《おうじょ》で、さびしい塔《とう》にとじこめられていて、すてきな騎士《きし》が、まっくろな馬《うま》にのって救《すく》いにきてくれるの。それでパイはすっかりわすれてしまったの。ハンカチにのりづけしたのは気《き》がつかなかったわ。アイロンをかけているあいだ、ダイアナと小川《おがわ》でみつけた、新《あたら》しい島《しま》につける名《な》まえをかんがえていたの。そりゃうっとりするような場所《ばしょ》よ。二本《ほん》のカエデがはえていて、島《しま》のまわりには小川《おがわ》がながれてるの。やっと、〈ビクトリア島《とう》〉というすばらしい名《な》まえをかんがえついたの。それをみつけたのが、ビクトリア女王《じょおう》の誕生日《たんじょうび》なんですもの。ふたりとも、とても尊敬《そんけい》してるのよ。でも、パイとハンカチのこと、ごめんなさい。きょうは記念日《きねんび》だから、とくにいい子《こ》でいたかったの。去年《きょねん》のきょう、なにがあったかおぼえてる？　マリラ。」

「べつに思《おも》いあたらないね。」

「ああ、マリラ。あたしがグリーン・ゲイブルズにきた日《ひ》なのよ。あたし、ぜったいわすれないわ。人生《じんせい》の分《わ》かれめだったのよ。マリラには、たいしたことではないでしょうけど。あたしは一年間《ねんかん》ここにいて、とてもしあわせだったわ。もちろんいろいろ苦労《くろう》もあったけれど、わすれることはできるわ。あたしをおいたこと後悔《こうかい》してる？　マリラ。」

「後悔《こうかい》しているとはいえませんよ。」マリラはいった。マリラはときどき、アンがグリーン・ゲイブルズにくるまえはどうやって生《い》きていたか、ふしぎに思《おも》うのだった。「後悔《こうかい》しているわけじゃないよ。勉強《べんきょう》がおわったら、ひとっぱしりバリーさんとこへいって、ダイアナのエプロンの型紙《かたがみ》をかりてきておくれ。」

「まあ――でも――、あんまり暗《くら》すぎるわ。」と、アンはさけんだ。

「暗《くら》すぎるって？　まだうす明《あか》りがあるじゃないの。あんただって、ときどき暗《くら》くなってからいってるじゃないの。」

「朝《あさ》はやくいくわ。」と、アンは熱心《ねっしん》にいった。「日《ひ》の出《で》におきて、いってくるわ。マリラ。」

「こんどは、なにをかんがえているんだい、アン。その型紙《かたがみ》で、今晩《こんばん》、新《あたら》しいエプロンをつくってやろうと思《おも》っているんだよ。すぐいっといで。」

「それじゃ、街道《かいどう》をまわっていかなくちゃ。」とアンは、いやいや帽子《ぼうし》をとった。

「街道《かいどう》をまわって三十分《ぷん》もむだにするのかい。どういう気《き》なんだい。」

「〈おばけの森《もり》〉はとおれないんですもの、マリラ。」アンは必死《ひっし》になってさけんだ。

マリラは目《め》をまるくした。

「〈おばけの森《もり》〉だって？　気《き》でもちがったのかい。〈おばけの森《もり》〉とは、いったいぜんたいなんだい？」

「小川《おがわ》のむこうの、エゾマツの森《もり》なの。」とアンは、小《ちい》さな声《こえ》でいった。

「ばからしい。〈おばけの森《もり》〉なんてありはしないよ。だれがそんなばかげたことをいったんだね。」

「だれでもないの。」アンは白状《はくじょう》した。「ダイアナとあたしがあの森《もり》におばけがでると想像《そうぞう》しただけなの。このあたりは、みんな、あんまり――あんまりきまりきっているんですもの。あたしたち、おもしろはんぶんにやってるだけなの。四月《がつ》からなのよ。〈おばけの森《もり》〉って、すごくロマンチックじゃない？　マリラ。エゾマツの森《もり》をえらんだのは、暗《くら》いからよ。あたしたち、ぞっとするようなことを想像《そうぞう》したの。ちょうどいま時分《じぶん》になると、小川《おがわ》にそって白《しろ》い着物《きもの》をきた女《おんな》の人《ひと》があるきながら、手《て》をにぎりしめて泣《な》きさけぶの。その人《ひと》があらわれるのは、家族《かぞく》のだれかが死《し》ぬときなの。それから、ころされた子《こ》どものゆうれいが、森《もり》のすみの〈アイドルワイルド〉のあたりにでて、人《ひと》のうしろにしのびよってきて、つめたい指《ゆび》でしがみつくのよ。こういうふうにね。おお、マリラ、かんがえただけでもぞっとするわ。それから、首《くび》のない男《おとこ》の

人《ひと》が小道《こみち》をあるきまわっているし、がいこつが木《き》のあいだからにらみつけているの。なにをもらったって、いまごろからは〈おばけの森《もり》〉はとおらないわ。白《しろ》いものが木《き》のうしろから手《て》をのばして、あたしをつかむにきまっているわ。」

「そんなこと、きいたこともないね。」マリラは、あきれていった。「アン、あんたはじぶんでかんがえだしたばかげたことを、すっかり信《しん》じこんで、わたしにいってるんじゃないだろうね。」

「そういうわけじゃないけど。」アンは、くちごもった。「そりゃ、昼間《ひるま》は信《しん》じないわ。でも、暗《くら》くなってからはちがうのよ、マリラ。ゆうれいのあるく時間《じかん》ですもの。」

「ゆうれいなんていないよ、アン。」

「ああ、でもいるのよ、マリラ。」アンは熱心《ねっしん》にいった。「ゆうれいを見《み》たという人《ひと》を知《し》っているわ。それにその人《ひと》たち、ちゃんとした人《ひと》なのよ。チャーリイがいってたけど、おじいさんをお墓《はか》にうめて一年《ねん》たったある晩《ばん》、牛《うし》を追《お》ってうちにかえってきたのを、おばあさんが見《み》たんですって。チャーリイのおばあさんって、ほら、ぜったいにつくり話《ばなし》をする人《ひと》じゃないでしょ。とっても信心《しんじん》ぶかいんですもの。それから、トマスおばさんのおとうさんはある夜《よる》、火《ひ》のついた小《こ》ヒツジに追《お》いかけられたそうよ。その小《こ》ヒツジの頭《あたま》は切《き》りはなしてあるんだけど、一本《ぽん》の皮《かわ》でぶらさかっているんですって。おとうさんは、それはじぶんのきょうだいのたましいで、九日以内《かいいない》に死《し》んでしまうまえぶれだっていったんですって。その人《ひと》は死《し》ななかったけど、二年《ねん》たって死《し》んだから、ほんとうだったとわかるわ。それからルビイが――」

「アン。」と、マリラは強《つよ》くさえぎった。「もう二度《ど》と、そんな話《はなし》はききたくないよ。あんたの想像《そうぞう》とやらは、ずうっとまえから、どうかと思《おも》っていたけど、これがその結果《けっか》なら、あたしはほっとけないね。いますぐ、バリーさんのところにいくんだよ。あのエゾマツの森《もり》をぬけて、いってくるんだよ。いいくすりになるから。そして、二度《ど》と〈おばけの森《もり》〉のことなぞ、きかせないでおくれ。」

アンは、いっしょうけんめいたのんだり、泣《な》いたりした。おそろしさに身《み》の毛《け》がよだったからだった。しかし、マリラはどうしてもゆずらなかった。マリラは、ふるえあがっているアンを泉《いずみ》までひっぱっていき、橋《はし》をまっすぐわたり、しくしく泣《な》く女《おんな》や首《くび》のないゆうれいのいる暗《くら》い森《もり》へ、はいっていくように命《めい》じた。

「おお、マリラ。どうしてそんなひどいことができるの。」アンはすすり泣《な》いた。「もし、白《しろ》いものがあたしをさらっていったら、どうするの。」

「いちかばちか、やってみるんだね。」マリラはつめたかった。「わたしのいうことはいつだってほんきなんだから。あんたのゆうれいを想像《そうぞう》するくせをなおしてあげるのさ。さっさといきなさい。」

アンはあるきだした。よろめきながら橋《はし》をわたり、そのむこうの暗《くら》いおそろしい小道《こみち》に、身《み》ぶるいしながらはいっていった。アンは、そのときのことがいつまでもわすれられなかった。あんまり想像《そうぞう》をはたらかせすぎたことが、ひしひしと後悔《こうかい》された。空想《くうそう》でうみだした悪鬼《あっき》が、まわりのうす暗《くら》がりにひそんでいて、つめたい骨《ほね》だらけの手《て》で、じぶんの空想《くうそう》におびえてふるえている女《おんな》の子《こ》に、つかみかかろうとしていた。くぼ地《ち》からふきとばされてきたシラカバの幹《みき》の皮《かわ》は、アンの心臓《しんぞう》をこおらせるようだった。二本《ほん》の古枝《ふるえだ》がすれあって長《なが》いうめき声《ごえ》のような音《おと》をたてるのをきいて、アンのひたいには、あせがべっとりとにじんだ。暗《くら》がりでコウモリのとびかう音《おと》は、この世《よ》の生《い》きものの羽音《はおと》とは思《おも》えなかった。

ベルさんの原《はら》までくると、まるで白《しろ》いものの一群《いちぐん》に追《お》われているかのように、かけだした。バリー家《け》の台所《だいどころ》についたときには息《いき》がきれて、エプロンの型紙《かたがみ》をかしてくださいと、いえないくらいだった。

ダイアナがるすだったので、ぐずぐずしている口実《こうじつ》もなく、またおそろしい道《みち》をかえらなければならなかった。アンは目《め》をとじてかえっていった。枝《えだ》に頭《あたま》をひどくぶつけるほうが、白《しろ》いものを見《み》るよりましだった。やっと丸木橋《まるきばし》をよろけるようにしてわたったとき、ほっと安心《あんしん》の息《いき》をついた。

「おやまあ、ぶじだったね。」と、マリラは同情《どうじょう》もみせずにいった。

「ああ、マリ――マリラ。」と、アンは歯《は》をがちがちさせた。

「これからは、ありふれた場所《ばしょ》でまんぞくしとくわ。」

二十一　ぬりぐすり入《い》りケーキ

「世《よ》の中《なか》って、あうことと別《わか》れることばかりね。リンドのおばさんじゃないけど。」

六月《がつ》のさいごの日《ひ》、アンは石盤《せきばん》と本《ほん》を台所《だいどころ》のテーブルにおき、ぐっしょりぬれたハンカチで、赤《あか》くなった目《め》をふきながら、かなしげにいった。

「きょうは、よけいにハンカチをもっていってよかった。ハンカチがいるような予感《よかん》がしたのよ。」

「そんなにフィリップス先生《せんせい》がすきだとは、思《おも》ってもみなかったよ。先生《せんせい》とお別《わか》れだというだけで、涙《なみだ》をふくのに二枚《まい》もハンカチがいるなんて。」

「しんから先生《せんせい》がすきで泣《な》いたんじゃないと思《おも》うの。」とアンは反省《はんせい》した。「ほかの人《ひと》が泣《な》いたから、つられただけよ。ルビイがさいしょよ。ルビイは、いつも先生《せんせい》なんてだいきらいといってたのに、先生《せんせい》がお別《わか》れのあいさつに立《た》ちあがるとすぐ、わっと泣《な》きだしたのよ。そしたら、女《おんな》の子《こ》がつぎつぎと泣《な》きだしたの。あたしはこらえようとしたのよ、マリラ。フィリップス先生《せんせい》は、あたしをギル――男《おとこ》の子《こ》とすわらせたし、名《な》まえを黒板《こくばん》に〝e〟をぬかして書《か》いたり、こんなに幾何《きか》のできない生徒《せいと》はみたことないといったり、つづりをわらったり、いつも皮肉《ひにく》をいわれたことを思《おも》いだしたけど、だめだったの、マリラ。それであたしも泣《な》きだしちゃった。ジェーンはひと月《つき》もまえから、先生《せんせい》がいってしまったらどんなにうれしいか、涙《なみだ》なんか一滴《てき》だってながすもんかといっていたのに、いちばんわあわあ泣《な》いて、おにいさんからハンカチをかりなきゃならなかったのよ。――もちろん、男《おとこ》の子《こ》は泣《な》かなかったわ――ジェーンは、ハンカチを一枚《まい》ももっていなかったからね。ああ、胸《むね》がはりさけるようだった。

フィリップス先生《せんせい》は、とても美《うつく》しいお別《わか》れのあいさつをのべたの。『わたしたちのお別《わか》れのときがやってきました。』という出《で》だし。とっても愛情《あいじょう》がこもっていて、先生《せんせい》も涙《なみだ》をうかべていたわ、マリラ。ねえ、あたし、学校《がっこう》でおしゃべりしたり、石盤《せきばん》に先生《せんせい》の似顔絵《にがおえ》をかいたり、先生《せんせい》とプリシイのことをからかったりして、わるかった。ミニイ＝アンドリュースのように模範生《もはんせい》だったらよかったのに。ミニイだったら、やましいことがないでしょうからね。女《おんな》の子《こ》は、かえり道《みち》もずうっと泣《な》いてたわ。キャリイが、二、三分《ぷん》ごとに『わたしたちのお別《わか》れのときがやってきました。』といいつづけてたもんで、あたしたち、ほがらかになってもまた泣《な》きだしてしまうの。ものすごくかなしかったわ、マリラ。

でも、絶望《ぜつぼう》のどん底《ぞこ》にいるわけにはいかないわ、二か月《げつ》もお休《やす》みがあるんだもの。それに、新《あたら》しい牧師《ぼくし》さん夫婦《ふうふ》が停車場《ていしゃじょう》からやってくるのにあったわ。フィリップス先生《せんせい》がいってしまうんでとてもかなしかったけど、新《あたら》しい牧師《ぼくし》さんにも、すこしばかり興味《きょうみ》をもってしまうわ。おくさんはとてもきれいな人《ひと》よ。もちろん女王《じょおう》のようにとはいえないけど。牧師《ぼくし》さんがあんまりきれいなおくさんをもつのはよくないわ。わるいお手本《てほん》になるといけないもの。リンドおばさんの話《はなし》では、ニューブリッジの牧師《ぼくし》さんのおくさんが、いつも流行《りゅうこう》の服《ふく》ばかり着《き》るんで、わるいお手本《てほん》になったんですって。こんどの牧師《ぼくし》さんのおくさんは、すてきなふわっとしたそでの青《あお》いモスリンの服《ふく》を着《き》て、バラのついた帽子《ぼうし》をかぶっていたわ。ジェーンは、牧師《ぼくし》さんのおくさんがふわっとしたそでをしているのは、俗《ぞく》っぽいといってたけど、そんなの思《おも》いやりのないいいかたね、マリラ。ふわっとしたそでにあこがれるって、あたしわかるわ。それに、牧師《ぼくし》さんのおくさんになったばかりでしょ。大目《おおめ》にみてあげるべきじゃない？　牧師館《ぼくしかん》の用意《ようい》ができるまで、リンドおばさんのうちにとまるんですって。」

その晩《ばん》マリラは、リンド夫人《ふじん》の家《いえ》に、去年《きょねん》の冬《ふゆ》かりたさしこぶとんのわくをかえすといって、でかけていった。ほかの理由《りゆう》があったとしても、それはアボンリーの人《ひと》たちがだれでももっている弱点《じゃくてん》だった。リンド夫人《ふじん》がかした品物《しなもの》は、二度《ど》ともどらないとあきらめていたものまで、かりた人自身《ひとじしん》の手《て》でもどってきた。おくさんまでつれている新《あたら》しい牧師《ぼくし》さんのニュースは、事件《じけん》らしいもののすこしもない、この小《ちい》さな、しずかな村《むら》では、たいへんな好奇心《こうきしん》のまとだった。

アンが想像力《そうぞうりょく》がないといった老《ろう》ベントリー氏《し》は、十八年間《ねんかん》もアボンリーの牧師《ぼくし》をつとめた。やってきたときからやもめで、ひとりでとおした。もっとも、毎年結婚《まいとしけっこん》してもまにあわないくらい、つぎつぎとうわさだけはあった。ことしの二月《がつ》に退職《たいしょく》して、みんなにおしまれつつ去《さ》っていった。たいていの人《ひと》は、説教《せっきょう》はまずくても、長《なが》いつきあいのうちにうまれた愛情《あいじょう》を、この人《ひと》のよい老牧師《ろうぼくし》にもっていた。

そのときから、アボンリーの教会《きょうかい》では、日曜《にちよう》ごとに試験的《しけんてき》に説教《せっきょう》にくる、牧師《ぼくし》の候補者《こうほしゃ》の話《はなし》をたのしんできた。この候補者《こうほしゃ》は、町《まち》の長老《ちょうろう》の判断《はんだん》で合格《ごうかく》したり、落第《らくだい》したりだったが、むかしながらのカスバート家《け》の席《せき》におとなしくすわっていた赤毛《あかげ》の少女《しょうじょ》も、じぶんの意見《いけん》をもっていて、マシュウとさかんに話《はな》しあった。マリラは、どんなかたちであっても、牧師《ぼくし》のことをあれこれいわなかった。

「スミスさんが合格《ごうかく》するとは思《おも》わないわ、マシュウ。」これが、アンのしめくくりだった。「リンドおばさ

んは、話《はな》しかたがとてもへただとおっしゃるけど、いちばんの欠点《けってん》は、ベントリーさんとおなじで想像力《そうぞうりょく》がないことだと思《おも》うの。ところが、テリーさんはありすぎるのよ。〈おばけの森《もり》〉のときのあたしとおなじで、想像《そうぞう》をめぐらせすぎるのよ。それにリンドのおばさんの話《はなし》では、神学《しんがく》が健全《けんぜん》ではないんですって。グレシャムさんはとってもいい人《ひと》で、信仰《しんこう》もあついけど、あんまりおもしろすぎて、教会《きょうかい》でみんなをわらわせるんですもの、威厳《いげん》がないわ。牧師《ぼくし》さんはやはり威厳《いげん》がなくちゃ。マーシャルさんは魅力《みりょく》があるわ。でもリンドおばさんの話《はなし》では、結婚《けっこん》どころか、婚約《こんやく》さえしていないんですって。おばさんはちゃんとしらべたそうよ。それで、アボンリーでは結婚《けっこん》していないわかい牧師《ぼくし》にきてもらってはいけない、信者《しんじゃ》のだれかと結婚《けっこん》するかもしれないし、そうなったらめんどうがおこったりするからですって。リンドのおばさんは先見《せんけん》の

明《めい》があるのね、マシュウ。

アランさんにきまって、うれしいわ。お説教《せっきょう》はおもしろいし、お祈《いの》りも心《こころ》をこめてやっているわ。リンドのおばさんの話《はなし》では、あの人《ひと》だって完全《かんぜん》じゃない、年給《ねんきゅう》七百五十ドルじゃ完全《かんぜん》な牧師《ぼくし》をのぞむのはむりだって。それから、おばさんが教義《きょうぎ》のあらゆる点《てん》を質問《しつもん》してみたら、神学《しんがく》は健全《けんぜん》だそうよ。それと、おくさんの親《しん》せきを知《し》っているけど、みんなとてもりっぱな人《ひと》だし、女《おんな》の人《ひと》は家《いえ》のきりもりがじょうずなんですって。健全《けんぜん》な教義《きょうぎ》と家事《かじ》のうまいおくさんは、牧師《ぼくし》の家庭《かてい》では理想的《りそうてき》なくみあわせなんですって。」

新《あたら》しい牧師夫婦《ぼくしふうふ》は、結婚《けっこん》したばかりだった。そして、かれらのえらんだ仕事《しごと》にたいして、あふれるばかりの熱意《ねつい》をもっていた。アボンリーは、さいしょから心《こころ》をひらいて、このふたりをむかえた。率直《そっちょく》で、陽気《ようき》で、高《たか》い理想《りそう》をもつ青年《せいねん》と、牧師館《ぼくしかん》の主婦《しゅふ》になった、しとやかな小《こ》がらな婦人《ふじん》を、みんなはすきだった。アンは、たちまちアラン夫人《ふじん》がだいすきになった。もうひとり腹心《ふくしん》の友《とも》ができたのである。

「アラン夫人《ふじん》って、まったくすてきね。」ある日曜《にちよう》の午後《ごご》、アンは報告《ほうこく》した。「あたしたちのクラスの受《う》けもちなの。すばらしい先生《せんせい》だわ。先生《せんせい》ばかり質問《しつもん》するのは、公平《こうへい》だとは思《おも》わないって、おっしゃったの。あたしがいつもかんがえているのもそれなのよ、マリラ。どんな質問《しつもん》をしてもいいとおっしゃったので、あたしたくさんしちゃったわ。質問《しつもん》は得意《とくい》なんだもの。」

「そうだろうよ。」と、マリラはうけあった。

「ルビイのほかは、だれも質問《しつもん》しなかったわ。ルビイは、ことしの夏《なつ》、日曜学校《にちようがっこう》のピクニックがありますか、なんてきくのよ。そんなのいい質問《しつもん》とは思《おも》えないわ。学課《がっか》とはなんの関係《かんけい》もないんですもの。学課《がっか》は、ライオンのほら穴《あな》にはいったダニエルのことだったの。でも、アラン夫人《ふじん》はただほほえんで、あると思《おも》いますよ、とおっしゃったの。アラン夫人《ふじん》は、そりゃやさしいわらいかたをなさるのよ。アラン夫人《ふじん》はなにを話《はな》しても、とってもすてきなの。あたしキリスト教《きょう》って、いままでこんなにゆかいなものとは知《し》らなかったわ。いんきくさいものだと思《おも》っていたけど、アラン夫人《ふじん》のはちがうの。あたしもアラン夫人《ふじん》のようになれるのなら、クリスチャンになりたいわ。監督《かんとく》のベルさんのようにはなりたくないわ。」

「ベルさんのことをそんなふうにいうのはよくないよ。」マリラはきびしくいった。「いい人《ひと》なんだから。」

「あら、そりゃいい人《ひと》よ。」アンはみとめた。「でもたのしそうじゃないわ。もしあたしがいい人間《にんげん》だったら、うれしくって、一日《にち》じゅうおどったりうたったりしてるんだけどな。アラン夫人《ふじん》はおとなだから、おどったりなさらないのよ。それに牧師《ぼくし》の妻《つま》としての威厳《いげん》がなくなるでしょう。でも、クリスチャンであることをよろこんでいることが、ちゃんとわかるわ。クリスチャンでなくて天国《てんごく》にいけるとしても、ならずにいられないわ。」

「わたしたちも、近《ちか》いうちに、牧師《ぼくし》さん夫婦《ふうふ》をお茶《ちゃ》におまねきしなくちゃね。」マリラは、かんがえこみながらいった。

「うちのほかは、たいていのうちが、もうおまねきしたんだから。ええと、来週《らいしゅう》の水曜日《すいようび》がいいだろうね。だけど、マシュウにはないしょだよ。牧師《ぼくし》さんがみえると知《し》ったら、その日《ひ》はにげる口実《こうじつ》をみつけてしまうだろうから。マシュウはベントリーさんにはなれていたからよかったけど、新《あたら》しい牧師《ぼくし》さんに親《した》しめるのは、なかなかたいへんだろう。それに、おくさんにさぞかしふるえあがるだろうさ。」

「あたし、死《し》んだように秘密《ひみつ》をまもるわ。」と、アンはやくそくした。「でもマリラ、あたしにお菓子《かし》をつくらせてもらえない？　あたし、アラン夫人《ふじん》になにかしてあげたくてたまらないの。それにこのごろ、わりとじょうずにお菓子《かし》をつくれるでしょう。」

「レヤーケーキをつくってもいいよ。」と、マリラはやくそくした。

月曜日《げつようび》と火曜日《かようび》に、グリーン・ゲイブルズでは大々的《だいだいてき》な準備《じゅんび》がおこなわれた。牧師《ぼくし》さん夫婦《ふうふ》をお茶《ちゃ》にまねくのは重大事件《じゅうだいじけん》で、マリラは、アボンリーのどの主婦《しゅふ》にもまけまいと決心《けっしん》したのだった。アンは興奮《こうふん》とうれしさで夢中《むちゅう》になっていた。

アンはダイアナに、火曜日《かようび》の晩《ばん》、うすら明《あか》りのなかでことこまかに話《はな》してきかせた。〈木《き》の精《せい》の泉《いずみ》〉のこの大《おお》きな赤《あか》い石《いし》にこしをおろし、樹脂《じゅし》のたまったモミの枝《えだ》で、水《みず》の上《うえ》ににじをうかばせていた。

「お菓子《かし》を焼《や》くほかは、なにもかも用意《ようい》できたのよ。お菓子《かし》は朝《あさ》つくることになってるの。ふくらし粉《こ》のビスケットは、マリラがお茶《ちゃ》のすぐまえに焼《や》くのよ。マリラもあたしも、この二日間《かかん》はとてもいそがしかったのよ。牧師《ぼくし》さんをおまねきするって、ずいぶんたいへんなのね。こんなことってなかったわ。うちの台所《だいどころ》を、ちょっと見《み》てごらんなさい。すごいわよ。ニワトリのゼリーとコールド・タンもだすの。ゼリーが二種類《しゅるい》、赤《あか》と黄色《きいろ》よ。それに、クリームにレモンパイとサクランボのパイ、三種類《しゅるい》のクッキーとフルーツケーキ。それから、マリラのじまんのアンズの砂糖《さとう》づけ、パウンドケーキとレヤーケーキ、それにさっきいったビスケット。あと新《あたら》しいパンに古《ふる》いパン。牧師《ぼくし》さんが胃弱《いじゃく》で新《あたら》しいパンをたべられないといけないから。リンドおばさんの話《はなし》では、牧師《ぼくし》さんはたいてい胃弱《いじゃく》なんですって。でも、アランさんは牧師《ぼくし》になってからまがないから、わるくはなっていないと思《おも》うわ。レヤーケーキのことを思《おも》うと、からだがひやっとするわ。おおダイアナ、うまくいかなかったらどうしよう。ゆうべ、大《おお》きなレヤーケーキの頭《あたま》をもったこわい鬼《おに》に、追《お》いかけられた夢《ゆめ》をみたのよ。」

「だいじょうぶ、うまくいくわよ。」ダイアナは保証《ほしょう》した。ダイアナは心《こころ》をなぐさめてくれる友《とも》だちだった。「二週間《しゅうかん》まえ、〈アイドルワイルド〉でたべたケーキは、とてもいいできだったわ。」

「ええ、でもケーキは、よくできてほしいときにはうまくいかないものよ。」アンは、とくに樹脂《じゅし》のしみたモミの小枝《こえだ》を水《みず》にうかした。「まあ運《うん》を天《てん》にまかせて、注意《ちゅうい》ぶかく粉《こな》をいれるわ。見《み》て、ダイアナ、すてきなにじよ。あたしたちがいってしまったら木《き》の精《せい》がやってきて、スカーフにするんじゃない？」

「木《き》の精《せい》なんていないでしょう。」とダイアナはいった。

ダイアナのおかあさんが、〈おばけの森《もり》〉のことを知《し》ってしまって、ひどくおこった。その結果《けっか》、ダイアナは、想像《そうぞう》をめぐらすのはすっかりやめてしまい、なんの害《がい》もない木《き》の精《せい》のことさえ、かんがえるのをやめてしまったのである。

「でも、想像《そうぞう》するのはなんでもないじゃない。」とアンはいった。「毎晩《まいばん》ベッドにはいるまえに窓《まど》からながめて、森《もり》の精《せい》がほんとうにここにすわって、泉《いずみ》を鏡《かがみ》にして髪《かみ》をとかしているか、かんがえるの。ときどき、朝《あさ》つゆのなかで足《あし》あとをさがすわ。ああ、ダイアナ、木《き》の精《せい》を信《しん》じるのをやめないで。」

水曜《すいよう》の朝《あさ》がきた。アンは日《ひ》の出《で》におきた。昨夜《さくや》、泉《いずみ》であそんだのでひどいかぜをひいたのだが、肺炎《はいえん》にでもならないかぎり、その朝《あさ》の料理熱《りょうりねつ》はさめそうになかった。

朝食後《ちょうしょくご》、ケーキづくりにとりかかった。やっと天火《てんぴ》のふたをしめて、アンはふかいためいきをついた。

「こんどはなんにもわすれなかったつもりよ、マリラ。うまくふくらむかしら？　ふくらし粉《こ》がよくないんじゃないかと思《おも》うの。新《あたら》しいかんからだしてつかったんだけど。リンドのおばさんは、ちかごろはなんでもまぜものばやりだから、よいふくらし粉《こ》もおいそれと手《て》にいれられるもんじゃない、といってられたわ、マリラ。もし、ケーキがふくらまなかったらどうしよう。」

「ほかのがたくさんあるから、ひとつくらいなくたってかまわないさ。」

マリラはへいきなものだった。

ともかく、ケーキはふくらんだ。黄金《おうごん》のあわのようにかるく、ふわっと焼《や》きあがって天火《てんぴ》からでてきた。アンはよろこびで顔《かお》をぽっぽっとさせて、まっかなゼリーをはさんだ。そしてアラン夫人《ふじん》がそれをたべ、もうひときれほしいというかもしれないと想像《そうぞう》した。

「もちろん、いちばんいいお茶《ちゃ》の道具《どうぐ》をつかうんでしょ？　マリラ。」とアンはきいた。「シダや野《の》バラでテーブルをかざってもいい？」

「くだらないことだよ。」マリラは鼻《はな》であしらった。「わたしの意見《いけん》は、だいじなのは食《た》べもので、かざりなんかいらないよ。」

「バリーさんとこじゃかざったわ。そうしたら牧師《ぼくし》さんがとてもほめて『目《め》にもいいごちそうです。』と、おっしゃったんですって。」

「それなら、すきなようにおし。」とマリラはいった。バリー夫人《ふじん》にしろ、ほかのだれにしろ、まけまいと

かたく決心《けっしん》していたからである。「おさらや食《た》べものをのせる場所《ばしょ》を、のこしておくんだよ。」

アンは、バリー夫人《ふじん》のやったかざりなどくらべものにならないほど、大《おお》がかりなかざりつけにかかった。バラとシダをたっぷりつかい、アン独特《どくとく》の創造力《そうぞうりょく》でテーブルをかざったので、牧師夫妻《ぼくしふさい》は席《せき》につくとすぐ、口《くち》をそろえてほめたたえた。

「アンがやったんですよ。」マリラはむっとして、公明正大《こうめいせいだい》なところをみせた。アラン夫人《ふじん》のまんぞくした微笑《びしょう》に、アンはすっかりうれしくなった。

マシュウもちゃんとならんでいた。どうやってこの席《せき》におびきだされたか知《し》っているのは、神《かみ》さまとアンだけだった。マシュウがひどくはにかんで、おどおどしていたので、マリラはあきらめてしまっていたが、アンがうまくことをはこんで、いまこそマシュウは、いちばんいい服《ふく》と白《しろ》いシャツを着《き》こんで、席《せき》にすわっていた。そのうえ、おもしろそうに牧師《ぼくし》さんと話《はなし》をしていた。アラン夫人《ふじん》にはひとことも話《はな》しかけなかったが、それはのぞむほうがむりというものだった。

すべてがたのしくすすめられるうちに、アンのレヤーケーキがまわされた。アラン夫人《ふじん》は、すでにおどろくほどいろいろたべていたので、ことわった。しかしマリラは、アンのがっかりしている顔《かお》を見《み》て、ほほえみながらいった。

「まあ、これをひと切《き》れ、おとりくださらなくてはいけませんわ、おくさん。アンがおくさんのためにとくべつ焼《や》いたのですから。」

「それなら、お味《あじ》みさせていただかなくてはね。」

アラン夫人《ふじん》はわらいながら、ふっくらした三角形《さんかくけい》のケーキをとった。牧師《ぼくし》とマリラもとった。

アラン夫人《ふじん》はひと口《くち》ほおばった。とたんになんともいえない顔《かお》をして、ひとこともいわずに、せっせとたべつづけた。マリラはそれを見《み》て、あわててケーキをたべてみると、

「アン。」と、大声《おおごえ》でさけんだ。「いったいこのケーキになにをいれたんだい。」

「つくりかたにあったものだけよ、マリラ。」アンは不安《ふあん》でいっぱいの顔《かお》で、「よく焼《や》けてないのですか?」

「よく焼《や》けているどころか、ひどいもんだ。おくさん、めしあがってはいけません。アン、じぶんでたべてごらん。香料《こうりょう》にはなにをつかったんだい。」

「バニラ。」ケーキをたべてみて、はずかしさでまっかになって、アンはいった。「バニラだけよ。ああ、マリラ、ふくらし粉《こ》にちがいないわ。あのふくらし粉《こ》があやしいと——」「ふくらし粉《こ》だって? ばかばかしい。あんたのつかったバニラをもっといで。」

アンは台所《だいどころ》にとんでいき、茶色《ちゃいろ》の液体《えきたい》がすこしはいったびんをもってきた。レッテルには「最高級《さいこうきゅう》バニラ」と黄色《きいろ》い字《じ》で書《か》いてあった。マリラはそれをうけとってコルクのせんをとり、においをかいだ。

「おやまあ、あんたは、痛《いた》みどめのぬりぐすりをつかったんだよ。先週《せんしゅう》わたしがくすりのびんをこわしたんで、残《のこ》りを古《ふる》いバニラのあきびんにいれといたんだよ。これはあたしもわるかった。あんたにひとこといっとくべきだった。なぜにおいをかいでみなかったんだい。」

アンは不面目《ふめんぼく》がかさなって、泣《な》きだしてしまった。

「においがわからなかったの——ひどいかぜをひいているんですもの。」こういって、アンは東《ひがし》のへやにに

げていき、ベッドに身《み》をなげだして泣《な》いた。

やがて、階段《かいだん》をのぼるかるい足音《あしおと》がして、だれかがはいってきた。

「ああ、マリラ。」アンは顔《かお》もあげずにすすり泣《な》いた。「あたし、永遠《えいえん》に恥《はじ》をさらしたわ。とりかえしがつかないわ。アボンリーでは、なんだってすぐひろまってしまうんですもの。ダイアナがどんなぐあいにケーキができたかきいたら、ほんとうのことをいわなくちゃ。これからずうっと、ケーキに痛《いた》みどめのおくすりをいれた子《こ》だといわれるでしょうし、ギル――学校《がっこう》の男《おとこ》の子《こ》たちは、いつまでもわらうでしょうよ。おお、マリラ、あわれみのきもちがあったら、下《した》へいっておさらをあらえ、なんていわないで。牧師《ぼくし》さん夫婦《ふうふ》がかえられてからにして。だって、二度《ど》とアラン夫人《ふじん》に顔《かお》をあわせられないんだもの。きっと、毒《どく》をたべさせようとしたと思《おも》われるでしょうよ。リンドのおばさんは、恩人《おんじん》を毒殺《どくさつ》しようとした孤児《こじ》の女《おんな》の子《こ》を知《し》っているといったわ。でも、ぬりぐすりは毒薬《どくやく》じゃないわ。ケーキにいれるものではないけど。アラン夫人《ふじん》にそういっていただけない、マリラ。」

「とびおきて、じぶんの口《くち》でそういったら。」と、陽気《ようき》な声《こえ》がした。アンがとびあがると、アラン夫人《ふじん》がベッドのわきに立《た》って、にこにこしてアンを見《み》おろしていた。

「いい子《こ》だから、そんなに泣《な》いちゃだめよ。」アンの悲劇的《ひげきてき》な顔《かお》を見《み》て、心底《しんそこ》びっくりしたようにいった。「だれでもするような、おかしなまちがいじゃないの。」

「あんなまちがいをするのは、あたしだけです。」アンは絶望《ぜつぼう》していった。「それに、あのケーキを、とてもじょうずにつくってさしあげたかったんですもの、おくさん。」

「わかってますよ。あのケーキがうまくいこうといくまいと、あなたのしんせつと心《こころ》づかいに感謝《かんしゃ》しているのはほんとよ。さ、もう泣《な》くのはやめて、下《した》へいってあなたの花壇《かだん》を見《み》せてくださらない？　カスバートさんは、あなたは小《ちい》さな花壇《かだん》をもっているって、おっしゃったわ。ぜひ見《み》たいわ。わたしも花《はな》がだいすきなのよ。」

アンは夫人《ふじん》のあとについておりていき、アラン夫人《ふじん》がじぶんとおなじ好《この》みをもっているのは、なんてしあわせだろうとかんがえた。だれも、もうぬりぐすり入《い》りのケーキのことはいわなかったし、お客《きゃく》たちがかえったとき、あんなおそろしいできごとがあったにしろ、期待《きたい》よりずっとたのしい夕《ゆう》べをすごしたことに気《き》がついた。けれども、アンはふかいためいきをついた。

「マリラ、あしたが、まだ失敗《しっぱい》をひとつもしない新《あたら》しい日《ひ》だと思《おも》うと、すてきじゃない？」

「あんたはまた、たくさん失敗《しっぱい》をするにきまっているよ。あんたのように、つぎつぎ失敗《しっぱい》をする人《ひと》は、見《み》たことないね。」とマリラはいった。

「ええ、よくわかってるわ。」と、アンはゆううつそうにみとめた。「でも、あたしに、一つ勇気《ゆうき》をださせてくれることがあるのに気《き》がつかない？　おなじまちがいを、二度《ど》とくりかえさないことよ。」

「つぎつぎと新《あたら》しい失敗《しっぱい》をするんだから、なんにもならないね。」

「あら、わからない？　ひとりの人《ひと》のおこすまちがいには、かぎりがあるにちがいないわ。やりつくしてしまえば、それでおしまいよ。そう思《おも》うとなぐさめになるわ。」

「さあ、ブタにあのケーキをやってきたほうがいいよ。どんな人間《にんげん》だってたべられやしないから。ジェリーだってね。」

二十二　アン、お茶《ちゃ》にまねかれる

「おや、なにがおこったんだい？」と、マリラはたずねた。アンは郵便局《ゆうびんきょく》へひとっぱしりいってきたところだった。「だれか腹心《ふくしん》でもみつかったのかい？」

興奮《こうふん》がころものようにアンをつつみ、それは目《め》つきから、からだのなかからほとばしっていた。アンは八月《がつ》の夕《ゆう》がたのやわらかい日《ひ》の光《ひかり》と、けだるいようなかげのおちた小道《こみち》を、風《かぜ》にふかれた妖精《ようせい》のように、おどりながらやってきた。

「ちがうわ、マリラ。でもなんだと思《おも》う？　あしたの午後《ごご》、牧師《ぼくし》館《かん》にお茶《ちゃ》に招待《しょうたい》されたの。アラン夫人《ふじん》が郵便局《ゆうびんきょく》に手紙《てがみ》をおいといてくださったのよ。見《み》て。『グリーン・ゲイブルズのミス・アン＝シャーリイへ』あたし、ミスなんてよばれたのはじめてよ。ぞくぞくするわ。この招待状《しょうたいじょう》は永久《えいきゅう》に宝《たから》ものにして、たいせつにしよう。」

「日曜学校《にちようがっこう》の生徒《せいと》を、全員《ぜんいん》かわるがわるお茶《ちゃ》によぶつもりだと、

おくさんがいってなさったよ。」マリラは、このすばらしいできごとを、ひややかに見《み》ていた。「だから、そんなに夢中《むちゅう》になることはないんだよ。なにごとも、おちついてうけとるようにしなくちゃいけないよ。」

アンにむかって、おちつけというのは、アンの性質《せいしつ》をかえろということにほかならない。「活気《かっき》と炎《ほのお》と露《つゆ》」のようなアンだから、世《よ》の中《なか》のたのしみも苦痛《くつう》も、人《ひと》の三倍《ばい》もはげしく身《み》にうけとめていた。マリラもそれをかんじて、アンが人生《じんせい》のなかで、どんなにつらい思《おも》いをしなければならないかと思《おも》うと、なんともいえぬ不安《ふあん》をおぼえるのだった。苦痛《くつう》とおなじようによろこびも、はげしくかんじることができ、それでじゅうぶんつぐないがついているのを、マリラは理解《りかい》できなかった。

アンに、いつもしずかでいるようにきびしくおしえこむのが、じぶんのつとめであると、マリラはかんがえていたが、小川《おがわ》の浅瀬《あさせ》にきらきらおどる光《ひかり》のようなアンにはむりなことで、うまくいかなかった。なにかの希望《きぼう》や計画《けいかく》がだめになったときは、絶望《ぜつぼう》のどん底《ぞこ》におちてしまうし、かなったときには、よろこびの世界《せかい》にのぼってしまう。マリラは、アンをじぶんの思《おも》うような性格《せいかく》にかえるのをあきらめかけていた。それに、いまのままのアンを、けっしてきらいではなかった。

その夜《よ》、アンは、口《くち》もきけないほどみじめなきもちでベッドにはいった。マシュウが、風《かぜ》が北東《ほくとう》にまわったからあすは雨《あめ》ではないか、といったからだ。ポプラの葉《は》のサヤサヤ鳴《な》る音《おと》にも、アンはおちつかなかった。まるで雨《あめ》の音《おと》のようだったから。それに、遠《とお》くからにぶくきこえる波《なみ》の音《おと》も、いつもならよろこんで耳《みみ》をかたむけるのだが、お天気《てんき》を期待《きたい》しているいまは、あらしのまえぶれのように思《おも》われた。アンは、朝《あさ》がこないのではないかと思《おも》った。

でも、ものごとにはおわりがあるもので、牧師館《ぼくしかん》にまねかれるまえの夜《よる》も、明《あ》けるのである。マシュウの予言《よげん》ははずれて、よく晴《は》れた朝《あさ》だった。アンの心《こころ》はおどった。

「ああ、マリラ。けさは、あう人《ひと》だれでも愛《あい》さずにはいられないようだわ。」朝食《ちょうしょく》のおさらをあらいながらいった。「あたしがどんなにいい子《こ》になっているか、わからないでしょ？　もしこれがつづいたらすてきでしょうにね。毎日《まいにち》お茶《ちゃ》にまねかれてたら、模範生《もはんせい》になれるわ。でも、ああマリラ、きょうはだいじなね、心配《しんぱい》だわ。おぎょうぎよくふるまえなかったらどうしよう。あたし、いままでに牧師館《ぼくしかん》でお茶《ちゃ》をいただいたことないでしょ？　お作法《さほう》をすっかり知《し》っているとはいえないし。ここにきてから、ずっと家庭《かてい》へラルドの作法欄《さほうらん》で勉強《べんきょう》してはいるけど。なにかばかげたことをやったり、するべきことをわすれやしないか心配《しんぱい》だわ。とてもおいしかったら、おかわりしてもおぎょうぎわるくないかしら。」

「アン、あんたのわるいところは、あんまりじぶんのことばかりかんがえることだよ。アランさんのこともかんがえて、どうすれば、いちばんおくさんにきもちよくよろこばれるかを、かんがえるんだよ。」

マリラは生《う》まれてはじめて、りっぱな注意《ちゅうい》をした。アンはすぐにそれがわかった。

「そうね、マリラ。じぶんのことはぜんぜんかんがえないようにするわ。」

アンは、あまり失礼《しつれい》なふるまいをせずにきりぬけたらしく、夕《ゆう》がたの黄色《きいろ》やバラ色《いろ》の雲《くも》のたなびく空《そら》の下《した》を、心《こころ》たのしく、家《いえ》にかえってきた。そして、台所《だいどころ》の戸口《とぐち》にある大《おお》きな赤《あか》い砂石《させき》にすわり、マリラのギンガムのひざに、つかれた頭《あたま》をもたせかけて、しあわせそうにすっかり話《はな》してきかせた。

つめたい風《かぜ》が、西《にし》のモミの木《き》の丘《おか》のはしから、刈《か》り入《い》れのおわった畑《はたけ》をぬけてふいてきて、ポプラの木《き》をサラサラ鳴《な》らしていった。果樹園《かじゅえん》の上《うえ》に星《ほし》が一つひかり、ホタルが〈恋人《こいびと》たちの道《みち》〉のシダや枝《えだ》のあいだを、ちらちらとんでいった。

「ああ、マリラ。だんぜんよかったわ。むだに生《い》きていなかったのね。また牧師館《ぼくしかん》にまねかれなくても、いつまでもこのきもちをわすれないわ。ついたら、アラン夫人《ふじん》が入《い》り口《ぐち》で、むかえてくださったの。うすいピンクのオーガンジーで、ひだのいっぱいはいった半《はん》そでの、とてもきれいな服《ふく》よ。まるで天使《てんし》みたい。おとなになったら、牧師《ぼくし》さんのおくさんになりたいな。牧師《ぼくし》さんだったら、赤《あか》い髪《かみ》をしてたって気《き》にしないでしょう。そんなくだらないことは、かんがえやしないでしょうからね。

それには、生《う》まれつきいい性質《せいしつ》でなくてはいけないわね。あたしはそうじゃないから、かんがえてもむだよね。生《う》まれつきいい性質《せいしつ》の人《ひと》もいるし、そうでない人《ひと》もいるでしょ。あたしは、よくないほうだわ。リンドのおばさんがいってたけど、あたしは、生《う》まれながらに罪《つみ》をいっぱいしょってるんですって。どんなによくなろうとしても、生《う》まれつきいい性質《せいしつ》の人《ひと》のようにはいかないのね。アラン夫人《ふじん》は、生《う》まれつきいい性質《せいしつ》の人《ひと》よ。あたしだいすき。マシュウやアラン夫人《ふじん》のように、努力《どりょく》しなくてもすぐすきになれる人《ひと》もいるし、リンドのおばさんのように、いっしょうけんめい努力《どりょく》しなければすきになれない人《ひと》もいるわ。教会《きょうかい》ではよくはたらく人《ひと》だから、すきにならなくてはと、じぶんにいいきかせても、すぐわすれてしまうの。

お茶《ちゃ》には、もうひとり女《おんな》の子《こ》もよばれてたの。ホワイト・サンドの日曜学校《にちようがっこう》からきた子《こ》で、ロレッタ＝ブラドレイといって、とてもいい子《こ》だったわ。腹心《ふくしん》の友《とも》とはいえないけど、でもいい子《こ》よ。お茶《ちゃ》はすてきだったわ。お作法《さほう》もまあよくまもれたし。お茶《ちゃ》のあと、アラン夫人《ふじん》がピアノをひいてうたってくださって、ロレッタとあたしにもうたわせてくださったの。あたしがいい声《こえ》をしているから、これから日曜学校《にちようがっこう》の合唱隊《がっしょうたい》にはいって、うたっていいといってくださったの。かんがえただけで、どんなにわくわくしたか、マリラにはわからないでしょうね。あたしもダイアナのように、日曜学校《にちようがっこう》の合唱隊《がっしょうたい》でうたいたくてたまらなかったの。でも、あたしには、だいそれたねがいだと思《おも》ってたわ。

ロレッタは、はやくかえらなけりゃならなかったの。そのあと、アラン夫人《ふじん》と、心《こころ》をうちあけあって話《はな》したの。なにもかもすっかり話《はな》したわ。トーマスおばさんのこと、ふたごのこと、ケティ＝トーマスやヴィオレッタのことも。グリーン・ゲイブルズにやってきたことや、幾何《きか》で苦心《くしん》していることなんかもね。そうしたらどう、マリラ？　アラン夫人《ふじん》も幾何《きか》ができなかったんですって。それでどんなに元気《げんき》がでたか、わかる？

ちょうどおいとましようとしていると、リンドのおばさんがみえたの。それでね、マリラ、学校《がっこう》の委員《いいん》が、新《あたら》しい先生《せんせい》をたのんだんですって。女《おんな》の先生《せんせい》なのよ。名《な》まえはミュリエル＝スティシイさん。ロマンチックな名《な》まえじゃない？　リンドのおばさんは、いままでアボンリーでは女《おんな》の先生《せんせい》がおしえたことはないし、危険《きけん》な改革《かいかく》だというの。でもあたしは、女《おんな》の先生《せんせい》ってすてきだと思《おも》うわ。学校《がっこう》がはじまるまで、あと二週間《しゅうかん》あるけど、ほんとうにまちどおしいな。その先生《せんせい》を見《み》たくってたまらないわ。」

二十三　アン、名誉《めいよ》をおもんじて、けがをする

アンは、二週間以上《しゅうかんいじょう》もまたなければならなかった。ぬりぐすり入《い》りケーキ事件以来《じけんいらい》、ほとんどひと月《つき》たっていたから、もうそろそろ、なにか新《あたら》しい騒動《そうどう》をおこしそうなころだった。うわのそらで、ブタのバケツにあける脱脂乳《だっしにゅう》を毛糸《けいと》のはいったかごにあけてしまったり、空想《くうそう》にふけってあるいているうちに、丸木橋《まるきばし》のふちから小川《おがわ》におちたりで、小《ちい》さな失敗《しっぱい》はいちいちかぞえてはいられなかった。

牧師館《ぼくしかん》のお茶《ちゃ》の会《かい》から一週間後《しゅうかんご》に、ダイアナがパーティーをひらいた。

「ダイアナのパーティーは、ほんのえらばれた人《ひと》たちだけなのよ。」と、アンはマリラにいった。「あたしたちのクラスの女《おんな》の子《こ》だけなの。」

その日《ひ》、たのしいお茶《ちゃ》の会《かい》がおわるまで、なにひとつやっかいなことはおこらなかった。お茶《ちゃ》のあと、みんなは庭《にわ》にでた。いろんなゲームにもあきて、なにかおもしろい遊《あそ》びはないかとさがしているうちに、「命令《めいれい》ごっこ」をしようということになった。

「命令《めいれい》ごっこ」は、そのころ、アボンリーの子《こ》どもたちのあいだで、はやっている遊《あそ》びだった。はじめは男《おとこ》の子《こ》だけだったが、そのうち女《おんな》の子《こ》のあいだにもひろがり、その夏《なつ》アボンリーでおきたばかばかしいできごとは、この遊《あそ》びにかんするものだけで、本《ほん》が一さつ書《か》きあげられるくらいだった。

いちばんはじめに、キャリイ＝スローンが、ルビイ＝ギリスに、玄関《げんかん》のまえのヤナギの大木《たいぼく》にのぼれ、

と「命令《めいれい》」した。ルビイは木《き》についているもこもこした緑色《みどりいろ》の毛虫《けむし》が死《し》ぬほどいやだったし、新《あたら》しいモスリンの服《ふく》をやぶいたらおかあさんにどんなにしかられるかと思《おも》いながらも、するするとやってのけたので、「命令《めいれい》」したキャリイのまけになった。

そのつぎは、ジョシイ＝パイがジェーン＝アンドリュースに、右足《みぎあし》を地面《じめん》につけないで左足《ひだりあし》だけでとんで庭《にわ》をひとまわりしてきなさい、と「命令《めいれい》」した。ジェーンはいさましくとびはねていったが、三番《ばん》めのかどで力《ちから》がつきて、「あたしのまけ。」と降参《こうさん》した。

ジョシイの得意《とくい》そうな顔《かお》があんまりにくらしかったので、アンはジョシイに、庭《にわ》の東《ひがし》がわの板《いた》べいの上《うえ》をあるきなさいと「命令《めいれい》」した。板《いた》べいの上《うえ》をあるくというのは、一度《ど》もやったことのない人《ひと》には想像《そうぞう》もつかないくらい、頭《あたま》とかかとの安定《あんてい》のれんしゅうを必要《ひつよう》とするのである。ジョシイは人気《にんき》ものではなかったが、板《いた》べいの上《うえ》をあるくことが生《う》まれつきじょうずだったし、何回《なんかい》もやっていたので、「あさめしまえよ」とばかりに、らくらくとあるいてみせた。みんないやいやながらも、ジョシイをほめた。というのは、たいていの女《おんな》の子《こ》は、へいをあるくのをなんどもやっては失敗《しっぱい》していたので、ジョシイをほめないわけにはいかなかったのである。ジョシイは勝利《しょうり》にほおを赤《あか》くほてらせておりてくると、アンを勝《か》ちほこった目《め》でみつめた。

アンは、おさげの赤《あか》い髪《かみ》をふりながら、「小《ちい》さな、低《ひく》い板《いた》べいをあるくなんて、ちっともすごいことじゃないわ。あたしは屋根《やね》のむねの上《うえ》をあるいた女《おんな》の子《こ》を知《し》っているわ。」といった。

「そんなこと、信《しん》じられないわ。」ジョシイはきっぱりといった。「どんな人《ひと》だって、屋根《やね》のむねをあるくなんてできっこないわ。とにかくあんたにできないことはたしかよね。」「できますよ、だ。」と、アンはむこうみずにさけんだ。

「じゃ、あんたにそれを命令《めいれい》するわ。」と、ジョシイはけんかごしでいった。「あんたは、バリーさんの台所《だいどころ》の屋根《やね》にのぼって、むねをあるくのよ。」

アンはまっさおになったが、やるよりほかはなかった。アンは台所《だいどころ》の屋根《やね》にかかっているはしごのほうへあるいていった。ほかの女《おんな》の子《こ》たちはおそろしそうに口《くち》ぐちにさわいだ。

「そんなことしないで、アン！」と、ダイアナは大声《おおごえ》でよびとめた。「おっこちて、死《し》んでしまうわよ。ジョシイのいうことなんか、ほっといていいじゃないの。こんなあぶないことを命令《めいれい》するなんて、ずるいわよ。」

「いいえ、あたしはやらなきゃならないの、名誉《めいよ》にかけてね。あのむねをあるいてわたるか、それともおちて死《し》んでしまうか、どちらかよ、ダイアナ。もしもあたしが死《し》んだら、あんたに真珠《しんじゅ》の指輪《ゆびわ》をかたみにあげるわ。」

アンはおごそかにいった。

アンは、みんなが息《いき》をつめて見《み》まもるなかを、はしごをのぼり、むねにつくと、からだをまっすぐにしてバランスをとりながら、そろそろとあるきだした。アンはぶきみなほど高《たか》いところにいる気《き》がして、目《め》がまわるようだった。むねをあるくときには想像力《そうぞうりょく》もたいしてやくにたたないなと思《おも》った。

それでも、破局《はきょく》がやってくるまえに、やっと、いく足《あし》かあるいた。とたんにアンのからだはぐらぐらゆれて、つまずいたとおもうと、そのまま、熱《あつ》い屋根《やね》の上《うえ》をすべって、すさまじい音《おと》をたてて、下《した》のつる草《くさ》のしげ

みにおちていった。みんながあわてふためいて、さけび声《ごえ》をあげるまもないできごとだった。

もしアンが、のぼったがわの屋根《やね》をころがりおちたら、ダイアナは、すぐその場《ば》で、真珠《しんじゅ》の指輪《ゆびわ》をかたみにもらうところだったが、しあわせにも、アンは反対《はんたい》がわへころがりおちた。こっちのほうは、屋根《やね》がポーチの上《うえ》へ張《は》りだしていて、地面《じめん》にたいへん近《ちか》かったので、たいしたことにはならないですんだ。ダイアナとほかの女《おんな》の子《こ》たちは、気《き》がくるったように家《いえ》のまわりをまわってかけつけた。ルビイ＝ギリスだけはヒステリーをおこして、地面《じめん》に根《ね》がはえたようにうごけないでいたが……。

めちゃくちゃになったつる草《くさ》のしげみのなかで、アンはまっさおになって、ぐったりたおれていた。

「死《し》んじゃったんじゃないの？　アン。」ダイアナは、ぺたんとひざをついてさけんだ。「おお、アン、なにかいってよ、死《し》んじゃったのかどうか、こたえて……。」

みんなが心《こころ》からほっとしたことには、アンはふらふらっとおきあがって、かすかにこたえた。

「いいえ、死《し》んではいないようよ、ダイアナ。でも頭《あたま》がもうろうとしてるみたいよ。」

いちばんほっとしたのは、ジョシイ＝パイだった。いくら想像力《そうぞうりょく》に欠《か》けてるとはいえ、アンの悲劇的《ひげきてき》な事故死《じこし》の原因《げんいん》をつくったと、あとあとまでいわれるおそろしさからまぬがれたわけだから。

「どこ？」キャリイが、すすり泣《な》きながらかけよった。「ねえ、どこなの、アン？」

アンがこたえるまえに、そこへバリー夫人《ふじん》があらわれた。そのすがたを見《み》てアンは立《た》ちあがろうとしたが、ひどい痛《いた》みをおぼえ、悲鳴《ひめい》をあげてすわりこんでしまった。

「いったいどうしたの？　どこをけがしたのよ？」

バリー夫人《ふじん》はたずねた。

「かかと。」アンはあえぎながらいった。「おお、ダイアナ。どうかおとうさんをさがしてきて、あたしをうちまでつれてってくれるように、いってちょうだい。とてもあるいてはかえれないわ。それに一本《ぽん》きりの足《あし》で、とてもあんな遠《とお》くまでとんでいけやしないわ。ジェーンでさえ庭《にわ》をひとまわりもできなかったんだもの。」

マリラが果樹園《かじゅえん》で夏《なつ》リンゴをもいでいると、バリーさんが丸木橋《まるきばし》をわたって、坂道《さかみち》をのぼってくるのが見《み》えた。そのそばにはバリー夫人《ふじん》がいて、うしろには女《おんな》の子《こ》たちが列《れつ》をつくって、ぞろぞろついてくるのが見《み》えた。バリーさんのうでにアンがだかれて、肩《かた》にぐったりと頭《あたま》をもたせかけていた。

ふいに、マリラは、神《かみ》さまのお告《つ》げをきいたような気《き》がした。心臓《しんぞう》を、ぐさりとつきさされたようなおそれに、アンがじぶんにとってこれほどだいじなものであったかを、さとった。いままでもアンがすきで――どんなにかわいく思《おも》っていたかしれないが、いま、坂道《さかみち》をきちがいみたいになってくだっていきながら、マリラは、地球上《ちきゅうじょう》のなによりも、アンがたいせつだと思《おも》ったのである。

「バリーさん、この子《こ》どうかしたんですか？」

息《いき》をきらせながら、マリラはたずねた。いつも感情《かんじょう》をおさえて、おちついているマリラが、何年間《なんねんかん》も見《み》せたことのないほどまっさおになり、ぶるぶるふるえていた。

アンは頭《あたま》をもちあげて、じぶんでこたえた。

「びっくりしないで、マリラ。あたし屋根《やね》のむねをあるいていて、おっこちたの。かかとをくじいたらしいわ。でもね、あたし首《くび》の骨《ほね》を折《お》るところだったの。ものごとはいいほうを見《み》ましょうよ。」

「あんたをパーティーにいかせるときに、こういうことをやらかすかもしれないと、気《き》がつくべきだったよ。」安心《あんしん》したあまり、マリラはがみがみいった。「うちのなかにいれて、ソファーにねかせてくださいな、バリーさん。あれ、この子《こ》は気絶《きぜつ》してしまったよ。」

　そのとおりだった。痛《いた》みがひどすぎて、アンのもうひとつのねがいがかなって、気絶《きぜつ》してしまったのだ。

　とり入《い》れのすんだ畑《はた》から、いそいでよばれてきたマシュウは、すぐに医者《いしゃ》をむかえにいった。まもなくやってきた医者《いしゃ》が診察《しんさつ》して、きずは思《おも》っていたよりひどいことがわかった。アンのかかとはつぶれていた。

　その晩《ばん》、マリラが東《ひがし》のへやにあがっていくと、青白《あおじろ》い顔《かお》をしたアンは、ベッドから、ものがなしい声《こえ》で話《はな》しかけた。

「あたしをかわいそうだと思《おも》う、マリラ?」

「じぶんのせいじゃないの。」といって、マリラはよろい戸《ど》をおろし、ランプをつけた。

「だから、かわいそうだと思《おも》ってほしいのよ。」とアンはいった。「ぜんぶあたしのせいだと思《おも》うと、とってもつらくなるんですもの。だ

れかのせいにできるんなら、もっと気《き》がらくなんだけどなあ。もし屋根《やね》のむねをあるきなさいと命令《めいれい》されたら、マリラ、どうする？」

「わたしだったら、安全《あんぜん》な地面《じめん》にちゃんと立《た》ったままで、かってに命令《めいれい》させておくね。じっさいばかばかしいったら！」

アンはためいきをついた。

「でも、マリラは気《き》がしっかりしているんですもの。あたしはだめ。ジョシイにけいべつされるのは、がまんできないと思《おも》ったの。一生《いっしょう》そのことでいばるでしょうから。でも、もうあたしはすごい罰《ばつ》をうけたんだから、そうおこらないでよ、マリラ。だいいち、気絶《きぜつ》なんて、ちっともすてきでもなかったし、お医者《いしゃ》さまはかかとをなおすときだって、すごくいたいめにあわせてくれたわ。六、七週間《しゅうかん》はであるけないから、新《あたら》しい女《おんな》の先生《せんせい》にもあえないしね。学校《がっこう》にいけるころには、もう新鮮《しんせん》じゃなくなってるわ。それにギル——だれでも、クラスの人《ひと》はあたしを追《お》いこしてしまうでしょ。ああ、あたしはなげかわしい人間《にんげん》よ。でも、もし、マリラさえおこらなかったら、なにもかも雄々《おお》しくたえていけるんだけど。」

「さあ、さあ、わたしはおこってなんぞいないよ。」とマリラはいっ

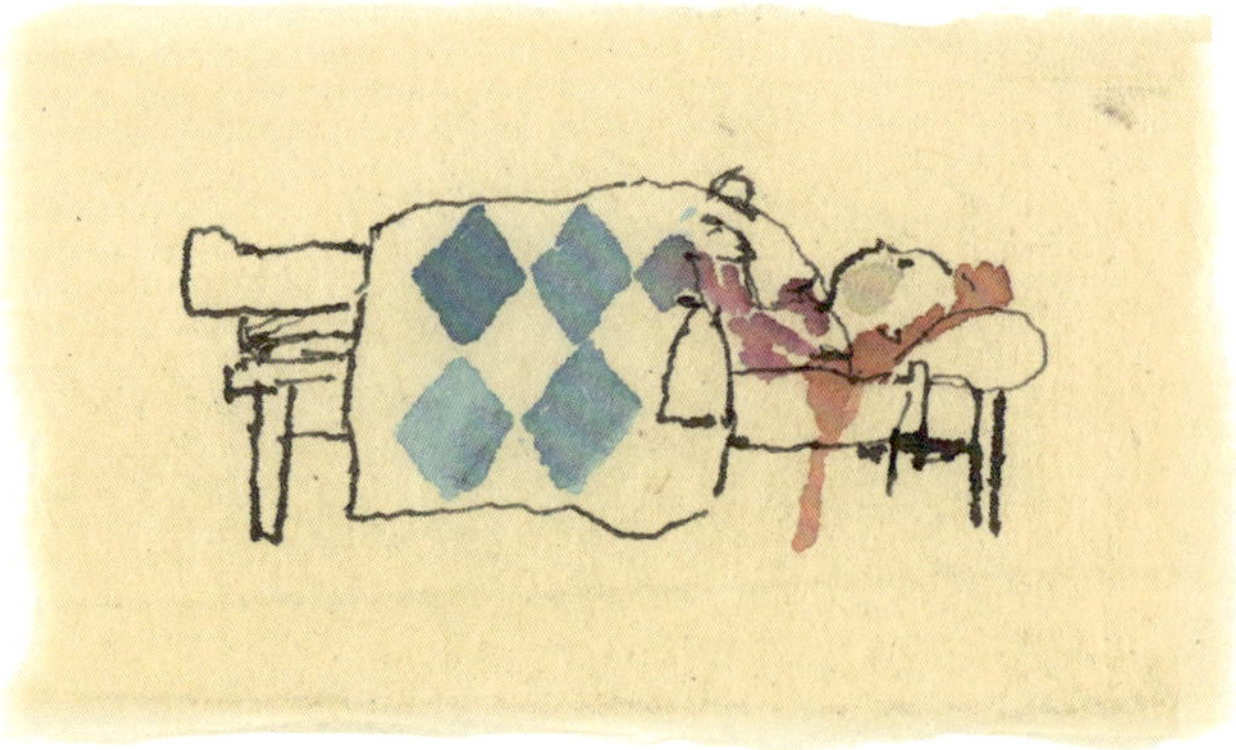

た。「あんたは運《うん》がわるかったんだ。そりゃまちがいようもない。さあ、夕食《ゆうしょく》をおたべ。」

「こんなに想像力《そうぞうりょく》があるなんて、しあわせだった。とてもやくにたってくれるもの。想像力《そうぞうりょく》のない人《ひと》が、骨《ほね》を折《お》ったときにはどうするかしらね？　マリラ。」

アンは、たいくつな七週間《しゅうかん》のあいだ、なんどとなくじぶんの想像力《そうぞうりょく》に感謝《かんしゃ》した。でも、想像力《そうぞうりょく》にたよってばかりいたわけではなかった。たくさんの見舞《みま》い客《きゃく》があって、毎日《まいにち》のように女《おんな》の子《こ》が花《はな》や本《ほん》をもってやってきては、アボンリーの子《こ》どもの世界《せかい》のできごとを、なにからなにまで話《はな》してくれた。

「みんな、とてもやさしくてしんせつね、マリラ。」

はじめて床《ゆか》の上《うえ》をびっこをひいてあるいた日《ひ》に、アンは、しあわせのためいきをついていった。

「うちのなかでねたっきりというのは、あんまりゆかいじゃないけど、いいこともあるわね。どんなにたくさん友《とも》だちがいるかってわかるんですもの。ベル先生《せんせい》までお見舞《みま》いにきてくださったんですもの。ほんとにりっぱなかたね。もちろん心《こころ》からの友《とも》だちじゃないけど、すきだわ。あの人《ひと》のお祈《いの》りのこと、いままでつべこべいって、わるかったわ。いまじゃ、心《こころ》からお祈《いの》りをしていることがわかったの。ただ、まるで口《くち》さきだけのお祈《いの》りみたいないいかたが、くせになってしまったのね。ほんのちょっとだけほねおれば、よくなったのに。

あたし、えんりょせずにそれとなく注意《ちゅうい》してあげたの。あたしが、じぶんのお祈《いの》りをおもしろくさせるのに、どんな苦労《くろう》をしたかをお話《はな》ししたの。ベル先生《せんせい》は、子《こ》どものころ、かかとをくじいたときのことをすっかり話《はな》してくださったわ。ベル先生《せんせい》がむかしは子《こ》どもだったなんて、とってもおかしい気《き》がするわ。あたしの想像力《そうぞうりょく》だって限度《げんど》があるのよ。とてもあたしには想像《そうぞう》できないんだもの。子《こ》どものころのベル先生《せんせい》を想像《そうぞう》しようとすると、日曜学校《にちようがっこう》で見《み》るのとまるでおなじ、灰色《はいいろ》のほおひげをはやして、めがねをかけて、それがこぢんまりしているだけなの。アランさんのおくさんなら、小《ちい》さい女《おんな》の子《こ》として想像《そうぞう》するのは、とってもかんたんよ。おくさんは、十四回《かい》もお見舞《みま》いにきてくださったのよ。ちょっとはじまんしたくなるわ、マリラ。牧師《ぼくし》さんのおくさんが、こんなにごじぶんの時間《じかん》をさいてくださるなんて！

アランさんのおくさんがたずねてくださると、元気《げんき》がわいてくるのよ。おくさんは『あなたがわるいのです。これにこりて、とくべつにいい子《こ》になってほしいもんです。』なんて、けっしておっしゃらないんですもの。リンドのおばさんがお見舞《みま》いにきてくださったときは、いつもそんなふうにおっしゃるのよ。そしてあたしがいい子《こ》になるのを、のぞんでいるようないいかたなんだけど、いい子《こ》になるなんてぜんぜん信《しん》じていないのよ。

ジョシイまでお見舞《みま》いにきてくれたわ。あたし、できるだけていねいにむかえたの。だって、ジョシイはむねをあるけって命令《めいれい》したことを、すまなく思《おも》っているでしょうからね。もしあたしが死《し》んだら、一生涯《いっしょうがい》、暗《くら》い後悔《こうかい》の荷物《にもつ》をしょって生《い》きていかなきゃならなかったでしょうからね。

ダイアナはほんとにすてきな友《とも》だちだわ。毎日《まいにち》、あたしのさびしいまくらもとをなぐさめにきてくれたんですもの。でも、学校《がっこう》へいけるようになったら、うれしいな。だって、新《あたら》しい先生《せんせい》について、わくわくするような話《はなし》をきいたんですもの。女《おんな》の子《こ》はみんな、先生《せんせい》がすてきにきれいだと思《おも》っているのよ。先生《せんせい》は、すばらしいきれいな金髪《きんぱつ》の巻《ま》き毛《げ》で、うっとりするような目《め》をしているって、ダイアナがいってたわ。着《き》ているものもきれいで、そでなんか、アボンリーのだれよりもふわっとふくらんでいるんですって。金曜日《きんようび》の午後《ごご》、一週間《しゅうかん》おきに暗唱《あんしょう》をさせるので、だれでも詩《し》を一編暗唱《いっぺんあんしょう》するとか、対話《たいわ》に参加《さんか》するわけなのよ。かんがえただけでもどきどきするわ。ジョシイはいやだといっていたけど、ジョシイは想像力《そうぞうりょく》がちっともないからなのよ。ダイアナとルビイとジェーンは、来週《らいしゅう》の金曜日《きんようび》に、『朝《あさ》の訪問《ほうもん》』という題《だい》の対話《たいわ》を用意《ようい》しているんですって。この金曜日《きんようび》の午後《ごご》は暗唱《あんしょう》がないので、スティシイ先生《せんせい》はみんなを森《もり》へつれてって、『野外勉強《やがいべんきょう》』をするんですって。シダや花《はな》や小鳥《ことり》の勉強《べんきょう》をするんだそうよ。それと、毎日《まいにち》、朝《あさ》と夕《ゆう》がた、体操《たいそう》をやるんですって。リンドのおばさんは、こんなやりかた、いままできいたことがない、これもみんな、女《おんな》の先生《せんせい》なんかをたのんだせいだといってらしたけど。でも、すばらしいにきまってるとあたしは思《おも》うわ。スティシイ先生《せんせい》は心《こころ》からの友《とも》だちだと思《おも》うの。」

「ひとつはっきりしていることがあるね、アン。」と、マリラはいった。「バリーさんの屋根《やね》からおちても、あんたの舌《した》はちっともけがをしなかったんだね。」

二十四　スティシイ先生《せんせい》と生徒《せいと》は音楽会《おんがくかい》を計画《けいかく》

　アンが学校《がっこう》にもどったころには、また十月《がつ》がめぐってきていた。なにもかもじゅくしたくだもののように赤《あか》と金色《きんいろ》にそまって、かがやいている十月《がつ》の朝《あさ》。谷《たに》には、かすかな霧《きり》がたちこめていた。それは、まるで秋《あき》の精《せい》が、さまざまな色《いろ》――紫水晶《むらさきずいしょう》、真珠色《しんじゅいろ》、銀色《ぎんいろ》、バラ色《いろ》や、いぶした青《あお》を、日《ひ》の光《ひかり》にのみほしてもらうためにそそいだような霧《きり》だった。

　いちめんにおりた露《つゆ》が、野原《のはら》を銀《ぎん》の布地《ぬのじ》のようにひからせ、森《もり》のくぼ地《ち》はうず高《たか》く枯《か》れ葉《は》におおわれ、人《ひと》の足《あし》もとでからから音《おと》をひびかせていた。〈シラカバの道《みち》〉はこがね色《いろ》のトンネルをつくり、道《みち》にそっておいしげったシダは枯《か》れて茶色《ちゃいろ》になっていた。カタツムリのようにゆっくりではなく、いそいそと学校《がっこう》へいそぐ女《おんな》の子《こ》のはずんだ心《こころ》を、そそるような、こいかおりがたちこめていた。

　ダイアナのとなりの、小《ちい》さいこげ茶色《ちゃいろ》の机《つくえ》に、ふたたびもどれるとは、なんてたのしいことだろう。通路《つうろ》のむこうの席《せき》で、ルビイがうなずいてみせるし、キャリイは手紙《てがみ》をよこすし、ジュリアはうしろの席《せき》からチューインガムをまわしてきた。アンは、しあわせそうに長《なが》いためいきをつきながら、えんぴつをとがらせ、机《つくえ》のなかの絵《え》はがきを整理《せいり》した。人生《じんせい》はまったくたのしいものだ。

　新《あたら》しいスティシイ先生《せんせい》は、まごころのある、たのもしい友《とも》だちみたいだった。明《あか》るくて、あたたかみのあるはつらつとした人《ひと》で、生徒《せいと》たちからしたわれ、愛《あい》されていた。あらゆるめんで、生徒《せいと》たちのいちばんいいものをのばしていった。アンも、先生《せんせい》ののびのびとしたみちびきによって、花《はな》のようにその才能《さいのう》をひらいていった。

アンが、学校《がっこう》のことや勉強《べんきょう》のやりかたなどを、家《いえ》にかえって話《はな》すと、マシュウはそれはもう感心《かんしん》してききいり、マリラはいつものようにちょっとした批評《ひひょう》をわすれないのだった。

「あたし、スティシイ先生《せんせい》が心底《しんそこ》からすきよ、マリラ。とっても気品《きひん》があって、声《こえ》もやさしいのよ。あたしの名《な》まえをよぶときも、おわりに〝e〟の字《じ》をつけて発音《はつおん》していることが、よくわかるの。きょうの午後《ごご》、暗唱《あんしょう》があったんだけど、あたしの暗唱《あんしょう》した『スコットランドのメアリ女王《じょおう》』を、ほんとにきかせたかったわ。全精神《ぜんせいしん》をうちこんでやったのよ。ルビイがかえりにいってたけど、『いまや、父上《ちちうえ》のうではわたしのものだ。さらば、わが女《おんな》の心《こころ》』という行《ぎょう》をきいたとき、血《ち》がこおるようだったんですって。」

「それじゃ、近《ちか》いうちに、納屋《なや》で、わしにも暗唱《あんしょう》してくれないか。」と、マシュウがいいだした。

「ええ、いいわ。」アンは、かんがえこみながらいった。「でも、あんなにうまくはできないと思《おも》うの。おじさんひとりだと、全校《ぜんこう》の人《ひと》たちが目《め》のまえにならんで、一言一句《いちごんいっく》、息《いき》もつかずにきいてるときほどは夢中《むちゅう》になれないでしょう。血《ち》をこおらせることまではできないと思《おも》うの。」

「リンドのおばさんは先週《せんしゅう》の金曜日《きんようび》に、ベルさんの丘《おか》の、あの大《おお》きな木《き》のてっぺんに、男《おとこ》の子《こ》たちがのぼって、カラスの巣《す》をとるってさわいでいるのを見《み》たら、血《ち》がこおるような気《き》がしたといってなさったよ。」とマリラが口《くち》をはさんだ。「なんでスティシイ先生《せんせい》はそんなことをさせるのか、わたしにはわからないね。」

「でも、自然観察《しぜんかんさつ》の勉強《べんきょう》のために、カラスの巣《す》が必要《ひつよう》だったのよ。」アンが説明《せつめい》した。「あれは、野外勉強《やがいべんきょう》の日《ひ》の午後《ごご》だったのよ。野外《やがい》の午後《ごご》ってすばらしいわ、マリラ。それに先生《せんせい》は、なんでもちゃんと説明《せつめい》してくださるの。あたしたち、そのときのことで、作文《さくぶん》を書《か》かなくちゃいけないの。あたしがいちばんじょうずなのよ。」

「じぶんでいうなんてうぬぼれてるよ。あんたの先生《せんせい》がそういってくださるならべつだが。」

「先生《せんせい》がおっしゃったのよ。ほんとにうぬぼれてなんかいないわ。うぬぼれっこないでしょ。幾何《きか》があんなにできないのに。だけど、すこしは幾何《きか》もわかりかけてきたわ。スティシイ先生《せんせい》が、とてもはっきりわかるように説明《せつめい》してくださるのよ。でも、いい点《てん》はどうしてもとれないわ。まあ、これはけんそんだけど。あたしは作文《さくぶん》を書《か》くのがだいすきなの。先生《せんせい》はたいていあたしたちに書《か》きたいものをえらばせるの。ところがね、来週《らいしゅう》はりっぱな人《ひと》について作文《さくぶん》を書《か》かなくちゃいけないの。たくさんのりっぱな人《ひと》のなかからたったひとりだけをえらぶのは、むずかしいことだわ。じぶんが死《し》んだあとで作文《さくぶん》に書《か》かれるなんて、すばらしいことじゃないかしら?

ああ、あたしもりっぱな人《ひと》になりたいわ。大《おお》きくなったら看護婦《かんごふ》になる勉強《べんきょう》をして、赤十字《せきじゅうじ》といっしょに、戦場《せんじょう》へ愛《あい》の天使《てんし》としていこうと思《おも》っているの。ただし、これは外国《がいこく》へ宣教師《せんきょうし》としていかないときの話《はなし》なのよ。宣教師《せんきょうし》になるっていうのは、とってもロマンチックなことだけど、いい人《ひと》でなくてはだめなんですもの。あたしいつも、そこんところでつまずいちゃうのよ。あたしたち、毎日体操《まいにちたいそう》をしているの。そうすると、からだがやわらかく、消化《しょうか》がよくなるんですって。」

「なんて、ばかばかしい!」マリラがいった。アンのとめどのないおしゃべりにあきれたのだ。

しかし、野外勉強《やがいべんきょう》の午後《ごご》も、暗唱《あんしょう》の金曜日《きんようび》も、体操《たいそう》も、ステイシイ先生《せんせい》が十一月《がつ》になって一つの計画《けいかく》をもちだしたとたんに、色《いろ》あせてしまった。その計画《けいかく》というのは、学校《がっこう》の校旗《こうき》をつくるという、すばらしい目的《もくてき》のために、クリスマスの晩《ばん》に公会堂《こうかいどう》で、アボンリーの学校《がっこう》の生徒《せいと》が音楽会《おんがくかい》をひらき、お金《かね》をあつめるというのである。生徒《せいと》たちは、とてもよろこんでこの計画《けいかく》をむかえたので、すぐにもプログラムの準備《じゅんび》にとりかかった。

えらばれて音楽会《おんがくかい》にでることになったもののなかでも、アンほど興奮《こうふん》したものはなかった。アンは、マリラに反対《はんたい》されたけれど、この計画《けいかく》に身《み》も心《こころ》もそそぎこんだ。マリラはなにからなにまでばかばかしいとけなして、とりあわなかった。

「あんたたちの頭《あたま》を、くだらないことでいっぱいにして、勉強《べんきょう》につかわなきゃいけない時間《じかん》をむだにするんだよ。」と、マリラはぶつぶついった。「あたしは、子《こ》どもらが音楽会《おんがくかい》をひらいたり、れんしゅうにかけずりまわったりするのは、さんせいしないね。うぬぼれは強《つよ》くなるし、でしゃばりにはなるし、だいいちほっつきあるくのがすきになるだけだよ。」「でも、ちゃんとした目的《もくてき》があるのよ。旗《はた》は愛国心《あいこくしん》をつちかうものなのよ、マリラ。」アンはいいはった。

「だまされませんよ、そんないいぐさには！　あんたらのうち、だれの頭《あたま》に愛国心《あいこくしん》のかけらがはいってるかね。だれもかれも、はでにさわぎたいだけじゃないか。」

「それじゃ、愛国心《あいこくしん》とたのしいことがいっしょになって、いいじゃないの？　もちろん音楽会《おんがくかい》をやるのは、ほんとにすてきよ。コーラスが六つあって、ダイアナがソロをうたうところもあるのよ。あたしは二つの

対話《たいわ》にでるの。『うわさ話《ばなし》をたやす会《かい》』と『妖精《ようせい》の女王《じょおう》さま』というの。男《おとこ》の子《こ》たちも対話《たいわ》をするの。それと、あたしは暗唱《あんしょう》を二つもするのよ、マリラ。思《おも》ってみてもぶるぶるっとするわ。ぞくぞくするようなすてきなふるえかたなのよ。

いちばんおしまいに、活人画《かつじんが》をやってみせるのよ。題《だい》は、『信仰《しんこう》と希望《きぼう》と博愛《はくあい》』なの。ダイアナとルビイと、あたしがでるの。みんな髪《かみ》をたらして、白《しろ》い衣装《いしょう》をつけるの。あたしは『希望《きぼう》』の役《やく》になるの。両手《りょうて》をくみあわせて――こんなぐあいにね。目《め》は上《うえ》のほうを見《み》て。屋根裏《やねうら》べやで、暗唱《あんしょう》のれんしゅうをしようと思《おも》ってるの。あたしがうめいているのがきこえても、びっくりなんかしないでね。胸《むね》もはりさけるように、うめかなくてはならないのがあるのよ。うまく芸術的《げいじゅつてき》なうめき声《ごえ》をだすのは、ほんとにむつかしいわ、マリラ。

ジョシイ＝パイは、対話《たいわ》でやりたい役《やく》じゃなかったって、すねてるのよ。妖精《ようせい》の女王《じょおう》になりたかったの。それはむりよね。だって、ジョシイみたいにふとった妖精《ようせい》の女王《じょおう》なんて、きいたことある？　妖精《ようせい》の女王《じょおう》はすんなりしてなくちゃね。

ジェーンが女王《じょおう》になって、あたしは侍女《じじょ》のひとりになるのよ。ジョシイは赤毛《あかげ》の妖精《ようせい》なんて、ふとった妖精《ようせい》とおなじくらいおかしいっていってるけど、ジョシイのいうことなんかで、くよくよしないわ。あたしは頭《あたま》に白《しろ》いバラの花輪《はなわ》をつけて、ルビイの上《うわ》ぐつをかりることになっているの。だってあたしはもってないんですもの。長《なが》ぐつをはいた妖精《ようせい》なんて想像《そうぞう》できる？　おまけにつまさきに銅《どう》がうってあるなんてね。

あたしたちは、公会堂《こうかいどう》をエゾマツとモミとピンクの紙《かみ》でつくったバラで、かざりつけするのよ。お客《きゃく》さまが席《せき》についたら、ふたりずつ列《れつ》になって、エマ＝ホワイトのひくオルガンの行進曲《こうしんきょく》にあわせて、あるくのよ。ああ、マリラはあたしほど夢中《むちゅう》になっていないとはわかるけど、マリラの小《ちい》さなアンが、めだったらいいと思《おも》わない？」

「わたしののぞんでいることは、あんたがたしなみよくすることですよ。こんな大《おお》さわぎがおわって、あんたがおちついたら、ほんとにうれしいよ。いまのところ、あんたの頭《あたま》は、対話《たいわ》だ、やれうなり声《ごえ》だ、活人画《かつじんが》だのってでいっぱいで、なんにも身《み》がはいりゃしない。あんたの舌《した》ときたら、すりきれてしまわないのがふしぎだね。」

アンは、ためいきをついて、裏庭《うらにわ》へでていった。すんだうす緑色《みどりいろ》の西《にし》の空《そら》で、新月《しんげつ》が、葉《は》のなくなったポプラの枝《えだ》ごしにかがやいていた。マシュウは木《き》をわっていた。アンは丸太《まるた》の上《うえ》にこしをおろして、マシュウに、音楽会《おんがくかい》の話《はなし》をした。こんどはすくなくとも、熱心《ねっしん》に身《み》をいれてきいてもらえることはたしかだった。

「なるほど、なかなかけっこうな音楽会《おんがくかい》になるだろうよ。それに、おまえは、じぶんの役《やく》をうまくやるにちがいあるまいよ。」とマシュウはいって、熱《ねつ》をおびていきいきとした、小《ちい》さな顔《かお》にはほえみかけた。アンも、ほほえみかえした。

ふたりはだいの仲《なか》よしだったし、マシュウはアンを教育《きょういく》することに、とくに身《み》をいれないですむことを、どんなにしあわせに思《おも》っていたかしれない。それは、マリラだけの義務《ぎむ》だった。もしこれがマシュウの義務《ぎむ》だったら、あまやかしたいきもちと、教育《きょういく》とのかべにはさまれて、しじゅうなやまなければならなかったろう。マリラにいわせると、「すきなだけアンをあまやかす」自由《じゆう》があった。それもたいしてわるくはなかった。ちょっとばかりほめてやることは、どうかすると、世界《せかい》じゅうのあらゆるよい教育《きょういく》をあつめたのとおなじくらい効果《こうか》があるのだ。

二十五　マシュウ、ふくらんだそでを主張《しゅちょう》する

マシュウは、十分間《ぷんかん》も、わけのわからないきぶんでいた。寒《さむ》いどんよりとした十二月《がつ》の、ある夕《ゆう》がた、かれは、うす明《あか》りのなかを台所《だいどころ》にはいってきて、たきぎ箱《ばこ》のすみにこしをおろし、重《おも》い長《なが》ぐつをぬごうとしていた。アンとクラスの女《おんな》の子《こ》たちが、居間《いま》で『妖精《ようせい》の女王《じょおう》』のれんしゅうをやっているのには、気《き》がつかなかった。やがて、女《おんな》の子《こ》たちは、とめどもなくわらいさざめきながら、台所《だいどころ》にでてきた。みんなは、マシュウが目《め》にはいらなかった。マシュウは、片手《かたて》に長《なが》ぐつ、片手《かたて》に長《なが》ぐつ用《よう》のへらをもって、たきぎ箱《ばこ》のかげに、こっそり避難《ひなん》してしまったからだ。そこでマシュウは、十分間《ぷんかん》、女《おんな》の子《こ》たちが、帽子《ぼうし》や上着《うわぎ》をかぶったり、対話《たいわ》や音楽会《おんがくかい》のことをしゃべっているのを、おずおずと見《み》まもっていた。アンは、女《おんな》の子《こ》たちにまじってやっぱり目《め》をかがやかし、顔《かお》をほてらせていた。

しかし、マシュウはきゅうに、アンがほかの子《こ》とどこかちがっているのに、気《き》がついた。マシュウをなやましたのは、そのことだった。アンは、ほかの女《おんな》の子《こ》のなかでもいちばん、顔《かお》をかがやかせていたし、大《おお》きなきらきらする目《め》と上品《じょうひん》な顔《かお》だちをしていた。それは、はにかみ屋《や》で、人《ひと》をろくに見《み》ようともしないマシュウにさえ気《き》がついた。しかし、こんなちがいなら、マシュウをいらいらさせたりはしない。

（では、いったいどこがちがうのだろう？）

女《おんな》の子《こ》たちが、うでをくんで、かたくこおった小道《こみち》をくだってかえり、アンが本《ほん》にむかってからも、マシュウはまだ、しきりにかんがえていた。マリラにきいてみるわけにはいかない。きっと、ばかにしたように鼻《はな》であしらわれるにちがいない。アンとほかの女《おんな》の子《こ》とのたったひとつのちがいは、ほかの子《こ》は、ときどきだまっていられるのに、アンにはそれができないだけですよ、といわれるにきまっているからだ。こういう意見《いけん》は、きいてもたいしたたすけになりはしない。

その晩《ばん》、マリラのだいきらいなパイプをすいながら、この問題《もんだい》をつきとめようとした。二時間《じかん》もいっしんにかんがえたあげく、やっと、それはとけた。

アンは、ほかの子《こ》のような服《ふく》を着《き》ていないのだ！

このことに思《おも》いあたると、マシュウは、アンがグリーン・ゲイブルズにきてからというもの、一度《ど》も、ほかの女《おんな》の子《こ》のような身《み》なりをしたことがないことにも気《き》がついた。

マリラは、かざりっけのない黒《くろ》っぽい布地《ぬのじ》で、おなじ型《かた》の服《ふく》を、アンに着《き》せていた。もしマシュウが洋服《ようふく》に流行《りゅうこう》があることを知《し》っていたら、もっといろんなことに気《き》づいたろう。でも、アンのそでが、ほかの子《こ》のそでとはまったくちがっていることは、たしかに見《み》ぬくことができた。

夕《ゆう》がた、アンのまわりにあつまっていた女《おんな》の子《こ》たちを思《おも》いだして、（みんなは、赤《あか》や青《あお》やピンクや白《しろ》など、はなやかな服《ふく》を着《き》ている。なぜマリラは、いつもアンに、かざりっけのない、じみなかっこうをさせているのかな。）と思《おも》った。

（それは、もちろん、マリラがじぶんで知《し》っていることだろう。よいことにはちがいない。アンをそだてているのはマリラだもの……おそらく、なにかふかい考《かんが》えがあってのことだろう。でも、一枚《まい》ぐらいは、あの子《こ》にも、ダイアナが着《き》ているようなきれいな服《ふく》があっても、わるいことはないだろう。）

マシュウは、アンにも一枚《まい》こしらえてやろうと決心《けっしん》した。つまらぬおせっかいにはなるまい。クリスマスまでには、もう二週間《しゅうかん》しかない。

（なんだな、新《あたら》しいきれいな服《ふく》は、プレゼントにもってこいじゃないかね。）

マシュウは、まんぞくのためいきをついて、パイプをしまい、ベッドにひきあげた。そのあと、マリラは、戸《と》という戸《と》をすっかりあけはなして、家《いえ》のなかの空気《くうき》をいれかえた。

つぎの日《ひ》の夕《ゆう》がた、マシュウはひとりで、カーモディへ服《ふく》を買《か》いにでかけた。むずかしい仕事《しごと》はさっさとすませにゃならんと、心《こころ》にきめていた。買《か》いものも、ものによってはマシュウもなかなかのうでをもっているが、女《おんな》の子《こ》の服《ふく》となっては、店《みせ》の人《ひと》のたすけをかりるしかなかった。

長《なが》いことかんがえこんだあげく、マシュウは、なじみのウィリアム＝ブレアの店《みせ》にはいかず、サミエル＝ローソンの店《みせ》にいくことにした。カスバート家《け》が、いつも、ウィリアム＝ブレアの店《みせ》にきめているのは、長老派《ちょうろうは》の集《あつ》まりにいって保守党《ほしゅとう》に投票《とうひょう》するのとおなじような習慣《しゅうかん》だった。ところが、ブレアの店《みせ》では、ふたりの娘《むすめ》が店《みせ》にでて客《きゃく》のあいてをするので、マシュウはにがてだった。じぶんが買《か》いたいものをはっきりいえるときなら、娘《むすめ》でもがまんできるが、こんどのように、説明《せつめい》をきいたり相談《そうだん》をもちかけるときには、男《おとこ》の店員《てんいん》でなくてはこまると思《おも》った。そこで、ローソンの店《みせ》へいくことにしたのだった。この店《みせ》なら、主人《しゅじん》かむすこがいるはずだった。

ああ、きのどくなマシュウは、ローソンが、さいきん店《みせ》をひろげたのといっしょに女《おんな》の店員《てんいん》をおいたことを、知《し》らなかった。その店員《てんいん》は女主人《おんなしゅじん》のめいで、ごく威勢《いせい》のいいわかい女《おんな》の人《ひと》だった。大《おお》きなくるくるした茶色《ちゃいろ》の目《め》をして、人《ひと》をびっくりさせるようなわらい声《ごえ》をたてていた。とびきりモダンな服《ふく》を着《き》て、いくつもはめた腕輪《うでわ》が、手《て》をうごかすたびにチカチカひかったり、カラカラ、チリチリとなるのだった。

その女《おんな》をちらと見《み》ただけで、マシュウはどぎまぎしてしまった。まして、この腕輪《うでわ》の音《おと》で、たちまちマシュウの頭《あたま》のなかはこんらんしてしまった。

「なにをさしあげますか、カスバートさん？」

ルシア＝ハリス嬢《じょう》は、両手《りょうて》でカウンターをたたきながら、あいきょうよくたずねた。

「うう、そのう、そのう、うう、くまではありますかい？」

マシュウは、どもりながらいった。

ハリス嬢《じょう》は、すこしばかりおどろいたようだったが、それもしかたがない。十二月《がつ》のなかばに、くまでをあつらえるといわれたら、だれだってどぎもをぬかれるだろう。

「たしか、一つ二つのこっているはずですけど、でも、二階《かい》の物置《ものお》きにありますので、いってみてまいりましょう。」

女店員《じょてんいん》のいないあいだに、マシュウはすこしおちついて、ふんべつをとりもどした。

ハリス嬢《じょう》は、くまでをもって、もどってくると、

「ほかに、なにかおいりようですか、カスバートさん？」と、あいそよくきいた。

マシュウは、両手《りょうて》にぎゅっと力《ちから》をこめてこたえた。

「では、そのう、せっかくですから、うう――すこしばかり干《ほ》し草《くさ》の種《たね》をもらっていきますかい。」

ハリス嬢《じょう》は、マシュウが変《か》わりものだとはきいていたが、たったいま、これこそ気《き》がちがっているのだときめてしまった。

「干《ほ》し草《くさ》の種《たね》は、うちでは、春《はる》しかおいていませんので、このところありません。」と、つんとしていった。

「おお、そうでしたな。おっしゃるとおりです。」

きのどくなマシュウは、くちごもって、くまでをかついででていこうとしたが、戸口《とぐち》のところで、お金《かね》をはらっていないことに気《き》がついて、おずおずとひきかえしてきた。ハリス嬢《じょう》がおつりをかぞえているあいだに、マシュウは死《し》にものぐるいで、さいごの勇気《ゆうき》をふりしぼった。

「そのう――もし、あまりごめんどうでなかったら――そのう――ええと、砂糖《さとう》を見《み》せてもらいたいものだが。」

「白《しろ》いんですか？　赤《あか》ですか？」

ハリス嬢《じょう》は、しんぼうづよくこらえながらたずねた。

「ええと、そうだな、ひとつ――赤《あか》いほうを。」

マシュウはたよりなくこたえた。

「むこうに、たるがあります。」と、彼女《かのじょ》は、そのほうへ腕輪《うでわ》をふってみせた。「うちには、あの一種類《しゅるい》だけ

ですが。」

「では――それ、二十ポンドばかり、もらいましょうかい。」

マシュウは、ひたいに玉《たま》のようなあせをかいていった。

かえりの馬車《ばしゃ》をはしらせながら、マシュウは、やっといつものじぶんをとりもどした。ぞっとするような思《おも》いをしたが、ゆきつけない店《みせ》へいくという、とんでもないことをやったんだから、あたりまえのむくいだと思《おも》った。

家《いえ》につくと、物置《ものお》きにくまでをかくし、砂糖《さとう》だけをマリラにもっていった。

「赤砂糖《あかざとう》じゃないの。」マリラはさけんだ。「なんでまた、こんなにたくさん買《か》う気《き》になったんです？　これは、雇《やと》い人《にん》のオートミールか、くだもの入《い》りケーキにいれるときしか、ぜったいにつかわないのを知《し》ってるだろうに。ジェリーはいないし、お菓子《かし》はとうのむかしつくってしまいましたよ。ざらざらして色《いろ》の黒《くろ》いものじゃ、どうしようもありませんね――ウィリアム＝ブレアの店《みせ》では、いつもこんなのはおいてませんけどね。」

「わしは――わしはこれでも、たまにはやくにたつかと思《おも》ったんでな。」マシュウは、なんとか、そのばをのがれた。

やがて、マシュウは、じっくりかんがえたあげく、このことは、どうしても女《おんな》の人《ひと》の力《ちから》が必要《ひつよう》なことに気《き》がついた。しかし、マリラではだめなのだ。

きっと、この計画《けいかく》にもんくをつけるにきまっている。のこるのは、リンド大人《ふじん》だけだった。アボンリーの女《おんな》の人《ひと》で、マシュウが口《くち》をきけるあいては、ほかにいなかった。

そこで、マシュウがリンド夫人《ふじん》をたずねると、この人《ひと》のいいおばさんは、たちまち、なやんでいるマシュウのかたの荷《に》をおろしてくれた。

「アンにおくる服《ふく》をえらぶんでしょう？　よろしゅうござんす。あしたカーモディにいって、さがしてきますよ。なにかとくべつな注文《ちゅうもん》がありますか？　ないんですか？　ようござんす。それじゃわたしにまかせてもらいましょ。アンには、品《ひん》のいい、こいめの茶色《ちゃいろ》が似《に》あうと思《おも》うんですよ、ウィリアム＝ブレアの店《みせ》に、その色《いろ》のきれいな新《あたら》しい生地《きじ》がでていたんですよ。仕立《した》ても、わたしがやったほうがいいんでしょう？　マリラが縫《ぬ》ってたら、きっとアンがかぎつけてしまって、おどろかすことができませんものね。けっこうですよ。わたしが仕立《した》てます。いいえ、すこしもめんどうなことはありませんよ。縫《ぬ》いものがすきなんですから。めいのジェニー＝ギリスの型《かた》にあわせてつくりましょう。あの子《こ》とアンのからだは、まるでそっくりなんですから。」

「どうも、あれこれお世話《せわ》をやかせます。」マシュウはいった。「それから――ええ――なんですね――このごろじゃ、そでの形《かたち》が、いぜんとちがうようにみうけられましたが、あまり身《み》がってなことをおねがいしてなんですが、そのう――最新《さいしん》の流行《りゅうこう》でお仕立《した》てねがえればと。」

「ふくらませるんでしょう？　もちろんです。なんにもご心配《しんぱい》にゃおよびませんよ。最新流行《さいしんりゅうこう》の型《かた》に仕立《した》てますから。」と、リンド夫人《ふじん》はひきうけた。

マシュウがかえってしまうと、リンド夫人《ふじん》は、

「あのきのどくな子《こ》が、はじめて人《ひと》なみのものを着《き》られるなんて、ほんとによかったわ。マリラが着《き》せるものときたら、どうかとおもうものばかりなんだもの。じっさいね、なんどとなく、マリラにいってみようと思《おも》ったけど、やめといてよかった。マリラは、人《ひと》の意見《いけん》をきいてくれるような人《ひと》じゃないし、ひとりものでも、あたしより子《こ》どもをそだてることにかけちゃよく知《し》ってるつもりなんだから。でもまあ、世《よ》の中《なか》はそんなものさ。子《こ》どもをもったことのあるものなら、子《こ》どもしだいでやりかたがあるんだが、もったことのない人《ひと》ほど、算数《さんすう》の比例《ひれい》みたいに、なんでもかんたんにいくと思《おも》っているんだから。だけど、算数《さんすう》のやりかたで、肉《にく》や血《ち》のある人間《にんげん》をつくれるもんじゃない。それがマリラの失敗《しっぱい》のもとなんだ。あんななりをさせて、アンにつつましい心《こころ》をやしなわせるつもりなんだろうけど、あれじゃ、うらやみと不平《ふへい》をそだてるようなものさ。あの子《こ》も、じぶんのみなりをほかの子《こ》とくらべて、なさけないと思《おも》ってるだろうよ。でも、マシュウがそれに気《き》がついてくれたとはね！　あの男《おとこ》も、六十年以上《ねんいじょう》もねむっていて、やっと目《め》がさめたんだね。」

それから二週間《しゅうかん》というもの、マリラは、マシュウがなにかかくしているらしいと、かんづいていたが、クリスマスの前夜《ぜんや》、リンド夫人《ふじん》が新《あたら》しい服《ふく》をもってくるまでは、けんとうもつかなかった。

「あんたが仕立《した》てるとアンにわかってしまうから、マシュウが気《き》をくばって、それでわたしがひきうけたんですよ。」というリンド夫人《ふじん》のおざなりの説明《せつめい》は、あまり信用《しんよう》しなかったけれども、マリラはかなりおちついたようすでふるまった。

「どうも、マシュウはわけのありそうな感《かん》じで、二週間《しゅうかん》というもの、ひとりでにやにやしていたのは、これなんですね。」

その、いくぶんかたくるしい口調《くちょう》にも、大目《おおめ》にみようというところがみえた。

「なにかばかげたことをはじめたとは、思《おも》ってましたがね。アンには、これ以上《いじょう》、服《ふく》はいらないと思《おも》っているんですよ。この秋《あき》には、上等《じょうとう》なあったかい生地《きじ》で、実用向《じつようむ》きのを三枚《まい》もこしらえてやったんですからね。なにひとつ、よけいなものがついてないんですよ。このそでだけでも、たっぷりブラウス一枚《まい》ぶんはありますね、ごらんなさい。

マシュウ、あんたはアンの虚栄心《きょえいしん》をあおるだけですよ。いまだって、クジャクみたいにみえぼうなんだから。まあ、あの子《こ》もまんぞくするでしょうよ。こういうばかげたそでがはやりだしてからというもの、あの子《こ》は、これをほしがって、しかたなかったんだもの。一度《ど》ねだったきりで、あとはひとこともいわなかったけどね。ばかげたそでは、いよいよ大《おお》きくなるいっぽうじゃありませんか。いまに風船《ふうせん》みたいになりますよ。来年《らいねん》は、そんなそででは、ドアをななめにしてとおりぬけにゃならないね。」

クリスマスの朝《あさ》は、かがやくばかりのまっしろな世界《せかい》になっていた。とてもあたたかな十二月《がつ》だったので、緑《みどり》のクリスマスになることも期待《きたい》していたが、夜《よる》のあいだにしずかにつもった雪《ゆき》が、アボンリーをすっかりかえてしまった。アンはうれしそうに目《め》をかがやかせて、じぶんのへやのこおりついた窓《まど》から、そとをのぞいた。〈おばけの森《もり》〉のモミの木《き》は、みんな鳥《とり》の羽《はね》のように美《うつく》しく、シラカバやサクラの木《き》は、真珠《しんじゅ》でふちどられているようだった。すきでたがやされた畑《はたけ》は、雪《ゆき》のつもったえくぼのようにひろがり、空気《くうき》にはすがすがしいかおりがあった。アンは、グリーン・ゲイブルズじゅうにひびきわたるような声《こえ》で歌《うた》をうたいながら、下《した》にかけおりていった。

「クリスマスおめでとう、マリラ！　クリスマスおめでとう、マシュウ！　すてきなクリスマスじゃない？　白《しろ》いクリスマスでうれしいわ。ほかのクリスマスじゃ、なんでもほんとうらしくないわ、ね？　緑《みどり》のクリスマスなんてすきじゃないわ。緑《みどり》じゃなくて、きたならしい茶色《ちゃいろ》と灰色《はいいろ》なんですもの。それをどうして緑《みどり》なんてよぶのかしら？　あら──まあ──マシュウ、それをあたしに？　ああ、マシュウおじさん！」

マシュウは、ぎごちなく紙《かみ》づつみから服《ふく》をとりだして、マリラのほうをおそるおそる見《み》ながら、さしだした。マリラはけいべつしたようなようすでお茶《ちゃ》をつぎながらも、かなり興味《きょうみ》ありげに、よこ目《め》でようすを見《み》ていた。

アンは、宝《たから》ものでも見《み》るように、ものもいわずに、みつめていた。ああ！　なんてきれいなんだろう──すべすべとした、とてもやわらかそうな茶色《ちゃいろ》のグロリア生地《きじ》、やさしいひだやふちかざりのはいったスカート、いま流行《りゅうこう》のピンタックの手《て》のこんだブラウスは、首《くび》のまわりを、うすいレースでふちどってあった。でも、なんといっても、そでが、そでがいちばんすばらしかった。長《なが》いひじのカフスは、茶色《ちゃいろ》の絹《きぬ》のリボンをちょうむすびにしてしぼってあり、ふわっと形《かたち》よく二つにふくらませてあった。

「これはクリスマスのプレゼントだよ、アン。」マシュウははずかしそうにいった。「どうしたんだ──どうしたんだね。アン、いやなのかな？　いったい。」

アンの目《め》は、きゅうに涙《なみだ》でいっぱいになった。

「とんでもない！　ああ、マシュウ。」アンは、いすの上《うえ》に服《ふく》をおいて、両手《りょうて》をにぎりあわせた。「マシュウ、

347　マシュウ、ふくらんだそでを主張する

こんなにすてきなものってないわ。ああ、いくらありがとうをいっても、たりないわ。このそでを見《み》て！　うれしくって、夢《ゆめ》をみてるみたい。」

「さあ、さあ、ごはんにしますよ。」マリラが口《くち》をはさんだ。

「アン、あんたにこんな服《ふく》が必要《ひつよう》だとは思《おも》わないけど、せっかくマシュウがこしらえてくれたんだから、だいじにしなくちゃいけないね。あそこに、リンドのおばさんがあんたにって、髪《かみ》につけるリボンをおいてったよ。服《ふく》にあうような茶色《ちゃいろ》のをね。さあ、すわんなさい。」

「ごはんなんて、とてもたべられないわ。」アンは、夢中《むちゅう》になっていった。「こんなにどきどきしてるときにごはんをたべるなんて、つまらないような気《き》がするの。それより、この服《ふく》を目《め》にごちそうしたいくらいよ。ふわっとしたそでがまだはやっていて、うれしいわ。あたしがこれを着《き》ないうちに、はやらなくなったら、あきらめきれなかったわ。いままでは心《こころ》の底《そこ》からまんぞくしてはいなかったの。すてきなリボンをくださるなんて、リンドのおばさんもやさしいかたね。ほんとにいい子《こ》にならなくちゃと思《おも》うわ。こ

んなとき、いい生徒《せいと》でないのがざんねんでたまらないわ。いつも決心《けっしん》だけはするんだけど、ゆうわくがやってくると、決心《けっしん》がくずれてしまう。でもこれからは、できるだけ努力《どりょく》してみるわよ、ぜったいに。」

朝食《ちょうしょく》がおわると、まっかなオーバーを着《き》たダイアナが、くぼ地《ち》の白《しろ》い丸木橋《まるきばし》を、元気《げんき》いっぱいでわたってくるのが見《み》えた。アンは坂道《さかみち》をかけおりて、むかえにいった。

「クリスマスおめでとう、ダイアナ！　なんてすばらしいクリスマスなんでしょう。あんたに、すてきなものを見《み》せたいのよ。マシュウが、新《あたら》しい服《ふく》をくださったの、そでがこんなにふくらんだの。あれよりすてきな服《ふく》なんて、とても想像《そうぞう》できないわ。」

「あたしも、プレゼントをもってきたのよ。」ダイアナは、息《いき》をきらしていった。「これ――この箱《はこ》よ。ジョセフィンおばさんが、いろんなものがいっぱいつまった、大《おお》きな箱《はこ》をおくってくださったの――それで、これがあんたのなの。ゆうべ、暗《くら》くなってとどいたの。このごろ、暗《くら》くなって〈おばけの森《もり》〉をとおってくるのは、あんまりいいきもちがしないでしょ。」

アンは箱《はこ》をあけてのぞいた。上《うえ》に『いとしいアンへ、クリスマス、おめでとう』と書《か》いたカードがのっていて、なんともしゃれた小《ちい》さなキッドの上《うわ》ぐつがはいっていた。つまさきにはビーズがついていて、サテンのリボンと、きらきらするバックルがついていた。

「まあ、ダイアナ、これ、もったいないみたいよ、夢《ゆめ》をみてるのかしら。」

「あたしなら、神《かみ》さまのおめぐみというわ。」と、ダイアナはいった。「もう、ルビイの上《うわ》ぐつをかりなくてすむじゃない。よかったわね。だって、ルビイのは、あんたには二倍《ばい》も大《おお》きいんですもの。足《あし》をひきずってあるく妖精《ようせい》なんて、きいたこともないわ、ジョシイ＝パイがよろこぶでしょうよ。あのね、ロブ＝ライトが、おとといの晩《ばん》、れんしゅうがおわってから、ガーティ＝パイといっしょにかえったんですって。いままでにそんな話《はなし》きいたことある？」

その日《ひ》、アボンリーの生徒《せいと》たちは、みんなひどく興奮《こうふん》していた。公会堂《こうかいどう》のかざりつけをし、さいごの大予行演習《だいよこうえんしゅう》をやることになっていたからである。

音楽会《おんがくかい》は、夕《ゆう》がたからはじまって、大成功《だいせいこう》だった。

小《ちい》さな公会堂《こうかいどう》は満員《まんいん》になった。出演者《しゅつえんしゃ》は、みんなたいへんりっぱにやったが、とりわけアンのできばえは、目《め》をみはるようだった。ねたみ屋《や》のジョシイ＝パイでさえ、みとめないわけにはいかなかった。

「すばらしい晩《ばん》だったわね。」アンはためいきをついた。

音楽会《おんがくかい》がおわって、アンとダイアナは、暗《くら》い星空《ほしぞら》の下《した》を、いっしょにあるいてかえった。

「なにもかも、うまくいったわね。」と、ダイアナは、はっきりといった。「十ドルはもうかったと思《おも》うわ。あのね、アランさんが、シャーロットタウンの新聞《しんぶん》に、今夜《こんや》のことを記事《きじ》にして、おくってくださるんですって。」

「じゃ、ダイアナ、新聞《しんぶん》にあたしたちの名《な》まえがでるのね。かんがえただけでも、ぞくぞくするわ。あんたの独唱《どくしょう》は、ほんとにすばらしかったわ。アンコールのときには、あんたよりこっちのほうが得意《とくい》になったのよ。『あんなにすごい拍手《はくしゅ》をうけているのは、あたしの無二《むに》の友《とも》だちだ。』と、胸《むね》のなかでつぶやいたの。」

「あら、あんたが暗唱《あんしょう》したときだって、大拍手《だいはくしゅ》だったじゃない、アン。あのかなしい詩《し》は、なんともいえず、すてきだったわ。」

「それよ、あたしとってもそわそわしてたのよ。アランさんがあたしの名《な》まえをよみあげたとき、どうやって壇《だん》にあがったのかわからないの。まるで、百万っていう目《め》があたしをみつめているような気《き》がして、あのこわーいようないっしゅんかん、とても口《くち》がうごきそうもなかったの。そのときよ、ふわっとしたそでを思《おも》いだしたら、勇気《ゆうき》がでたのよ。あのそでに恥《は》じないようにやらなくちゃ、と思《おも》ったのよ、ダイアナ。

それではじめたんだけど、じぶんの声《こえ》がまるでずっと遠《とお》くからきこえてくるみたいなの。オウムになったみたいだったわ。屋根裏《やねうら》べやで、しょっちゅう暗唱《あんしょう》のれんしゅうをやっといてよかったんだわ。でなければ、おしまいまでやりとおせなかった。あたしのうなりかた、どうだった?」

「よかったわよ、とっても。」ダイアナは保証《ほしょう》した。「こしをおろすときね、スローンのおばあさんが涙《なみだ》をふいているのが見《み》えたのよ。あたし、だれかの心《こころ》をうごかしたかと思《おも》うと、うれしかったわ。音楽会《おんがくかい》にでるのはロマンチックなことじゃない? ほんとに、わすれられないわ。」

「男《おとこ》の子《こ》の対話《たいわ》も、よかったじゃない?」

「ギルバートは、もうなんともいえず、すばらしかったわ。アン、あんたのギルにたいするしうち、ひどいんじゃない? ちょっと、あたしのいうことをきいて。妖精《ようせい》の対話《たいわ》がおわって、舞台《ぶたい》からあるいてでてきたとき、あんたの髪《かみ》につけたバラが、一輪《りん》おちたのよ。ギルがそれをひろって、胸《むね》のポケットにいれたのを、あたし見《み》ちゃったの。ほら、どお? あんたはロマンチックだから、この話《はなし》をきいたら、きっとよろこぶだろうと思《おも》ったのよ。」

「あんなやつ、なにをしたって、あたしにはおもしろくもなんとも。」アンは、つんとしていった。「あんなやつのことはぜんぜんかんがえもしないわ、ダイアナ。」

その夜《よ》、二十年来《ねんらい》はじめて音楽会《おんがくかい》にでかけたマリラとマシュウは、アンがベッドにはいってから、台所《だいどころ》の炉《ろ》のそばでしばらくすわっていた。

「なんだね、うちのアンはほかのだれよりもよくやったよ。」

マシュウは、得意《とくい》そうにいった。

「そうですとも。」マリラもさんせいした。「あの子《こ》は、りこうな子《こ》ですよ、マシュウ。それに、姿《すがた》もなかなかりっぱに見《み》えましたよ。わたしは、この音楽会《おんがくかい》に反対《はんたい》していましたが、けっきょくのところ、たいして害《がい》にはならなかったようですね。ともかく、あの子《こ》のまえでいうことはないけど、今夜《こんや》のアンは、感心《かんしん》でしたよ。」と、マシュウがいった。「わしらも、このさき、あの子《こ》が得意《とくい》でたまらんので、二階《かい》にあがるまえに、そういっておいたんだよ。」と、マシュウがいった。「わしらも、このさき、あの子《こ》をどうすればいいか、かんがえとかにゃならんよ、マリラ。わしは、アボンリーの学校《がっこう》より、もっと上《うえ》にやるようになると思《おも》うがね。」

「それをかんがえるのは、もっとさきのことですよ。」マリラはいった。「あの子《こ》は、三月《がつ》でやっと十三になるんですからね。だけど、今夜《こんや》は、あの子《こ》もまったく大《おお》きくなったもんだと、あきれましたけどね。リンドさんがあの服《ふく》をすこし長《なが》めにつくってくれたんで、ずいぶん背《せ》が高《たか》く見《み》えましたね。あの子《こ》はのみこみがはやいし、もうしばらくして、クィーン学院《がくいん》にいれてやるのが、わたしらにできるいいことだと思《おも》いますがね。でも、まだ一、二年《ねん》は、口《くち》にだしていうことはありませんよ。」

「そうさな。ときどきかんがえてみるのも、わるかないと思《おも》うがな。」と、マシュウはいった。「こういうことは、じっくりかんがえればかんがえるほど、よいもんだ。」

二十六　物語《ものがたり》クラブが結成《けっせい》された

アボンリーの子《こ》どもたちが、また、まえのようにおだやかな生活《せいかつ》におちつくのは、なかなかむつかしかった。とりわけアンは、何週間《なんしゅうかん》も無我夢中《むがむちゅう》ですごしてきたので、すべてのことがひどく気《き》ぬけして、つまらないことに思《おも》われた。

(音楽会《おんがくかい》のまえの、はるかに遠《とお》い日《ひ》に、あの静《しず》かなよろこびの日々《ひび》に、もどれるかしら?)

会《かい》がおわった直後《ちょくご》ダイアナに話《はな》したように、アンは、とてももどれるとは思《おも》っていなかった。

「ダイアナ、毎日《まいにち》がむかしとまったくおなじように静《しず》かになるなんて、ぜったいにないわ。」アンは悲《かな》しみにしずんで、そういった。まるで五十年《ねん》もむかしのことをいってるように。「たぶん、しばらくすれば、なれると思《おも》うの。だけど、音楽会《おんがくかい》って、ふだんの生活《せいかつ》をゆがめてしまうんじゃないかしら。マリラがいけないといったのは、こういうことなのね。マリラはふんべつのある人《ひと》なのよ。ふんべつがあるって、えらいことだと思《おも》うけれど、あたしはそういう人間《にんげん》になりたいとは思《おも》わないな。だって、ロマンチックじゃないんだもの。リンドおばさんは、あたしがふんべつくさくなるきけんはないって、いってくれるけど、保証《ほしょう》できないのよ。このごろ、だんだんふんべつがついていくような気《き》がするわ。でも、きっとつかれてるからかもしれないわ。ゆうべは、長《なが》いこと、ずーっとねつけなかったのよ。目《め》をあけたままで、なんどもなんども音楽会《おんがくかい》のことを思《おも》いかえしていたの。頭《あたま》のなかで思《おも》いうかべるなんて、やっぱり、ああいう体験《たいけん》をしたからだわ。思《おも》い出《で》になることって、とてもすばらしいことねえ。」

けれども、アボンリー学校《がっこう》は、すらすらとまえとおなじ日日《ひび》にもどっていき、いつものたのしみをとりもどした。音楽会《おんがくかい》のこんせきは、いくらかのこってはいたが。ルビイ＝ギリスとエマ＝ホワイトは、どっちが舞台《ぶたい》の上席《じょうせき》をとるかということでけんかしたので、ふたりはもう、おなじ机《つくえ》にならばなくなってしまった。三年間《ねんかん》の末頼《すえたの》もしい友情《ゆうじょう》はこわれてしまった。ジョシイ＝パイとジュリア＝ベルは、三か月《げつ》も口《くち》をきかなかった。その理由《りゆう》は、ジュリアが舞台《ぶたい》で暗唱《あんしょう》するときのおじぎのしかたが、ひよこが頭《あたま》をこくりとうごかしたみたいだと、ジョシイがベシイにいった。それを、ベシイがジュリアに告《つ》げ口《ぐち》してしまったからだという。

スローン家《け》の人《ひと》たちは、ベル家《け》の人《ひと》たちとのつきあいをやめてしまった。ベル家《け》では、スローン家《け》の人《ひと》は、音楽会《おんがくかい》の番組《ばんぐみ》にあんまりですぎるというし、スローン家《け》では、ベル家《け》のものは、やらなきゃならないちょっとした役《やく》さえこなせないじゃないかと、さかねじをくわせたからである。

おしまいに、チャーリイ＝スローンがムーディ＝スパージョンと、なぐりあいのけんかをした。その理由《りゆう》というのは、アンが暗唱《あんしょう》のとき、きどっていたとムーディがいったからである。ムーディはなぐられてしまった。この結果《けっか》、ムーディの妹《いもうと》のエラ＝メイは、冬《ふゆ》のあいだじゅう、アンに口《くち》をきかなかった。

こういうささいな衝突《しょうとつ》をのぞいて、スティシイ先生《せんせい》のひきいる小《ちい》さな王国《おうこく》は、規則正《きそくただ》しく、順調《じゅんちょう》にはぐくまれた。

冬《ふゆ》は知《し》らぬまにすぎていった。めずらしくあたたかな冬《ふゆ》で、雪《ゆき》もほとんどふらなかったので、アンとダイアナは、毎日《まいにち》のように、〈シラカバの道《みち》〉をぬけて、学校《がっこう》へかよえるくらいだった。

アンの誕生日《たんじょうび》に、ふたりはこの道《みち》を、足《あし》どりもかるく、おしゃべりしながらあるいていった。そのあいだも気《き》をゆるめずに、目《め》と耳《みみ》をはたらかせていた。スティシイ先生《せんせい》から『冬《ふゆ》の森《もり》をあるいて』という題《だい》で作文《さくぶん》を書《か》くようにといわれたので、森《もり》のなかを注意《ちゅうい》ぶかく観察《かんさつ》しなければならないからだ。

「ちょっと、かんがえてみてよ、ダイアナ。あたし、きょうで十三になったのよ。」アンは、おそろしそうにひくい声《こえ》でいった。「十三才《さい》なんて、さっぱり信《しん》じられないわ。けさ、目《め》をさましたとき、なにもかも、いつもとちがってるみたいに思《おも》えたわ。あんたは、一か月《げつ》もはやく十三になったんだから、あたしみたいにめずらしくないでしょうけどね。二年《ねん》たてば、ほんとにおとなになれるわ。そうすれば、みんなにわらわれずに、大《おお》きなことばがつかえると思《おも》うと、とってもうれしいわ。」

「ルビイったらね、十五になったとたんに、恋人《こいびと》をこしらえるつもりなんですって。」と、ダイアナがいった。

「ルビイって、恋人のことしかかんがえないのよ。」アンは、さもけいべつしたようにいった。「だれかがあの人《ひと》の名《な》まえをらくがきすると、きちがいみたいにおこるけど、心《こころ》の底《そこ》ではよろこんでるのよ。でも、こんなことというのは、いじのわるい、いいかたでしょうね。アランさんのおくさんは、いじのわるい話《はな》しかたは、けっしてしてはいけませんって。だけど、知《し》らないうちに、口《くち》からとびだしちゃうのよ。そう思《おも》わない？　ジョシイのことは、どうしても思《おも》いやりのあるいいかたができないんで、ジョシイにかんしては、いっさいだまってることにしているの。

気《き》がついてる？　あたし、なんとかして、アランさんのおくさんみたいになろうと、努力《どりょく》してるのよ。あんなにかんぺきな人《ひと》っていないわ。アランさんだって、そう思《おも》っていらっしゃるわ。リンドのおばさんはね、アラン先生《せんせい》が、おくさんのあるいた地面《じめん》さえ、おがみかねないというの。牧師《ぼくし》さんともあろう人《ひと》が、ひとりの人間《にんげん》に大《おお》きな愛情《あいじょう》をもつなんて、感心《かんしん》できないというのよ。でも、ね、ダイアナ。いくら牧師《ぼくし》さんでも人間《にんげん》ですもの、みんなとおなじように、人《ひと》の子《こ》の罪《つみ》をもっているでしょ。

先週《せんしゅう》の日曜《にちよう》の午後《ごご》、人《ひと》の子《こ》の罪《つみ》について、アランさんのおくさんとおもしろいことを話《はな》しあったわ。日曜《にちよう》にふさわしい話題《わだい》がいくつかあって、罪《つみ》の話《はなし》もそのひとつなの。あたしの生《う》まれつきの罪《つみ》は、あんまり空想《くうそう》しすぎて、つとめをわすれてしまうことなの。なんとかして、この罪《つみ》にうちかとうとしているのよ。それに、もう十三だから、きっといままでよりはよくなるでしょうよ。」

「四年《ねん》たてば、あたしたち、髪《かみ》をゆいあげてもいいんだわ。」ダイアナがいった。「アリス＝ベルは、まだ十六なのに髪《かみ》をゆってるわ。でも、あれはおかしいわよ。あたしは十七になるまでまつつもり。」

「もし、あたしがアリスみたいに、鼻《はな》がまがってたら……」と、アンはいきおいよくいった。「あたしなら――そうだ、やめておこう。いまいおうとしたこと、ひどいわるくちなんだもの。それにあたしの鼻《はな》とあの人《ひと》のとをくらべるなんて、うぬぼれというものよ。ずっとまえ、あたしの鼻《はな》がすてきだってほめられてから、気《き》をまわしすぎてるの。でも、鼻《はな》のことをかんがえると、ほんとになぐさめられるわ。

ダイアナ、ほら、あそこ、ウサギよ。作文《さくぶん》に書《か》けるわよ。冬《ふゆ》の森《もり》だってきれいねえ。夏《なつ》とおなじにね。白一色《しろいっしょく》で、静《しず》かで、まるでねむってて、すてきな夢《ゆめ》をみてるようよ。」

「その作文《さくぶん》のほうは、気《き》にしないことにするわ。」と、ダイアナはためいきをついた。「森《もり》のほうはいいとして、月曜《げつよう》にだすほうの作文《さくぶん》にはこまっちゃうわ。スティシイ先生《せんせい》は、じぶんの空想《くうそう》の物語《ものがたり》を書《か》け、なんておっしゃるんですもの！」

「なぜ？　かんたんじゃないの。」アンはいった。

「あんたには、そりゃ、やさしいでしょうよ。空想力《くうそうりょく》があるんだもの。でも、もし生《う》まれつき空想力《くうそうりょく》がなかったら、どうする？　きっと、もうとっくに書《か》いてしまったのね？」と、ダイアナは抗議《こうぎ》した。

アンは、うれしそうな顔《かお》をみせまいと、努力《どりょく》したが、失敗《しっぱい》して、

「月曜《げつよう》の夕《ゆう》がた書《か》いてしまったわ。『ねたみぶかいライバル』または『死《し》もふたりをわかたず』という題《だい》よ。マリラに読《よ》んできかせたら、くだらない、ばかげた話《はなし》だといわれたの。マシュウに読《よ》んであげたら、すばらしいといってくれたわ。こういう批評家《ひひょうか》ってすきよ。かなしくて、あまいお話《はなし》なの。書《か》いているあいだ、子《こ》どもみたいに泣《な》いてたわ。コルデリア＝モントモーレンシイとジェラルダイン＝セイモアという名《な》のふたりの美《うつく》しい娘《むすめ》のお話《はなし》なの。ふたりは、おなじ村《むら》にすんでいて、おたがいに、しんから愛《あい》しあっているのよ。コルデリアは小麦色《こむぎいろ》のはだで、ふっさりした黒髪《くろかみ》は夜《よる》のようで、まっくろな目《め》は、きらきらかがやいてるの。ジェラルダインは反対《はんたい》に色《いろ》が白《しろ》くて、女王《じょおう》のように気品《きひん》があって、金《きん》の糸《いと》のような髪《かみ》、ひとみはむらさきのビロードのような女《おんな》の子《こ》なの。」

「むらさき色《いろ》の目《め》をした人《ひと》なんて、見《み》たことないわ。」

ダイアナは、うたがわしそうにいった。

「あたしだって、ないわよ。空想《くうそう》しただけよ。なにかふつうとはちがっていてほしいのよ。ジェラルダインは石《せっ》こうの彫刻《ちょうこく》のようなひたいをしてるの。石《せっ》こうの彫刻《ちょうこく》のひたいがどんなものか、わかったわ。こうい

うことも、十三になって、とくしたことのひとつよ。あんだだって、十二のときよりもずっといろんなこと知《し》っているわ。」

「それで、コルデリアとジェラルダインはどうなったの？」

ふたりの女《おんな》の子《こ》の運命《うんめい》に興味《きょうみ》をそそられはじめて、ダイアナがきいた。

「十六になるまで、ふたりはそろって美《うつく》しく成長《せいちょう》したのよ。ところが、バートラム＝ディビエという若者《わかもの》が、生《う》まれ故郷《こきょう》の村《むら》にかえってきて、美《うつく》しいジェラルダインと恋《こい》におちたのよ。かれは、ジェラルダインののった馬車《ばしゃ》の馬《うま》がきゅうにあばれだしたとき、命《いのち》をたすけてやったの。ジェラルダインはかれのうでにだかれて気絶《きぜつ》したまま、五キロもはなれた家《いえ》にはこばれたの。なぜって、馬車《ばしゃ》はこわれて、つかいものにならなかったから。

プロポーズの場面《ばめん》を想像《そうぞう》するのは、たいへんだったわ。だって、まだ経験《けいけん》してないんですもの。だから、ルビイに、プロポーズがどんなふうか、きいてみたの。おねえさんたちがたくさん結婚《けっこん》したから、くわしいだろうと思《おも》ったのよ。

マルコム＝アンドリュースが、おねえさんのスーザンに申《もう》し込《こ》みをしたとき、ルビイったら、広間《ひろま》の食器戸《しょっきと》だなにかくれていたんですって。そしたら、マルコムはスーザンにこういったんですってよ。『とうさんが、おれの名義《めいぎ》にして、農園《のうえん》をくれたんだ。』それから『どうかね、この秋《あき》にいっしょにならんかね。』って。そしたら、スーザンは『ええ、いいわ。あら、だめだわ――よくわかんないわ。かんがえさせて。』そんなことをいって、すばやく婚約《こんやく》してしまったんですって。

でも、こんなプロポーズじゃ、あんまりロマンチックとは思《おも》えなかったわ。けっきょく、おしまいには、できるかぎり頭《あたま》をふりしぼって、想像《そうぞう》しなければならなかったわ。とってもはなやかで、詩的《してき》にしたの。いまの時代《じだい》に、そんなことしないって、ルビイにいわれたけど……。

バートラムはひざまずいて、ジェラルダインは一ページぶんもある長《なが》いことばで、プロポーズを承知《しょうち》したの。この文句《もんく》には、ほんとになやんだわ。五回《かい》も書《か》きなおしたくらいよ。傑作《けっさく》じゃないかしら。バートラムは、ダイヤモンドの指輪《ゆびわ》とルビーのネックレスをジェラルダインにわたして、新婚旅行《しんこんりょこう》にヨーロッパにいこうっていうのよ。なにしろ、かれは大金持《おおがねも》ちなの。

けれども、ああ、ふたりの前途《ぜんと》に、暗《くら》いかげがさしはじめたのよ。コルデリアも、ひそかにバートラムを愛《あい》していたんで、ジェラルダインが婚約《こんやく》のことを話《はな》したとき、ひどいショックをうけたの。ダイヤの指輪《ゆびわ》とネックレスを見《み》たら、いっそうよ。ジェラルダインにたいする愛情《あいじょう》が、はげしい憎《にく》しみにかわって、バートラムとけっして結婚《けっこん》させやしないと、心《こころ》に誓《ちか》ったの。でも、うわべはいままでどおり、ジェラルダ

イン の友《とも》だちのふりをしているのよ。ある夕《ゆう》がた、ふたりは、流《なが》れのはやい川《かわ》の橋《はし》の上《うえ》に立《た》っていたの。コルデリアは、ほかに人《ひと》がいないと思《おも》って、ジェラルダインをつきおとして、『ハ、ハ、ハ。』と、くるったようにあざわらったの。ところが、バートラムがそれを見《み》ていて、『なれをすくわん、命《いのち》よりだいじな人《ひと》よ。』とさけんで、たちまち流《なが》れにとびこんだのよ。けれども、おお、かれはじぶんがおよげなかったことをわすれていたんで、だきあったままおぼれてしまったの。

ふたりの死体《したい》は、まもなく岸《きし》べにうちあげられ、一つのお墓《はか》にうめられるの。お葬式《そうしき》は、そりゃたいしたものだったのよ、ダイアナ。結婚式《けっこんしき》より、お葬式《そうしき》で物語《ものがたり》をおわらせるのは、とってもロマンチックだと思《おも》わない？　コルデリアはどうしたかっていうと、後悔《こうかい》のあまり気《き》がくるって、きちがい病院《びょういん》にいれられてしまうの。この人《ひと》の罪《つみ》のしかえしには、このように詩的《してき》なほうがいいと思《おも》ったの。」

「もう、なんてすばらしいんでしょ。」ダイアナは、ためいきをついた。彼女《かのじょ》も、マシュウとおなじような、ほめたい批評家《ひひょうか》のひとりだった。「どうして、あんたの頭《あたま》って、ぞくぞくするようなお話《はなし》がでてくるのかしら、アン。あたしの空想力《くうそうりょく》も、あんたみたいにいくといいんだけど。」

「そりゃ、きたえりゃいいのよ。」と、アンは元気《げんき》づけた。

「たったいま、いいこと思《おも》いついたわ、ダイアナ。あたしたちふたりで、物語《ものがたり》クラブをつくって、物語《ものがたり》を書《か》いてれんしゅうしましょうよ。あんたがじぶんで物語《ものがたり》を書《か》けるようになるまで、てつだうわ。そりゃ、もう、空想力《くうそうりょく》をみがくべきよ、ね。スティシイ先生《せんせい》がそうおっしゃったわ。でも、正《ただ》しいほうへすすまなくちゃね。まえに〈おばけの森《もり》〉のことを話《はな》したら、『あなたがたは、まちがった道《みち》にそれてしまいましたね。』って、おっしゃったわ。」

こんなわけで、「物語《ものがたり》クラブ」がつくられた。はじめは、ダイアナとアンだけだったが、まもなくジェーンやルビイ、ほかにもひとりふたりの、空想力《くうそうりょく》をきたえる必要《ひつよう》をかんじたものがくわわった。男《おとこ》の子《こ》は、ひとりも入会《にゅうかい》をゆるされなかった。ルビイは、男《おとこ》の子《こ》の入会《にゅうかい》は、クラブを活発《かっぱつ》にするにちがいないと、意見《いけん》をのべたが――。

クラブのメンバーは、一週間《しゅうかん》に一つ、物語《ものがたり》をつくりださなければならなかった。

「とってもおもしろいのよ。」アンは、マリラに話《はな》した。「ひとりずつ、じぶんの書《か》いた作品《さくひん》を、大《おお》きな声《こえ》で朗読《ろうどく》しなければならないの。それから、みんなで、その作品《さくひん》について論《ろん》じるのよ。物語《ものがたり》はみんなだいじにとっておいて、あたしたちの子孫《しそん》に読《よ》ませるつもりなの。みんな、ペンネームで書《か》いているのよ。あたしの名《な》はロザモンド＝モントモーレンシイよ。みんな、たいしたものよ。ルビイは多少《たしょう》センチメンタルね。あの人《ひと》、物語《ものがたり》のなかに、恋愛《れんあい》をたっぷりもりこむのよ。あんまりすくないのもよくないけど、おおすぎるのもどうかしら。ジェーンは、いっさいいれないの。朗読《ろうどく》するとき、はずかしくなっちゃうんですって。ジェーンの物語《ものがたり》は、だからよくもわるくもなくて、常識的《じょうしきてき》なものよ。それから、ダイアナの物語《ものがたり》は、人《ひと》をたくさん殺《ころ》しすぎるのよ。登場人物《とうじょうじんぶつ》を、どうやってうごかせばいいかわからなくて、どんどんけしちゃうんですって。たいてい、あたしが、どんなふうに書《か》くのかおしえてあげるんだけど、べつにたいしたことじゃないわ。なにしろ、たっぷりアイディアがあるんですもの。」

「だけど、話《はなし》を書《か》くのなんのっていうことは、ずいぶんばかげてるとしか思《おも》えないね。」マリラは、水《みず》をさした。「あんたは、頭《あたま》のなかに、くだらない話《はなし》をせっせとためこんで、勉強《べんきょう》につかう時間《じかん》をむだにしてるんだよ。物語《ものがたり》なんぞ、読《よ》むのもよくないけど、書《か》くほうがもっとわるいよ。」

「あたしたち、物語《ものがたり》に教訓《きょうくん》をいれるよう気《き》をつけてるのよ、マリラ。あたしがそれをいいだしたのよ。よい人間《にんげん》は、きっとむくいられるし、悪人《あくにん》は、かならず罰《ばつ》をうけるのよ。教訓《きょうくん》ってだいじですもの。牧師《ぼくし》のアラン先生《せんせい》がそういったわ。あたしの物語《ものがたり》のひとつを、牧師《ぼくし》さんとおくさんに読《よ》んであげたの。おふたりとも、教訓《きょうくん》がすぐれているっておっしゃったわ。ただ、ふたりともへんなところでわらうのよ。泣《な》いてほしいような場面《ばめん》なのに。ジェーンとルビイは、かなしいところにくると、たいてい泣《な》くの。

ダイアナが、クラブのことをジョセフィンおばさんに手紙《てがみ》で知《し》らせたら、『その物語《ものがたり》をいくつか読《よ》ませてほしい。』って返事《へんじ》がきたんですって。それで、いちばんよさそうなの四つ書《か》きうつして、おくったわ。そしたら、ジョセフィン＝バリーさんから、こんなにおもしろいのは、こんりんざい読《よ》んだことはありませんって、また返事《へんじ》をくださったの。でも、これにはおどろいちゃった。だって、物語《ものがたり》はぜんぶかなしいものだし、ほとんどみんな死《し》んじまうんですもの。ともかく、バリーさんのお気《き》にめしたのは、うれしいことよ。ほんのすこしでも、クラブが世《よ》の人《ひと》のためになった証拠《しょうこ》ですもの。

『なにをするにも、世《よ》の中《なか》のためになるという目的《もくてき》がなければいけません。』って、アランさんのおくさんがおっしゃったわ。あたしだって、そういう努力《どりょく》しているんだけど、ついおもしろいことにぶつかると、わすれてしまうのよ。大《おお》きくなったら、アランさんのおくさんみたいになりたいわ。見込《みこ》みがあるかしら？」

「おおいにあり、とはいえないね。」それがマリラなりの、はげましの返事《へんじ》だった。「アランさんのおくさんは、けっして、あんたのようにばかげた、わすれっぽい子《こ》どもじゃなかっただろうからね。」

「そりゃ、そうよ。でも、いまみたいにかんぺきというわけじゃなかったのよ。」アンは、まじめな顔《かお》でいった。「ごじぶんでおっしゃったけれど、むかしはひどいいたずらっ子《こ》だったんですって。いつもこまったことばかりしていたそうだけど。それをきいて、とても勇気《ゆうき》がでたわ。ほかの人《ひと》が、いたずらっ子《こ》だったときいて勇気《ゆうき》がでるなんて、おかしいことかしら。リンドのおばさんは、そうですっておっしゃるけど。

おばさんは、どんなに小《ちい》さいときでも、手《て》におえないわんぱくだったときくと、ぞくっとするんですって。いつかも、ある牧師《ぼくし》さんが、子《こ》どものころ、その人《ひと》のおばさんの食器《しょっき》だなから、イチゴのケーキをぬすんだことがあったとうちあけるのをきいて、尊敬《そんけい》のきもちがすっかりきえてしまったそうよ。あたしはそんなふうにはかんじないわ。りっぱな人《ひと》だから、そんな話《はなし》がおできになるんだと思《おも》ったわ。ちょうど、わるいことしちゃったとしょげている小《ちい》さな男《おとこ》の子《こ》たちが、じぶんでも大《おお》きくなったら牧師《ぼくし》さんになれるかもしれない、とわかったら、どんなに元気《げんき》がでるかしれないでしょう。そう思《おも》うのよ、マリラ。」

「いま、わたしがかんじていることはですよ、アン。そろそろ、あんたが、このおさらをあらいおわっているはずだということだよ。このおしゃべりで、いつもより三十分《ぷん》もよけいにかかっているよ。ともかく、まず仕事《しごと》、おしゃべりはそのあと、ということをおぼえるんだね。」

二十七　虚栄《きょえい》となやみ

四月《がつ》もおわりに近《ちか》いある夕《ゆう》がた、教会《きょうかい》の婦人会《ふじんかい》の集《あつ》まりのかえり道《みち》で、マリラは長《なが》い冬《ふゆ》がたちさったことをかんじた。

春《はる》は、若者《わかもの》や、しあわせな人《ひと》びとの心《こころ》をうきたたせるばかりでなく、老人《ろうじん》や、かなしむものにも、へだてないよろこびをつれてくる。マリラは、それをはっきり見《み》きわめたのではない。それよりも、たったいままでてきた教会《きょうかい》のことで、頭《あたま》はいっぱいだった。婦人会《ふじんかい》や伝道《でんどう》に必要《ひつよう》な献金《けんきん》のこと、牧師室《ぼくししつ》に新《あたら》しくしかれていたじゅうたん……けれども、ひそかに大地《だいち》をおおいはじめている春《はる》のけはいに、胸《むね》がはずんでくるようだった。

うすむらさきのもやにぼうっとかすんでいる、夕《ゆう》ばえの野原《のはら》、小川《おがわ》をこえて牧場《まきば》にまでかげをひいている、モミの木《き》のするどいきっさき、しんとした森《もり》の池《いけ》のほとりには、カエデの芽《め》があざやかに紅《べに》をにじませている。春《はる》はいつのまにか地上《ちじょう》をうめつくし、土《つち》の下《した》からわいてくるよろこびの色《いろ》で、すべてをよそおいはじめていた。この春《はる》の呼吸《こきゅう》につつまれて、冷静《れいせい》な年配《ねんぱい》のマリラの足《あし》どりでさえ、なにげなくかろやかになっていた。

マリラの目《め》は、木々《きぎ》のしげみのすきまからのぞいているわが家《や》の屋根《やね》のほうに、やさしくそそがれた。空《そら》は、夕日《ゆうひ》をうけて、いくすじもの光《ひかり》の反射《はんしゃ》をきらきらとはじいていた。家《いえ》につうじる小道《こみち》はしっとりしめっていた。炉《ろ》にはほのおがいきおいよくもえ、テーブルにはきちんとお茶《ちゃ》のしたくができているわが家《や》にかえるというのは、まったくしあわせだと思《おも》った。アンがグリーン・ゲイブルズの家《いえ》にくるまえまでは、教会《きょうかい》の婦人会《ふじんかい》の集《あつ》まりがおわった夕《ゆう》がたは寒《さむ》ざむとしたきもちで家《いえ》にかえったものだった。

ところが台所《だいどころ》にはいってみると、火《ひ》はすっかりきえているし、アンの姿《すがた》はどこにも見《み》えないので、マリラはがっかりして、はらをたてた。五時《じ》にお茶《ちゃ》のしたくをしておくようにいいつけておいたのに。マリラは、いそいで二番《ばん》めの外出着《がいしゅつぎ》をぬいで、畑仕事《はたけしごと》からもどってくるマシュウのために、お茶《ちゃ》のしたくをしなければならなかった。

「あの子《こ》がかえってきたら、きっぱり話《はなし》をつけなくちゃ。」と、マリラはぷりぷりして、肉切り包丁《にくきりぼうちょう》で、付《つ》け木《ぎ》をすさまじいけんまくでけずった。

マシュウは、もどってくると、だまったままいつもこしをおろすすみのほうで、お茶《ちゃ》をまっていた。

「あの子《こ》は、ダイアナとどこかうろつきながら、やれ小説《しょうせつ》を書《か》くの、やれ対話《たいわ》のけいこだのと、ばかげたことに熱中《ねっちゅう》しているにちがいないんだから。時間《じかん》や仕事《しごと》のことなんぞ、まったくかんがえようとはしないんだもの。ああいうことは、きっぱりやめさせねばなりません。アランさんのおくさんが、たとえどこのだれよりもりこうな子《こ》で、きもちのいい女《おんな》の子《こ》だといってくださったにせよ、わたしはどうじませんね。りこうで、気《き》だてのいい子《こ》にしろ、頭《あたま》のなかに、ばかばかしいことがつまってるんだったら、なにをおっぱじめるか、わかったもんじゃないんだから。一つ気《き》まぐれがすんだとおもうと、すぐつぎのにとりかかるんだから。きょう、婦人会《ふじんかい》で、レイチェル＝リンドにその話《はなし》をされて、すっかりはらをたてたんだけど、けっきょくわたしも、そっくりおなじことをいってるんです。アランさんのおくさんが、アンのために弁護《べんご》してくださったときは、とてもうれしかったですよ。もし、おくさんがいってくださらなかったら、わたしはみなさんのまえで、レイチェルに、なにかひどいことをいったにちがいありませんね。アンには欠点《けってん》がたくさんあるし、否定《ひてい》はしませんよ。だけども、アンはわたしがそだてているんで、レイチェル＝リンドじゃありません。レイチェルときたら、天使《てんし》ガブリエルがもしアボンリーにすんでいたとしても、どこか欠点《けってん》をひろいだすでしょうからね。

それにしても、アンもしようがない子《こ》ですよ。きょうの午後《ごご》はうちにいて、用《よう》をしておくようにといいつけておいたのに、こんなふうに家《いえ》をるすにしていいはずがありません。いろんな欠点《けってん》はあっても、ともかく、あの子《こ》は、いいつけにしたがわないとか、信用《しんよう》できないことは、これまでなかったのに、きょうこんなめにあわされるなんて、まったくかなしいことですよ。」

「まあ、おれはどうも。」と、マシュウはいった。マシュウはがまんづよく、かんがえぶかかったし、おなかもすいていたので、マリラが怒《いか》りをぶちまけるまで、じゃましないでおくのがいちばんいいと思《おも》っていた。

「おそらくおまえは、はやまった考《かんが》えできめつけようとしておるんじゃないかね、マリラ。あれが、おまえのいいつけをきかなかったとわかるまで、あてにならないとはいわんほうがいいな。きっと、これにはわけがあったろうよ。あの子《こ》は説明《せつめい》にかけては名人《めいじん》だからな。」

「わたしがうちにいなさいといったのに、ここにいないじゃありませんか。」と、マリラはいいかえした。「こっちがなっとくするまで説明《せつめい》するのは、あの子《こ》だってむつかしいと思《おも》いますよ。もちろん、あんたが、あの子《こ》のかたをもっているのはわかってますがね。でも、そだてているのはこのわたしで、あんたじゃありませんよ。」

夕食《ゆうしょく》のしたくができたときは、もう暗《くら》くなっていた。それでもまだ、丸木橋《まるきばし》や〈恋人《こいびと》たちの道《みち》〉を、おそるおそる息《いき》をきらしてかえってくるアンの姿《すがた》は、みられなかった。

マリラはむっつりと、さらをあらいおわった。そこで、地下室《ちかしつ》におりるために、東《ひがし》のアンのへやのろうそくをとりに、あがっていった。アンのテーブルにたててあるろうそくに、火《ひ》をともしてから、ふいに、まくらのなかに顔《かお》をうずめてベッドにねているアンの姿《すがた》をみつけた。

「あれまあ！」マリラはびっくりしてさけんだ。「あんた、ねむってたのかい？」

「ちがうわ。」息《いき》がつまったような声《こえ》だった。

「それじゃ、きぶんがわるいのかい？」

マリラは、心配《しんぱい》そうに、ベッドにちかづいてきいた。

アンは、まるで、人《ひと》の目《め》から永遠《えいえん》にじぶんのすがたをかくそうとでもするように、まくらにいっそうふかく、ちぢこまった。

「ちがうの。でもおねがい、マリラ、むこうへいってて。あたしを見《み》ないで。あたしは絶望《ぜつぼう》でたたきのめされているの。もう、だれがクラスで一番《ばん》をとろうと、いっとういい作文《さくぶん》を書《か》こうと、日曜学校《にちようがっこう》の合唱隊《がっしょうたい》でうたおうと、気《き》にしないの。そんなちっぽけなこと、いまじゃどうでもいいの。もう、あたしは二度《ど》と、そとへいけないんですもの。あたしの人生《じんせい》はおわったの。おねがいだから、マリラ、あっちへいって。あたしを見《み》ないで。」

「いったい、どういうことかね、これは。」マリラは、わけを知《し》りたがった。「アン、いったいどうしたんだね、なにをしたのかね。さあ、まっすぐおきて、いってごらん。いますぐだよ、ええ？」

アンは、しぶしぶ、床《ゆか》にすべりおりて、「あたしの髪《かみ》を見《み》てちょうだい、マリラ。」と、つぶやいた。

マリラは、ろうそくをもちあげて、アンの背《せ》をふさふさとおおっている髪《かみ》を、つくづくながめた。たしかに、それは異状《いじょう》があった。

「アン、これはまた、どうしたんだい。緑色《みどりいろ》じゃないの！」

人《ひと》に、しいて説明《せつめい》するなら、緑色《みどりいろ》とでもいうのだろう——きみょうな、つやのない青銅《せいどう》のような緑色《みどりいろ》で、ところどころに、もとの赤《あか》い毛《け》のすじがまじっている、なんとも無気味《ぶきみ》なありさまだった。このときのアンの髪《かみ》の毛《け》ほど奇怪《きかい》なものを、いままでマリラは見《み》たことがなかった。

「そう、緑色《みどりいろ》なの。」アンはうめいた。「あたしは、赤毛《あかげ》ほどひどいものはないと思《おも》っていたけど、いまじゃ、緑色《みどりいろ》の髪《かみ》のほうが十倍《ばい》もいやなもんだってわかったわ。ああ、マリラ、あたしがいま、どんなに心底《しんそこ》からかなしんでいるか、わかってもらえないと思《おも》うわ。」

「わたしには、なんでおまえがこんなはめになったのか、けんとうもつかないね。さあ、すぐ台所《だいどころ》へおりてきて、なにをしたのか、話《はな》しておくれ。ここじゃ、あんまり寒《さむ》いから——そのうちに、なにかへんなことがもちあがるとは思《おも》っていたよ。そう、ふた月《つき》も、あんたがみょうなことをしでかさなかったんだから。とうぜんなにかあっていいころですよ。さあ髪《かみ》をどうしたのか、いってごらん。」

「染《そ》めたんです。」

「染《そ》めた？　髪《かみ》を染《そ》めたんだって！　アン、そんなことは、ふらちなことだと知《し》らなかったのかい。」

「そりゃ、すこしはいけないことだと思《おも》ってたわ。」と、アンはみとめた。「でも、赤《あか》い毛《け》をなんとかしまつするには、すこしぐらいいけないことでも、やる価値《かち》があると思《おも》ったの。あたしだって、いろいろもくろみをたてたのよ。それに、ほかになにか、とびきりいいことをして、つぐないをするつもりだったのよ。」

「よろしい、もしわたしがじぶんの髪《かみ》を染《そ》める値《ね》うちがあるときめたら、せめて、もっとましな色《いろ》に染《そ》めただろうね。緑色《みどりいろ》に染《そ》めたりなんかしませんよ、ええ。」

マリラは、ぴしゃりといった。

「あたしだって、緑色《みどりいろ》に染《そ》めるつもりじゃなかったのよ、マリラ。」アンは、いかにもなさけなさそうにいった。「もし、わるいことをするなら、なにかめあてがあってするわよ。その人《ひと》は、カラスのような美《うつく》しい黒髪《くろかみ》にかえられますって、いったんだわ。ぜったいにだいじょうぶって、保証《ほしょう》したわ。どうして、人《ひと》のことばをうたがえる？　マリラ。じぶんのことばをうたがわれたとき、どんなきもちがするか、よくわかるもの。アランさんのおくさんも、おっしゃってるわ。あたしたちは、はっきりした証拠《しょうこ》でもないかぎりは、どんな人《ひと》のことばでも、けっしてうたがってかかるべきじゃないって。でも、いまはもうはっきりしているわ。緑色《みどりいろ》の髪《かみ》は、だれにたいしても、じゅうぶんな証拠《しょうこ》になるわよね。でも、そのときにはわからなかったのよ。だから、その人《ひと》のことばを、すっかり信《しん》じきってしまったのよ。」

「だれのことばをかい？　どこのだれのことを、あんたはいってるのかね。いったい？」

「きょうの午後《ごご》、ここにきた行商人《ぎょうしょうにん》よ。その人《ひと》から染《そ》め粉《こ》を買《か》ったの。」

「アン、イタリア人《じん》のああいうもんを、けっして家《いえ》のなかにいれるなと、あれほどいったのに、わからないのかい？」

「あら、家《いえ》のなかにはいれやしなかったわ。いわれたことをおぼえているから、注意《ちゅうい》して、ドアをしめて、そとにでて、石段《いしだん》のところで、品物《しなもの》を見《み》たのよ。それに、イタリア人《じん》じゃなくって、ドイツ系《けい》のユダヤ人《じん》だったの。大《おお》きな箱《はこ》に、いろんなおもしろそうなものがいっぱいつまっていて、話《はな》してくれたわ。ドイツからおくさんや子《こ》どもをよびよせるんで、いっしょうけんめいはたらいてお金《かね》をためているんですって。妻《つま》や子《こ》どものことを、あんまりしみじみというんで、あたしは胸《むね》がぐっとなってしまったの。そんなりっぱな目的《もくてき》ではたらいているなら、あたしも手助《てだす》けがしたくなって、なにか買《か》おうと思《おも》ったの。そのとき、ぱっと、毛染《けぞ》めぐすりのびんをみつけたの。

その染《そ》め粉《こ》は保証《ほしょう》つきで、どんな髪《かみ》でも美《うつく》しい黒髪《くろかみ》に染《そ》まって、あらってもぜったいおちないんですって。とたんに、あたしがすてきな黒髪《くろかみ》になったところが目《め》にうかんできて、もうゆうわくに勝《か》てなかったの。でも、一びん七十五セントもするのに、あたしのひよこのお金《かね》の残《のこ》りは、たった五十セントしかないのよ。あの行商人《ぎょうしょうにん》は、とってもやさしい人《ひと》だと思《おも》うわ。あたしがそんなぐあいなのを見《み》て、五十セントにまけてもいいといったの。まるで、ただみたいなもんだって、いったわ。

その人《ひと》がかえってしまうとすぐ、ここにあがってきて、説明書《せつめいしょ》どおりに、古《ふる》いヘアブラシにくすりをつけて、やってみたのよ。一びんみんなつかってしまったの。そしたら、ね、マリラ、こんなおそろしい色《いろ》にかわったのを見《み》たとき、後悔《こうかい》したわよ。それから、いままでずっと、後悔《こうかい》しているの。」

「なら、あんたの後悔《こうかい》がやくにたってくれりゃいいがね。」マリラは、きびしい口調《くちょう》でいった。「虚栄心《きょえいしん》のゆきつくところがどんなものか、目《め》をさましたらいいと思《おも》うよ。でも、まあ、どうしたもんだろう。まずはじめに髪《かみ》をよくあらって、どうなるかようすをみようよ。」

そこで、アンは、石《せっ》けんと水《みず》で髪《かみ》を力《ちから》いっぱいあらったが、もとの赤《あか》い髪《かみ》をあらったときとおなじで、むだだった。

行商人《ぎょうしょうにん》は、あらってもおちないといったが、ほかの話《はなし》はべつとして、このことだけは、たしかにあたっていた。

「ああ、マリラ、どうしたらいいの？」アンは涙《なみだ》をながしていった。「もとどおりにならないわ。みんな、あたしの、ほかの失敗《しっぱい》はわすれてしまったでしょうけどね――ぬりぐすりのはいったケーキとか、ダイアナを酔《よ》っぱらわせたことや、リンドのおばさんにかんしゃくをおこしたことなんか。でも、こんどばかりは、みんなわすれっこないわね。みんなが、どうかしていると思《おも》うわ、マリラ。『われらがあざむきをなすときに、われらの織《お》りなすものは、なんと、もつれた織物《おりもの》か』これは詩《し》だけれど、でも真実《しんじつ》のことよ。

ああ、ジョシイがどんなにわらうでしょう！　マリラ、あたしジョシイとはあえないわ。このプリンス・エドワード島《とう》じゅうでいちばんの不幸《ふこう》ものよ。」

アンの不幸《ふこう》は、一週間《しゅうかん》つづいた。そのあいだ、どこにもいかず、毎日《まいにち》、髪《かみ》をあらっていた。ほかの人《ひと》のなかでは、ダイアナだけが、このむざんな秘密《ひみつ》を知《し》っていたが、ダイアナはけっしてだれにもしゃべらないと、まじめにやくそくして、それをまもった。

その週《しゅう》のおわりに、マリラがきっぱりといった。

「むだですよ、こんなことをしてても、アン。こんなにおちない毛染《けぞ》めなんて、ありゃしない。髪《かみ》を切《き》ってしまうしか、方法《ほうほう》はないね。そんなかっこうでは、そとにもいけやしないじゃないの。」

アンのくちびるがふるえた。しかし、マリラのいうことは、つらいけれどももっともだと思《おも》って、かなしげなためいきをつきながら、はさみをとりにいった。

「ひとおもいに、ばっさりやって、おしまいにして。ああ、胸《むね》がちぎれそうだわ。こんなつまらないなやみで髪《かみ》を切《き》るなんて。本《ほん》のなかの女《おんな》の子《こ》は、熱病《ねつびょう》のために髪《かみ》をなくすとか、なにかとうとい目的《もくてき》のために髪《かみ》を売《う》って、お金《かね》にするとかいうのに。あたしも、そんなふうにしてじぶんの髪《かみ》をなくすなら、このはんぶんもいやに思《おも》わないんだけど。おそろしい色《いろ》に染《そ》めてしまったからって髪《かみ》を切《き》ってしまうんじゃ、なんに

もなぐさめられないわ。もし、じゃまじゃなかったら、マリラが切《き》っているあいだじゅう、泣《な》くわ。とっても悲劇的《ひげきてき》なんだもの。」

そうして、アンは泣《な》いた。けれども、そのあと、二階《かい》にあがって鏡《かがみ》をのぞいたときには、絶望《ぜつぼう》しきって、かえってさっぱりした。マリラは思《おも》いきりよく切《き》った。できるだけみじかく髪《かみ》をかりあげる必要《ひつよう》があったので。いくらひいきめにみても、似《に》あうとはいえなかった。アンは、たちまち、鏡《かがみ》をかべのほうへくるりとまわした。

「もう二度《ど》と鏡《かがみ》を見《み》ないでいよう、髪《かみ》の毛《け》がはえるまでは。」

アンは、力《ちから》をこめてさけんだ。それから、ふいに、鏡《かがみ》をもとになおした。

「いいえ、見《み》るんだ。わるいことをしたざんげをするんだ。このへやにはいるたんびに、鏡《かがみ》を見《み》て、じぶんがなんてみにくいのか見《み》よう。それを空想《くうそう》でごまかしたりはしない。あたしは、髪《かみ》のことはうぬぼれていなかったけど、やっぱりうそだったと、いまになってわかったわ。赤《あか》かったとしても、とっても長《なが》くて、ふさふさちぢれていたんだもの。このつぎは、鼻《はな》に、なにかおこるんじゃないかしら。」

つぎの月曜日《げつようび》、アンのみじかくなった髪《かみ》は、学校《がっこう》じゅうで大評判《だいひょうばん》になった。でも、だれひとり、ジョシイでさえ、ほんとうの理由《りゆう》を知《し》らなかったのには、安心《あんしん》した。しかし、ジョシイは、アンに「あんた、まるっきりかかしみたいね。」というのをわすれなかった。

「ジョシイがそういったときも、だまってたのよ。」アンはその夕《ゆう》がた、持病《じびょう》の頭痛《ずつう》で、ソファーによこになっていたマリラにうちあけた。「なぜって、それもひとつの罰《ばつ》だと思《おも》ったから。がまんして、罪《つみ》をしょおうと思《おも》ったの。『あんた、かかしみたいね。』といわれるのは、そりゃ、いやよ。なんとかいいかえしたかったけど、よしたの。さげすんだ顔《かお》であの人《ひと》を見《み》ただけで、ゆるしてやったわ。人《ひと》をゆるすときって、とってもじぶんがけだかい感《かん》じね、そうじゃない？

これからは、全力《ぜんりょく》をうちこんで、いいことをするつもり。まず、二度《ど》ときれいになろうなんて、思《おも》わないわ。もちろんよい人《ひと》になることのほうがいいわ。それは、わかっているんだけど、よくそう思《おも》いながら、信《しん》じるのがむつかしいばあいがあるのよ。あたし、ほんとによい人《ひと》になりたい。マリラやアランさんのおくさんや、ステイシイ先生《せんせい》みたいに。大《おお》きくなったら、マリラが得意《とくい》に思《おも》うような人《ひと》になりたい。ダイアナは、あたしの毛《け》がのびだしたら、ビロードの黒《くろ》いリボンで頭《あたま》をぐるっとまいて、かたほうにちょうむすびをつけたらっていうの。とっても似合《にあ》うだろうっていうのよ。あたし、それを『スコットランドむすび』とよぶつもりよ。とてもロマンチックにきこえるでしょ。あんまりおしゃべりしすぎる、マリラ？　頭《あたま》にひびかないかしら？」

「頭《あたま》はもうだいぶかるくなったよ。午後《ごご》は、おそろしくひどかったけどね。わたしの頭痛《ずつう》は、わるくなるいっぽうだよ。お医者《いしゃ》さんにいちど見《み》てもらわなくちゃなるまい。あんたのおしゃべりは、べつに気《き》にならないよ。なれっこになったんだろうね。」

それは、アンのおしゃべりをききたいときの、マリラのいいかただった。

二十八　白《しら》ゆり姫《ひめ》の災難《さいなん》

「もちろん、あんたがエレーンにならなくちゃ、アン。」と、ダイアナがいった。「あたしはだめ。あそこまで水《みず》にうかんでいく勇気《ゆうき》はないわ。」

「あたしだって。」と、ルビイもふるえながらいった。「小舟《こぶね》に、あたしたちが、二、三人《にん》のって、ゆらゆらうかんでいくのなら、へいきなんだけど。これならおもしろいわね。だけど、よこになって死《し》んだふりをするなんて――とてもできないわ。こわくて、ほんとうに死《し》んじまうかもしれないわ。」

「でも、ロマンチックなことはたしかね。」と、ジェーンはみとめた。「だけど、とてもじっとしてなんかいられないわ。なんべんも頭《あたま》をあげて、いまどのへんにいるのか見《み》たり、あんまり遠《とお》くながされすぎたんじゃないか、なんて、きょろきょろするにきまってるわ。これじゃだいなしよね、アン。」

「でも、赤毛《あかげ》のエレーンなんて、とってもおかしいわよ。」アンはなげいた。「あたしは、ながれていくのもこわくないし、エレーンにはほんとになりたいの。でも、やっぱり似合《にあ》わないわよ。どうしても、ルビイがならなくちゃ。すごく色《いろ》が白《しろ》いし、すてきな長《なが》い金髪《きんぱつ》なんですもの。エレーンは『かがやくような髪《かみ》は波《なみ》をうち』ですもの。それに、エレーンは白《しら》ゆり姫《ひめ》よ。赤毛《あかげ》の子《こ》が、白《しら》ゆりになれっこないわ。」

「あんたは、ルビイとおなじくらい色《いろ》が白《しろ》いわよ。」ダイアナは、しんけんにいった。「それに、あんたの髪《かみ》、切《き》るまえよりも、ずっとこくなったみたいよ。」

「あら、ほんと?」と、アンはうれしそうに、ほおを赤《あか》くしてさけんだ。「ほんとは、じぶんでもそう思《おも》うときがあるけど——でも、ちがうっていわれそうで、だれにもきいてみる勇気《ゆうき》がなかったの。どうかしら? 金《きん》かっ色《しょく》といっていいぐらいじゃない? ダイアナ。」

「そうよ。それに、ほんとにきれい!」

ダイアナは、アンの頭《あたま》に、みじかい絹《きぬ》のようなカールがくるくるうずまいているのを、感動《かんどう》してながめた。

それは、きれいな黒《くろ》のビロードのリボンで、きどったちょうむすびにむすんであった。

みんなは、オーチャード・スロープのすその池《いけ》の岸《きし》にたたずんでいた。そこからは、シラカバのしげった小《ち》さなみさきがつきだしていた。その突端《とったん》には、漁師《りょうし》や、カモ猟《りょう》の人《ひと》たちのために、水《みず》のなかに小《ち》さな木《き》の台《だい》をうかべてあった。真昼《まひる》の午後《ごご》、ルビイとジェーンがダイアナとあそんでいるところに、アンが仲間《なかま》にはいりにきたのだ。

その夏《なつ》、アンとダイアナは、いつも池《いけ》のそばであそんでいた。〈アイドルワイルド〉はもうすっかり過去《かこ》のものになってしまった。それは、この春《はる》ベルさんが、裏《うら》の牧場《ぼくじょう》のれいの木立《こだ》ちを、切《き》りたおしてしまったからだ。アンは、切《き》り株《かぶ》にこしをおろして泣《な》いたが、物語《ものがたり》のヒロインのきもちをあじわうことはできた。でも、すぐに元気《げんき》をとりもどした。ダイアナとしゃべったように、十三にもなる大《おお》きな子《こ》が——もうすぐ十四になるというのに——いつまでもままごとじみた遊《あそ》びをしているわけにはいかないし、池《いけ》のまわりには、もっと魅力的《みりょくてき》な遊《あそ》びをさがすことができた。橋《はし》からニジマスをつるのはおもしろかったし、バリーさんがカモ猟《りょう》のときにつかう平底《ひらぞこ》の小舟《こぶね》にのって、こぎまわるのもすばらしかった。

『エレーン』を劇《げき》にしてやってみようと思《おも》いたったのは、アンだった。その冬《ふゆ》、学校《がっこう》で、テニスンの詩《し》をならっていたからである。生徒《せいと》たちには、白《しら》ゆり姫《ひめ》と、騎士《きし》ランセロットと、ギネビア王妃《おうひ》と、アーサー王《おう》が、いきいきと、じぶんたちの目《め》のまえにいるように思《おも》われた。アンは、キャメロットに生《う》まれてこなかったことを、ひそかにざんねんに思《おも》った。そのころは、いまよりずっとロマンチックだったにちがいない。

アンの計画《けいかく》に、みんなは大《だい》さんせいだった。少女《しょうじょ》たちは、小舟《こぶね》を船着《ふなつ》き場《ば》からひとおしすれば、流《なが》れにのって橋《はし》の下《した》をくぐりぬけ、池《いけ》の湾《わん》につきだした下《した》のみさきにただよっていくことをたしかめていた。まえになんどもやってみたので、エレーンを演《えん》じるのに、こんなに好都合《こうつごう》なことはないと思《おも》った。「それじゃ、あたしがエレーンをやるわね。」

アンは、しかたなくそういった。主役《しゅやく》をやるのはうれしかったが、じぶんがその役《やく》に似《に》つかわしくないと思《おも》っていたからだ。

「ルビイはアーサー王《おう》になってよ。ジェーンはギネビア、ダイアナはランセロットになるのよ。でも、そのまえに、あんたたち、エレーンのきょうだいとおとうさんの役《やく》をしなくちゃいけないわね。でも、年寄《としよ》りのおしの従者《じゅうしゃ》だけは、出場《しゅつじょう》はむりよ。この小《ちい》さな平底舟《ひらぞこぶね》では、ひとりよこになったらいっぱいになっちゃうんだもの。さ、この屋形船《やかたぶね》のはしからはしまで、まっくろな絹《きぬ》をひろげなくちゃ。あんたのおかあさんの、あの古《ふる》いショールがちょうどよくない？　ダイアナ。」

黒《くろ》いショールがくると、アンは舟《ふね》にそれをひろげてから、舟底《ふなぞこ》によこたわって目《め》をつぶり、両手《りょうて》を胸《むね》の上《うえ》にくんだ。

「あら、ほんとうに死《し》んでるみたい。」と、ルビイは、身動《みうご》きもしない白《しろ》い小《ちい》さな顔《かお》に、シラカバの枝《えだ》のかげがちらちらするのを見《み》て、胸《むね》がさわいできた。「なんだか、こわくなってきた。あんたたち、ほんとにこんなことやってみる気《き》？　リンドおばさんは、お芝居《しばい》なんてものは、どんなものでも、感心《かんしん》できたものじゃないって、おっしゃるけど。」

「ルビイ、リンドのおばさんのことなんか、いまいっちゃだめよ。」アンがはげしくいった。「めちゃめちゃになってしまうわ。だって、これは、リンドおばさんの生《う》まれる何《なん》百年《ねん》もむかしのことなのよ。ジェーン、これから、あんたがやっていくのよ。エレーンがしゃべったらへんだもの、死《し》んでるんだから。」

ジェーンが、このむずかしい仕事《しごと》に、うでをふるった。上《うえ》にかぶせる金《きん》の織物《おりもの》はなかったが、黄金《おうごん》の日本《にほん》ちりめんの古《ふる》いピアノかけが、すばらしい代用品《だいようひん》になった。白《しろ》いユリの花《はな》もなかったが、茎《くき》の長《なが》い、青《あお》いアイリスをアンのくんだ手《て》にもたせると、なかなか効果《こうか》があった。

「さあ、できた。」と、ジェーンがいった。「あたしたち、アンのひたいにくちづけするのよ。ダイアナ、あんたは『妹《いもうと》よ、とわにさらば。』っていうのよ。それから、ルビイは、『さらば、いとしき妹《いもうと》よ。』っていうのよ。ふたりとも、できるだけかなしそうな顔《かお》をして。アン、たのむから、ちょっとだけ、ほほえんでみてよ。だって、エレーンは『ほほえむがごとく、よこたわりぬ』ってなってるでしょ？　そう、それでいい。さあ、舟《ふね》をおすわよ。」

平底舟《ひらぞこぶね》はおしだされ、うめてあった古《ふる》いくいに、どしんとぶつかった。ダイアナとジェーンとルビイは、小舟《こぶね》が流《なが》れにのって橋《はし》のほうにむかうのを見《み》ると、まっしぐらに森《もり》をぬけて、街道《かいどう》をよこぎり、下手《しもて》のみさきにかけだしていった。そこで三人《にん》は、ランセロットとギネビアとアーサー王《おう》になったつもりで、白《しら》ゆり姫《ひめ》をまっていなければならなかった。

アンは、しばらくのあいだ、ゆったりと流《なが》れにのって、じゅうぶんにロマンチックなきぶんにひたっていた。

けれども、それどころではなくなった。舟《ふね》に、水《みず》がしみこんできたのだ。そこで、エレーンはとびおきねばならなくなり、金《きん》のおおいや、黒絹《くろきぬ》の布《ぬの》をとりはらい、屋形船《やかたぶね》の底《そこ》の大《おお》きな割《わ》れめを、ぼんやりとながめた。割《わ》れめからは、水《みず》がふきでるようにはいってきた。船着《ふなつ》き場《ば》の、さっきのするどいくいが、舟《ふね》の板《いた》をやぶったのだった。ともかくアンは、じぶんの身《み》にきけんがふりかかっていることが、すぐにわかった。このぶんでは、下手《しもて》のみさきにたどりつくまえに舟《ふね》に水《みず》があふれて、しずんでしまうだろう。オールは？　船着《ふなつ》き場《ば》においてきてしまったのだ！

アンは、あえいだり、小《ちい》さな悲鳴《ひめい》をあげたりしたが、だれにもそれはきこえなかった。くちびるまでまっさおになったが、おちつきだけはうしなわなかった。たすかる方法《ほうほう》は一つ、ただ一つだけだった。

「ぞっとするほど、こわかったわ。」つぎの日《ひ》、アンはアラン夫人《ふじん》に話《はな》した。「小舟《こぶね》が橋《はし》の下《した》までゆきつくあいだ、まるで、何年《なんねん》もかかったような気《き》がしたわ。水《みず》はどんどんふえてくるし、無我夢中《むがむちゅう》でお祈《いの》りをしたんです。ミセス・アラン。でも、神《かみ》さまがあたしをたすけてくださるとしたら、橋《はし》ぐいの一つにできるだけ舟《ふね》をちかづけて、そのくいに、あたしをよじのぼらせてくださることだと思《おも》っていたんですもの。橋《はし》ぐいは古《ふる》い木《き》で、こぶや、枝《えだ》の切《き》ったあとがたくさんあるでしょう。お祈《いの》りはもちろんしてても、じぶんでもよく見《み》はっていて、やらなければならないことはやりとげようと思《おも》ってたんです。『神《かみ》さま、どうか舟《ふね》をくいにちかづけてください、あとはじぶんがしますから。』と、なんどもなんどもお祈《いの》りしたわ。ああいうときは、きどったお祈《いの》りなんてとてもできないわ。

でも、神《かみ》さまはあたしのお祈《いの》りをきいてくださったのよ。だって、舟《ふね》はきゅうにくいにむかって、どしんとぶつかったんで、あたしは、ショールとピアノかけを肩《かた》にかけて、救《すく》いの大《おお》きな切《き》り株《かぶ》によじのぼったの、ミセス・アラン。それからは、のぼることも、おりることもできないまま、ぬるぬるした古《ふる》いくいにしがみついていたのよ。そりゃ、ひどいかっこうだったけど、そのときは、かんがえてるひまなんてなかったわ。水中《すいちゅう》の墓場《はかば》からぬけだそうというとき、ロマンチックになんて、かんがえられないでしょう。あたし、すぐに感謝《かんしゃ》のお祈《いの》りをして、ただもう、しっかりくいにしがみついていたの。陸地《りくち》にもどるためには、人《ひと》の力《ちから》にたよるしかないとかんがえていたんですもの。」

小舟《こぶね》は、橋《はし》の下《した》をゆらゆらながされていって、あっというまに、しずんでしまった。まえから、下手《しもて》のみさきでまちかまえていたルビイとジェーンとダイアナは、目《め》のまえで舟《ふね》がしずむのを見《み》て、てっきり、アンもいっしょにしずんでしまったと思《おも》った。

ちょっとのあいだ、三人《にん》は、この悲劇《ひげき》をまえにしてまっさおになり、こおりついたように立《た》ちすくんでいた。つぎにはりさけんばかりの悲鳴《ひめい》をあげて、きちがいのように、森《もり》をつきぬけてはしりだした。街道《かいどう》をよこぎるときも、橋《はし》のほうをながめるひまなどなかった。

あぶなっかしく、必死《ひっし》でしがみついていたアンは、三人《にん》のとんでいく姿《すがた》を見《み》、悲鳴《ひめい》をきいた。まもなく助《たす》けがくるだろうが、いったい、それまでしがみついていられるかどうかあやしいほど、居《い》ごこちがわるかった。

時間《じかん》はどんどんすぎていって、不幸《ふこう》な白《しら》ゆり姫《ひめ》には、一分《ぷん》一秒《びょう》が、一時間《じかん》にも思《おも》われた。

なぜ、だれもこないのかしら？　みんな、どこへいったのか？　三人《にん》とも気《き》をうしなってしまったらどうしよう！　ひょっとして、だれもこなかったら？　もう、ひどく手《て》がしびれてくる！　アンは、目《め》の下《した》にひろがる、油《あぶら》のようなぶきみな緑《みどり》の水《みず》に、ひょろ長《なが》いかげがうつってゆれているのを見《み》て身《み》ぶるいした。

アンは、空想《くうそう》できるかぎりのおそろしい場面《ばめん》を空想《くうそう》していた。やがて、もうこれ以上《いじょう》うでと手首《てくび》の痛《いた》みをがまんできないと思《おも》ったとき、ギルバートが、ハーモンの平底舟《ひらぞこぶね》をこいで橋《はし》の下《した》にやってきた。

ギルバートがふと見《み》あげると、小《ちい》さなまっさおな顔《かお》が、おびえながらも人《ひと》を見《み》くだすように、灰色《はいいろ》の目《め》でこっちを見《み》おろしていた。

「アン＝シャーリイ！　いったいなにしてるのかい？」

かれはさけんだ。

答《こた》えもまたずに、橋《はし》ぐいのよこに舟《ふね》をつけて、手《て》をさしのべた。しかたなく、アンはギルバートの手《て》にしがみついて、はうように舟《ふね》のなかにはいった。どろまみれになって、水《みず》のぽたぽたたれるショールと、ぐしょぬれのちりめんをかかえて、おこったまま、舟《ふな》べりにすわった。こんなようすで威厳《いげん》をたもつのは、ひじょうにむつかしかった。

「なにがおこったんだい？」

ギルバートは、オールをとりあげながらきいた。

「あたしたち、エレーンのお芝居《しばい》をしてたの。」と、アンはじぶんの救《すく》い主《ぬし》を見《み》ようともせずに、ひややかにこたえた。

「それで、屋形船《やかたぶね》——じつは平底舟《ひらぞこぶね》なんです——にのって、キャメロットの城《しろ》のほうへ、ただよっていかなきゃならなかったわけ。舟《ふね》がもりはじめたので、くいによじのぼったんです。女《おんな》の子《こ》たちは、助《たす》けをよびにいったんです。ごめんどうですが、船着《ふなつ》き場《ば》につけてくださいませんか？」

ギルバートは、こころよく、船着《ふなつ》き場《ば》までこいでいった。アンは、ギルバートの助《たす》けの手《て》をふりむきもせず、すばしっこくとびおりた。

「どうもすみませんでした。」

アンは、きっぱりそういうと、くるりと背中《せなか》をむけた。

しかし、ギルバートも舟《ふね》からとびおりると、アンのうでに手《て》をかけて、ひきとめようとした。

「アン。」いそいでギルバートはいった。「こっちをごらんよ。ぼくたち、いい友《とも》だちになれないかね？あのとき、きみの髪《かみ》をからかって、ほんとにわるかったと思《おも》っているぜ。きみをかなしませる気《き》なんかなくて、ほんのじょうだんのつもりだったんだよ。それに、ずいぶんまえのことだろ。きみの髪《かみ》、いまなんか、とてもきれいだと思《おも》ってるがね、ほんとさ。ぼくたち、仲《なか》よくなろうや。」

アンは、いっしゅん、ためらった。まだ、怒《いか》りとけいべつのそぶりをみせながらも、ギルバートの、熱心《ねっしん》さとはにかみをうかべた、ハシバミ色《いろ》のうす茶《ちゃ》の目《め》が、このましく思《おも》われた。

いままで、こんなみょうなきもちになったことはなかったので、アンの胸《むね》は、どきどきした。しかしすぐに、いぜんのしゃくにさわる思《おも》い出《で》がもどってきて、ふきとばした。

二年《ねん》まえの、いたたまれないようなくやしさは、きのうのようになまなましかった。ギルバートは、あたしを「にんじん」とよんで、全校《ぜんこう》の生徒《せいと》のまえではずかしめたのだ！　ほかのものだったら、年《とし》がたてばわらってすませたろうに、アンのうらみは、時《とき》がたってもしずまらず、きえもしなかった。アンは、ギルバート＝ブライスを、ぜったいにゆるすものかと思《おも》っていた。

「いいえ。」と、アンはつめたくいった。「あたしは、あなたとはお友《とも》だちになりません、ギルバート。なりたくもないんです。」

「そうか、よし。」と、ギルバートは怒《いか》りでほおを染《そ》めて、舟《ふね》にひきかえした。「もう、ぜったい二度《ど》と友《とも》だちになろうなんてたのまないさ、アン＝シャーリイ。ぼくだって、なりたかないね。」

ギルバートは、すばやく、たたかいをいどむようなこぎかたで去《さ》っていった。

アンは、カエデの下《した》のシダがしげったけわしい小道《こみち》を、のぼっていった。頭《あたま》をつんとあげていたが、なんともふしぎな後悔《こうかい》をかんじていた。もっとべつの答《こた》えかたをすればよかった、とさえ思《おも》った。かれは、アンをひどくぶじょくしたが、けれども――アンは、すわりこんで大声《おおごえ》で泣《な》けば、いいきぶんになるだろうと思《おも》った。はげしいおそれと、しびれるくらいくいにしがみついたあとなので、神経《しんけい》がつかれていたせいもあった。

小道《こみち》の途中《とちゅう》で、アンは、気《き》がくるったように池《いけ》にもどってくる、ジェーンとダイアナにであった。三人《にん》は、オーチャード・スロープへいったが、バリー夫婦《ふうふ》はるすだった。ここで、ルビイがヒステリーをおこしてたおれてしまったので、ルビイをそこにのこして、ジェーンとダイアナは〈おばけの森《もり》〉をぬけて、小川《おがわ》をわたり、グリーン・ゲイブルズへとんでいった。ここでも、だれもいなかった。マリラはカーモディへでかけていたし、マシュウは裏《うら》の畑《はたけ》で、干《ほ》し草《くさ》をつくっていたからだ。

「おお、アン。」ダイアナは、息《いき》をはずませて、安心《あんしん》したのとうれしいのとで、アンの首《くび》にだきついて泣《な》きだした。「おお、アン――あたしたち――あんたが――おぼれたと思《おも》ったんで――人《ひと》ごろしをしたと思《おも》って。そうよ――あたしたちが――あんたを――エレーンにしたんだもの。ルビイはヒステリーをおこすし――ねえ、どうしてここにいるの？」

「橋《はし》のくいにのぼってたのよ。」アンは、つかれきったようすで説明《せつめい》した。「そこへ、ギルバートが、アンドリュースさんの舟《ふね》でやってきて、ひきあげてくれたの。」

「まあ、アン、なんてあの人《ひと》すてきなんでしょう！　すごくロマンチックじゃない！」やっとものがいえるようになったジェーンがいった。「もちろん、これからは、口《くち》をきくんでしょ?」

「まさか、口《くち》なんてきくもんですか。」アンは、もとの元気《げんき》さをいっしゅんとりもどして、がんばった。「それにね、もう、ロマンチックなんてことばは、ききたくもないわ、二度《ど》とね。ジェーン、あんたたちをくるしめて、とってもわるかったわね。みんなあたしのせいよ。きっと、あたしは、不幸《ふこう》な星《ほし》のもとに生《う》まれてきたのよ。なにかすると、いつだっていちばんだいじな友《とも》だちを、こまったためにあわせるんだもの。あたしたち、あんたのおとうさんの舟《ふね》をなくしたんだわね、ダイアナ。これからは、もう池《いけ》で舟《ふね》をこいじゃいけないって、いわれるわ。なんだか、そんな予感《よかん》がするの。」

アンの予感《よかん》は、ずばりとあたった。この午後《ごご》の事件《じけん》を知《し》ったとき、バリー家《け》とカスバート家《け》のおどろきは大《おお》きかった。

「いつまでまったら、あんたにふんべつがつくのかね。」と、マリラは、うめくようにいった。

「だいじょうぶ、つきますよ、マリラ。」アンは、ほがらかにこたえた。東《ひがし》のへやにとじこもって、おもいきり泣《な》いたので神経《しんけい》もやすまり、いつもの明《あか》るさをとりもどした。「ふんべつがつくらしいことは、いままでよりはっきりしてきたようよ。」

「さあ、どんなもんだかね。」

「でも、あたし、きょうは新《あたら》しくためになることをまなんだもの。グリーン・ゲイブルズにきてから、なんども失敗《しっぱい》してきたけど、ひとつ失敗《しっぱい》するたびに、なにか、大《おお》きな欠点《けってん》をなおしてきたのよ。紫水晶《むらさきずいしょう》のブローチの事件《じけん》では、じぶんのでもないものにさわるくせがなおったし、〈おばけの森《もり》〉のことでは、空想《くうそう》しすぎるのがなおったし、ぬりぐすり入《い》りケーキ事件《じけん》では、お料理《りょうり》は注意《ちゅうい》がかんじんだってことがわかったし、髪《かみ》を染《そ》めたときは、虚栄心《きょえいしん》がなおったし、あれから、髪《かみ》や鼻《はな》のことを気《き》にしなくなったわ。ま、ほとんどね。それに、きょうの失敗《しっぱい》で、ロマンチックになりすぎをなおしてもらったわ。アボンリーじゃ、ロマンチックになろうとしてもむだだってわかったの。何百年《なんねん》もむかし、塔《とう》のそびえたった町《まち》のキャメロットなら、かまわないんでしょうけど。でも、ロマンチックでも、ああいうのはもう古《ふる》いわね。このてんで大《おお》きな進歩《しんぽ》があったと、じぶんでみとめたんです、マリラ。」

「それは、けっこうなことだがね。」マリラは、うたがいぶかそうにいった。

しかし、マリラがでていくと、いつもの席《せき》でむっつりとすわっていたマシュウが、アンの肩《かた》に手《て》をかけて、「おまえのロマンチックな空想《くうそう》を、すっかりやめにするのはいけないよ。」と、くちごもりながらささやいた。「すこしはかまわんさ——あんまりすぎるのは、よくないが。だがね、すこしはつづけるんだよ、なあ、アン。ちょっとずつね。」

二十九　アンの生涯《しょうがい》でわすれられないこと

アンは〈恋人《こいびと》たちの道《みち》〉をぬけて、裏《うら》の牧場《ぼくじょう》から家《いえ》まで牛《うし》の群《む》れをつれてもどるところだった。九月《がつ》の夕《ゆう》がただった。森《もり》のなかのすみずみに、バラ色《いろ》の夕日《ゆうひ》の光《ひかり》がみなぎっていた。小道《こみち》のあちこちには、まだ、夕日《ゆうひ》のきらめきがのこっていたが、ほとんどカエデの木《き》がかげをつくり、モミの木《き》の下《した》は、上等《じょうとう》なブドウ酒《しゅ》のような、透明《とうめい》なむらさき色《いろ》のもやが、かかっていた。風《かぜ》は、こずえでなっていた。夕《ゆう》がたのモミの木々《きぎ》にさわぐ、風《かぜ》の音《おと》のようにあまくて美《うつく》しい音楽《おんがく》は、地上《ちじょう》にまたとないと思《おも》われた。

アンは、のっそりと背《せ》をゆらして小道《こみち》をいく牛《うし》につづいて、『マミオンのたたかいの歌《うた》』――ことしの冬《ふゆ》ステイシイ先生《せんせい》の国語《こくご》の時間《じかん》に暗唱《あんしょう》した――を大声《おおごえ》で口《くち》ずさみながら、ついていった。アンの頭《あたま》には、突進《とっしん》する騎士《きし》や、やりぶすまのするどいひびきまできこえるようで、その勇《いさ》ましさに、うっとりしていたのだった。

不屈《ふくつ》の騎士《きし》は、はかりしれぬ暗《くら》い森《もり》をすすみつつ……という行《ぎょう》まできたとき、目《め》をとじ、うっとりとたちどまって、じぶんを英雄《えいゆう》のひとりに見《み》たてて、空想《くうそう》をいよいよふくらませていた。ところが、ふと目《め》をあけると、バリー家《け》の畑《はたけ》の木戸《きど》からやってくるダイアナが目《め》にはいった。いかにも、ニュースがありそうに、いきおいこんでいた。アンは、すぐに好奇心《こうきしん》でいっぱいになったが、なにげなく、

「この夕《ゆう》がたのすばらしいこと、見《み》て、ダイアナ！　スミレ色《いろ》の夢《ゆめ》みてるみたい。生《い》きてるのが、うれしく

なるわ。朝《あさ》になると、朝《あさ》がいちばんすばらしいと思《おも》うけど、夕《ゆう》がたになると、夕《ゆう》がたのほうがすてきになっちゃうわ。」

「ほんと、きれいな夕《ゆう》がたね。」ダイアナがいった。「でも、たいへんなニュースなのよ、アン。あててごらんなさい。三つだけいっていいわ。」

「シャーロットがやっぱり教会《きょうかい》で結婚式《けっこんしき》をするんで、アランさんのおくさんが、あたしたちに、かざりつけしてほしいっておっしゃったの?」アンはさけんだ。

「いいえ、シャーロットの恋人《こいびと》はさんせいしないのよ。いままでだれも教会《きょうかい》であげた人《ひと》はないし、お葬式《そうしき》みたいだと思《おも》うんですって。教会《きょうかい》ならおもしろいでしょうにね。さあ、もうひとつ。」

「ジェーンのおかあさんが、お誕生《たんじょう》パーティーをひらくつもりなの?」

ダイアナは首《くび》をふった。彼女《かのじょ》は黒《くろ》い目《め》をたのしそうにぱちぱちさせた。

「なんだろう、わからない。」アンはあきらめた。「ゆうべのお祈《いの》りの会《かい》のかえり、ムーディ＝スパージョン＝マクファーソンがうちまでおくってくれたということ? ちがう?」

「ちがうわ。」ダイアナは、ふんぜんとさけんだ。「もし、そうだとしても、じまんするなんてことしないわよ。あんなやな人《ひと》! あんたには、とてもあてられやしないわ。

あのね、きょうおかあさんに、ジョセフィンおばさんから手紙《てがみ》がきて、あんたとあたしに、こんどの火曜日《かようび》、品評会《ひんぴょうかい》を見《み》に町《まち》にきて、とまりなさいと書《か》いてあるの。どお?」

「へえ、ダイアナ。」アンは、胸《むね》がはずんできて、カエデの木《き》にもたれて、からだをささえなければならな

かった。「それ、ほんと? でも、マリラがいかせてくれないんじゃないかしら。遊《あそ》びあるくなんて、感心《かんしん》できないっていうわ。先週《せんしゅう》もジェーンが、ホワイト・サンド・ホテルのアメリカ人《じん》の音楽会《おんがくかい》に、大型馬車《おおがたばしゃ》でいくのをさそってくれたけど、だめだったわ。マリラが、うちにいて勉強《べんきょう》したほうがいい、ジェーンだってそうだ、なんていうんで、あたし、ひどくがっかりしちゃったわ、ダイアナ。ねるまえにお祈《いの》りする気《き》にもなれなかったくらいよ。でも、いけないと思《おも》って、夜中《よなか》におきてお祈《いの》りをしたわ。」

「いいことがある。」ダイアナがいった。「うちのおかあさんから、マリラにたのんでもらうのよ。そうすれば、きっといかせてくれるわよ。もし、ゆるしてくれたら、大成功《だいせいこう》よ。あたし、まだ品評会《ひんぴょうかい》にいったことがないでしょ。ほかの女《おんな》の子《こ》がその話《はなし》をしているのをきくと、くやしくてしかたなかったの。ジェーンとルビイは、もう二度《ど》もいったんですって。それなのに、ことしもいくんですってよ。」

「あたし、いけるかどうかわかるまでは、かんがえないことにするわ。」アンはかたく決心《けっしん》していった。「もし、あたしがいろんなことを空想《くうそう》していて、いけなくなったら、がまんできないわ。でも、もしいけたら、そのころまでに新《あたら》しいコートもできてくるでしょうし、とってもうれしいわ。

マリラは、新《あたら》しいコートなんかいらないと思《おも》ってたらしいの。古《ふる》いのでも、もうひと冬《ふゆ》はだいじょうぶだから、服《ふく》だけ新《あたら》しいのをつくってあげるから、それでいいことにしなさいって。その服《ふく》は、とってもすてきなのよ、ダイアナ。ブルーで、流行《りゅうこう》の型《かた》なのよ。このごろじゃ、マリラはいつも流行《りゅうこう》の服《ふく》をつくってくれるの。なぜって、リンドのおばさんのところに、マシュウがたのみにいくのが、いやなんですって。うれしいわ。流行《りゅうこう》のものを着《き》てると、いい人間《にんげん》になるなんてやさしいわ。あたしはそうよ。生《う》まれつきい

い人《ひと》たちには、こんなことないんでしょうけど。
マシュウが、あたしに新《あたら》しいコートがいるってがんばったんで、マリラがすてきな青《あお》いラシャ地《ち》を買《か》って、カーモディのちゃんとした洋裁店《ようさいてん》で、いまつくってるのよ。土曜《どよう》の晩《ばん》にできる予定《よてい》なの。新《あたら》しいスーツと帽子《ぼうし》をかぶって、日曜日《にちようび》に教会《きょうかい》の通路《つうろ》をあるいているじぶんを想像《そうぞう》しまいと、努力《どりょく》してるんだけど、だめ。しちゃいけないと思《おも》いながら、想像《そうぞう》してるのよ。

帽子《ぼうし》がまた、とってもすてきなの。マシュウとカーモディにでかけた日《ひ》に、買《か》ってもらったの。いまはやりの、金色《きんいろ》のひもとふちがついている、青《あお》いビロードの小《ちい》さい帽子《ぼうし》よ。あんたの新《あたら》しい帽子《ぼうし》、きどってるわね、ダイアナ。とてもよく似合《にあ》うわ。このまえの日曜日《にちようび》、あんたが教会《きょうかい》にはいってきたのを見《み》て、あの人《ひと》がいちばんの親友《しんゆう》だと思《おも》うと、誇《ほこ》らしさで胸《むね》がいっぱいになったわ。こんなに着《き》るもののことばかりかんがえるのは、いけないこと？　マリラは、とっても罪ぶかいことだっていうの。でも魅力《みりょく》があるわねえ？」

マリラがアンを町《まち》にいかせるのを承知《しょうち》したので、バリーさんが、つぎの火曜日《かようび》に、女の子《おんなのこ》たちをつれていくことになった。シャーロットタウンまで四十八キロあるし、バリーさんはその日《ひ》のうちにかえってきたかったので、朝《あさ》はやく出発《しゅっぱつ》しなければならなかった。アンは、それさえ苦痛《くつう》どころか、うれしいことのひとつだった。

火曜日《かようび》の朝《あさ》は、日《ひ》の出《で》まえにベッドをはなれた。窓《まど》からちらっとのぞくと、〈おばけの森《もり》〉のモミの上《うえ》の東《ひがし》の空《ぞら》は銀色《ぎんいろ》で、雲《くも》ひとつなかったので、上天気《じょうてんき》はまちがいなかった。木木《きき》のあいだから、オーチャード・スロープの西《にし》のへやのあかりが、ちらちらしていた。ダイアナもおきだしている証拠《しょうこ》だった。

マシュウが火《ひ》をもやし、朝食《ちょうしょく》のしたくができたころには、アンは身《み》じたくをおえていた。しかし、アンは、すっかり興奮《こうふん》していて、食《た》べものがのどをとおらなかった。

朝食後《ちょうしょくご》、アンは、新《あたら》しい、しゃれた帽子《ぼうし》とコートを着《き》て、いそいで小川《おがわ》をわたり、モミの林《はやし》をとおってオーチャード・スロープへいった。

バリーさんとダイアナは、アンをまっていて、まもなく三人《にん》は、街道《かいどう》にでた。長《なが》い道中《どうちゅう》だったが、アンもダイアナも、一分《ぷん》一秒《びょう》をたのしんだ。刈《か》り入《い》れのおわった畑《はたけ》のむこうにゆっくりのぼってきた、バラ色《いろ》の太陽《たいよう》の光《ひかり》のなかを、しっとりとしめった街道《かいどう》にそって、ガラガラと馬車《ばしゃ》をはしらせていくのは、こころよかった。大気《たいき》はさわやかで、ひえびえしていた。青《あお》みをおびたかすかな霧《きり》が、丘《おか》からただよってきては、谷間《たにま》にうずをまいた。カエデが赤《あか》く染《そ》まりはじめている森《もり》をぬけ、橋《はし》をわたったときには、子《こ》どものころのあのたのしいようなおそろしさで、からだがふるえた。

また、海岸《かいがん》にそってまがりくねった道《みち》をすすみ、雨《あめ》にさらされた灰色《はいいろ》の漁師《りょうし》の小屋《こや》の群《む》れをとおりぬけた。馬車《ばしゃ》はまた丘《おか》をのぼった。そこから、はるか遠《とお》く曲線《きょくせん》をえがいている丘陵《きゅうりょう》や、ぼうっとした青《あお》い空《そら》がながめられた。どこへいっても、話《はなし》のつきるようなことはなかった。

一同《いちどう》が町《まち》について、〈ブナの木屋敷《きやしき》〉へむかったのは、もう、お昼《ひる》に近《ちか》かった。そこは、古《ふる》びたりっぱな屋敷《やしき》で、通《とお》りからひっこんで、緑《みどり》のニレと、枝《えだ》をはったブナの木《き》にかこまれて建《た》っていた。ミス・バリーは、するどい黒《くろ》い目《め》をたのしそうにかがやかせて、入《い》り口《ぐち》で二人《にん》をむかえた。

「とうとうきてくれましたね、アン。」といった。「こりゃまあ、なんて大《おお》きくなったんだろうね。わたしより高《たか》いみたいだ。それに、きりょうもたいそうよくなって。でも、そりゃいわなくともご承知《しょうち》のことだろうけどね。」

「あら、そんなこと、思《おも》ってもいませんでしたけど。」アンは、うれしさに顔《かお》をほころばせていった。「まえより、そばかすがすくなくなったことに気《き》がついて、うれしいと思《おも》っているんですが、でも、ほかによくなったところがあるなんて思《おも》ってもみませんでした。そんなふうにおっしゃってくださるなんて、とてもうれしいわ、ミス・バリー。」

ミス・バリーの屋敷《やしき》は、あとでアンがマリラにいったように、〝けんらん豪華《ごうか》〟な家具《かぐ》などでかざりつけられていた。ミス・バリーが食事《しょくじ》のしたくを見《み》にいったあいだ、広間《ひろま》にのこされたふたりのいなか娘《むすめ》たちは、あたりのようすに気《き》をのまれていた。

「まるで宮殿《きゅうでん》みたいじゃない?」ダイアナがささやいた。

「あたし、ジョセフィンおばさんのうちって、はじめてなのよ。こんなりっぱだとは思《おも》わなかったわ。ジュリアに、ここを見《み》せたいわ。あの人《ひと》ったら、おかあさんの広間《ひろま》を、とってもじまんするんですもの。」

「ビロードのじゅうたんよ。」と、アンは、うっとりとためいきをついた。「それに、絹《きぬ》のカーテン! こういうものは空想《くうそう》したことがあっただけよ、ダイアナ。でも、やっぱりこういうものにかこまれていると、おちつかないわ。このへやには、いろんなものがありすぎるし、それに、みんなすばらしいんで、空想《くうそう》する余地《よち》がないのよ。びんぼう人《にん》のたのしみのひとつは、あれこれ空想《くうそう》をたのしめることよね。」

町《まち》の滞在《たいざい》は、ふたりには、何年間《なんねんかん》もわすれることができなかった。はじめからおわりまでたのしいことばかりだった。

水曜日《すいようび》に、ミス・バリーは、ふたりを品評会《ひんぴょうかい》の会場《かいじょう》につれていって、そこで一日《にち》をすごした。

「すばらしかったわ。」あとでアンは、マリラに話《はな》した。「あんなにおもしろいものとは思《おも》ってなかったわ。どれがいちばんよかったかは、わからないけど、馬《うま》と花《はな》と手芸品《しゅげいひん》がよかったわ。ジョシイがレース編《あ》みで一等《とう》をもらったのよ。とってもうれしかったわ。ジョシイのことでよろこべるなんて、あたしがよくなってきた証拠《しょうこ》ですものね、マリラ。アンドリュースさんはリンゴで二等賞《とうしょう》をとるし、ベルさんはブタで一等《とう》になったのよ。ダイアナは、日曜学校《にちようがっこう》の校長先生《こうちょうせんせい》がブタで賞《しょう》をもらうのはおかしいっていうけど、あたしにはわからないわ。ねえ、わかる? ダイアナは、ベルさんがしかめっつらしてお祈《いの》りをするたんびに、このことをいつも思《おも》いだしてしまうっていうのよ。クララは絵《え》で賞《しょう》をもらったし、リンドのおばさんは、自家製《じかせい》のバターとチーズで、一等賞《とうしょう》をもらったの。だから、アボンリーはかなり成績《せいせき》がよかったわけよ。そうじゃない？

リンドのおばさんに会場《かいじょう》であったわ。知《し》らない人《ひと》ばっかりのなかで、おばさんのなつかしい顔《かお》にあったら、どんなにおばさんがすきだったかはじめてわかったの。何千人《なんにん》って人《ひと》がいたのよ、マリラ。じぶんがとてもちっぽけにみえたわ。

それから、ミス・バリーは、大《おお》きなスタンドにつれていって、競馬《けいば》を見《み》せてくれたの。リンドのおばさんは、あれはたいへんわるいものだから、そういうところへ出入《でい》りしないというお手本《てほん》をしめすのが、教会《きょうかい》の会員《かいいん》としてのつとめだっておっしゃるの。でも、あんなにたくさんの人《ひと》がいるんだから、おばさんがいかなくったって、気《き》がつく人《ひと》がいるとは思《おも》えないわ。あたしだって、競馬《けいば》にしょっちゅういくもんじゃないと思《おも》ってるのよ。だって魅力《みりょく》がありすぎるんですもの。ダイアナなんか、すっかり熱中《ねっちゅう》して、赤《あか》い馬《うま》が勝《か》つにちがいないから、十セントのかけをしようっていうの。あたしは、その馬《うま》が勝《か》つとは思《おも》わなかったけど、かけるのはことわったの。なぜって、アランさんのおくさんになんでも話《はな》したかったから、そんなことは話《はな》せないでしょう。牧師《ぼくし》さんのおくさんに話《はな》せないことなんて、わるいにきまってるわ。牧師《ぼくし》さんのおくさんを友《とも》だちにもつことは、良心《りょうしん》をもうひとつもっているようなものね。

かけをしなくってよかったわ。だって赤《あか》い馬《うま》が勝《か》って、十セントそんしないですんだのよ。『善行《ぜんこう》の報《むく》いはそのなかにあり』というわけよね。

男《おとこ》の人《ひと》が風船《ふうせん》にのってのぼっていくのも見《み》たわ。あたしも風船《ふうせん》にのりたくてしかたないの、マリラ。ものすごく、ぞくぞくするでしょうね。

それから、占《うらな》いをする人《ひと》がいたのよ。十セントはらうと、小《ちい》さな鳥《とり》が、その人《ひと》の運《うん》をひろいあげるのよ。ミス・バリーに十セントずついただいて、ダイアナとあたしの運勢《うんせい》を占《うらな》ってもらったの。あたしは、とってもお金持《かねも》ちで色《いろ》の黒《くろ》い人《ひと》と結婚《けっこん》して、海《うみ》をわたってくらすだろうというのよ。だから、色《いろ》の黒《くろ》い人《ひと》を見《み》ると、よく注意《ちゅうい》していたんだけど、どうも、よさそうな人《ひと》はいなかったわ。それに、さがすのもはやすぎるわ。ああ、どうしてもわすれられない日《ひ》だった、マリラ。

夜《よる》ねむれないいくらいくたびれてね、ミス・バリーは、とっておきの、お客《きゃく》さん用《よう》の寝室《しんしつ》にとめてくださったの。すてきなおへやだったわ、マリラ。でも、お客《きゃく》さん用《よう》の寝室《しんしつ》でねむるって、どうしてか、まえにかんがえたほどのことはなかったわ。大《おお》きくなると、かんじなくなることなんでしょうね、きっと。子《こ》どものとき、とってもほしがったものでも、手《て》にいれてしまうと、はんぶんもうれしくないものね。」

木曜日《もくようび》に、ふたりの娘《むすめ》は、公園《こうえん》を馬車《ばしゃ》でのりまわし、夜《よる》には、ミス・バリーが音楽学校《おんがくがっこう》のコンサートにつれていってくれた。有名《ゆうめい》なプリマドンナがうたうはずだった。アンには、その夜《よる》が、まぶしくひかりかがやく、まぼろしのような一夜《いちや》に思《おも》われた。

「ああ、マリラ。口《くち》ではうまくいえないわ。ぽーっとなってろくに口《くち》もきけなかったくらい。これだけでもわかるでしょう。もう、うっとりして、だまってすわっていたの。セリッキィ夫人《ふじん》って、もんくなく美《うつく》しくて、まっしろのサテンの服《ふく》を着《き》て、ダイヤモンドをつけていたの。でも、うたいはじめたら、ほかのことはな

にも目《め》にはいらなくなったわ。どんなきもちだったか、とてもいえやしないわ。

これから、よい人間《にんげん》になるのが、むずかしくはないってかんじたのよ。星《ほし》を見《み》あげたときにかんじるきもちに似《に》てるのよ。涙《なみだ》がこぼれてきたけど、でも、うれし涙《なみだ》だったの。すっかりおわったときはがっかりして、ミス・バリーに、とてもあのふだんの生活《せいかつ》にはもどれそうもないっていったの。そしたら、ミス・バリーは、通《とお》りのむこうがわのレストランで、アイスクリームをたべたらなおるでしょうって。いかにも現実《げんじつ》にひきもどされたような気《き》がしたけど、まったく、そのとおりだったわ。アイスクリームはおいしかったわ、マリラ。夜《よる》の十一時《じ》に、あんなとこでアイスクリームをたべるなんて、とてもすてきな、さわやかなものね。

ダイアナは、生《う》まれつきじぶんは町《まち》で生活《せいかつ》するのにむいていると思《おも》うんですって。ミス・バリーが、アンはどうかとおっしゃったけど、これは重大《じゅうだい》なことだから、かるがるしくお答《こた》えできませんって、いったの。ベッドにはいってからかんがえたわ。ものをかんがえるにはそんなときがいいのよ。それでね、あたしは町《まち》で生活《せいかつ》するのにふさわしい人間《にんげん》じゃない、それに、ふさわしくなくてよかったという結論《けつろん》にたっして、うれしかったの。たまには夜《よる》の十一時《じ》に、まぶしいようなレストランでアイスクリームをたべるのは、いいものね。でも、いつもは、十一時《じ》に東《ひがし》のへやでぐっすりねむっているほうがいいわ。ねむっていても、そとでは、星《ほし》がまたたいていて、風《かぜ》が小川《おがわ》のむこうのモミの木《き》の木立《こだ》ちにふいているのがわかってるわ。

つぎの朝《あさ》、ごはんのとき、ミス・バリーにそういったら、わらっていらしたわ。ミス・バリーは、あたしがなにかしゃべるたんびに、おわらいになるの。とてもしんけんな話《はなし》をしたって、そうなの。あまりいい感《かん》じがしないわ、マリラ。だって、ちっともおもしろがらせるつもりはないんですもの。でも、あのか

たは、とってもりっぱなご婦人《ふじん》よ、あたしたちを王《おう》さまみたいにもてなしてくださったわ。」

金曜日《きんようび》はかえる日《ひ》にあたっていて、バリーさんが、ふたりをむかえにきた。

「いかが、おもしろうござんしたか？」

ミス・バリーは、ふたりがさよならをするとき、きいた。

「ええ、ほんとにたのしかったわ。」とダイアナはいった。

「あんたは？　アン。」

「あたし、おもうぞんぶんたのしみました。」といって、アンは、やにわに年老《としお》いた婦人《ふじん》の首《くび》にだきつき、しわのよったほおにキスをした。

こんなことはけっしてできないダイアナは、アンのあけっぴろげなふるまいに、きもをつぶした。しかし、ミス・バリーはよろこんでいた。馬車《ばしゃ》が見《み》えなくなるまで、ベランダに立《た》って見《み》おくった。それから、ためいきをついて、大《おお》きな屋敷《やしき》へはいったが、あのいきいきとした娘《むすめ》たちがいないことに、ひしひしとさびしさをかんじた。かくしだてなくいえば、ミス・バリーはどちらかといえば身《み》がってな老婦人《ろうふじん》で、他人《たにん》のことはあまりかんがえようとはしていなかった。じぶんのやくにたつか、たのしませてくれるかということで、人《ひと》にお点《てん》をつけるのだった。

アンはおもしろい子《こ》だったので、老婦人《ろうふじん》の気《き》にいったのだが、アンのおかしな話《はな》しかたよりも、そのいきいきした感《かん》じかたや、率直《そっちょく》な性質《せいしつ》や、魅力《みりょく》のあるたいど、やさしい目《め》や口《くち》もとのほうにひかれていた。

「マリラ＝カスバートが孤児院《こじいん》の女《おんな》の子《こ》をひきとったと、きいたときは、なんてものずきな人《ひと》だろうと思《おも》ったけれど、こうなると、ばかげたこととはいえないようだね。」と、ミス・バリーはひとりごとをいった。「もし、いつもアンのような子《こ》どもをそばにおいとけるなら、わたしも、もっとまんぞくな、いい人間《にんげん》になれただろうにね。」

アンとダイアナは、たのしく家《いえ》にむかう馬車《ばしゃ》にゆられていた。それは、行《い》きにもまして、うれしかった。ゆくてには、わが家《や》がまっている、というよろこびがあったからである。

ホワイト・サンドをとおりすぎ、海岸通《かいがんどお》りにはいったときには、もう日《ひ》ぐれになっていた。はるかむこうの真珠色《しんじゅいろ》の空《そら》に、アボンリーのくろずんだ丘《おか》があらわれた。丘《おか》のうしろの海《うみ》からのぼってきた月《つき》の光《ひかり》で、すべてのものが明《あか》るみ、やがてあたりは一変《いっぺん》した。道《みち》がまがるたびにあらわれる小《ちい》さな入《い》り江《え》には、さざなみがきらきらよせて、いいようもなく美《うつく》しかった。波《なみ》は、目《め》の下《した》の岩《いわ》にしずかなひびきをたててうちよせ、潮《しお》のかおりが強《つよ》く、さわやかだった。

「ああ、生《い》きているっていいな。うちにかえるってすばらしいな、そうでしょ？」アンはささやいた。

アンが小川《おがわ》の丸木橋《まるきばし》をわたったとき、グリーン・ゲイブルズの台所《だいどころ》の灯《ひ》が、「おかえり。」とでもいうように、人《ひと》なつっこくまたたいた。アンがいきおいよく丘《おか》をかけのぼり、台所《だいどころ》にとびこむと、テーブルの上《うえ》には熱《あつ》い夕食《ゆうしょく》がまっていた。

「やっとかえってきたね。」といって、マリラは、編《あ》みものをかたづけた。

「ただいま！　ああ、かえってきて、よかった。」アンは、声《こえ》をはずませてさけんだ。「なんでもかんでも、時計《とけい》にだってキスしたいくらいよ、マリラ。ローストチキンね！　あたしのためにつくってくれたんじゃないでしょうね！」

「そのとおりさ、あんたにだよ。」マリラはいった。「あんなに長《なが》い道《みち》をかえってくるんだから、きっと、おなかすかせてくるだろうと思《おも》ってさ。なにかおいしいものがほしいだろうと思《おも》ったのさ。さ、帽子《ぼうし》やコートをぬいでおいで。マシュウがかえってきたらすぐに食事《しょくじ》にするよ。あんたがかえってきて、ほっとしたよ。このうちにあんたがいないと、いやにさびしくってね。こんなに長《なが》いと思《おも》った四日間《かかん》はなかったよ。」

食事《しょくじ》のあと、アンは、炉《ろ》のまえでマシュウとマリラのあいだにすわり、町《まち》ですごした毎日《まいにち》のことを、すっかり話《はな》してきかせた。

「すばらしかったわ。」アンはうれしそうにしめくくった。「あたしの人生《じんせい》で、特筆《とくひつ》すべき事件《じけん》だって気《き》がするの。でも、いちばんうれしかったのは、なんといってもうちにかえれたことよ。」

三十　クィーン学院《がくいん》の受験《じゅけん》クラス

マリラは、ひざの上《うえ》に編《あ》みものをおいて、いすの背《せ》によりかかった。目《め》がつかれてきたのだ。こんど、町《まち》へいったら、めがねの度《ど》を見《み》てもらわなくてはと、ぼんやりかんがえていた。このごろ、マリラの目《め》はつかれてしようがなかった。

どんよりした十一月の夕《ゆう》がた、グリーン・ゲイブルズはほとんど暗《くら》くなっていたが、台所《だいどころ》ではストーブの赤《あか》いほのおがちらちらしていた。

アンは炉《ろ》ばたのまえの敷《し》きものに、トルコ人《じん》みたいにまるくなり、もえている火《ひ》をみつめていた。火《ひ》は、カエデのまきから、何百年《なんねん》もかかってたくわえた日《ひ》の光《ひかり》がにじみでているようだった。アンは本《ほん》を読《よ》んでいたが、いまはその本《ほん》は床《ゆか》にすべりおち、くちびるをはんぶんあけ、うっとり夢《ゆめ》をみていた。いきいきとした空想《くうそう》の霧《きり》とにじのなかから、スペインのきらきらひかる城《しろ》があらわれ、夢《ゆめ》の国《くに》のすばらしい冒険《ぼうけん》に心《こころ》をうばわれているのだった。アンの冒険《ぼうけん》はいつも勝利《しょうり》でおわって、ふだんの生活《せいかつ》のようにこまることは一度《ど》もなかった。

マリラは、そんなアンのようすをやさしくみつめていた。明《あか》るいところでは、けっしてそんなふうにアンを見《み》ようとしなかった。マリラには、ことばや目《め》つきで愛情《あいじょう》をあらわすことが、どうしてもできなかったのだ。しかし、このほっそりした、灰色《はいいろ》の目《め》の少女《しょうじょ》を、このうえもなくいとしく思《おも》っていた。だから、いつも、あまやかしすぎはしないかと心配《しんぱい》していた。アンをあまり強《つよ》く愛《あい》するのは、神《かみ》さまにわるいのではないかとおそれて、罪《つみ》ほろぼしのきもちできびしくすることもあった。それがアンにわかるはずがなく、ときどき、どうすればマリラのきげんがよくなるかと、とほうにくれたり、なんておもいやりがないのかと、くやしくなることがあった。けれども、アンは、そのたびに、マリラがどんなにめんどうをみてくれているかを思《おも》いだして、反省《はんせい》する。

「アン、きょうの午後《ごご》、あんたがダイアナとでかけていたあいだに、スティシイ先生《せんせい》がおいでになったよ。」

きゅうにマリラがいった。

アンはびっくりして、ためいきをついて空想《くうそう》の世界《せかい》からさめた。

「まあ、先生《せんせい》がいらっしゃったの？　うちにいなくってわるかったわ。なぜ、あたしをよんでくれなかったの。ダイアナと、すぐそこの〈おばけの森《もり》〉にいたのに。いま、森《もり》はとってもすてきよ。シダや、つるつるした葉《は》っぱや、いろんな木《き》の実《み》も、森《もり》のものはみんなねむってしまったの。まるで、だれかが春《はる》になるまで、木《こ》の葉《は》の毛布《もうふ》で森《もり》のなかをくるんでしまったみたいよ。にじのスカーフをつけた小《ちい》さな灰色《はいいろ》の妖精《ようせい》が、さいごの月夜《つきよ》の晩《ばん》にこっそりやってきて、そうしたんだと思《おも》うの。でもね、ダイアナはこんなことはあんまりいわないの。ダイアナは〈おばけの森《もり》〉にゆうれいがでるって想像《そうぞう》して、おかあさんにしかられたのがわすれられないの。ダイアナの想像力《そうぞうりょく》にはよくないことだったわ。

マートン＝ベルはいかれてるって、リンドのおばさんがおっしゃってたわ。ルビイ＝ギリスに、なぜマートンはだめになったのってきいたら、きっと恋人《こいびと》にうらぎられたからだっていってたわ。ルビイ＝ギリスは、男《おとこ》の子《こ》のことばかりかんがえてるんだもの。それも一年《ねん》ごとにひどくなるのよ。男《おとこ》の子《こ》のこともたまにはわるくないけど、なにもかもじゃね？

ダイアナとあたしは、結婚《けっこん》しないで、一生《いっしょう》ふたりでくらそうとやくそくしようかって、ほんきでかんがえてるの。だけど、ダイアナは、まだどうしたらいいかきめてないのよ。だって、ダイアナは、手《て》におえないひどい男《おとこ》の人《ひと》と結婚《けっこん》して、その人《ひと》のわるいところをなおすほうが、もっとりっぱなことじゃないか、ともかんがえてるの。

このごろ、ダイアナとあたしは、だいじなことを話《はな》しあってるのよ。だいぶおとなになったんですもの、子《こ》どもっぽいことを話《はな》してるのはおかしいわ。そろそろ十四になるんだもの、しっかりしなくっちゃ。スティシイ先生《せんせい》は、先週《せんしゅう》の水曜日《すいようび》に、十三から上《うえ》の女《おんな》の子《こ》をみんなつれて、小川《おがわ》のほとりにいったの。そして、そのことについて話《はな》してくださったのよ。あたしたちの年《とし》ごろの子《こ》どもが、どんな習慣《しゅうかん》をつくり、どんな理想《りそう》をもつかが、とても重大《じゅうだい》だっておっしゃるの。二十才《さい》になるころまでに、あたしたちの性格《せいかく》はつくられて、一生《いっしょう》の土台《どだい》がきまってしまうんですって。もし土台《どだい》がぐらぐらしていると、その上《うえ》になんにもいいものを建《た》てられないんですってよ。

ダイアナとふたりで、学校《がっこう》からかえるみちみち、そのことを話《はな》しあったの。とてもたいせつなことだと思《おも》ったの、マリラ。それから、きめたの。気《き》をつけて、りっぱな習慣《しゅうかん》を身《み》につけて、できるだけ勉強《べんきょう》して、りこうになって、しっかりしましょうって。でも、二十才《さい》なんて、かんがえただけでもすごく年《とし》とったみたいにきこえるわ。そりゃそうと、なぜスティシイ先生《せんせい》はみえたの。」

「それを話《はな》したいと思《おも》っていたんだよ。あんたがちょっとでもわたしの口《くち》をひらかせてくれたらね。先生《せんせい》は、あんたのことでおいでになったんだよ。」

「あたしのことですって?」アンはびくっとしたようだったが、すぐ顔《かお》をまっかにしてさけびだした。「まあ、先生《せんせい》がなにを話《はな》されたか、知《し》ってるわ。あたし、マリラに話《はな》すつもりだったのよ、正直《しょうじき》にね。でもわすれてしまったの。きのうの午後《ごご》、カナダ史《し》の勉強《べんきょう》をしなくちゃいけないとき『ベン=ハー』を読《よ》んでて、みつかっちゃったの。本《ほん》はジェーン=アンドリュースがかしてくれたのよ。お昼休《ひるやす》みに読《よ》んで、ちょうど戦車競争《せんしゃきょうそう》になったところで授業《じゅぎょう》がはじまったの。そのさきがどうなるか知《し》りたくてたまらなかったの、あたしはベン=ハーが勝《か》つにちがいないとは思《おも》っていたけど。もしベン=ハーがまけたら、正義《せいぎ》がやぶれることになるんだもの。そこで机《つくえ》の上《うえ》に歴史《れきし》の本《ほん》をひろげて、ひざに『ベン=ハー』をおいたの。そうすれば、カナダ史《し》を勉強《べんきょう》しているようで、『ベン=ハー』をずうっとたのしめるんですもの。夢中《むちゅう》になって読《よ》んでたので、スティシイ先生《せんせい》が通路《つうろ》をこっちにあるいておいでになったのに、気《き》がつかなかったの。はっと顔《かお》をあげたら、先生《せんせい》がじっとあたしを見《み》おろしていらっしゃるのよ。とがめるような目《め》つきでよ。はずかしかったのなんのって、マリラ。ジョシイ=パイがくすくすわらっているのがきこえたら、とくにね。スティシイ先生《せんせい》は、『ベン=ハー』をもっていっておしまいになったけれど、ひとこともおっしゃらなかったわ。

先生《せんせい》は、授業《じゅぎょう》がおわってからあたしをのこして、お話《はな》ししてくださったの。先生《せんせい》は、あたしが二つの点《てん》でわるいことをしたとおっしゃるの。一つは、勉強《べんきょう》しなけりゃいけない時間《じかん》をむだにしたこと。二つめは、歴史《れきし》の本《ほん》を読《よ》んでいるようなふりをして、そのかわりに小説《しょうせつ》を読《よ》んでいて、先生《せんせい》をだましていたこと。そのときまで、人《ひと》をだましていたなんて夢《ゆめ》にも思《おも》わなかったわ、マリラ。おどろいて、先生《せんせい》に泣《な》いてあやまったわ。もう二度《ど》とこんなことしませんって。そのおわびに完全《かんぜん》に一週間《しゅうかん》『ベン＝ハー』を読《よ》みません、といったのよ。でも先生《せんせい》は、そんなことはしなくていいですって、あたしをゆるしてくださったの。だのに、やっぱりうちにきて、マリラにいいつけるなんて。」

「スティシイ先生《せんせい》は、そんなこと、ひとこともおっしゃらなかったよ。あんたは、わるいことをしたのが気《き》になってるから、そう思《おも》っただけです。だいたい、学校《がっこう》へ小説《しょうせつ》の本《ほん》をもっていくなんて、よくないよ。とにかくあんまり小説《しょうせつ》を読《よ》みすぎる。わたしらの、子《こ》どものじぶんは、小説本《しょうせつぼん》を手《て》にすることさえゆるされなかったね。」

「あら、『ベン＝ハー』みたいな宗教的《しゅうきょうてき》な物語《ものがたり》を、どうして小説《しょうせつ》だなんていえるの。」アンはもんくをいった。「そりゃちょっとはらはらするような話《はなし》だけど……。それに、スティシイ先生《せんせい》やアランさんのおくさんが、十三くらいの女《おんな》の子《こ》が読《よ》むのにいい本《ほん》だと思《おも》うようなのしか読《よ》まないわ。スティシイ先生《せんせい》にそうやくそくしたのよ。まえに、『おばけ屋敷《やしき》のものすごい秘密《ひみつ》』という本《ほん》を読《よ》んでるところをみつかったの。その本《ほん》は、ルビイ＝ギリスがかしてくれたんだけど、身《み》の毛《け》のよだつようなおもしろい本《ほん》なのよ、マリラ。からだじゅうの血《ち》がこおるようだったわ。でもスティシイ先生《せんせい》は、この本《ほん》はひじょうにばかばかしくて、害《がい》になる本《ほん》だから、やめなさいとおっしゃったの。こういう本《ほん》は今後《こんご》読みませんとやくそくするのはかまわなかったけど、つづきがどうなるかわからないんで、本《ほん》をかえすのには必死《ひっし》の努力《どりょく》をしたわ。でも、先生《せんせい》のためだと思《おも》ってがまんしたの。人《ひと》をよろこばせたいといっしょうけんめいになれば、どんなことでもできるものね。」

「さて、ランプでもつけて、仕事《しごと》をはじめようかね。」マリラはつぶやいた。「どうやら、先生《せんせい》がなんとおっしゃったか、ききたくないらしいから。あんたはなによりも、じぶんのおしゃべりだけがおもしろいんだから。」

「いいえ、マリラ、ききたいわ。」アンは後悔《こうかい》して、さけんだ。「もう、なにもいわないから――ほんとよ。おしゃべりしすぎるって知《し》ってるんだけど、これでも、がまんしているのよ。いいたいことがどんなにたくさんあるかわかってもらえたら、信《しん》じてくださるのに。ねえおしえて、マリラ。」

「それじゃね。ステイシイ先生《せんせい》は、クィーン学院《がくいん》の入学試験《にゅうがくしけん》をしたい人《ひと》のために、クラスをつくりたいとおっしゃるんだよ。先生《せんせい》は放課後《ほうかご》、とくべつにおしえてくださるそうだよ。それでマシュウとわたしに、あんたをそのクラスにいれたいかどうか、ききにいらしたんだよ。どう思《おも》うかね？　アン。クィーンへいって、先生《せんせい》になりたくはないかね？」

「えっ、ほんと？　マリラ！」アンは、おもわず手《て》をにぎりしめた。「それは一生《いっしょう》の夢《ゆめ》だったの。この半年《はんとし》、ルビイとジェーンが受験勉強《じゅけんべんきょう》のことを話《はな》しだしてからよ。でも、あたしは、なんにもいわなかったの。のぞみがないと思《おも》ってたからよ。すごく先生《せんせい》にはなりたいの。でも、とってもお金《かね》がかかるんじゃない？　アンドリュースさんは、プリシイが卒業《そつぎょう》するまでに百五十ドルもかかるんですって。それにプリシイは、幾何《きか》でもお点《てん》がわるくなかったんだもの。」

「お金《かね》のことは、気《き》にしなくてもいいんだよ。マシュウとわたしが、あんたをうちにひきとったとき、あ

んたのためにできるだけのことをして、教育《きょういく》もりっぱにしてやろうと決心《けっしん》したんだから。女《おんな》の子《こ》だって、ひとりで生活《せいかつ》していけるようにしておいたほうがいいと思《おも》っているよ。わたしらがここにいるかぎりは、グリーン・ゲイブルズはいつでも、あんたのうちだよ。だけどね、こういう世《よ》の中《なか》では、いつなんどき、どんなことがおきるかわからないんだよ。用心《ようじん》にこしたことはないね。だから、あんたがその気《き》なら、クィーンのクラスにはいっていいよ。」

「ああ、マリラ、ありがとう。」アンはマリラのこしにだきついて、マリラの顔《かお》をいっしんに見《み》あげた。「マリラとマシュウに、なんて感謝《かんしゃ》すればいいのかしら。せいいっぱい勉強《べんきょう》して、おふたりの誇《ほこ》りになるようにするわ。幾何《きか》はあんまり期待《きたい》してもらえないけど。ほかの課目《かもく》なら、いっしょうけんめいやればなんとかなるわ。」

「あんただったら、たぶん、だいじょうぶだろうね。頭《あたま》もいいし、勉強家《べんきょうか》だって、スティシイ先生《せんせい》がおっしゃってたよ。」

しかしマリラは、先生《せんせい》がいったとおりには、アンに告《つ》げるつもりはなかったのだ。それをいえば、アンの虚栄心《きょえいしん》をそそのかすことになっただろうから。

「べつに、あわてて本《ほん》にしがみつくにはおよばないよ。いそぐことはないんだから。まだ一年半《ねんはん》も、試験《しけん》までにはあるんだから。先生《せんせい》がおっしゃってたように、そろそろとりかかって、しっかり基礎《きそ》をかためておいたほうがいいね。」

「勉強《べんきょう》にずっとはげみがでてきたわ。」アンは、いかにもうれしそうな顔《かお》でいった。「だって、人生《じんせい》の目的《もくてき》ができたんだもの。牧師《ぼくし》のアランさんがおっしゃったけど、だれでも人生《じんせい》の目的《もくてき》をもって、それを正《ただ》しくやりとげなければいけないって。でも、それが価値《かち》のある目的《もくてき》かどうか、たしかめるのが第《だい》一ですって。スティシイ先生《せんせい》のようになりたいというのは価値《かち》のある目的《もくてき》でしょ。そうじゃない？　とてもりっぱな仕事《しごと》だと思《おも》うわ。」

まもなくクィーンへの進学《しんがく》クラスがつくられた。ギルバート＝ブライス、アン＝シャーリイ、ルビイ＝ギリス、ジェーン＝アンドリュース、ジョシイ＝パイ、チャーリイ＝スローン、それにムーディ＝スパージョン＝マクファーソンがくわわった。ダイアナは、両親《りょうしん》にクィーンへすすませる気《き》がなかったので、くわわらなかった。アンにとっては、かなしいことだった。ミニイ＝メイが喉頭炎《こうとうえん》にかかった夜《よる》から、アンとダイアナは、なんでもいっしょにやってきたから。

はじめてクィーンのクラスが特別授業《とくべつじゅぎょう》のためにのこった夕《ゆう》がた、アンは、ダイアナがほかの人《ひと》たちととぼとぼかえっていき、ひとりぼっちで〈シラカバの道《みち》〉や〈スミレの谷《たに》〉をとおって、家《いえ》のほうへあるいていくのを見《み》た。やっとのことでいすにすわって、親友《しんゆう》のあとを追《お》いかけたいのをがまんした。悲《かな》しみで胸《むね》がいっぱいになり、ひろげたラテン語《ご》の文法《ぶんぽう》の本《ほん》であわてて涙《なみだ》をかくした。どんなことがあってもギルバート＝ブライスやジョシイ＝パイに涙《なみだ》を見《み》せたくなかった。

「でも、マリラ。ダイアナがひとりででていくのを見《み》たら、アランさんのこのまえのお説教《せっきょう》のように、死《し》の苦《くる》しみをなめたようだったわ。」その夜《よ》、アンは、悲《かな》しみにしずんでいった。「もし、ダイアナといっしょに入学試験《にゅうがくしけん》の勉強《べんきょう》ができたら、どんなによかったかしら。でも、リンドのおばさんのことばどおり、この不完全《ふかんぜん》な世《よ》の中《なか》で、完全《かんぜん》なことをのぞむのはむりなんだわ。

　クィーンのクラスは、おもしろくなりそうよ。ジェーンとルビイは、ただ先生《せんせい》になるためにいくんですって。それがせいいっぱいののぞみなんですって。ルビイは学校《がっこう》をでたら二年間《ねんかん》だけおしえて、それから結婚《けっこん》するつもりなんですって。ジェーンは一生《いっしょう》をかけて先生《せんせい》をやって、どんなことがあっても結婚《けっこん》しないんですって。おしえれば月給《げっきゅう》がもらえるけど、夫《おっと》はなんにもお金《かね》をはらってくれないし、たまごやバターを売《う》った代金《だいきん》をわけてくださいなんていえば、がみがみおこるっていうの。ジェーンはじぶんのかなしい経験《けいけん》からいってるのね。リンドのおばさんがおっしゃるように、ジェーンのおとうさんはすごい気《き》むずかしやで、けちなんだって。ジョシイ＝パイは、教育《きょういく》をうけるためにだけ進学《しんがく》するんだって。じぶんの生活《せいかつ》を心配《しんぱい》しなくってもいいからなんですってよ。もちろん、おなさけで生《い》きている孤児《こじ》とちがいますからね、だって。孤児《こじ》は、むりしても人《ひと》をおしのけてすすまなくちゃならないっていうの。ムーディ＝スパージョンは牧師《ぼくし》さんになるそうよ。リンドのおばさんは、名《な》まえからして、ほかの職業《しょくぎょう》はふさわしくないというの。あたしわるいんだけど、ムーディが牧師《ぼくし》さんになるというのは、わらいたくなるわ。ムーディって、大《おお》きな厚《あつ》ぼったい顔《かお》をして、目《め》は小《ちい》さくって青《あお》いし、耳《みみ》はたれているし、おかしな顔《かお》つきをしているんですもの。でも、大《おお》きくなるにつれて、もっとりこうそうに見《み》えてくるでしょう。チャーリイ＝スローンは、政治《せいじ》の道《みち》にはいって、国会議員《こっかいぎいん》になるというの。でもリンドのおばさんは、その道《みち》では成功《せいこう》すまいとおっしゃるの。スローン家《け》のものは、そろいもそろって正直《しょうじき》だから、見込《みこ》みがないって。いまの世《よ》の中《なか》で、政治畑《せいじばたけ》で成功《せいこう》するのは、わるい人間《にんげん》だけだからですってよ。」

「ギルバート＝ブライスはなんになるのかね。」アンがシーザーの本《ほん》をひらいているのを見《み》て、マリラはきいた。

「ギルバート＝ブライスの野心《やしん》がなんなのか、――たとえ、野心《やしん》があっても、きいてないわ。」と、アンは見《み》さげたようにいった。

いまでは、ギルバートとアンのあいだの競争《きょうそう》も、人《ひと》の目《め》にたつようになった。競争心《きょうそうしん》をもったのは、はじめはアンのほうだけだった。もはやギルバートも、アンとおなじに、クラスで一番《ばん》になろうと決心《けっしん》したようだった。ギルバートは、アンのいい競争《きょうそう》あいてだった。クラスのほかの人《ひと》たちは、ふたりがとくべつによくできることをみとめて、だれもふたりと競争《きょうそう》しようなどとは、夢《ゆめ》にも思《おも》わなかった。

いつか池《いけ》のほとりで、ギルバートがあやまったのをアンがきっぱりはねつけた日《ひ》から、ギルバートは、競争心《きょうそうしん》をもつことのほかはアンを眼中《がんちゅう》におかなかった。ギルバートは、ほかの女の子《おんなのこ》たちとは、しゃべったり、ふざけたり、本《ほん》や問題《もんだい》をおしえあったりした。また勉強課目《べんきょうかもく》や計画《けいかく》を話《はな》しあったり、ときには、教会《きょうかい》の集《あつ》まりや討論会《とうろんかい》のかえりに、ひとりふたりの女《おんな》の子《こ》を、家《いえ》までおくっていったりした。しかし、アン＝シャーリイには知《し》らん顔《かお》をしていた。

そして、アンは、知《し》らん顔《かお》をされるのはゆかいではなかった。アンは頭《あたま》をつんと立《た》てて、そんなこと気《き》にしていないとじぶんに話《はな》しかけてみたが、なんのやくにもたたなかった。アンは心《こころ》のなかで、じぶんが気《き》にしていることをよく知《し》っていて、もういちど、〈きらめく湖《みずうみ》〉であのようなチャンスがあったら、きっと、ぜんぜんちがう答《こた》えかたをするだろうと思《おも》った。おどろいたことには、ギルバートにもっていたあの怒《いか》りのきもちが、なくなってしまっていた——アンがもっとも必要《ひつよう》とするちょうどそのときに、いだきつづけてきた怒《いか》りはきえてしまったのである。あのわすれられないできごとや、くやしさを、もういちどよびおこし、はげしい怒《いか》りをわきたたせようとしたが、だめだった。池《いけ》のほとりでのあの日《ひ》は、その怒《いか》りのさいごのきらめきだった。アンはじぶんでも気《き》がつかないうちに、ゆるしていたことがわかったが、それはあまりにもおそすぎた。

そしてギルバートも、ほかのだれも、ダイアナでさえも、アンがどんなにかなしんでいるか、わからなかった。アンが「ふかい忘却《ぼうきゃく》のなかに感情《かんじょう》をおおいかくそう」と決心《けっしん》して、うまくいっていたので、ギルバートには、かれのしかえしがひしひしとアンの身《み》にこたえているとは、思《おも》いもよらなかった。ギルバートのただひとつのなぐさめは、アンがいつもチャーリイ＝スローンにひややかにしていることだった。

そんなこととはべつに、冬《ふゆ》はゆかいにすぎていった。アンにとって、一日《にち》一日《にち》すぎていくのは、一年《ねん》という長《なが》い黄金《おうごん》のネックレスのひとつぶひとつぶのように思《おも》われた。アンは幸福《こうふく》だったし、熱心《ねっしん》に勉強《べんきょう》していた。おもしろい本《ほん》も読《よ》んだ。日曜学校《にちようがっこう》の合唱隊《がっしょうたい》で歌《うた》のれんしゅうもした。牧師館《ぼくしかん》でアランさんのおくさんとたのしい土曜日《どようび》の午後《ごご》をすごしたりもした。アンがまだほとんど気《き》がつかないうちに、春《はる》はいつのまにかグリーン・ゲイブルズにおとずれ、あたりいちめんは、また花《はな》ざかりとなった。

受験勉強《じゅけんべんきょう》は、ほんのちょっぴりあきがきていた。学校《がっこう》にのこったクィーンのクラスは、ほかの人《ひと》たちが、緑《みどり》の小道《こみち》や、葉《は》のしげった森《もり》の道《みち》や、牧場《ぼくじょう》のよこ道《みち》へちっていくのを、窓《まど》からうらやましそうにながめた。そうして、ラテン語《ご》の文法《ぶんぽう》にもフランス語《ご》の練習問題《れんしゅうもんだい》にも、冬《ふゆ》のあいだのような熱心《ねっしん》さをなくしているのに気《き》づいた。

アンやギルバートでさえも、勉強《べんきょう》に無関心《むかんしん》になってきはじめた。学期《がっき》がおわって、たのしい夏休《なつやす》みが目《め》のまえにバラ色《いろ》となってひろがったときには、先生《せんせい》も生徒《せいと》も、おなじようにうれしかった。

「あなたがたは、この一年間《ねんかん》、いっしょうけんめい勉強《べんきょう》したんですから、思《おも》うぞんぶんたのしい夏休《なつやす》みをおくりなさい。」とスティシイ先生《せんせい》は、さいごの日《ひ》の夕《ゆう》がた、みんなにむかっていった。「できるだけそとへでてあそんで、来年《らいねん》のために健康《けんこう》や活力《かつりょく》や希望《きぼう》をたくわえるんです。来年《らいねん》は、いよいよ試験《しけん》ですからね――さいごの年《とし》ですよ。」

「来年《らいねん》は、先生《せんせい》おかえりになるんですか。」

ジョシイ＝パイがきいた。

ジョシイ＝パイは、だれにでも遠慮《えんりょ》なく質問《しつもん》するたちだったので、このしゅんかん、クラスのほかのものはジョシイに感謝《かんしゃ》した。だれもが、スティシイ先生《せんせい》におもいきってきけなかったが、みんな、ききたくってたまらなかったのである。

というのは、しばらくまえから学校《がっこう》に、おどろくべきうわさがひろがっていた。そのうわさは、スティシイ先生《せんせい》が、生《う》まれ故郷《こきょう》の学校《がっこう》からまねかれていて、来年《らいねん》はもどらないで、それを引《ひ》きうけるつもりだというのである。クィーンのクラスは息《いき》をころして答《こた》えをまった。

「ええ、かえってこようと思《おも》っていますよ。」と、スティシイ先生《せんせい》はこたえた。「ほかの学校《がっこう》へうつろうともかんがえたんですけど、アボンリーにもどってくることにしました。ほんとのことをいうと、みなさんがとってもすきになって、みなさんをのこしていけなくなったのです。それで、あなたがたが卒業《そつぎょう》するまで、この学校《がっこう》におります。」

「ばんざーい。」

ムーディ＝スパージョンがさけんだ。ムーディがわれをわすれて感情《かんじょう》をだすなんてめずらしかった。ムーディは一週間《しゅうかん》というもの、思《おも》いだすたび、こまったように赤《あか》くなった。

「ああ、うれしいわ。」アンは目《め》をかがやかせていった。「スティシイ先生《せんせい》、もし先生《せんせい》がおかえりにならなかったら、どんなにおそろしいかしら。もしほかの先生《せんせい》がこの学校《がっこう》においでになったら、勉強《べんきょう》する気《き》になれないわ。」

その晩《ばん》、アンは家《いえ》にかえると、教科書《きょうかしょ》を屋根裏《やねうら》べやの古《ふる》いトランクにぜんぶつめこんで、かぎをかけ、そのかぎを毛布《もうふ》の箱《はこ》になげこんだ。

「夏休《なつやす》みには、学校《がっこう》の本《ほん》は見《み》ないことにしたの。」アンはマリラにつげた。「学期《がっき》のあいだじゅう、いっしょうけんめい勉強《べんきょう》したし、幾何《きか》だって、第《だい》一巻《かん》にある定理《ていり》はみんな暗記《あんき》するまで、夢中《むちゅう》でやったんだから、応用問題《おうようもんだい》でも心配《しんぱい》ないわ。勉強《べんきょう》なんて、あきあきしたわ。夏《なつ》のあいだ、すきなだけ想像《そうぞう》しよう。でも、びっくりすることないわよ、マリラ。ほどほどにしておくつもり。この夏《なつ》は、ほんとうにゆかいにすごしたいの。きっと、子《こ》どもであるさいごの夏《なつ》になるでしょう。リンドのおばさんは、あたしが来年《らいねん》もことしとおなじように背《せ》がのびるなら、スカートをもっと長《なが》くしておかなきゃいけないって。おばさんは、あんたは足《あし》と目《め》だけ大《おお》きくなるね、ですって。あたしが長《なが》いスカートをはくときは、それにふさわしく威厳《いげん》をもたなくちゃ。そうしたら、妖精《ようせい》を信《しん》じたりしてもいけないかしら。そうすると、ことしの夏《なつ》は、おおいに妖精《ようせい》を信《しん》じよう。とってもたのしい夏休《なつやす》みになりそうよ。

ルビイ＝ギリスは、まもなく誕生《たんじょう》パーティーをひらくし、日曜学校《にちようがっこう》のピクニックがあるし、来月《らいげつ》には宣教師《せんきょうし》の音楽会《おんがくかい》があるし。それから、バリーさんがそのうち、ダイアナとあたしをホワイト・サンド・ホテルにつれていって、晩《ばん》ごはんをごちそうしてくださるんですって。ホテルでは、夜《よる》が正式《せいしき》のごちそうなのね。ジェーン＝アンドリュースが、去年《きょねん》の夏《なつ》一度《ど》いったときには、電燈《でんとう》の光《ひかり》がきらきらして、花《はな》やきれいなドレスの女《おんな》の人《ひと》で、目《め》がくらみそうだったんですって。ジェーンははじめて上流社会《じょうりゅうしゃかい》のようすを見《み》て、一生《いっしょう》わすれないだろうといっていたわ。」

リンド夫人《ふじん》は、翌日《よくじつ》の午後《ごご》、なぜマリラが木曜日《もくようび》に教会《きょうかい》の集《あつ》まりに出席《しゅっせき》しなかったか、見《み》にやってきた。

マリラが集《あつ》まりにでないときには、なにかしらわるいことが、グリーン・ゲイブルズにおこっていた。

「木曜日《もくようび》に、マシュウがひどい心臓《しんぞう》の発作《ほっさ》をおこしてね。」とマリラは説明《せつめい》した。「ひとりっきりにしておく気《き》がしなくってね。ええ、もうすっかりよくなりましたよ。でも、以前《いぜん》よりたびたび発作《ほっさ》をおこすようになったんで、心配《しんぱい》でね。お医者《いしゃ》さまは、興奮《こうふん》させたりしないよう気《き》をつけなさいとおっしゃるんだけど、それはかんたんなんですよ。だって、マシュウは、興奮《こうふん》したりすることがすきではありませんからね。でもね、力仕事《ちからしごと》もいけないんだって。あんたもごぞんじのとおり、マシュウにはたらくなというのは、息《いき》をするなというのとおなじでしょ。こまるのよ。さあ、帽子《ぼうし》や持《も》ちものをこっちにくださいな。レイチェル、お茶《ちゃ》にしましょう。」

「あんたがそういうなら、お茶《ちゃ》にしましょうかね。」

はじめから、リンド夫人《ふじん》は、お茶《ちゃ》をのまないでかえるつもりなどまったくなかったのである。リンド夫人《ふじん》とマリラが、客間《きゃくま》でいいきもちになっているあいだに、アンは、お茶《ちゃ》と焼《や》きたてのビスケットを用意《ようい》した。そのビスケットはかるそうで、まっしろに焼《や》きあがっていて、うるさがたのリンド夫人《ふじん》でさえ、もんくのつけようがなかった。

「アンは、まったくいい子《こ》になったわね。」リンド夫人《ふじん》は感嘆《かんたん》した。夕《ゆう》がた、マリラは、夫人《ふじん》を小道《こみち》のはずれまで見《み》おくってきたのだった。「あんたには、大《おお》だすかりだろうね。」

「ええ、いまじゃ、あの子《こ》もしっかりして、やくにたちますからね。あのそそっかし屋《や》はとてもなおりっこないと思《おも》ってたけど、よくなりましたよ。このごろでは、なんでも心配《しんぱい》なくまかせられますよ。」

「三年《ねん》まえ、ここではじめてあったときには、こんなによくなろうとは思《おも》いもよらなかったね。」と夫人《ふじん》はいった。「まったく、あの子《こ》のかんしゃくときたらわすれられませんね！　あの晩《ばん》、うちにかえって、トマスにいったもんですよ。『いいですか、トマス。マリラ＝カスバートは、じぶんのやったことを後悔《こうかい》するようになりますよ。』でも、わたしの見込《みこ》みちがいでしたよ。わたしは、じぶんのまちがいをよろこんでいるのよ。わたしはまちがいをしても、じぶんでそれをみとめないような種類《しゅるい》の人間《にんげん》ではありませんからね。

わたしはアンを見込《みこ》みちがいしましたけど、すこしもふしぎじゃありませんよ。あんなかわった、おもいがけないことをする女《おんな》の子《こ》は、この世《よ》にふたりといるとは思《おも》えませんね。まったくのところ、ほかの子《こ》どもにつうじるやりかたであの子《こ》をわかろうとしても、だめだね。この三年間《ねんかん》でどんなにあの子《こ》が進歩《しんぽ》したか、いえないくらいですよ。とりわけ姿《すがた》がね。ほんとうにきれいな女《おんな》の子《こ》になってきましたよ。あの青白《あおじろ》い、大《おお》きな目《め》をした女《おんな》の子《こ》のタイプは、とくにいいとは思《おも》えないけど。わたしは、ダイアナ＝バリーやルビイ＝ギリスのように、ピチピチとした、血色《けっしょく》のいい子《こ》のほうがすきですよ。ルビイ＝ギリスの顔《かお》はほんとにめだちますよ。でも、どういうわけか――わたしにもよくわからないんだけど――アンとあの子《こ》どもたちといっしょにいると、アンは、はんぶんも美人《びじん》じゃないのに、ふたりのほうがありふれて、くどすぎるように見《み》えるのは、どういうんだろうね。大《おお》きな赤《あか》いシャクヤクのよこにならんだスイセン、といったようすですよ。」

三十一　小川《おがわ》と川《かわ》があうところ

　アンは、おもいっきり夏《なつ》をたのしんだ。ダイアナとふたりで、ほとんど家《いえ》のそとですごし、〈恋人《こいびと》たちの道《みち》〉や〈木《き》の精《せい》の泉《いずみ》〉や〈ウィローミア〉や〈ヴィクトリア島《とう》〉で、おおいにたのしんだ。マリラは、アンのジプシーみたいなくらしに、すこしももんくをいわなかった。

　夏休《なつやす》みがはじまってまもない日《ひ》、ミニイ＝メイが喉頭炎《こうとうえん》にかかった夜《よる》に診察《しんさつ》にきたスペンサービルの医者《いしゃ》が、患者《かんじゃ》の家《いえ》でアンにあった。医者《いしゃ》は注意《ちゅうい》ぶかくアンをながめて、頭《あたま》をふってから、ほかの人《ひと》にことづけて、マリラに手紙《てがみ》をとどけてきた。それには、

　　おたくの赤《あか》い髪《かみ》の女《おんな》の子《こ》を、夏《なつ》じゅうそとであそばせること。歩《ある》きかたがもっとしっかりするまで、本《ほん》を読《よ》ませないこと。

と書《か》いてあった。

　この手紙《てがみ》を見《み》て、マリラはおどろいてふるえあがった。このいいつけをまもらなかったら、結核《けっかく》になって死《し》んでしまうだろうという意味《いみ》を読《よ》みとったのだ。

　そんなわけで、アンは自由《じゆう》に、あそびたいだけあそんで夏《なつ》をすごした。散歩《さんぽ》、ボートこぎ、木《き》イチゴつ

み、それに、おもいっきり空想《くうそう》にふけった。九月《がつ》には、目《め》はいきいきとかがやき、からだも歩《ある》きかたもしゃんとして、スペンサービルの医者《いしゃ》がまんぞくするくらいになった。アンの胸《むね》は希望《きぼう》でふくらみ、勉強《べんきょう》への熱意《ねつい》もよみがえった。

「ものすごく勉強《べんきょう》したくなったわ。」アンは、屋根裏《やねうら》べやから教科書《きょうかしょ》をおろしてきて、いった。「ああ、なつかしの友《とも》、またあんたたちの顔《かお》にあえて、うれしいわ――そう、あんたまでよ、幾何《きか》さん。とてもいい夏《なつ》だったわ、マリラ。いまはね、このまえの日曜《にちよう》にアランさんがおっしゃったように、つわもののように、声《こえ》をあげて競争《きょうそう》にでていくのよ。アランさんのお説教《せっきょう》はすばらしいと思《おも》わない？　リンドのおばさんがおっしゃってたけど、日《ひ》ごとにじょうずになっていかれるんですって。どこかの市《し》の教会《きょうかい》がアランさんにとびついて、あたしたちはとりのこされて、だれかほかの、しんまいの牧師《ぼくし》さんをならさなければならないだろうって。でも、いまからそんな苦労《くろう》をすることないわね、マリラ？　アランさんがいらっしゃるあいだは、よろこんでいればいいんでしょ。

もし、あたしが男《おとこ》だったら、牧師《ぼくし》さんになりたいわ。神学《しんがく》がちゃんとしてたら、人《ひと》にいい影響《えいきょう》をあたえられるんですもの。すばらしいお説教《せっきょう》をして、きいている人《ひと》の心《こころ》をうごかすのは、わくわくするだろうと思《おも》うの。なぜ女《おんな》の人《ひと》は牧師《ぼくし》さんになれないのかしら、マリラ？　リンドのおばさんにきいたら、びっくりして、そんなけしからんことはない、アメリカには女《おんな》の牧師《ぼくし》さんがいるという話《はなし》だけど、ありがたいことにカナダではまだそこまできてないし、こんごもけっしてそんなことがないようにねがってる、っておっしゃってたわ。でも、あたしには、なぜだかわからないの。女《おんな》だって、りっぱな牧師《ぼくし》さんになれるでしょうに。

懇親会《こんしんかい》だって、教会《きょうかい》のお茶《ちゃ》の会《かい》だって、そのほかお金《かね》をあつめるのも、婦人会《ふじんかい》にたのんでやってもらうじゃないの。リンドのおばさんは、どう見《み》ても、ベル先生《せんせい》とおなじくらいじょうずにお祈《いの》りができると思《おも》うし、ちょっとれんしゅうすれば、お説教《せっきょう》だってできるにきまってるわ。」

「できるだろうよ。」マリラはにこりともしないでいった。

「いまだって、ひとりひとりにはたっぷり説教《せっきょう》しているんだから。レイチェルに監督《かんとく》されてるんで、アボンリーじゃ、だれもわるいことなんかできやしないんだよ。」

「マリラ。」とアンが、きゅうにひそひそ声《ごえ》になった。「ちょっときいてもらいたいことがあるの。あたし、とってもこまってるの。日曜日《にちようび》の午後《ごご》には、とくにこのことが気《き》になるの。あたしは、マリラやアランさんのおくさんやスティシイ先生《せんせい》といっしょのときは、ほんとによくなりたいと思《おも》うの。そして、マリラたちによろこんでもらえるようなことをしたいとねがってるのよ。だけど、リンドのおばさんといると、じぶんがひどくわるい人間《にんげん》のような気《き》がして、おばさんがいけないとおっしゃることを、したくなってしまうの。そのきもちがおさえられないのよ。どうしてそんなふうになるのかしら。あたし、ほんとにわるい、罪《つみ》ぶかい人間《にんげん》なのかしら?」

マリラは、しばらくなにかあやふやなようすだったが、やがてわらいだした。

「あんたがそうなら、わたしだってわるい人間《にんげん》だろうよ。レイチェルには、ときどき、わたしだってそんなきもちにさせられるよ。あんたがいうように、レイチェルがだれにでも正《ただ》しいことをさせようとして、うるさくもんくをいうのでなければ、もっといい影響《えいきょう》をあたえるだろうと思《おも》うがね。むやみにもんくをいうなというとくべつのいましめが、教会《きょうかい》にあってもよさそうだがね。そうはいっても、レイチェルはまじめなキリスト教信者《きょうしんじゃ》だし、わる気《ぎ》でやっているわけじゃない。アボンリーでも、あれだけしんせつな人《ひと》はないし、じぶんの受《う》け持《も》ちの仕事《しごと》は、けっしてなまけないしね。」

「マリラもおなじだときいて、うれしいわ。」アンはさっぱりいった。「とってもくよくよしなくってすむわ。でも、ほかにもいろいろなやむことがあるの。マリラをこまらせるようなことが、いつでももちあがるの。一つの問題《もんだい》がかたづくと、すぐつぎのがおこるのよ。いろいろかんがえたり、きめたりしなきゃならないことがおおくて、どれが正《ただ》しいかきめるのは、いそがしいわ。おとなになるってたいへんね、マリラ？　でも、あたしは、マリラやマシュウやアランさんのおくさん、ステイシイ先生《せんせい》のようないいお友《とも》だちがあるんだから、りっぱなおとなにならなくちゃ。もしそうならなかったら、あたしがわるいんだわ。おおいに責任《せきにん》をかんじるの。だって、機会《きかい》は一回《かい》しかないんですもの。もし、正《ただ》しいおとなになれないとしても、あともどりして、やりなおしができないんですものね。

この夏《なつ》五センチ背《せ》がのびたわ、マリラ。ギリスさんが、ルビイのパーティーではかってくださったの。新《あたら》しい服《ふく》を長《なが》めにつくっといてくださって、よかったわ。あのこい緑色《みどりいろ》のはとてもすてきね。そりゃ必要《ひつよう》だとは思《おも》わないけど、この秋《あき》の流行《りゅうこう》なの。ジョシイは、ぜんぶの服《ふく》にひだかざりをいれてるわ。あたしの服《ふく》にもついてるから、うんと勉強《べんきょう》できるわ。あのひだかざりがあるんで、あたしは、心《こころ》の底《そこ》からおだやかなきぶんでいられるの。」

「そりゃまた、ずいぶんききめがあるんだね。」

スティシイ先生《せんせい》は、アボンリーの学校《がっこう》にもどってきて、生徒《せいと》たちがまた熱心《ねっしん》に勉強《べんきょう》しようとしているのを見《み》た。とくにクィーンのクラスは、この学年《がくねん》のおわりのたたかいにむかって、身《み》がまえていた。すでにかれらのゆくてに、あのおそるべき試験《しけん》が、暗《くら》いかげをなげかけているのが無気味《ぶきみ》に見《み》えるからである。だれでも試験《しけん》をかんがえただけで、気《き》がめいってしまうのだった。

もしうからなかったら！　その考《かんが》えは、冬《ふゆ》じゅう、日曜《にちよう》の午後《ごご》さえ、おきているかぎりアンにつきまとい、道徳《どうとく》や神学上《しんがくじょう》の問題《もんだい》はほとんどほっぽりだされてしまった。アンのみるわるい夢《ゆめ》は、合格《ごうかく》発表《はっぴょう》をかなしいきもちでみつめているじぶんの姿《すがた》だった。それにはギルバートの名《な》まえがいちばんはじめに書《か》かれているのに、アンの名《な》まえはおしまいまでないのだった。

しかし、冬《ふゆ》はゆかいで、いそがしく、たのしく、とぶようにすぎた。勉強《べんきょう》はまえとおなじようにおもしろく、クラスの競争《きょうそう》もさかんだった。あらゆるめんの、まだとりいれていない知識《ちしき》の新《あたら》しい魅力《みりょく》が、目《め》のまえにひらけていた。

「山《やま》また山《やま》こえゆけば、ゆくてに山《やま》なみそびえていよいよけわし。」これも、スティシイ先生《せんせい》のたくみな指導《しどう》のおかげだった。生徒自身《せいとじしん》でかんがえ、研究《けんきゅう》し、発見《はっけん》するようにみちびき、ふみかためられた古《ふる》い道《みち》からはなれるように力《ちから》づけたので、リンド夫人《ふじん》や学校《がっこう》の評議員《ひょうぎいん》たちをすっかりおどろかせてしまった。この人《ひと》たちにとっては、いままでのやりかたを改革《かいかく》するのは、信用《しんよう》できないのだった。

勉強《べんきょう》のほかに、アンは、社交的《しゃこうてき》な集《あつ》まりにもでかけるようになった。マリラは、スペンサービルの医者《いしゃ》のいったことを心《こころ》にとめているので、たまにアンがでかけることを、とめはしなかった。討論会《とうろんかい》もさかんになり、音楽会《おんがくかい》もなんどかひらかれた。おとななみのパーティーも一つ二つあったし、そりにのってのドライブや、スケート遊《あそ》びもたくさんやった。

そのあいだにもアンは成長《せいちょう》していった。ある日《ひ》、ならんで立《た》ってみると、アンのほうが背《せ》が高《たか》くなっていて、マリラはびっくりしてしまった。

「おやまあ、アン、なんて大《おお》きくなったもんだろう!」

マリラは信《しん》じられないようにいったが、そのあとで、ためいきをついた。アンの背《せ》がのびたことに、なんとなくざんねんなきもちをもった。かわいがっていた子《こ》どもがきえてしまって、背《せ》のすらりとした十五才《さい》の少女《しょうじょ》が、考《かんが》えぶかげな、まじめな顔《かお》つきをして立《た》っているのだった。小《ちい》さな子《こ》どもとおなじように、この少女《しょうじょ》もかわいいとは思《おも》ったが、なにかなくしものでもしたような、なごりおしさをかんじた。

その晩《ばん》、アンがダイアナと祈《き》とう会《かい》にでかけたあと、マリラは冬《ふゆ》の夕《ゆう》やみのなかにひとりきりでいて、おもいきり泣《な》いた。あかりをもったマシュウが、マリラをみつけて、きもをつぶさんばかりにおどろいたので、マリラは涙《なみだ》をながしながらも、わらわずにいられなかった。

「アンのことをかんがえていたんですよ。あんなに大《おお》きくなってしまってね――こんどの冬《ふゆ》には、たぶんこのうちからいなくなるでしょうからね。あの子《こ》がいなくなると、さびしくてこまると思《おも》いますよ。」

「ちょくちょくかえってこられるよ。」マシュウがなぐさめた。マシュウにとっては、アンはいつまでも、四年《ねん》まえの六月《がつ》の夕《ゆう》がたブライト・リバーからつれてきたときのままの、小《ちい》さなしんけんな目《め》をした女《おんな》の子《こ》であった。「そのころまでには、鉄道《てつどう》の支線《しせん》もカーモディにくるだろうからな。」

「一日《にち》じゅうここにいたときのようなわけにはいきませんよ。」マリラはしずんだ顔《かお》をしてためいきをついた。なぐさめてもらうより、おもいきり悲《かな》しみにひたろうと決心《けっしん》した。「でもね――男《おとこ》の人《ひと》にはこういうことはわからないもんですよ！」

アンには、大《おお》きくなっただけでなく、もっとめだたない変化《へんか》もあった。そのひとつは、まえよりずっとしずかになったことだった。いままでとおなじように、かんがえたり夢《ゆめ》みたりしているのだろうが、たしかにおしゃべりはすくなくなった。マリラはこれにも気《き》がついて、アンにきいてみた。

「いままでのはんぶんもしゃべらなくなったじゃないか、アン。それに、おおげさなことばもたいしてつかわないね。いったいどうしたんだい？」

アンは、ちょっと顔《かお》を赤《あか》くして、わらった。それから本《ほん》をふせて、うっとりと窓《まど》のそとをながめた。春《はる》の光《ひかり》にさそいだされて、ツタから、ふくらんだ赤《あか》いつぼみがのぞいていた。

「わからないわ——あんまりしゃべりたくないの。」アンは人《ひと》さし指《ゆび》でじぶんのほおをつつきながら、いった。「だいじな、美《うつく》しい考《かんが》えごとは、宝《たから》もののように胸《むね》のなかにあったためているほうがすてきね。わらわれたり、おかしいといわれるのはいやなの。それに、どうしてか、もうおおげさなことばをつかいたくないの。そういうことばをつかってもいいだけじゅうぶんおとなになったのに、つかいたくないっていうのは惜《お》しいわね。おとなになるのはかなりたのしいんだけど、期待《きたい》してたのとちがうところもあるわね、マリラ。おぼえたり、知《し》ったり、かんがえたりすることが、あんまりあって、おおげさなことばをつかってるひまがないのよ。それに、スティシイ先生《せんせい》は、みじかいことばのほうが力《ちから》づよくていいって、おっしゃるのよ。先生《せんせい》は、文章《ぶんしょう》をできるかぎり単純《たんじゅん》に書《か》かせるの。はじめはむつかしかったわ。いままで、かんがえつくかぎりの、すてきな、せいいっぱいのことばをぜんぶならべていたんですもの——それならいくらでも思《おも》いつくんだけど。でもいまは、すっかりなれて、かんたんなことばのほうがずっといいってわかったわ。」

「あんたの物語《ものがたり》クラブはどうなったのかね？」

「物語《ものがたり》クラブは、もうなくなったの。あたしたち、ひまがないの——それに、あきあきしたこともあるの。愛《あい》とか、人《ひと》ごろしとか、かけおちとか、秘密《ひみつ》とか書《か》くなんて、ばかばかしいことだったわ。スティシイ先生《せんせい》にときどき、作文《さくぶん》のれんしゅうに物語《ものがたり》を書《か》かせられるんだけど、アボンリーのあたしたちの生活《せいかつ》におこりそうなことだけ書《か》け、とおっしゃるのよ。それを、先生《せんせい》はとってもきびしく批評《ひひょう》なさって、あたしたちにも批評《ひひょう》させるの。じぶんでしらべてみて、あたしの作文《さくぶん》がこんなにたくさん欠点《けってん》があるんだってわかったのよ。もうはずかしくって、書《か》くのはやめたいと思《おも》ったんだけど、スティシイ先生《せんせい》が、じぶんの作品《さくひん》をきびしく批評《ひひょう》できれば、いいものが書《か》けるようになるっておっしゃったの。それで、いっしょうけんめいやってるところなのよ。」

「入学試験《にゅうがくしけん》まで、あと二か月《げつ》しかないじゃないか。とおると思《おも》うかい?」と、マリラはいった。

アンは身《み》ぶるいした。

「わからないわ。だいじょうぶだろうと思《おも》うときもあるけど、そのあとでこわくなってしまうの。あたしたちは熱心《ねっしん》に勉強《べんきょう》しているし、先生《せんせい》は、きびしくおしえこんでくださるけど、でも、おちる人《ひと》もあるかもしれないわ。みんな一つずつにがてなものがあるのよ。あたしはもちろん幾何《きか》よ。ジェーンはラテン語《ご》、ルビイとチャーリイは代数《だいすう》、ジョシイは算数《さんすう》なの。ムーディ＝スパージョンは、英国史《えいこくし》でおちるような予感《よかん》がするんですって。

スティシイ先生《せんせい》は、六月《がつ》に入学試験《にゅうがくしけん》とおなじくらいむつかしい試験《しけん》をやって、おなじようにきびしい点《てん》をつけるんですって。そうすれば、だいたいのところがわかるんですって。なにもかも、おしまいになればいいわね、マリラ。いつでもこのことが頭《あたま》にあるんですもの。ときどき夜中《よなか》に目《め》をさまして、もしおちたらどうしようって思《おも》うのよ。」

「そうなれば、来年《らいねん》も学校《がっこう》へいって、もういちどやってみればいいさ。」

マリラは気《き》にしていないようだった。

「そんな元気《げんき》はとてもないわ。おっこちたら、とてもはずかしいもの。ことに、もしギル――ほかの人《ひと》たちがうかったら。それにあたし、試験《しけん》ではあがっちゃって、ひどいことしそうな気《き》がするの。ジェーンのような神経《しんけい》をもってたら、いいんだけど。どんなときでもがたがたしないんですもの。」

アンはためいきをもらした。美《うつく》しい春《はる》の戸外《こがい》、そよ風《かぜ》と青空《あおぞら》が手《て》まねきしている日《ひ》、もえでる緑《みどり》の草木《くさき》から目《め》をはなして、決然《けつぜん》と本《ほん》に没頭《ぼっとう》した。これからも、春《はる》は毎年《まいとし》おとずれるだろうが、もし入学試験《にゅうがくしけん》にうからなかったら、これからずっと、この春《はる》をたのしむことはできないだろうとかんじていた。

三十二　合格発表《ごうかくはっぴょう》

六月《がつ》の末《すえ》に学期《がっき》がおわって、アボンリーの学校《がっこう》でのスティシイ先生《せんせい》の任期《にんき》もおわった。その夕《ゆう》がた、アンとダイアナはひどくまじめな顔《かお》をしてかえってきた。赤《あか》く泣《な》きはらした目《め》と、涙《なみだ》でぐっしょりぬれたハンカチは、三年《ねん》まえのフィリップス先生《せんせい》のときとおなじように、スティシイ先生《せんせい》のお別《わか》れのあいさつが胸《むね》をうつものだったにちがいない。

ダイアナは、エゾマツの丘《おか》のふもとで、学校《がっこう》をふりかえって、ほーとためいきをついて、かなしそうにいった。

「すべてはおわってしまったような気《き》がするわ。」

「あんたは、あたしのはんぶんもつらくないはずよ。」アンはいいながらハンカチのかわいたところをさがしたが、むだだった。「こんどの冬《ふゆ》も、あんたはあの学校《がっこう》にもどってこれるけど、あたしは永遠《えいえん》に、あのなつかしい古《ふる》い学校《がっこう》とはお別《わか》れよ――でも、これは運《うん》がよければの話《はなし》よ。」

「すこしも、まえとおなじじゃないわ。スティシイ先生《せんせい》はいらっしゃらないし、あんたもジェーンもルビイも、きっといなくなるんだもの。ひとりぼっちですわらなくちゃならないわ。ほかの人《ひと》とならぶ気《き》にはなれないわ。ああ、たのしかった。なにもかもおわってしまったと思《おも》うと、こわいみたい。」

大《おお》きなふたつぶの涙《なみだ》が、ダイアナの鼻《はな》をつたっておちた。

「たのむから泣《な》かないでよ。でないと、あたしの涙《なみだ》もとまらないわ。」アンはたのんだ。「ハンカチをしまおうとすると、あんたの目《め》に涙《なみだ》があふれてくるでしょ。それ見《み》るとあたしも泣《な》けてくるんだもの。リンドのおばさんじゃないけど、元気《げんき》になれなくても、なるべく元気《げんき》にしましょうよ。きっと、あたしも新学期《しんがっき》には学校《がっこう》にもどることになるわよ。うかりそうもないわ。そんな予感《よかん》がしょっちゅうしてるの。」

「どうして？　スティシイ先生《せんせい》の試験《しけん》は、とてもできたじゃないの？」

「ええ、あのときは、あがらなかったんですもの。ほんとの試験《しけん》のときは、がたがたすると思《おも》うわ。おまけに、受験番号《じゅけんばんごう》が13なの。ジョシイ＝パイがいったけど、とてもえんぎのわるい番号《ばんごう》なんですって。あたしは迷信《めいしん》を信《しん》じてないし、ほかのとかわりないと思《おも》うけど、13でなかったらいいと思《おも》うわ。」

「あたしもいっしょにいければねえ。」と、ダイアナはいった。「のこりの時間《じかん》をたいせつにしなくちゃね？　でも、あんたは、毎晩《まいばん》つめこまなきゃならないんでしょ。」

「そんなことないわ。スティシイ先生《せんせい》は、あたしたちに、もう本《ほん》はひらかないとやくそくさせたの。ただつかれて頭《あたま》を混乱《こんらん》させるだけですって。それより、試験《しけん》のことはかんがえないで、散歩《さんぽ》したり、はやくベッドにはいりなさいって。とってもいいお話《はなし》なんだけど、むつかしいわ。町《まち》にいるあいだ、ジョセフィンおばさんがブナの木屋敷《きやしき》にとまるようにいってくださって、うれしいわ。」

「町《まち》から手紙《てがみ》をちょうだい。」

「火曜《かよう》の晩《ばん》に、第《だい》一日《にち》めがどんなだったか書《か》くわ。」

「じゃ、あたしは、水曜日《すいようび》に郵便局《ゆうびんきょく》のまえでうろうろしてるわ。」ダイアナはやくそくした。

アンはつぎの月曜日《げつようび》に町《まち》へいき、水曜日《すいようび》にダイアナは郵便局《ゆうびんきょく》のあたりをうろついて、手紙《てがみ》をうけとった。

最愛《さいあい》なるダイアナへ

火曜日《かようび》の夜《よる》です。ブナの木屋敷《きやしき》の図書室《としょしつ》でこれを書《か》いてます。昨夜《さくや》は、わたしのへやでひとりぼっちだったので、さびしくてたまらず、あなたといっしょだとどんなにいいかと思《おも》いました。スティシイ先生《せんせい》とやくそくしたので、がり勉《べん》はやりませんでしたが、勉強《べんきょう》をすますまえに物語《ものがたり》の本《ほん》を読《よ》むのをがまんしていたのとおなじに、歴史《れきし》の本《ほん》をあけてみたくってたまりませんでした。

けさは、スティシイ先生《せんせい》がむかえにきてくださって、ジェーンとルビイとジョシイを道《みち》みちさそって、学院《がくいん》へいきました。ルビイが、ちょっと手《て》にさわってごらんなさいというので、さわってみると、まるで氷《こおり》のようでした。ジョシイは、あんたはちっともねむらなかったみたいね、もし試験《しけん》にうかっても、たいへんな師範科《しはんか》の勉強《べんきょう》についていくだけの体力《たいりょく》がないだろうって。ジョシイとは長《なが》いあいだつきあってるけど、すきになれないわ！

学院《がくいん》についてみると、島《しま》じゅうからあつまってきた学生《がくせい》があふれていました。いちばんさいしょにみつけたのは、階段《かいだん》にすわっているムーディでした。ジェーンが、いったいなにしてるのときくと、ムーディは、「きもちをしずめるために、九九のかけ算《ざん》をくりかえし口《くち》のなかでいってるんだ、たのむからじゃましないでくれ、ちょっとでもやめたら、こわくなって、せっかくおぼえたこともみんなわすれてしまうんだ。でも九九をやっていると、おぼえたことが、それぞれの場所《ばしょ》にちゃんとおちついてる

アンしるす

んだ。」っていうの。

教室《きょうしつ》がきまったので、スティシイ先生《せんせい》とわかれなくてはならなくなりました。ジェーンとわたしは、ならんですわったの。ジェーンはうらやましいくらいおちついてるのよ。りっぱな、しっかりしたジェーンには九九の必要《ひつよう》なんてありません。わたしは、どきどきしているのが顔《かお》にでてないか、心臓《しんぞう》の音《おと》がへやのむこうがわまできこえないかと思《おも》いました。

そこへ男《おとこ》の人《ひと》がはいってきて、国語《こくご》の試験用紙《しけんようし》をくばりはじめました。問題《もんだい》をとりあげたとたん、わたしの手《て》はつめたくなり、頭《あたま》はぐらぐらしました。おそろしいいっしゅんよ――ダイアナ。ちょうど四年《ねん》まえ、マリラにグリーン・ゲイブルズにおいてもらえるかたずねたときとおなじ感《かん》じでした。――それからはなにもかもはっきりしてきて、心臓《しんぞう》もふたたびどきどきうちはじめました。――書《か》きわすれましたが、わたしの心臓《しんぞう》はまったくとまっていたのです――というのは、どうにかその問題《もんだい》ができそうだとわかったからです。

お昼《ひる》に家《いえ》で食事《しょくじ》をして、午後《ごご》からもういちど歴史《れきし》の試験《しけん》があるので、もどりました。歴史《れきし》はかなりむつかしい問題《もんだい》で、年月日《ねんがっぴ》がごちゃごちゃになってしまいました。でも、きょうのできは、まああだったと思《おも》います。

ああ、ダイアナ、あすは幾何《きか》の試験《しけん》なの。それを思《おも》うと、幾何《きか》の本《ほん》をひらくのをがまんするのに、九九のかけ算《ざん》がやくにたつのなら、あしたの朝《あさ》までもつぶやいてるんだけど。

きょうの夕《ゆう》がた、ほかの女《おんな》の子《こ》たちにあいにいきました。途中《とちゅう》で、うろたえたようにあるいている

ムーディにあいました。ムーディは、歴史《れきし》で失敗《しっぱい》したのがわかっている、じぶんは両親《りょうしん》を失望《しつぼう》させるように生《う》まれついているんだ、あすの朝《あさ》の汽車《きしゃ》で家《いえ》にかえる、ですって。とにかく、牧師《ぼくし》になるより大工《だいく》になるほうがかんたんだろう、なんていうの。わたしは、ムーディを元気《げんき》づけて、おわりまでやりなさい、そうしなかったらスティシイ先生《せんせい》にわるいでしょうと、説《と》きふせました。ときどき、わたしも男《おとこ》の子《こ》に生《う》まれたらなあと思《おも》うんだけど、ムーディを見《み》ると、女《おんな》の子《こ》でよかった、でもムーディの妹《いもうと》でなくてよかったと思《おも》います。

ルビイのとまっているところへいったら、ルビイはヒステリーをおこしていました。国史《こくし》でひどくまちがったのにいま気《き》がついたからですって。なおってから町《まち》へでかけて、アイスクリームをたべました。わたしたち、あなたがいたらどんなにいいかと思《おも》いました。

ああ、ダイアナ！　幾何《きか》の試験《しけん》がおわったらね！　でも、リンドのおばさんがおっしゃるように、わたしが幾何《きか》で失敗《しっぱい》しようとすまいと、太陽《たいよう》はのぼったり、しずんだりするのね。まったくそうだけど、だからってなぐさめにはならないわ。もしおちたら、太陽《たいよう》がのぼらないほうがましだと思《おも》うわ！

あなたの忠実《ちゅうじつ》なるアンより

やがて、幾何《きか》やほかの試験《しけん》もおわり、アンは金曜日《きんようび》の夕《ゆう》がたかえってきた。つかれてはいたが、やりぬいてきた勝利《しょうり》のきぶんがみなぎっていた。ダイアナはグリーン・ゲイブルズでまちかまえていて、まるで何年《なんねん》もわかれていたかのようなよろこびかただった。

「ああ、またあえてうれしいわ。あんたが町《まち》へいってから、何年《なんねん》もたったような気《き》がするわ。試験《しけん》はどうだった？」

「幾何《きか》のほかは、かなりよくやったと思《おも》うの。幾何《きか》はどうもいけなかったような予感《よかん》がするの。ああ、うちにかえるっていいわねえ！　グリーン・ゲイブルズは世界《せかい》じゅうでいちばんすてきだわ。」

「ほかの人《ひと》はどうだった？」

「みんな、だめだといっているわ。でも、かなりよくできたと思《おも》うの。ジョシイってば、幾何《きか》はやさしくて、十の子《こ》どもでもできるくらいですって！　ムーディは歴史《れきし》でおっこちると思《おも》ってるし、チャーリイは、代数《だいすう》でだめだといってるわ。でも、ほんとうのところはわからないわ。合格発表《ごうかくはっぴょう》まで二週間《しゅうかん》もあるんだもの。気《き》をもみながら二週間《しゅうかん》もすごすなんて！　あたしののぞみは、ぐっすりねむりこんで、発表《はっぴょう》がおわるまで目《め》がさめないことよ。」

ダイアナは、ギルバートがどうだったかきいてもしかたないと思《おも》ったので、ただ、「だいじょうぶ、みんな合格《ごうかく》よ、心配《しんぱい》ないわ。」とだけいった。

「あたし、成績《せいせき》がよくなかったら、おちるほうがましだわ。」と、アンはきっぱりいった。もし、ギルバートより成績《せいせき》がわるかったら、いくら合格《ごうかく》してもアンにとってはくやしかろうと、ダイアナにはよくわかった。

アンは、この目的《もくてき》のために、試験《しけん》のあいだじゅう、全神経《ぜんしんけい》をはりつめていた。ギルバートもそうだった。ふたりはなんども道《みち》ですれちがったが、知《し》らん顔《かお》をしていた。そのたびにアンは頭《あたま》をつんとあげて、内心《ないしん》、ギルバートが仲《なか》なおりを申《もう》し入《い》れたとき友《とも》だちになっておけばよかったと、こっそり思《おも》い、試験《しけん》ではギルバートにぜひとも勝《か》たなければと、決心《けっしん》をかためるのだった。アボンリーのわかいものは、みんな、アンとギルバートのどちらがいい成績《せいせき》をとるか、興味《きょうみ》をもっているのを知《し》っていた。ジミイとネッドがかけをしていることや、ジョシイがギルバートのほうがいいにきまっているといったことまで、知《し》っていた。だから、もしおちたら、はずかしくて、がまんできないだろうと思《おも》った。

しかし、アンがいい成績《せいせき》をとりたいとねがうのには、もうひとつ、心《こころ》やさしい動機《どうき》がこめられていた。アンは、マシュウとマリラ——とりわけてマシュウのためにのぞんでいたのである。マシュウは、いつも、「アンが島《しま》じゅうをまかして一番《ばん》になる」という信念《しんねん》をもっていた。そんなことを夢《ゆめ》みるのは、およそむりな話《はなし》だが、せめて十番以内《ばんいない》にはいって、マシュウのやさしいとび色《いろ》の目《め》が得意《とくい》そうにかがやくのを見《み》たいと、アンはつよくのぞんでいた。そのねがいのために、およそ想像力《そうぞうりょく》とはかけはなれた、方程式《ほうていしき》や動詞《どうし》の活用《かつよう》にしんぼうして、しがみついてきたのだ。

二週間《しゅうかん》めのおわりになると、アンも、ジョシイやルビイ、それにジェーンなどの気《き》もそぞろの連中《れんちゅう》にくわわって、郵便局《ゆうびんきょく》のまわりをうろつきはじめた。ぶるぶるふるえる手《て》でシャーロットタウン新聞《しんぶん》をひらき、入学試験《にゅうがくしけん》のときにもまして、ひんやりとした、めいりこんでいくようなきもちをあじわった。チャーリイもギルバートも、おなじ仲間《なかま》だったが、ムーディだけはけっしてでてこなかった。

「ぼくは、あそこへいって、へいきな顔《かお》をして新聞《しんぶん》を見《み》る勇気《ゆうき》はないよ。だれかきゅうにきて、ぼくがうかったか、おちたか、知《し》らせてくれるまで、まってるつもりなんだ。」

三週間《しゅうかん》すぎても、発表《はっぴょう》はなかった。アンは、もうこれ以上《いじょう》がまんできないと思《おも》った。なにもたべたくな

くなり、アボンリーのできごとにも興味《きょうみ》がなくなった。リンド夫人《ふじん》は、保守党《ほしゅとう》の文部省《もんぶしょう》が上《うえ》について指導《しどう》しているのだから、こんなことはあたりまえだといっていた。マシュウは、アンが青《あお》い顔《かお》をして、しょんぼり足《あし》をひきずって、郵便局《ゆうびんきょく》からかえってくるのを見《み》ると、こんどの選挙《せんきょ》には自由党《じゆうとう》に投票《とうひょう》したほうがいいんじゃないかと、しんけんに思《おも》いはじめた。

しかし、ある夕《ゆう》がた、とうとうニュースがはいった。そのとき、アンは、試験《しけん》のつらさも、この世《よ》のなやみごともわすれて、窓《まど》べにすわり、下《した》の庭《にわ》からただよってくる花《はな》のかおりや、ポプラの葉《は》ずれの音《おと》など、ここちよい夏《なつ》の夕《ゆう》ぐれの美《うつく》しさにうっとりしていた。モミの上《うえ》の東《ひがし》の空《そら》は、夕日《ゆうひ》の照《て》りかえしで、うすいピンクにそまっていた。もし色《いろ》の精《せい》があるとすれば、あんなふうだろうと、ぼんやりかんがえていたところに、ダイアナが、モミの林《はやし》のなかをとんできて、丸木橋《まるきばし》をわたり、坂道《さかみち》をかけあがってくるのが見《み》えた。手《て》には、新聞《しんぶん》をひらめかせていた。

アンは、ぴょんととびあがった。新聞《しんぶん》になにが書《か》いてあるか、すぐわかったからだ。合格発表《ごうかくはっぴょう》だわ！　アンの頭《あたま》は、ぐるぐるまわり、胸《むね》はいたいほどどきどきして、一歩《ぽ》もうごけなかった。一時間《じかん》もたったかと思《おも》われたとき、ダイアナが広間《ひろま》をかけぬけ、ノックもしないでへやにとびこんできた。

「アン、合格《ごうかく》したわよ。一番《ばん》でとおったのよ――あんたも、ギルバートも、ふたりともよ――同点《どうてん》よ――でもあんたの名《な》まえがさきよ。ああ、うれしい。」

ダイアナは、テーブルの上《うえ》に新聞《しんぶん》をほうりだして、アンのベッドにころがりこんだ。息《いき》がきれて、これ以上《いじょう》なんにもしゃべれなかったのだ。アンは、ランプをつけようとして、マッチ箱《ばこ》をひっくりかえし、六

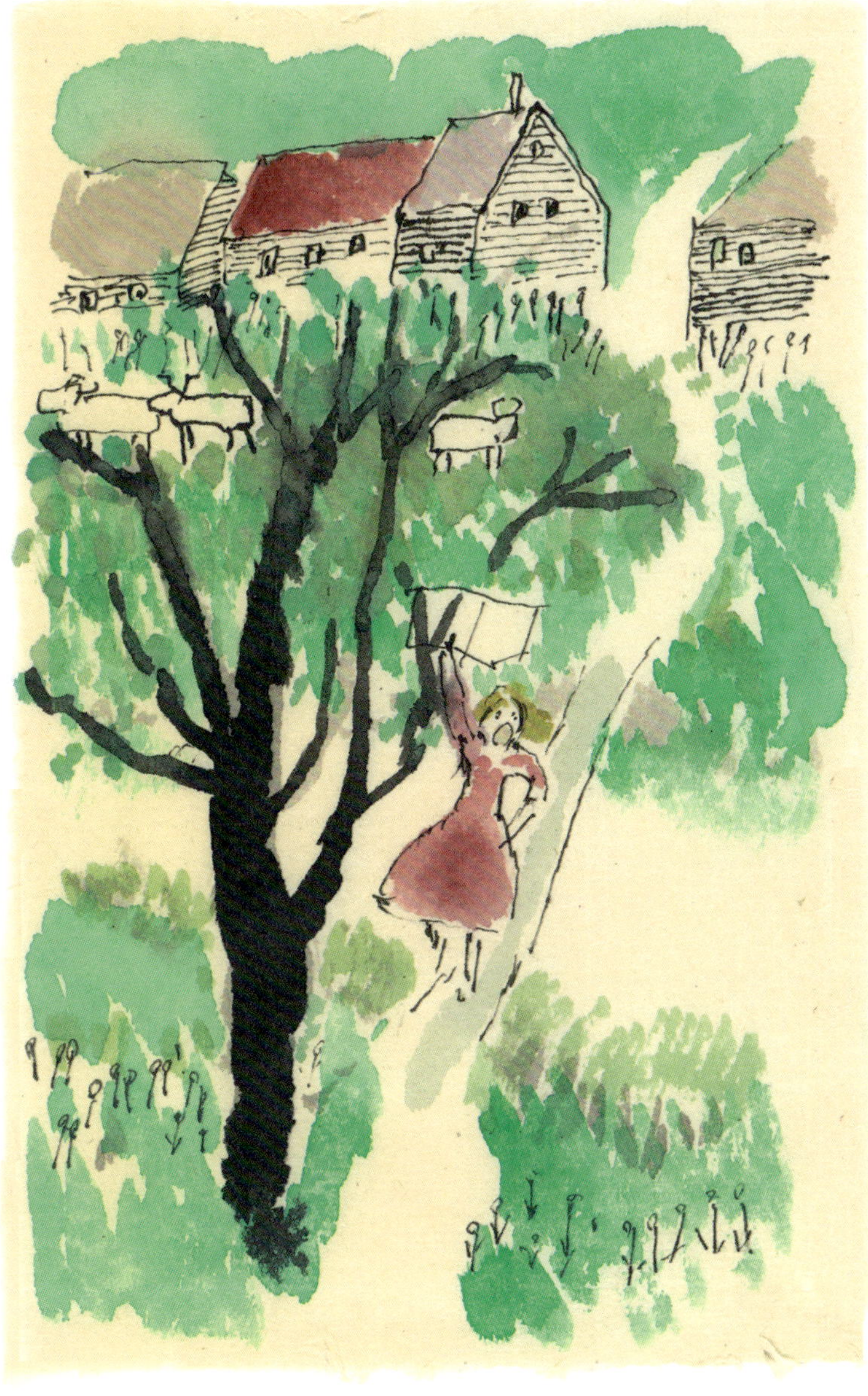

本《ぽん》も折《お》ってからやっと火《ひ》をつけた。それから新聞《しんぶん》をとりあげた。そうだ、合格《ごうかく》したのだ——二百人《にん》の名《な》まえのまっさきに、じぶんの名《な》まえがでている！　そのしゅんかん、生《い》きているよろこびにいっぱいになった。

「えらいわね、アン。」やっと息《いき》がつけて、ダイアナはおきあがり、あえぎながらいった。アンは目《め》を星《ほし》のようにかがやかせ、うっとりとしてひとこともいわなかったからである。

「おとうさんが、ブライト・リバーからこの新聞《しんぶん》をもってきて、十分《ぷん》もたってないのよ——午後《ごご》の汽車《きしゃ》できたんだから。郵便《ゆうびん》はあしたでないと、ここにこないのよ。発表《はっぴょう》を見《み》ると、きちがいみたいにかけだしてきたのよ。みんなうかったわ。ムーディもみんなも。ムーディは歴史《れきし》が条件《じょうけん》つきだけどね。ジェーンもルビイも、そうとうやったわね——はんぶんより上《うえ》よ——チャーリイもそうよ。ジョシイは、あと三点《てん》であぶなかったわ。でも、見《み》てごらんなさい、まるで一番《ばん》になったみたいにいばるから。スティシイ先生《せんせい》も、よろこぶでしょうね。ねえ、アン、いちばんさきに名《な》まえがあるって、どんなきもち？　あたしだったら、うれしくって気《き》がちがってしまうわ。いまでも気《き》がちがいそうなのに、あんたったら、春《はる》の夕《ゆう》がたみたいにおちついて、ひややかなんだもの。」

「胸《むね》のなかは、くらくらしてるのよ。いいたいことはいっぱいあるんだけど、いえそうもないわ。一番《ばん》になるなんて、夢《ゆめ》にも思《おも》わなかったわ——ちがう、一度《ど》だけあったわ！　一度《ど》よ。『もし一番《ばん》になったら、どうかしら。』ってかんがえたらふるえちゃったわ。だって、島《しま》じゅうで一番《ばん》になるなんて、かんがえるだけでもうぬぼれることでしょう。ちょっとごめんなさい、ダイアナ。いそいで畑《はた》にいって、マシュウに知《し》らせてくるわ。それから、ふたりで街道《かいどう》ぞいにいって、このいいニュースを、みんなにもおしえてあげましょうよ。」

ふたりは、マシュウが干し草《くさ》をたばねている納屋《なや》の下《した》の干《ほ》し草畑《くさばたけ》へ、いそいでかけていった。ぐあいよく、リンド夫人《ふじん》が小道《こみち》のさくのところでマリラと話《はな》していた。

「ああマシュウ、あたしうかったのよ、一番《ばん》だったのよ――一番《ばん》のうちのひとりなの！　あたし、うぬぼれたりしないけど、うれしくて。」

「そうさな、わしがいつもいってたろう。おまえが、ほかのものをやすやすとまかしてしまうことは、わかっていたよ。」と、マシュウは合格発表《ごうかくはっぴょう》をうれしそうにながめた。

「だいぶがんばったね、アン。」マリラは、アンをじまんしたくてたまらないのを、リンド夫人《ふじん》のするどい目《め》からかくそうとしていった。

しかし、気《き》のいいリンド夫人《ふじん》は、心《こころ》からよろこんだ。

「アンは、よくもやったもんですね。まっさきにそれをほめますよ。あんたはわたしらみんなの名誉《めいよ》ですよ、アン。あんたを誇《ほこ》りに思《おも》いますね。」

うれしいこの夕《ゆう》がた、牧師館《ぼくしかん》でアラン夫人《ふじん》と、みじかいがまじめな話《はな》しあいをして、アンはじぶんのへやのひらいた窓《まど》べに、静《しず》かにひざまずき、月《つき》の光《ひかり》をあびて、心《こころ》から感謝《かんしゃ》と希望《きぼう》のお祈《いの》りをした。そこには過去《かこ》への感謝《かんしゃ》と、未来《みらい》にたいするうやうやしいねがいがこめられていた。まっしろなまくらでねむりについたときには、子《こ》どもらしい、かぎりなく清《きよ》らかで、かがやかしい夢《ゆめ》をみたのだった。

三十三　ホテルの音楽会《おんがくかい》

「どうしても、白《しろ》いオーガンジーの服《ふく》にしなさいよ、アン。」と、ダイアナはつよくいった。

ふたりは東《ひがし》のへやにいた。そとは美《うつく》しい黄《き》ばんだ緑《みどり》のたそがれで、雲《くも》のない空《そら》はすきとおった水色《みずいろ》だった。大《おお》きな銀色《ぎんいろ》の月《つき》が、〈おばけの森《もり》〉の上《うえ》にかかっていた。空気《くうき》はかぐわしい夏《なつ》のざわめきにゆれていた。――ねむそうな小鳥《ことり》の声《こえ》、思《おも》いだしたようにふくそよ風《かぜ》、遠《とお》くの話《はな》し声《ごえ》やわらい声《ごえ》など。しかし、アンのへやにはよろい戸《ど》がおろされ、ランプがともっていた。たいせつな身《み》じたくがはじまっていたのだ。

東《ひがし》のへやは、四年《ねん》まえのあの晩《ばん》には、アンがしんまでこごえるほどつめたく、むきだしで、居《い》ごこちのわるい感《かん》じだったが、いまはすっかりかわっていた。マリラが見《み》て見《み》ぬふりをしたので、わかい女《おんな》の子《こ》にふさわしい、美《うつく》しいへやになっていた。

アンが子《こ》どものころから夢《ゆめ》にえがいてた、ピンクのバラのついたビロードのじゅうたんや、ピンクの絹《きぬ》のカーテンは実現《じつげん》しなかったが、かなしいとは思《おも》わなかった。床《ゆか》にはきれいな敷《し》きものがしかれ、高《たか》い窓《まど》には、うす緑色《みどりいろ》のモスリンのカーテンが風《かぜ》にひらひらしていた。かべには、金《きん》や銀《ぎん》のししゅうのかべかけはなかったが、しっとりしたリンゴの花《はな》もようのかべ紙《がみ》がはってあって、アラン夫人《ふじん》から贈《おく》られた絵《え》が二、三枚《まい》、かざってあった。ステイシイ先生《せんせい》の写真《しゃしん》がかざってあるところが、へやのいちばん名誉《めいよ》の場所《ばしょ》で、その下《した》のたなには、新《あたら》しい花《はな》をさしておくのだった。

今晩《こんばん》は白《しら》ユリが、へやのなかにかすかなかおりをただよわせていた。マホガニーの家具《かぐ》はひとつもなかったが、本《ほん》のぎっしりつまった白《しろ》いペンキぬりの本《ほん》だな、クッションのついたヤナギ細工《さいく》のゆりいす、白《しろ》いモスリンのひだかざりのついた化粧台《けしょうだい》、客用《きゃくよう》の寝室《しんしつ》にふさわしい、古風《こふう》で金《きん》メッキのふちのついた鏡《かがみ》、弓《ゆみ》なりになったてっぺんには、かわいいピンクのキューピッドとむらさきのブドウがかいてあった。そのほかに背《せ》のひくい白《しろ》いベッドがあった。

アンは、ホワイト・サンド・ホテルの音楽会《おんがくかい》にでかけるために、着《き》がえをしているのだった。その音楽会《おんがくかい》は、ホテルの客《きゃく》がシャーロットタウンの病院《びょういん》をたすけるためにひらくもので、このあたりにすんでいる人《ひと》で出席《しゅっせき》できる人《ひと》はぜんぶ、かりだされた。教会《きょうかい》の合唱隊《がっしょうたい》のバーサとパールが二重唱《じゅうしょう》を、ニューブリッジのミルトンがバイオリン独奏《どくそう》を、カーモディのウィンニーが民謡《みんよう》を、そしてスペンサービルのローラとアボンリーのアンが暗唱《あんしょう》をすることになっていた。

アンがじぶんでまえからいっていたように、今夜《こんや》は人生《じんせい》の大事件《だいじけん》で、アンはわくわくしていた。マシュウは第《だい》七天国《てんごく》にいるように有頂天《うちょうてん》になった。マリラもまけずによろこんだが、口《くち》にだしてみとめるくらいなら死《し》んだほうがましだったのだろう。わかい人《ひと》たちがおおぜいで、つきそいのおとなもなしでホテルへでかけるのは感心《かんしん》できない、といった。

アンとダイアナは、ジェーン＝アンドリュースとにいさんのビリイに、大型馬車《おおがたばしゃ》にのせていってもらうてはずになっていた。アボンリーの少女《しょうじょ》や少年《しょうねん》も、何人《なんにん》かいくことになっていた。町《まち》からのお客《きゃく》もたくさんくるはずで、音楽会《おんがくかい》のあと、出演者《しゅつえんしゃ》に夕食《ゆうしょく》がでることになっていた。

「オーガンジーの服《ふく》、ほんとにいちばんいい？」アンは心配《しんぱい》そうにきいた。「青《あお》い花《はな》もようのモスリンほどきれいじゃないと思《おも》うけど――それに流行《りゅうこう》の型《かた》じゃないし。」

「でも、とてもあんたに似《に》あうわよ。やわらかくて、ひだがたっぷりで、すんなりしてるんだもの。モスリンの服《ふく》はごわごわしてて、いかにもよそいきを着《き》てるっていうふうにみえるわ。オーガンジーのほうは、あんたのからだにしぜんにみえるのよ。」

アンは、ためいきをついてあきらめた。ダイアナは服《ふく》の趣味《しゅみ》がとてもいいという評判《ひょうばん》がたっていて、その意見《いけん》にはみんな耳《みみ》をかたむけた。今夜《こんや》はダイアナは、かわいいピンクの野《の》バラのもようの服《ふく》を着《き》て、とても美《うつく》しくみえた。アンにとって、ピンクは永遠《えいえん》にあきらめなければならない色《いろ》だった。しかし、ダイアナは音楽会《おんがくかい》には出席《しゅっせき》しないので、じぶんが美《うつく》しいかどうかはともかくとして、アンにかかりっきりだった。アボンリーの名誉《めいよ》にかけて、女王《じょおう》のようによそおわせ、髪《かみ》をゆいあげ、かざらなければならない、といいはった。

「そのひだを、もうすこしひっぱって――そう。さあ、サッシをむすんであげるわ――こんどは上《うわ》ぐつよ。髪《かみ》を二つにわけて編《あ》んで、まんなかで、大《おお》きな白《しろ》いちょうリボンでむすぼうと思《おも》うの。あ、ひたいにカールをたらしちゃだめ。ただふわっとさせとくのよ。この髪《かみ》がいちばんよくあんたに似《に》あうわよ、アン。そんなふうにわけると、聖母《せいぼ》マリアみたいにみえるって、アラン夫人《ふじん》もおっしゃってたわ。この小《ちい》さな白《しろ》いバラを、耳《みみ》のうしろにつけるといいわ。これは、うちのしげみにさいてたのを、あんたのためにとっておいたのよ。」

「真珠《しんじゅ》の首《くび》かざり、していいかしら。」アンはきいた。「マシュウが、先週《せんしゅう》、町《まち》から買《か》ってきてくださったの。

あたしがそれをつけるのを、きっと見《み》たいだろうと思《おも》うの。」

ダイアナは口《くち》をすぼめ、頭《あたま》をかしげてかんがえてから、してもいいといったので、すぐに、ほっそりとしたミルクのような白《しろ》い首《くび》に、首《くび》かざりがまきつけられた。

「あんたのかっこうって、どこかしらすてきよ、アン。」とダイアナは、心《こころ》からほめた。「頭《あたま》のあげかたに気品《きひん》があるのね。それで、ぜんたいのかっこうがよくなるのよ。あたしはおだんごみたい。いつも心配《しんぱい》してたんだけど、ついにそうなっちゃったわ。あきらめようとしてるんだけど。」

「でも、あんたはかわいいえくぼがあるじゃない。」アンは、じぶんのすぐそばの、はなやかないきいきした顔《かお》に、やさしくほほえみかけた。「クリームがちょっぴりくぼんだようなすてきなえくぼ。あたし、えくぼだけはあきらめたの。えくぼの夢《ゆめ》は、ぜったい実現《じつげん》しないんですもの。だけど、あたしの夢《ゆめ》は、たくさんかなえられたから、もんくいわないわ。さ、これでいい?」

「いいわ。」とダイアナがこたえたとき、マリラがドアのところにあらわれた。まえより髪《かみ》は白《しろ》くなったし、かくばってやせた姿《すがた》だったが、顔《かお》はずっとやさしくなっていた。

「さあ、おはいりになって、われらの朗読家《ろうどくか》を見《み》てちょうだい、マリラ。すてきでしょう?」

マリラは、ふふんとも、うなり声《ごえ》ともいえないへんな声《こえ》をだした。

「さっぱりと、きちんとして見《み》えるよ。その髪《かみ》のゆいかたはいいね。でも、この服《ふく》で、ほこりと露《つゆ》のなかをあんなところまで馬車《ばしゃ》でいくのじゃ、だめになるだろうよ。こんなしめっぽい晩《ばん》には、あんまりうすすぎるよ。オーガンジーぐらいやくにたたない生地《きじ》はないね、マシュウがこれを買《か》ったとき、そういったんだよ。でも、このごろじゃ、マシュウになにをいってもむだなんだもの。いうことをきいたころもあったがね、いまじゃ、アンのものときたらおかまいなしに買《か》うんだから。カーモディの店《みせ》のものも、どうすればマシュウにおしつけられるかこころえているんだよ。この品《しな》はきれいで、流行《りゅうこう》していますよといいさえすれば、ぽんとお金《かね》をだすんだから。スカートが車輪《しゃりん》にさわらないように気《き》をつけるんだよ、アン。それから、あたたかい上着《うわぎ》を着《き》ていきなさい。」

そういうと、マリラは下《した》にゆっくりおりていったが、「ひとすじの月《つき》の光《ひかり》がひたいからながれた」アンが、なんてきれいに見《み》えるんだろうと得意《とくい》に思《おも》い、アンの暗唱《あんしょう》をききにいけないのがざんねんだった。

「しめっぽすぎるかしら。」アンは心配《しんぱい》そうにきいた。

「ちっともそんなことないわ。」ダイアナは、窓《まど》のよろい戸《ど》をひっぱりあげた。「いい晩《ばん》よ。露《つゆ》もおりてないし、あの月《つき》を見《み》てよ。」

「この窓《まど》が東《ひがし》にむいているので、日《ひ》の出《で》が見《み》られてうれしいのよ。」と、アンはダイアナのそばによった。「あの長《なが》い丘《おか》をずっとのぼってきて、とがったモミの木《き》のてっぺんからかがやくのを見《み》ると、そりゃすばらしいのよ。それが。毎朝《まいあさ》ちがうの。朝《あさ》の太陽《たいよう》をあびると、たましいまであらわれるみたい。ダイアナ、あたしこの小《ちい》さなおへやがすきでたまらないの。来月《らいげつ》から町《まち》へいくけど、どうしよう。」

「今夜《こんや》は、いってしまう話《はなし》はやめにしましょう。」ダイアナはたのんだ。「かんがえるとかなしくなるんだもの。今晩《こんばん》はたのしくやりたいわ。なにを暗唱《あんしょう》するの、アン？　どきどきしない？」

「ぜんぜんしないわ。人《ひと》のまえでは、なんども暗唱《あんしょう》してきたから、『乙女《おとめ》の誓《ちか》い』にきめたの。とってもかなしいものなのよ。ローラは、ゆかいなのを暗唱《あんしょう》することになってるけど、あたしは、わらわせるより泣《な》かせるほうがすき。」

「もしアンコールされたら、なに暗唱《あんしょう》するつもり？」

「アンコールなんてまさか。」とアンはいったが、心《こころ》のなかでは、アンコールされたいとねがっていた。そして、翌朝《よくあさ》マシュウに話《はな》しているじぶんを頭《あたま》にえがいていた。「ビリイとジェーンよ、車《くるま》の音《おと》がしたから。さあ、いきましょう。」

ビリイ＝アンドリュースは、アンにまえの席《せき》にじぶんといっしょにすわれといいはったので、アンはいやいやしたがった。じつはうしろの席《せき》で、みんなとすわりたかったのだ。思《おも》うぞんぶんわらったり、おしゃべりできたからである。ビリイとでは、あまりそういうことがなかった。ビリイは大《おお》がらでふとってて、のっそりした二十才《さい》の青年《せいねん》だった。まるい表情《ひょうじょう》のない顔《かお》をしていて、ひどく話《はなし》がへただった。けれども、アンをたいへんうやまっていて、このすらりとしたアンとならんでホワイト・サンドへ馬車《ばしゃ》でいくのが得意《とくい》で、胸《むね》がおどるほどだった。

アンは、肩《かた》ごしにダイアナたちとしゃべりながら、たまにビリイにもあいづちをうった。ビリイは、にやにやしたり、くっくっとわらったり、気《き》のきいたへんじを思《おも》いつくのがおそくて、とんちんかんだった。それでも、馬車《ばしゃ》はたのしく、ゆかいな晩《ばん》だった。道《みち》はホテルにむかう馬車《ばしゃ》でいっぱいで、わらい声《ごえ》が道《みち》にこだましていた。

ホテルにつくと、上《うえ》から下《した》まで光《ひかり》がきらめいていて、一行《いっこう》は、音楽会《おんがくかい》の委員会《いいんかい》の婦人《ふじん》たちにむかえられ

た。そのうちのひとりが、アンを出演者《しゅつえんしゃ》の控《ひか》え室《しつ》につれていってくれた。そこには、シャーロットタウン交響楽団《こうきょうがくだん》の人《ひと》たちがあふれていて、その人《ひと》たちにまじると、きゅうにはにかんで、おびえてしまい、じぶんがやぼったくかんじられた。服装《ふくそう》も、東《ひがし》のへやでは美《うつく》しく気品《きひん》があって見《み》えたが、あたりのきらきらした絹《きぬ》やレースのきぬずれの音《おと》をさせた人《ひと》たちにまじると、あまりにあっさりと貧弱《ひんじゃく》すぎるような気《き》がした。そばにいる大《おお》がらな、美《うつく》しい婦人《ふじん》のつけているダイヤモンドにくらべたら、真珠《しんじゅ》の首《くび》かざりなどなにになるだろう。ちっぽけな白《しろ》いバラも、ほかの人《ひと》たちの温室《おんしつ》ざきの花《はな》のそばでは、さぞそまつに見《み》えるにちがいない！

アンは、帽子《ぼうし》と上着《うわぎ》をぬいで、みじめなきもちですみっこにすわった。グリーン・ゲイブルズの、白《しろ》いへやにかえりたくなった。

ホテルの大音楽会場《だいおんがくかいじょう》の壇《だん》につれだされたら、いっそういけなかった。電気《でんき》の光《ひかり》はちかちかし、香水《こうすい》のにおいや、がやがやしたざわめきに、どうしていいかわからなくなった。アンは、ダイアナやジェーンといっしょに、聞《き》き手《て》になってすわっていたかった。ふたりとも、うしろのほうでたのしんでいるようだった。

アンは、ピンクの服《ふく》を着《き》た婦人《ふじん》と、白《しろ》いレースの服《ふく》を着《き》た、人《ひと》をばかにしたような背《せ》の高《たか》い少女《しょうじょ》とのあいだにすわっていた。ふとった婦人《ふじん》は、ときどき頭《あたま》をぐるりとまわして、アンをめがねのおくからながめるので、アンは大声《おおごえ》でさけびだしたくなった。白《しろ》いレースの少女《しょうじょ》は、となりの人《ひと》と、会場《かいじょう》のなかの「いなかもの」や「いなか娘《むすめ》」のことを、きこえよがしに話《はな》していて、プログラムにあるいなかもののやることはさぞおもしろいでしょうと、気《き》のない調子《ちょうし》でいっていた。アンは、この白《しろ》いレースの少女《しょうじょ》を一生《いっしょう》にくみ

つづけるだろうと思《おも》った。
アンにとって不幸《ふこう》なことに、専門《せんもん》の朗読家《ろうどくか》がホテルにとまっていて、暗唱《あんしょう》にでるのを承知《しょうち》したのだった。その婦人《ふじん》は、おだやかな黒《くろ》い目《め》をしていて、月《つき》の光《ひかり》を織《お》りこんだような、こまかくひかる灰色《はいいろ》のガウンを着《き》て、首《くび》と黒《くろ》い髪《かみ》にも宝石《ほうせき》をつけていた。声《こえ》にはおどろくほどさまざまな抑揚《よくよう》があって、表現《ひょうげん》がすばらしかった。聞《き》き手《て》は熱狂《ねっきょう》してしまった。
アンは、しばらくのあいだなにもかもわすれて、うっとりと、目《め》をきらきらさせていた。だが暗唱《あんしょう》がおわると、きゅうに手《て》で顔《かお》をおおってしまった。このあとでは暗唱《あんしょう》はできない――ぜったいに。どうしてできるなどと思《おも》ったんだろうか？　ああ、グリーン・ゲイブルズにかえれさえしたら！
ちょうどこのぐあいのわるいしゅんかん、アンの名《な》まえがよばれた。アンはなんとか立《た》ちあがり、まえのほうへふらふらとすすんだ。気《き》がつかなかったが、白《しろ》いレースの少女《しょうじょ》が、わるいことをしたというように、はっとしていた。もし気《き》がついたとしても、そこにこめられた、いいようのない好意《こうい》はわからなかったであろう。

ダイアナとジェーンは、アンがあんまりまっさおになったので、心配《しんぱい》のあまりおたがいに手《て》をにぎりあっていた。

アンは、すっかり圧倒《あっとう》されていた。いままで、おおぜいの人《ひと》のまえで暗唱《あんしょう》したことはなんどもあったが、このようなお客《きゃく》をまえにしたのははじめてだった。からだじゅうの力《ちから》がぬけるようだった。ずらりとならんだ夜会服《やかいふく》の婦人《ふじん》たち、いじのわるい批評《ひひょう》をしそうな顔《かお》、ものものしげな、とりつくしまのないふんいき。それは、かけはなれた世界《せかい》のようにアンをとほうにくれさせた。そぼくで、おもいやりのある友《とも》だちや、近所《きんじょ》の人《ひと》の顔《かお》でいっぱいの討論会《とうろんかい》のベンチとは、まるでちがっていた。アンははずかしさと、かなしさをおさえられなかった。ひざはがくがくし、胸《むね》ははげしくうち、気《き》がとおくなりそうだった。つぎのしゅんかん、一生《いっしょう》の恥《はじ》になってもいいから、壇《だん》からにげだしそうになった。

しかし、ふいにアンのおびえて見《み》ひらいた目《め》に、会場《かいじょう》のうしろのほうにいるギルバートがうつった。ギルバートは微笑《びしょう》をうかべて、からだをのりだしていた。それが、アンには勝利《しょうり》のあざけりのわらいに見《み》えた。ほんとうはそうではなく、ギルバートは、ただたのしんでいたのであり、シュロの木《き》のまえに立《た》ったアンのほっそりした白《しろ》い姿《すがた》と、もの思《おも》わしげな顔《かお》がたいへん気《き》にいったからなのであった。かれがのせてきたジョシイがとなりにすわっていたが、ジョシイの顔《かお》には、ほこらしげなあざけりの色《いろ》があった。しかし、アンはジョシイが目《め》にはいらなかった。気《き》にさえしなかった。

アンはふかく息《いき》をすいこみ、頭《あたま》をしゃんとあげた。勇気《ゆうき》と決意《けつい》が、電気《でんき》にふれたようにわいてきた。ギルバートのまえでたおれたりするものか――わらわれるようなことができるものか！　おそろしさも、あがっているのもわすれてしまって、アンは暗唱《あんしょう》をはじめた。すみきった美《うつく》しい声《こえ》は、ふるえたり、とぎれたりせず、会場《かいじょう》のすみずみまでとどいた。冷静《れいせい》さをとりもどし、さっきのおそろしさの反動《はんどう》で、いままでになくじょうずにできた。

暗唱《あんしょう》がおわったとき、あらしのような拍手《はくしゅ》がわきおこった。はずかしさとよろこびで、顔《かお》を赤《あか》くそめて、じぶんの席《せき》にもどると、ピンクの服《ふく》のふとった婦人《ふじん》が、アンの手《て》を力《ちから》いっぱいにぎった。

「まあ、りっぱなできでしたよ。」と、その婦人《ふじん》は息《いき》をきらせていった。「わたしは、子《こ》どもみたいに泣《な》いてしまいましたよ。ほら、あなたにアンコールしていますよ。もういちどひっぱりだそうとしているんですよ！」

「ああ、いけないわ。」アンはめんくらっていった。「でも、いかなくちゃならないわ。でないとマシュウががっかりするでしょうから。あたしがアンコールされるにきまってるといってたんですもの。」

「それじゃ、マシュウさんをがっかりさせないことね。」ピンクの婦人《ふじん》はわらいながらいった。

ほほえみながら、上気《じょうき》して、すんだ目《め》をしてアンはまえにでて、いっぷうかわった、おもしろい、みじかいものを暗唱《あんしょう》した。きいている人《ひと》たちはいっそうひきつけられた。

そのあとは、アンにとってまったく勝利《しょうり》の夜《よる》だった。

音楽会《おんがくかい》がおわると、ふとったピンクの婦人《ふじん》――アメリカの百万長者《ちょうじゃ》の夫人《ふじん》だった――は、保護《ほご》の役《やく》をかってでて、アンをみんなに紹介《しょうかい》してくれた。みんなはアンをたいへんほめてくれた。朗読家《ろうどくか》のエバンス夫人《ふじん》は、そばにきて、アンがうっとりするような声《こえ》をもっていて、作品《さくひん》を美《うつく》しく表現《ひょうげん》しているといってくれた。白《しろ》いレースの少女《しょうじょ》でさえ、気《き》のない調子《ちょうし》ですこしほめてくれた。

人《ひと》びとは、美《うつく》しくかざられた大《おお》きな食堂《しょくどう》で夕食《ゆうしょく》をした。ダイアナとジェーンも、アンの仲間《なかま》ということで、この席《せき》にまねかれたが、ビリイだけはどこにもいなかった。そんな招待《しょうたい》はまっぴらだとにげだしてしまったのだ。

しかし、食事《しょくじ》がすんでそとへでると、ビリイは馬《うま》のところで三人《にん》をまっていた。三人《にん》の少女《しょうじょ》は、にぎやかにわらいながら、静《しず》かな白《しろ》い月《つき》の光《ひかり》のなかにでた。アンはふかく息《いき》をすいこみ、モミの黒《くろ》い枝《えだ》をとおして、すみきった空《そら》を見《み》あげた。

すがすがしい夜《よる》の静《しず》けさのなかにでてくるとすべてが雄大《ゆうだい》で、おだやかで、ここちよかった。あたりは海《うみ》のささやきにみちあふれ、むこうの黒《くろ》いがけは、魔法《まほう》をかけられた海岸《かいがん》をまもっているものすごい巨人《きょじん》のように見《み》えた。

「こんなすばらしかったことって、いままでなかったわね？」ジェーンはためいきをついた。「あたし、お金持《かねも》ちのアメリカ人《じん》になって、夏《なつ》はホテルですごし、宝石《ほうせき》をかざって、えりのひろくあいた服《ふく》を着《き》て、毎日《まいにち》アイスクリームとチキンサラダをたべたいわ。学校《がっこう》でおしえるより、ずっとおもしろいでしょうね。アン、あんたの暗唱《あんしょう》は、とってもりっぱだったわよ。でも、はじめは、いつになったらはじめるのかと思《おも》ったけど。エバンス夫人《ふじん》よりずっとよかったと思《おも》うわ。」

「そんなことというもんじゃないわ、ジェーン。」アンは、いそいでいった。「ばかばかしいわ。エバンス夫人《ふじん》よりいいわけないじゃないの。あのかたは本職《ほんしょく》なのよ。あたしは、すこしばかり暗唱《あんしょう》のできる、ただの生徒《せいと》だもの。ほかの人《ひと》たちがほんのちょっとすきになってくれるだけでじゅうぶんよ。」

「あんたをほめていた人《ひと》がいたわ。」とダイアナがいった。

「その男《おとこ》の人《ひと》がいってたくちぶりだと、ほめことばにちがいないと思《おも》うの。ジェーンとあたしのうしろに、アメリカ人《じん》がすわっていたの。ロマンチックな感《かん》じの人《ひと》で、まっくろな髪《かみ》と目《め》をしているのよ。ジョシイがいってたけど、その人《ひと》は有名《ゆうめい》な絵《え》かきで、ジョシイのおかあさんのボストンにいるいとこが、その人《ひと》とおなじ学校《がっこう》にかよってた人《ひと》と結婚《けっこん》したんだそうよ。あたしたち、その人《ひと》がいうのをきいたの――ねえ、ジェーン――『あのすばらしい、チチアンの髪《かみ》の少女《しょうじょ》はだれですか？　ぼくがかきたいと思《おも》ってる顔《かお》なんですよ。』って。ほらね、アン。でも、チチアンの髪《かみ》ってどういうの？」

「そりゃ赤毛《あかげ》のことでしょ。」と、アンはわらった。「チチアンっていう人《ひと》は、赤毛《あかげ》の女《おんな》の人《ひと》をかくのがすきな、有名《ゆうめい》な絵《え》かきなのよ。」

「あの女《おんな》の人《ひと》たちがつけてたダイヤモンド、見《み》た？」ジェーンがためいきをついた。「目《め》がくらみそうだったわ、お金持《かねも》ちになりたくない？　ね、あんたたち。」

「あたしたちはお金持《かねも》ちよ。」アンは、はっきりいった。

「あたしたち、十六年間《ねんかん》も生《い》きてきて、女王《じょおう》のように幸福《こうふく》だし、みんなちょっとは想像力《そうぞうりょく》をもってるし。あの海《うみ》をごらんなさいよ、ずーっと、ほら、銀色《ぎんいろ》にかがやいていて、浅瀬《あさせ》の色《いろ》あいがあって、それに、目《め》に見《み》えない深《ふけ》いまぼろしでしょう。もし、百万ドルをもっていても、ダイヤモンドの首《くび》かざりを何本《なんぼん》もっても、これ以上《いじょう》の美《うつく》しさをあじわえないわ。もし、ほかの人《ひと》とかわることができたとしても、かわりたくないわ。あの白《しろ》いレースの少女《しょうじょ》になって、一生《いっしょう》、気《き》むずかしい顔《かお》をしていたい？ それとも、あのピンクの婦人《ふじん》のようにしんせつないい人《ひと》でも、ずんぐり背《せ》がひくくって、かっこうがわるい人《ひと》になりたい？ それに、エバンス夫人《ふじん》だって、ほら、とてもかなしそうな目《め》をしてたじゃない？ あの目《め》つきは、そうとう不幸《ふこう》なことがあったにちがいないわ。そんなのいやでしょう？ ジェーン。」

「わからないわ。」ジェーンは、なっとくしかねるようにいった。「でもダイヤモンドって、かなり人《ひと》をなぐさめてくれると思《おも》うわ。」

「そうね、あたしは、ほかの人《ひと》にはなりたくないわ。いくら一生《いっしょう》ダイヤモンドでなぐさめられなくても、あたしは、真珠《しんじゅ》の首《くび》かざりのグリーン・ゲイブルズのアンで大《だい》まんぞくよ。ピンクのおくさんの宝石《ほうせき》とくらべものにならないくらい、マシュウがこの首《くび》かざりにこめてくれた愛情《あいじょう》がふかいことを、知《し》っているんだもの。」

三十四　クィーン学院《がくいん》の女学生《じょがくせい》

それからの三週間《しゅうかん》、グリーン・ゲイブルズの人《ひと》は、いそがしかった。アンのクィーン学院入学《がくいんにゅうがく》のしたくのためだった。縫《ぬ》うものもたくさんあったが、相談《そうだん》や打《う》ち合《あ》わせもおおかった。アンのもっていくものは、美《うつく》しい品《しな》ばかりだった。マシュウがいろいろ気《き》をくばったからであり、マリラも、こんどは、マシュウがなにを買《か》おうと反対《はんたい》しなかった。それどころか、ある夕《ゆう》がた、マリラは、すけるようなあわい緑色《みどりいろ》の生地《きじ》をうでにかかえて、東《ひがし》のへやにあがってきた。

「アン、これはあんたにどうかね。きれいなのはたくさんあるから、そう必要《ひつよう》とも思《おも》わないけど、町《まち》でパーティーにでもよばれたときに、あんたもちゃんとしたかっこうをしたいんじゃないかと思《おも》ってね。ジェーンもルビイもジョシイも、イブニングとやらをつくったんだってね。それで、あんたにひけめをかんじてもらいたくないのさ。先週《せんしゅう》、アランさんのおくさんに、町《まち》でえらぶのをてつだってもらったんだよ。仕立《した》ては、エミリイ＝ギリスにたのむつもりだがね。エミリイは趣味《しゅみ》もいいし、それにうでもとびきりだしね。」

「あら、マリラ、なんてすてきなんでしょう、ありがとう。あんまりよくしてくださっちゃこまるわ。クィーンへいくのが一日《にち》一日《にち》つらくなるんですもの。」

緑色《みどりいろ》の服《ふく》は、エミリイの好《この》みのゆるすかぎり、ひだやフリルがついてできあがった。アンは、ある夜《よ》、マリラとマシュウのためにその服《ふく》を着《き》て、台所《だいどころ》で『乙女《おとめ》の誓《ちか》い』を暗唱《あんしょう》した。

マリラは、その明《あか》るい、いきいきとした顔《かお》と、ながれるような身《み》のうごきを見《み》ているうちに、グリーン・ゲイブルズへはじめてアンがやってきた夕《ゆう》がたを思《おも》いだした。黄《き》ばんだ茶色《ちゃいろ》のきみょうな交織《こうしょく》の服《ふく》を着《き》た、おどおどした子《こ》どもの、目《め》に涙《なみだ》をいっぱいためた姿《すがた》が、くっきりうかんできた。思《おも》いだしているうちに、マリラの目《め》にも涙《なみだ》がうかんできた。
「まあ、あたしの暗唱《あんしょう》が泣《な》かせたのね、マリラ。」とアンは、はればれというと、かがんで、マリラのほおにかるくキスをした。「じゃ、成功《せいこう》といってもいいわね。」
「とんでもない、あんたの暗唱《あんしょう》で泣《な》いたんじゃないよ。」と、マリラはいった。詩《し》なんかで、こんなめそめそしてみせるのは、マリラはひどくけいべつしていた。
「あんたが小《ちい》さいころを、思《おも》いださずにはいられなかったのさ。ずいぶんおかしな子《こ》だったけれど、小《ちい》さいままでいてくれたらなあ、と思《おも》っていたんだよ。すっかり大《おお》きくなって、いってしまうんだからね。その服《ふく》を

着《き》ると、とても背《せ》が高《たか》くて、品《ひん》があって、なんだか人《ひと》がちがったみたいで、まるで、この村《むら》のものじゃないようだよ。こんなことをかんがえてたら、さびしくなってしまったのさ。」

「マリラ。」アンは、ギンガムの服《ふく》を着《き》たマリラのひざにすわると、両手《りょうて》でマリラのしわのよった顔《かお》をはさみ、やさしく、じっとマリラの目《め》をのぞきこんだ。

「あたしは、ちっともかわってないわ。ほんとにいつもおなじよ。ただ、刈《か》りこんだり、枝《えだ》をひろげたりしただけなの。ほんとうのあたしは——そのむこうにいて、いつもおなじなの。あたしがどこへいこうと、みかけがどんなにかわろうと、ちっともかわりないのよ。心《こころ》はいつも、マリラの小《ちい》さなアンよ。一日《にち》一日《にち》、マリラとマシュウと、このなつかしいグリーン・ゲイブルズがすきになってくるのよ。」

アンは、みずみずしいほおを、マリラのしぼんだほおにくっつけ、マシュウの肩《かた》に手《て》をのばして、かるくたたいた。マリラは、じぶんのきもちをアンのようにことばにおきかえられたら、せいいっぱいそうしたかったであろうが、性格《せいかく》といつものくせがじゃまをしたので、娘《むすめ》をしっかりだきしめて、このままはなさないですむものなら、と思《おも》っていた。

どうも涙《なみだ》らしいものが目《め》にうかんできたマシュウは、立《た》ちあがって、そとへでていった。すんだ夏《なつ》の星空《ほしぞら》の下《した》を、裏庭《うらにわ》をよこぎって、ポプラの下《した》の木戸《きど》まであるいていった。

「そうだな、あの子《こ》も、そうあまやかされなかったようだ。」と、得意《とくい》そうにつぶやいた。「わしが、ちょくちょくせっかいをやいても、たいしたことにはならなかったようだな。あの子《こ》はかしこくて、きれいだし、それになによりいいのは、やさしいことだ。あの子《こ》はわしらにとって祝福《しゅくふく》だ。スペンサーのおくさんは、いいまちがいをしてくれたもんだ。運《うん》がよかったんだな。いやそうじゃない、神《かみ》さまのおめぐみだ。わしらにあの子《こ》が必要《ひつよう》だということを、神《かみ》さまがごらんになったんだと思《おも》うよ。」

とうとう、アンが町《まち》へいく日《ひ》がやってきた。九月《がつ》のある晴《は》れた朝《あさ》、ダイアナとは涙《なみだ》をながして別《わか》れをつげ、マリラとは――すくなくともマリラのほうは――涙《なみだ》なしの別《わか》れをしたあとで、アンとマシュウは馬車《ばしゃ》をはしらせた。

だがアンがいってしまうと、ダイアナは涙《なみだ》をふいて、カーモディのいとこたちとホワイト・サンドの海岸《かいがん》へピクニックにいって、たのしく気《き》をまぎらした。マリラのほうは、がむしゃらに仕事《しごと》をやりだし、一日《にち》じゅうはげしくはたらきつづけたが、ともすると涙《なみだ》があふれてきて、胸《むね》がしめつけられるようだった。その夜《よ》、ベッドにはいると、広間《ひろま》の奥《おく》のあの小《ちい》さなへやには、かるいねいきをたてている、元気《げんき》な娘《むすめ》はいないのだと思《おも》う

と、ひどくみじめなきもちになって、まくらに顔《かお》をうずめ、じぶんでもあきれるほどはげしく泣《な》いた。気《き》がおさまると、人間《にんげん》というものをこんなにふかく愛《あい》するのはわるいことにちがいないと、反省《はんせい》するのだった。

アンと、ほかのアボンリーの生徒《せいと》たちは、学校《がっこう》にぎりぎりの時間《じかん》に、町《まち》についた。さいしょの日《ひ》は興奮《こうふん》のうずにまきこまれ、ゆかいにすぎていった。新入生《しんにゅうせい》のぜんぶと顔《かお》あわせをしたり、教授《きょうじゅ》をおぼえたり、組《くみ》わけがあったりした。アンはスティシイ先生《せんせい》の意見《いけん》にしたがって、一年《ねん》の課程《かてい》をとるつもりだった。ギルバートもおなじだった。これは、もし成績《せいせき》がよければ、二年《ねん》のところを一年《ねん》で一級教員《きゅうきょういん》の免許《めんきょ》がとれるクラスだった。勉強《べんきょう》のほうも、それだけにたいへんだった。ジェーンも、ルビイもジョシイもチャーリイも、それにムーディも、そんな野心《やしん》をもっていなかったので、二級《きゅう》の課程《かてい》でまんぞくしていた。

アンは五十人《にん》の生徒《せいと》といっしょにへやにはいると、ひどくさびしくなった。へやのむこうがわにいる、背《せ》の高《たか》い、こげ茶色《ちゃいろ》の髪《かみ》の少年《しょうねん》のほかは、だれひとり知《し》っている顔《かお》はなかった。知《し》っているといっても、なんのやくにもたたないと思《おも》って、がっかりした。それでも、アンは、ギルバートとおなじクラスになったのがうれしかった。いままでの競争《きょうそう》が、これからもつづけられるからで、もしこれがなかったら、アンはいったいなにをすればいいかわからなかった。

「気《き》がまぎれるわ。」と、アンはかんがえた。「ギルバートも、メダルをとろうと決心《けっしん》をかためているようだわ。なんてすてきなあごをしているんだろう。ちっとも気《き》がつかなかったけど。ジェーンもルビイも、おなじクラスだったらいいのに。ほかの人《ひと》と友《とも》だちになれたら、よその屋根裏《やねうら》にきたネコみたいな気《き》はしなくなると思《おも》うけど。どの女《おんな》の子《こ》と友《とも》だちになれるかな。胸《むね》がわくわくしそうだわ。もちろん、クィーンでどんな友《とも》だちができても、ダイアナほどたいせつじゃないって、やくそくしたわ。でも、あたしはたっぷり友情《ゆうじょう》をもっているんですもの。とび色《いろ》の目《め》をしてまっかなブラウスを着《き》た、あの人《ひと》の感《かん》じがすきだわ。いきいきして、顔《かお》もバラ色《いろ》だわ。それに、窓《まど》のそとをじっと見《み》ているあの青白《あおじろ》い人《ひと》も、すきだわ。きれいな髪《かみ》をしてるし、夢《ゆめ》みることもすこしは知《し》っていそうだし、あのふたりと仲《なか》よくなりたいわ。うでをくんで散歩《さんぽ》したり、あだ名《な》でよびあったりね。でも、まだあのふたりを知《し》らないし、むこうもあたしを知《し》らないし、とくに知《し》りあいになりたいなんて思《おも》ってないだろうし。ああ、さびしいなあ。」

その夜《よ》、そとはまだうすあかりのころに、じぶんの寝室《しんしつ》にひとりこもったアンは、ますますさびしかった。アンはほかの少女《しょうじょ》たちといっしょではなかった。ほかの少女《しょうじょ》は、みんな町《まち》に親《しん》せきがあって、そこにとまっていた。ジョセフィンおばさんが、アンをじぶんの家《いえ》におきたがったが、ブナの木屋敷《きやしき》は学院《がくいん》から遠《とお》すぎてだめだった。そこで、おばさんは、アンにはぴったりの下宿《げしゅく》をさがしてくれて、マシュウとマリラを安心《あんしん》させた。

「このうちの婦人《ふじん》は、いまはおちぶれていますが、ご主人《しゅじん》がイギリスの将校《しょうこう》でした。」と、ジョセフィンおばさんは説明《せつめい》した。「どんな下宿人《げしゅくにん》をおくか、それは気《き》をつかってますから、アンもへんな人間《にんげん》とくらすような心配《しんぱい》はありません。食事《しょくじ》もいいし、学院《がくいん》にも近《ちか》いし、近所《きんじょ》も静《しず》かですからね。」

これはみんなほんとうだったが、だからといって、ホームシックから、アンをすくってはくれなかった。アンは、せまい小《ちい》さなへやを、かなしく見《み》まわした。ぱっとしないかべ紙《かみ》のはってある、一枚《まい》も絵《え》のかかっていないかべ、小《ちい》さな鉄製《てっせい》のベッド、からっぽの本箱《ほんばこ》。グリーン・ゲイブルズのじぶんの白《しろ》いへやを思《おも》いだして、アンはさびしさがこみあげてきた。あそこでは、そとは緑《みどり》につつまれ、庭《にわ》にはスイートピーがそだち、月《つき》の光《ひかり》が果樹園《かじゅえん》を照《て》らし、坂《さか》の下《した》の小川《おがわ》や、そのむこうには夜風《よかぜ》にゆれるモミ林《ばやし》、ひろがっている星空《ほしぞら》の下《した》の木々《きぎ》のあいだに、ダイアナの窓《まど》のあかりがかがやいているのだ。ここではそんなものはなにもなかった。窓《まど》のそとはかたい道路《どうろ》で、電話線《でんわせん》が空《そら》にはりめぐらされ、知《し》らない足音《あしおと》や見知《みし》らぬ人《ひと》を照《て》らす、無数《むすう》の灯《ひ》があるだけだった。アンは泣《な》きだしそうなのをぐっとこらえた。

「泣《な》いたりしませんよ。ばかげた、気《き》のよわいことだもの。――ほら、三番《ばん》めの涙《なみだ》が鼻《はな》をつたっておちたわ。またおちてくる。なにかおもしろいことをかんがえて、とめなくちゃ。おもしろいことなら、みんなアボンリーと関係《かんけい》があるし、それじゃますますわるいわ――四つ、五つ――こんどの金曜日《きんようび》には、うちへかえれるわ。でも、まるで百年《ねん》もさきみたい。ああ、マシュウは、もううちの近《ちか》くまできているでしょうよ――マリラは

木戸《きど》に立《た》って小道《こみち》を見《み》てるわ――六つ、七つ、八つ――かぞえたってしようがない。いっぺんにあふれそうだもの。元気《げんき》になれそうもないな――なりたくもないし。かなしいままでいるほうがいいんだ。」

たぶん涙《なみだ》はあふれるところだったが、そのしゅんかん、ジョシイがあらわれた。見《み》なれた顔《かお》にあったよろこびで、アンは、じぶんとジョシイの仲《なか》があまりよくなかったことをわすれてしまった。

「よくきてくれたわね。」と、アンは心《こころ》からいった。

「泣《な》いてたのね。」と、ジョシイは、みくだすような同情《どうじょう》をみせていった。「うちが恋《こい》しいんでしょう。そんなことで、じぶんをおさえられない人《ひと》がいるからね。あたしはならないわよ。あんなつまらない、古《ふる》ぼけたアボンリーからくると、町《まち》はとってもゆかいだわ。いままでよくいたもんだと、ふしぎなくらいよ。泣《な》いたらだめよ、アン。目《め》も鼻《はな》も赤《あか》くなって、そのうち顔《かお》じゅうまっかになるわよ。きょう、学院《がくいん》ではすごくたのしかったわよ。あたしたちのフランス語《ご》の先生《せんせい》はかわいいのよ。口《くち》ひげがなかなかよ。たべるもの、なんかない？　アン。あたし文字《もじ》どおり、飢《う》え死《じ》にしそうなの。マリラが、お菓子《かし》をどっさり荷物《にもつ》につめこんだんじゃないかと思《おも》って、よってみたのよ。そうでなかったら、フランクと公園《こうえん》に楽団演奏《がくだんえんそう》をききにいってたのよ。あたしとおなじうちにいるおもしろい男《おとこ》の子《こ》よ。きょう、教室《きょうしつ》であんたを見《み》かけたんだって。それで、あたしに赤《あか》い髪《かみ》の子《こ》はだれかってきいたの。だから、あの人《ひと》はカスバート家《け》にもらわれた孤児《こじ》で、まえになにをしていたかだれも知《し》らない、とこたえといたわ。」

ジョシイといっしょにいるより、ひとりで泣《な》いているほうがましじゃないかと思《おも》っているところに、ジェーンとルビイがあらわれた。ふたりとも、むらさきと真紅《しんく》のクィーン学院《がくいん》のリボンを、ほこらしげに上着《うわぎ》につけていた。ジョシイは、ジェーンとは「口《くち》をきかない」状態《じょうたい》だったので、わりとおとなしくなった。

「ああ、けさからまるで何《なん》か月《げつ》もたったような気《き》がするわ。うちにかえってヴァージル（紀元前《きげんぜん》七〇―一九年《ねん》のローマの詩人《しじん》）の勉強《べんきょう》をしなきゃならないの。あのひどいおじいさんの教授《きょうじゅ》が、あしたはじめての授業《じゅぎょう》に、二十行《ぎょう》やってきなさいですって。でも、今夜《こんや》だけは、勉強《べんきょう》なんかおちついてやれないわ。アン、涙《なみだ》のあとがあるじゃない？　泣《な》いたんでしょう、いいなさいよ。そうなら、あたしも安心《あんしん》するわ。ルビイがくるまえにずいぶん泣《な》いたんですもの。だれかほかにもおばかさんがいるなら、あたしもおばかさんでたくさんよ。あ、お菓子《かし》？　ちっちゃいのを一つね。ありがと。アボンリーのにおいがするわね。」

ルビイは、机《つくえ》の上《うえ》に、クィーン学院《がくいん》の書類《しょるい》がのっているのをみつけて、アンが金《きん》メダルを目的《もくてき》にしているかどうか知《し》りたがった。アンは赤《あか》くなって、そのつもりだとこたえた。

「それで思《おも》いだしたけど、クィーンでもエイブリー奨学金《しょうがくきん》がでることになるんですって。きょう、通知《つうち》がきたのよ。フランクのおじさんが学校《がっこう》の委員《いいん》なんでね。学院《がくいん》では、あした発表《はっぴょう》になるでしょうって。」

エイブリー奨学金《しょうがくきん》！　アンの胸《むね》はどきどきし、野心《やしん》の地平線《ちへいせん》が、魔法《まほう》のようにひろがるのをかんじた。ジョシイがこのニュースをいうまでは、アンの最高《さいこう》のねがいは、地方《ちほう》の先生《せんせい》の免状《めんじょう》と、一年《ねん》のおわりにもらえる、金《きん》メダルをとることだった。だが、いっしゅんのうちに、エイブリー奨学金《しょうがくきん》をもらい、レドモンドの大学《だいがく》で芸術《げいじゅつ》コースをとり、ガウンと角帽《かくぼう》をかぶって卒業《そつぎょう》するじぶんの姿《すがた》がうかんできた。というのは、エイブリー奨学金《しょうがくきん》は、英語学《えいごがく》が対象《たいしょう》で、これはもともとアンの得意《とくい》の課目《かもく》だったからだ。

ニュー・ブランズウィックの金持《かねも》ちの工場主《こうじょうぬし》が死《し》んだとき、財産《ざいさん》の一部《いちぶ》を奨学金《しょうがくきん》にして、島《しま》のいろんな中学校《ちゅうがっこう》や高校《こうこう》に配分《はいぶん》することになっていた。クィーン学院《がくいん》にもわりあてられるかどうかわからなかったのが、ついにきまったのだ。その学年《がくねん》のおわりに、英語《えいご》と英文学《えいぶんがく》で一番《ばん》だった卒業生《そつぎょうせい》が、年《ねん》に二百五十ドルずつ四年間《ねんかん》、レドモンド大学《だいがく》でうけるのだ。その夜《よ》、アンがもえるようなほおをしてねたのも、ふしぎではなかった。

「いっしんに勉強《べんきょう》しさえすれば奨学金《しょうがくきん》がとれるなら、とってみせよう。」とアンは決心《けっしん》した。「あたしが文学士《ぶんがくし》になったらマシュウがどんなに得意《とくい》がるかしら？　野心《やしん》をもつというのはたのしいわ。こんなにいろいろ野心《やしん》があってうれしいわ。きりがないみたいだけど、そこがいいのね。一つの野心《やしん》がかなうと、すぐべつのが、もっと高《たか》いところにきらきらしているんだもの。人生《じんせい》をとてもおもしろいものにしてくれるわ。」

三十五　クィーン学院《がくいん》の冬《ふゆ》

週末《しゅうまつ》ごとに家《いえ》にかえることで、アンのホームシックはなおっていった。よいお天気《てんき》がつづくかぎり、金曜日《きんようび》には、カーモディまで新《あたら》しくできた鉄道《てつどう》でみんなかえった。ダイアナと何人《なんにん》かのわかいものたちがむかえにでていて、にぎやかにアボンリーまであるいてかえるのだった。金曜日《きんようび》の夕《ゆう》がた、みんなできもちのいい秋《あき》の丘《おか》をこえ、アボンリーの灯《ひ》のまたたくのを見《み》ながらかえるのは、一週間《しゅうかん》のうちでもっともたのしい、すきな時間《じかん》だった。

ギルバートは、たいていルビイといっしょにあるいて、カバンをもってやった。ルビイはたいへん美《うつく》しくなり、じぶんでもほんとうにおとなになったつもりでいた。スカートも母《はは》がしてくれるかぎり長《なが》くして、髪《かみ》も都会《とかい》ふうにゆっていた。でも、家《いえ》にかえると、たらさなくてはならなかった。大《おお》きい青《あお》い目《め》の、ふっくらとした、つやのある顔《かお》だちは人目《ひとめ》をひいた。よくわらう、明《あか》るい、気《き》だてのいい娘《むすめ》だった。

「でも、ルビイは、ギルバートがすきになるタイプじゃないわ。」ジェーンがアンにささやいた。アンもそう思《おも》ったが、エイブリー奨学金《しょうがくきん》にかけても、そんなことはいわなかった。ギルバートのような友《とも》だちとしゃべったり、本《ほん》や、勉強《べんきょう》や、野心《やしん》について意見《いけん》をかわすのは、さぞいいだろうと思《おも》った。ギルバートが野心《やしん》をもっていることはよく知《し》っているし、ルビイとは話《はなし》があわないだろうと思《おも》った。

アンのギルバートにたいするきもちには、ばかげた感情《かんじょう》はすこしもなかった。男《おとこ》の子《こ》はアンにとって、たんに戦友《せんゆう》でしかなかったので、ギルバートと友《とも》だちになったとしても、かれがたくさん友《とも》だちをもち、だれとあるこうと、気《き》にしなかっただろう。アンは生《う》まれつき友《とも》だちをつくる才能《さいのう》があったので、女《おんな》の友《とも》だちはおおぜいあったが、男《おとこ》の友《とも》だちは、友情《ゆうじょう》をひろめ、ものごとの判断《はんだん》や比較《ひかく》する力《ちから》をきたえるのに、よいものだと思《おも》った。

アンはじぶんのきもちを、はっきりとつかんでいたわけではない。しかし、もしギルバートがいっしょにあるいてくれたら、すがすがしい野原《のはら》や、シダの小道《こみち》をいきながら、じぶんたちのまえにひらけている新《あたら》しい世界《せかい》のことや希望《きぼう》について、たのしくかたりあえるのにと思《おも》った。ギルバートはかしこくじぶんの意見《いけん》をもち、人生《じんせい》のもっともよいものをつかむ意志《いし》と、あたえる意志《いし》をもっていた。

ルビイはジェーンに、「ギルバートの話《はなし》は、はんぶんもわからないわ。アンが考《かんが》えごとをしているときとおなじようなことをいうのよ。いりもしないときに本《ほん》やそんなことの話《はなし》をするのは、おもしろくないわ。フランクのほうがずっと元気《げんき》がいいけど、ギルバートほどかっこうがよくないし、あたしはだれがいちばんすきなのかきめられないわ。」といった。

学校《がっこう》では、やがてアンは、小《ちい》さな友《とも》だちのグループをつくった。アンのように考《かんが》えぶかく、想像力《そうぞうりょく》のある、野心《やしん》をもった学生《がくせい》ばかりだった。バラ色《いろ》のほおの少女《しょうじょ》のステラ＝メイナード、夢《ゆめ》みがちな少女《しょうじょ》のプリシラ＝グラントとも仲《なか》よくなった。おとなしげなプリシラがじつはいたずらっ子《こ》で、じょうだんがすきなのに、元気《げんき》のいいステラは、アンとおなじに夢《ゆめ》や空想《くうそう》にふけるたちだった。

クリスマスのお休《やす》みのあと、アボンリーの生徒《せいと》たちは、金曜日《きんようび》ごとに家《いえ》にかえるのをあきらめて、勉強《べんきょう》

にうちこんだ。クィーンの生徒《せいと》たちはしだいに、じぶんの位置《いち》や特長《とくちょう》がわかってきた。はっきりしていることは、メダルの競争者《きょうそうしゃ》は、ギルバートとアンとルイス゠ウィルソンに、せばめられたことだ。エイブリー奨学金《しょうがくきん》のほうは、まだはっきりしなくて、六人《にん》くらいのうち、ひとりが獲得《かくとく》するはずだった。数学《すうがく》に優秀《ゆうしゅう》な成績《せいせき》をおさめた生徒《せいと》には、銅《どう》メダルがあたえられることになっていた。これは、つぎのあたったオーバーを着《き》たふとった少年《しょうねん》がもらうと、かんがえられていた。

アンはいっしんに勉強《べんきょう》にはげんだ。ギルバートにたいする競争心《きょうそうしん》は、アボンリーの学校《がっこう》のころとかわらず強《つよ》かったが、クラスではほとんど知《し》られていなかった。でもアンは、もうギルバートをまかすために勝《か》ちたいのではなく、かえって、よい競争《きょうそう》あいてとして、堂々《どうどう》と勝利《しょうり》をえたいと思《おも》うだけだった。いまではもう、これがなくては生《い》きがいがないなどとは思《おも》わなかった。

勉強《べんきょう》ばかりではなく、たのしいこともおおかった。ひまな時間《じかん》や日曜日《にちようび》はブナの木屋敷《きやしき》ですごし、教会《きょうかい》にはジョセフィンおばさんといった。おばさんは年《とし》をとったが、黒《くろ》い目《め》はかすむことなく、舌《した》もあいかわらずするどかった。でも、アンをいちばん気《き》にいっていたので、アンにたいしてはそんなことはなかった。

やがて、だれも気《き》がつかないうちに春《はる》がやってきた。アボンリーでは、雪《ゆき》のきえない野原《のはら》に、イワナシがピンクにめぶいていて、緑色《みどりいろ》のもやが森《もり》や谷間《たにま》にかかっていた。しかし、シャーロットタウンでは、クィーンの学生《がくせい》が試験《しけん》のことばかりかんがえ、話題《わだい》にしていた。

「もうすぐ学期《がっき》がおわるなんて、かんがえられないわ。」と、アンはいった。「去年《きょねん》の秋《あき》には、まださきはながいと思《おも》ってたのに、試験《しけん》は来週《らいしゅう》よ。ねえ、あんたたち、ときどき試験《しけん》がすべてみたいにいうけど、あのクリの木《き》のふくらんだ芽《め》や、通《とお》りのはずれのぼうーっとかすんだ青空《あおぞら》を見《み》ると、試験《しけん》なんて、だいじなことのはんぶんとも思《おも》えないわね。」

アンのところにきていたジェーンとルビイとジョシイは、この意見《いけん》にさんせいしなかった。三人《にん》には、クリの芽《め》や春《はる》がすみよりも、ずっと試験《しけん》のほうが大問題《だいもんだい》だった。

アンは試験《しけん》にうかるのはまちがいないから、そんなことをかんがえていてもいいけど、試験《しけん》に運命《うんめい》をかけているあたしたちは――三人《にん》はほんきでそうかんがえていた――アンみたいにおちついて見《み》ていられないと思《おも》った。

「あたし、この二週間《しゅうかん》で七ポンドつかったわ。」と、ジェーンはためいきをついた。「くよくよしないなんてじぶんにいってみても、だめなのよ。やっぱり気《き》になるわ。クィーンにきてたくさんお金《かね》をつかって、もし先生《せんせい》の免状《めんじょう》がとれなかったらどうしよう。」

「あたしは気《き》にしないわ。」ジョシイはいった。「ことしだめなら、来年《らいねん》またやるわ。うちのおとうさんは、お金《かね》をおくってくれる力《ちから》があるんですもの。アン、フランクがいってたけど、トレメイン先生《せんせい》のお話《はなし》では、メダルはギルバートで、エイブリー奨学金《しょうがくきん》はエミリイ＝クレイがとるだろうって。」

「そんなことききくと、さぞあしたは頭痛《ずつう》がするでしょうよ。ジョシイ。」アンはわらった。「でも、あたしは、グリーン・ゲイブルズの下《した》のくぼ地《ち》にスミレがさいているかぎり、小《ちい》さなシダが〈恋人《こいびと》たちの道《みち》〉に頭《あたま》をもたげているかぎり、エイブリーをとろうがとるまいが、たいしたことじゃないわ。力《ちから》をつくしたし、『たたかいのよろこび』がなんだか、わかりはじめたの。努力《どりょく》して勝《か》つことのつぎにいいことは、まけることよ。

ねえ、試験《しけん》の話《はなし》はやめましょうよ。あのうちの上《うえ》の、うす緑《みどり》の空《そら》を見《み》てよ。アボンリーの暗《くら》いブナ林《ばやし》がどんなふうか、想像《そうぞう》してみて。」

「卒業式《そつぎょうしき》にはなにを着《き》るつもりなの、ジェーン。」

ルビイが現実的《げんじつてき》なことをいったので、たちまち、洋服《ようふく》の話《はなし》にうつってしまった。しかしアンは、窓《まど》にひじをついて、町《まち》の丸屋根《まるやね》のむこうの夕《ゆう》やけ空《ぞら》をながめ、若者《わかもの》らしい希望《きぼう》という金《きん》の糸《いと》で未来《みらい》の夢《ゆめ》を織《お》りなしていた。アンのまえにひろがる道《みち》はバラ色《いろ》で、一年《ねん》一年《ねん》が、さきほこったバラで枯《か》れることのない花《はな》のかんむりを織《お》りなしていくようだった。

三十六　栄光《えいこう》と夢《ゆめ》

試験《しけん》の最終結果《さいしゅうけっか》が発表《はっぴょう》になる朝《あさ》、アンとジェーンは、いっしょに町《まち》をあるいていた。ジェーンはうれしそうだった。試験《しけん》はおわったし、ともかくもたしかにうかったのだから、そのさきのことはどうでもよかった。ジェーンは、大《おお》きなのぞみはもっていないので、不安《ふあん》なきもちにせめられることはなかった。アンはあおざめて、だまりこくっていた。あと十分《ぷん》で、だれがメダルとエイブリーをとるかわかるのだ。その十分《ぷん》さきには「時間《じかん》」は存在《そんざい》しないように思《おも》われた。

「もちろん、あんたはどっちかとれるわよ。」と、ジェーンはいった。「エイブリーはのぞみがないわ。みんな、エミリイがとるだろうといってるの。あたし、とても掲示板《けいじばん》へいって、みんなのまえで発表《はっぴょう》を見《み》る勇気《ゆうき》がないわ。まっすぐ控《ひか》え室《しつ》へいくから、あんた結果《けっか》を見《み》ておしえてちょうだい。あたしたちの古《ふる》くからの友情《ゆうじょう》にかけて、できるだけいそいでね。もしおちてても、なぐさめたりしないでよ。やくそくよ、ジェーン。」

ジェーンは、しかつめらしくやくそくしたが、その必要《ひつよう》はなかった。ふたりがクィーンの石段《いしだん》をのぼっていくと、ホールにいっぱい少年《しょうねん》たちがあつまって、ギルバートを胴上《どうあ》げにして「ブライスばんざい！金《きん》メダルのブライスばんざい！」と、声《こえ》をはりあげていた。

とたんに、アンは失望《しつぼう》のあまり、胸《むね》がずきりといたむようだった。では、じぶんがまけ、ギルバートが勝《か》ったのだ。マシュウはがっかりするだろうな。アンが勝《か》つと信《しん》じていたんだから。そのときだった。だれかがさけんだ。

「ミス・シャーリイばんざい！　エイブリー受賞者《じゅしょうしゃ》のミス・シャーリイばんざい！」

「おお、アン、あたしとってもうれしいわ。よかった！」ジェーンは息《いき》をはずませた。ふたりが女子《じょし》の控《ひか》え室《しつ》にとんでいくと、心《こころ》から歓迎《かんげい》され、アンは、わらいとお祝《いわ》いのことばをあびせられた。肩《かた》をたたかれたり、手《て》をにぎられた。おされたり、ひっぱられたり、だきしめられたりしながら、アンはジェーンにささやいた。

「ねえ、マシュウとマリラが、どんなによろこぶかしら。すぐにうちに知《し》らせなくちゃ。」

卒業式《そつぎょうしき》は学院《がくいん》の大《だい》ホールでおこなわれた。あいさつのことばがあり、論文《ろんぶん》が読《よ》まれ、歌《うた》があり、免状《めんじょう》と賞《しょう》とメダルがあたえられた。マシュウとマリラは、壇上《だんじょう》のたったひとりの学生《がくせい》に目《め》をそそいでいた。——うす緑《みどり》の服《ふく》を着《き》て、かすかにほおを赤《あか》くして、目《め》をきらきらさせている背《せ》の高《たか》い少女《しょうじょ》、いちばんりっぱな論文《ろんぶん》を読《よ》み、人《ひと》びとは、あれがエイブリーをうける学生《がくせい》よと、ささやいていた。

「あの子《こ》をそだてててよかったじゃないか？　マリラ。」と、アンが論文《ろんぶん》を読《よ》みかえたとき、ホールにはいってはじめてマシュウがいった。

「よかったと思《おも》ったのは、いまがはじめてじゃありませんよ。」マリラがいいかえした。

ふたりのうしろにすわっていたミス・バリーは、まえへのりだし、かさでマリラをつついて、「おふたりとも、あのアンがさぞ得意《とくい》でしょうね。わたしもそうなのよ。」といった。

その日《ひ》の夕《ゆう》がた、アンは、マシュウとマリラといっしょにアボンリーにかえった。四月《がつ》からかえってなかったので、一日《にち》もまってはいられなかった。リンゴの花《はな》がさき、あたりいちめんが息《いき》づいていた。ダイアナはグリーン・ゲイブルズへあいにやってきていた。アンの白《しろ》いへやには、マリラが窓《まど》ぎわにバラをさしておいてくれた。アンはあたりを見《み》まわして、しあわせそうにためいきをついた。

「ああ、ダイアナ、うちにかえるって、なんてうれしいんでしょう。ピンクの空《そら》にくっきりうかんでる、あのとがったモミの木《き》や、白《しろ》い果樹園《かじゅえん》や、なつかしいサクラの木《き》の〈雪《ゆき》の女王《じょおう》〉も見《み》られるし。ハッカのにおいがふんわりしない？　このバラったら、歌《うた》と希望《きぼう》と祈《いの》りをよせあつめたようね。あんたにまたあえてうれしいわ、ダイアナ。」

「あたしよりステラがすきなのかと思《おも》ってたわ。ジョシイがおしえてくれたのよ。あんたがその人《ひと》に夢中《むちゅう》だって。」

アンはわらって、しおれたスイセンを、ダイアナになげつけた。

「ステラはだいすきよ。でも、いちばんすきなのは、あんたよ、ダイアナ。まえよりも、もっとすきよ。あんたに話《はな》したいことがどっさりあるの。でもいまはここにすわって、あんたを見《み》ているだけでたのしいわ。つかれてるのかもしれないわね。あしたはなんにもかんがえないで、果樹園《かじゅえん》の草《くさ》の上《うえ》にねころんでるつもり。」

「すばらしいことをやったんですもの、アン。エイブリーをとったんだから、もう学校《がっこう》ではおしえないんでしょ？」

「ええ、九月《がつ》にはレドモンドへいくの。すてきじゃない？　三か月《げつ》のお休《やす》みをじゅうぶんたのしんでからよ。新《あたら》しい野心《やしん》でいっぱいよ。ジェーンとルビイはおしえるんですって。ムーディもジョシイも及第《きゅうだい》してよかったわね。」

「ニューブリッジの学校《がっこう》から、もうジェーンにきてほしいといってるんですって。ギルバートもおしえるのよ。おとうさんが大学《だいがく》にいくお金《かね》をだせなくなったので、じぶんでやっていくつもりなのよ。もしエイムス先生《せんせい》がやめたら、ここでおしえるんじゃないかしら。」

アンは、なぜだかがっかりした。ギルバートもレドモンドにいくものと思《おも》いこんでいた。競争《きょうそう》あいてがいなくなったらどうなるだろう。

つぎの朝《あさ》、食事《しょくじ》のとき、マシュウがぐあいがわるそうなのに、アンはきゅうに気《き》がついた。たしかに一年《ねん》まえにくらべて髪《かみ》が白《しろ》くなった。マシュウがそとへいってしまってから、マリラにきいてみた。

「マリラ、マシュウはだいじょうぶなの？」

「よくないんだよ。」と、マリラは気《き》がかりそうな調子《ちょうし》でいった。「この春《はる》、ひどい心臓《しんぞう》の発作《ほっさ》をおこしてから、よくならないんだよ。わたしもほんとに心配《しんぱい》でね。でも、ちかごろはいくらかいいんだよ。それに雇《やと》い人《にん》のよい人《ひと》がみつかったし、ぐあいもよくなるんじゃないかと思《おも》ってるんだよ。あんたもかえってきたしね。あんたは、いつだってマシュウを元気《げんき》づけているからね。」

アンは、テーブルにからだをのりだして、マリラの顔《かお》を両手《りょうて》ではさんだ。

「マリラも、あんまりきぶんがよくないみたいね。つかれてるの？　あんまりはたらきすぎたからじゃない？　あたしもうちにいるんだから、やすみなさいよ。きょうは、なつかしい場所《ばしょ》にいってみようと思《おも》うの。それがすんだらあたしがはたらくから、やすんでね。」

マリラは、愛情《あいじょう》のこもった目《め》で、アンにほほえんだ。

「仕事《しごと》のしすぎじゃなくて、頭《あたま》なんだよ。目《め》の奥《おく》がしょっちゅういたむんだよ。スペンサー先生《せんせい》はめがねのことばかりうるさくいわれるけど、めがねをかえたってちっともよくならないんだよ。六月《がつ》の末《すえ》に、この島《しま》に有名《ゆうめい》な眼科《がんか》のお医者《いしゃ》さんがくるんで、みてもらえとおっしゃるんだよ。わたしもそうしなくてはなるまいと思《おも》ってるがね。読《よ》むのも縫《ぬ》うのも思《おも》うようにいかなくてね。それにしても、クィーンではほんとによくやったね。リンドのおばさんは、女《おんな》が教育《きょういく》をうけるのはどうかといってるけど、わたしは、そんなことはないと思《おも》うよ。それで思《おも》いだしたけど、さいきん、アベイ銀行《ぎんこう》のことでなにかきかなかったかい？

アン。」

「あぶないときいているけど、なぜ？」とアンはたずねた。

「リンドのおばさんも、そういったんだよ。先週《せんしゅう》ここにきて、そんなうわさをしていったんだよ。マシュウがすっかり心配《しんぱい》してね。うちのお金《かね》はみんなあずけてあるんだよ。わたしは貯蓄銀行《ちょちくぎんこう》にあずけたかったんだけど、アベイさんはおとうさんの古《ふる》い知《し》りあいでね。マシュウが反対《はんたい》なんだよ。」

アンはその日《ひ》、家《いえ》のそとでたのしくすごした。アンはいつまでもその日《ひ》のことをわすれなかった。明《あか》るく、こがね色《いろ》にかがやぎ、花《はな》ばなにかざられた日《ひ》だった。〈木《き》の精《せい》の泉《いずみ》〉や〈ウイローミア〉や〈スミレの谷《たに》〉にもいき、牧師館《ぼくしかん》でアランさんのおくさんとぞんぶんに話《はな》しあった。そして夕《ゆう》がた、マシュウといっしょに〈恋人《こいびと》たちの道《みち》〉をとおって、裏《うら》の牧場《ぼくじょう》まで牛《うし》をつれてかえってきた。森《もり》は夕日《ゆうひ》に照《て》りはえ、西《にし》の丘《おか》のあいだから、なごやかな光《ひかり》がながれていた。

マシュウは、うつむいて、のろのろとあるいていたので、アンも、はずむようなあゆみをマシュウにあわせた。

「あんまりはたらきすぎたのよ、マシュウ。なぜもっとのんきにやらないの。」アンはとがめた。

「そうだな、わしにはできそうもないんだよ。」とマシュウは、木戸《きど》をあけて牛《うし》をいれた。「年《とし》をとったせいだよ、アン。それをわすれているんだよ。まあ、まあ、いつだっていっしょうけんめいはたらいてきたし、死《し》ぬまではたらきつづけるだろうさ。」

「もしあたしが男《おとこ》の子《こ》だったら、いま、とってもやくにたって、らくをしてもらえるのにね。」

「そうだな、わしは、十二人《にん》の男《おとこ》の子《こ》よりも、おまえだけのほうがいいよ。」とマシュウは、アンの肩《かた》をたたいていった。

「いいかい――十二人《にん》の男《おとこ》の子《こ》より、いいくらいだよ。そうとも。エイブリーをとったのは男《おとこ》の子《こ》じゃなくて、女《おんな》の子《こ》だったじゃないか――わしの娘《むすめ》じゃないか――わしのじまんにしている娘《むすめ》じゃないか。」

マシュウは、はずかしそうにほほえんで、裏庭《うらにわ》にはいっていった。

その晩《ばん》、じぶんのへやで、アンは長《なが》いあいだ窓《まど》べにすわっていた。すぎ去《さ》ったことを思《おも》い、未来《みらい》を夢《ゆめ》みていた。そとでは〈雪《ゆき》の女王《じょおう》〉が月《つき》の光《ひかり》に白《しろ》くかすみ、カエルがオーチャード・スロープのむこうの沼《ぬま》で鳴《な》いていた。アンは、いつまでも、その夜《よる》の、銀《ぎん》のようなおだやかな美《うつく》しさと静《しず》けさを、おぼえていた。

それは、悲《かな》しみがアンの人生《じんせい》におとずれるまえの、さいごの夜《よる》だった。そして、どんな人生《じんせい》も、一度《ど》、その悲《かな》しみの、つめたい、神聖《しんせい》な手《て》にふれると、二度《ど》ともとどおりにはならないのだ。

三十七　マシュウの死《し》

「マシュウ、マシュウ、どうかしたんですか？　マシュウ、ぐあいがわるいんですか？」

マリラがびっくりしてさけんだ。アンが白《しろ》スイセンをうでいっぱいにかかえて入《い》り口《ぐち》のところまでかけつけてみると、マシュウが、手《て》にたたんだ新聞《しんぶん》をもって戸口《とぐち》に立《た》っていた。顔《かお》はみょうにゆがんで、灰色《はいいろ》だった。ふたりがとんでいったときは、おそかった。マシュウはしきいの上《うえ》にたおれた。

「気絶《きぜつ》したんだよ。アン、マーチンをよんどいで。はやく、はやく！　納屋《なや》にいるよ。」

雇《やと》い人《にん》のマーチンはすぐ医者《いしゃ》をよびにいき、途中《とちゅう》バリー家《け》によったので、バリー夫婦《ふうふ》と、きあわせたリンド夫人《ふじん》もかけつけてきた。アンとマリラは、マシュウの意識《いしき》をもどさせようと、とりみだしていた。リンド夫人《ふじん》はふたりをやさしくわきにやって、脈《みゃく》をしらべ、心臓《しんぞう》に耳《みみ》をあてた。そして、かなしそうにふたりをふりかえると、その目《め》に涙《なみだ》があふれてきた。

「おお、マリラ。もうどうにもなりません。」

「おばさん、まさか――まさかマシュウが……」

アンは死《し》ということばを口《くち》にできず、まっさおになった。

「そうなんだよ。そうじゃないかと思《おも》うよ。この顔《かお》を見《み》なさい。わたしのようになんども見《み》てきたものには、わかるんだよ。」

アンは、静《しず》かな顔《かお》を見《み》た。そこには大《おお》いなる神《かみ》の手《て》のしるしがあった。医者《いしゃ》がやってきて、死《し》はとつぜんのショックによるもので、急激《きゅうげき》にきて、おそらく苦痛《くつう》はなかっただろうといった。ショックの秘密《ひみつ》は、マシュウのもっていた新聞《しんぶん》にあった。マーチンが朝《あさ》、郵便局《ゆうびんきょく》からとってきたもので、アベイ銀行《ぎんこう》の倒産《とうさん》の記事《きじ》がのっていた。

ニュースはたちまちアボンリーにひろがり、一日《にち》じゅう友《とも》だちや近所《きんじょ》の人《ひと》がたずねてきたり、てつだってくれた。はずかしがり屋《や》のマシュウがはじめて中心人物《ちゅうしんじんぶつ》になったのだ。

夜《よる》になると、古《ふる》いグリーン・ゲイブルズはひっそりした。ひつぎにおさめられたマシュウの長《なが》い髪《かみ》は、おだやかな顔《かお》にかかり、ねむっているかのようにほほえんでいた。マシュウのまわりは花《はな》でかこまれていた。マシュウの母《はは》が結婚式《けっこんしき》の日《ひ》に庭《にわ》に植《う》えた花《はな》で、アンがつんできたのだった。

バリー夫婦《ふうふ》とリンド夫人《ふじん》がお通夜《つや》にのこった。ダイアナが東《ひがし》のへやにきてみると、アンが窓《まど》べに立《た》っていた。
「今晩《こんばん》はいっしょにねない？」ダイアナはやさしくさそったが、アンは、ひとりにしておいてほしいといった。アンはマシュウがだいすきだったし、マシュウもアンにはやさしかった。きのうの夕《ゆう》がたいっしょにあるいたマシュウが、いまはひつぎによこたわっている。アンは窓《まど》べにひざまずいて祈《いの》った。しかし涙《なみだ》はでてこず、ただうずくような痛《いた》みでいっぱいだった。その痛《いた》みは、ねむりにつくまでつづいた。夜中《よなか》ふと目《め》がさめて、その日《ひ》のいろいろなことが、悲《かな》しみの波《なみ》のようにどっとおしよせた。きのうの夕《ゆう》がた、木戸《きど》でわかれたときのマシュウのほほえんだ顔《かお》がうかんだしゅんかん、アンはわっと泣《な》きだした。マリラがその声《こえ》をききつけて、へやにはいってきた。
「さあ、さあ、そう泣《な》かないで。泣《な》いてももどってはこないんだよ。」
「しばらくここにいて。あたしダイアナをことわったの。

ダイアナはしんせつでやさしいけど、やっぱりよその人《ひと》ですもの。これは、マリラとあたしのふたりきりの悲《かな》しみよね。ああ、マリラ、マシュウがいなくなってどうすればいいの。」

アンはすすり泣《な》いた。

「もしあんたがここにいなくなったら、どうすればいいかわからないよ。アン、わたしはがんこできびしかったと思《おも》うがね、でも、マシュウとおなじぐらい、わたしもあんたを愛《あい》していたとは、知《し》らなかっただろうよ。」

二日《か》ののち、マシュウは、じぶんがたがやした畑《はたけ》や、だいじにしていた果樹園《かじゅえん》や、植《う》えた木々《きぎ》のあいだをとおって、はこばれていった。アボンリーは静《しず》かになり、グリーン・ゲイブルズでさえ、いつもの日々《ひび》がかえってきた。それだけに、見《み》なれた顔《かお》をうしなった悲《かな》しみを、アンはかんじた。モミの木《き》のうしろの日《ひ》の出《で》や、庭《にわ》のピンクのつぼみがひらくのを見《み》て、すぎた日《ひ》のよろこびを思《おも》いだし、ダイアナのたのしいことばにわらいかけると、なぜかわるいことをしているようなきもちになった。

「マシュウがなくなったのに、いろんなことにたのしみをみつけるのは、わるいような気《き》がするのです。」

ある夕《ゆう》がた、アンは、牧師館《ぼくしかん》の庭《にわ》で、アランさんのおくさんになやみを話《はな》した。

「マシュウがここにいたら、あなたがわらったり、たのしんだりするのをよろこばれるにちがいないから、気《き》にすることはありませんよ。」

「あたし、きょうの午後《ごご》、マシュウのお墓《はか》にバラを植《う》えてきました。ずっとむかし、マシュウのおかあさんがスコットランドからもってきたので、とてもすきでしたから。もう、うちにかえらなくちゃ、マリラがひとりぼっちで、夕《ゆう》がたはさびしくなるでしょうから。」

「あなたが大学《だいがく》へいったら、よけいさびしくなるでしょうね。」アラン夫人《ふじん》はいった。

アンはなんにもこたえず、おやすみなさいをいって、ゆっくりグリーン・ゲイブルズへかえっていった。マリラは入《い》り口《ぐち》の石段《いしだん》にすわっていた。アンもならんですわった。

「スペンサー先生《せんせい》がさっきみえてね、あす町《まち》へ、あの眼科医《がんかい》がくるから、みてもらうようにとおっしゃったんだよ。わたしもそのつもりだがね、あんたひとりでるす番《ばん》してもいいかい？　マーチンはわたしを馬車《ばしゃ》にのせていかなきゃならないし。アイロンかけと、お菓子《かし》を焼《や》いておいてほしいんだよ。」「だいじょうぶよ。ダイアナもくるし、ちゃんとやっておくわ。もうお菓子《かし》にぬりぐすりなんかいれないから。」

マリラはわらって、ふたりはアンの髪《かみ》が緑色《みどりいろ》に染《そ》まった失敗話《しっぱいばなし》や、ジョシイの話《はなし》をした。

「マリラ、あたしジョシイをすきになろうとするのは、あきらめたわ。」

「いやな人《ひと》はしかたないよ。ジョシイはおしえるのかい？」「そうじゃないの。来年《らいねん》もクィーンへもどるのよ。ムーディもチャーリイもよ。ジェーンとルビイはおしえるの。もう学校《がっこう》はきまったんですって。」

「ギルバートもおしえるのかい？」

「ええ。」アンはぽつんとこたえた。

「なんていい若者《わかもの》になったんだろうね。」マリラはぼんやりいった。「このまえの日曜日《にちようび》に教会《きょうかい》であったけど、背《せ》も高《たか》くって、男《おとこ》らしいね。あの子《こ》のおとうさんのわかいころと、そっくりだ。ジョン＝ブライスもいい子《こ》だった。わたしたちはほんとにいい友《とも》だちだったよ。ジョンはわたしの恋人《こいびと》だなんていわれていたんだよ。」

アンは、たちまち興味《きょうみ》をもって顔《かお》をあげた。

「あらマリラ—それでどうしたの——なぜマリラは——」

「わたしたちは、けんかをしたのさ。ジョンはあやまったけど、ゆるさなかったんだよ。しばらくたってゆるすつもりだったんだけど——でも、わたしはひねくれて、おこってしまい、まずジョンを罰《ばっ》してやろうとしたんだよ。そしたらジョンは、二度《ど》ともどってこなかったよ——ブライス家《け》の人《ひと》はみんな自尊心《じそんしん》が強《つよ》いからね。わたしは、そう、いつもざんねんに思《おも》っていたね。ゆるせばよかったと思《おも》ったね。」

「じゃ、マリラにもロマンスがあったのね。」

アンはやさしくいった。

「あんたがそういうだろうと思《おも》ってたよ。わたしにそんな話《はなし》はないと思《おも》っていただろうけど、人《ひと》はそとからじゃわからないよ。みんな、わたしとジョンのことはわすれているよ。わたしにしてもわすれていたけど、このまえギルバートを見《み》たら、すっかり思《おも》いだしたよ。」

三十八　道《みち》のまがりかど

翌日《よくじつ》、マリラは町《まち》へいき、夕《ゆう》がたかえってきた。アンがダイアナの家《いえ》からかえってくると、台所《だいどころ》にマリラがいるのをみつけた。マリラのようすを見《み》て、アンの心《こころ》はふるえた。いままで一度《ど》も、そんなマリラを見《み》たことがなかった。

「つかれたのね、マリラ。お医者《いしゃ》さまは、なんておっしゃった？」アンは心配《しんぱい》そうにいった。

「先生《せんせい》は目《め》をしらべて、これからは、本《ほん》を読《よ》むのも、縫《ぬ》いものをするのも、目《め》をつかう仕事《しごと》はすっかりやめなきゃいけないとさ。いいつけをまもらなかったら、六か月《げつ》でめくらになってしまうんだと。めくらだよ、アン。」

アンはおどろいて、口《くち》もきけなかった。それから勇気《ゆうき》づけるようにいった。

「マリラ、先生《せんせい》は希望《きぼう》をあたえてくださったのよ。注意《ちゅうい》さえすれば目《め》は見《み》えなくならないし、めがねで頭痛《ずつう》がなおればたいしたものよ。」

マリラの食事《しょくじ》がすむと、ベッドにいくようにすすめて、アンは、じぶんのへやの、窓《まど》べにすわった。アンの胸《むね》はおもかった。家《いえ》にかえってきたつぎの夜《よる》、ここにすわったときと、なんというかなしいかわりかたなんだろう。あのときは、希望《きぼう》とよろこびでいっぱいで、未来《みらい》はバラ色《いろ》だった。あれからまるで何年《なんねん》もたったような気《き》がする。しかし、ベッドにはいるまえのアンの口《くち》もとには、ほほえみがうかび、心《こころ》はやすらいでいた。じぶんのやるべきことがわかったのだ。

マリラが町《まち》へいってから、二、三日《にち》たって、カーモディからジョン＝サドラーという人《ひと》がやってきた。

「サドラーさんはなんできたの？　マリラ。」

マリラはアンを見《み》た。目《め》には涙《なみだ》がうかび、声《こえ》がかわった。

「グリーン・ゲイブルズを売《う》ろうと思《おも》ってね。」

「売《う》るんですって！　グリーン・ゲイブルズを売《う》るの？」

アンは、じぶんの耳《みみ》をうたがった。

「アン、ほかにしようがないんだよ。もしわたしの目《め》がよかったら、雇《やと》い人《にん》をつかって、なんとかやっていけるんだけどね。でも、とてもむりだよ。わたしの目《め》も見《み》えなくなるかもしれないし。」

「グリーン・ゲイブルズを売《う》っちゃいけないわ。」アンはきっぱりいった。

「ああ、そうできたらね、アン。だがね、わたしはここにひとりでいられないね。さびしくて、気《き》がくるってしまうよ。」

「マリラがひとりでここにいることないのよ。あたしもいるわ。レドモンドにはいかないの。」

「レドモンドにいかないって！」マリラは、びっくりして顔《かお》をあげた。「それはどういう意味《いみ》だい？」

「それはね、奨学金《しょうがくきん》をとらないことにしたの。マリラが町《まち》からかえった晩《ばん》きめたのよ。どうしてマリラをひとりにしておけるもんですか。あたしのためにどんなにつくしてくださったかしれないのに。あたし、かんがえたり計画《けいかく》をたてたりしているの。きいてちょうだい。ダイアナのおとうさんが畑《はたけ》をかりたいといっているので、これは心配《しんぱい》ないわね。あたしは先生《せんせい》をするわ。ここの学校《がっこう》に申《もう》し込《こ》んでみたけど、ギルバートにきまったんですって。でも、カーモディの学校《がっこう》ならあるのよ。もちろん、アボンリーの学校《がっこう》につとめるほどは、つごうよくはないわ。でも、気候《きこう》のいいときはかよえるし、冬《ふゆ》だって金曜《きんよう》ごとにかえれるわ。ふたりでたのしくやっていけるわよ。」

マリラは、夢《ゆめ》をみているようにきいていたが、「ああ、アン。わたしのために、あんたを犠牲《ぎせい》にはできないよ。」といった。

「とんでもない。ちっとも犠牲《ぎせい》じゃないのよ。グリーン・ゲイブルズを売《う》るよりわるいことが、ほかにある？あたしたち、なつかしいこの場所《ばじょ》をまもっていかなくちゃ。あたしの心《こころ》はきまっているのよ。」

「でも、あんたの野心《やしん》はどうするんだい。」

「野心《やしん》はあるわ。ただ目的《もくてき》を加《くわ》えたの。いい先生《せんせい》になって、マリラの目《め》のわるいのをたすけるの。それに、ここにいても勉強《べんきょう》するつもりよ。クィーンをでたときは、未来《みらい》にまっすぐ道《みち》がのびていたような気《き》がしたの。ずっとさきまで見《み》とおせたようだったわ。いまはそのまがりかどにいるのよ。まがるとなにがあるかわからないわ。でも、いちばんいいものがあると信《しん》じているの。その道《みち》がどんなふうにのびているか、どんな光《ひかり》やかげがあるか、どんな新《あたら》しいけしきがひろがっているのか――どんな美《うつく》しいものや、新《あたら》しいまがりかどや、丘《おか》や谷《たに》がさきにあるか、わからないわ。」

「あんたに奨学金《しょうがくきん》をあきらめさせるなんて、できないよ。」

「でも、あたしをとめられないわ。もう十六才半《さいはん》だし、リンドのおばさんがいったように、ごうじょっぱりだし。」と、アンはわらった。

「なんてうれしい子《こ》だろうね。」とマリラはいった。

アンが大学《だいがく》へいくのをやめて、学校《がっこう》でおしえるつもりだというニュースは、たちまちひろがった。ある日《ひ》の夕《ゆう》がた、リンド夫人《ふじん》がやってきた。

「アン、あんたここの学校《がっこう》でおしえることにきまったそうだね。」

「おばさん。」アンはびっくりしてとびあがった。「なぜ？　ギルバートにきまってたんじゃないの。」

「そうだったんだけど、ギルバートはあんたの話《はなし》をきくと、すぐ、辞退《じたい》することを申《もう》し出《で》たんだよ。ギルバートはホワイト・サンドの学校《がっこう》でおしえることにして、手《て》つづきをしたんだって。あんたは、だからこの村《むら》の学校《がっこう》でおしえることになるんですよ。」

つぎの日《ひ》の夕《ゆう》がた、アンはマシュウのお墓《はか》にいって、新《あたら》しい花《はな》をかざり、バラに水《みず》をやった。うすぐらくなってから、やっと立《た》ちあがって、丘《おか》をおりていった。木々《きぎ》のあいだに灯《ひ》がもれ、むらさきの海《うみ》が遠《とお》くにかすんで見《み》えた。

丘《おか》の途中《とちゅう》で、背《せ》の高《たか》い若者《わかもの》が、口《くち》ぶえをならしながら、ブライス家《け》のほうへやってきた。ギルバートだった。アンの姿《すがた》をみとめると、口《くち》ぶえをやめ、ていねいに帽子《ぼうし》をとったが、だまったままとおりすぎようとした。アンはたちどまって、手《て》をさしのべた。

「ギルバート、あたしに学校《がっこう》をゆずってくださってありがとうございます。あたしとてもうれしかったんです。――そして、このきもちを知《し》ってほしかったんです。」

ギルバートは、さしだされた手《て》を強《つよ》くにぎった。

「べつにたいしたことではないですよ、アン。すこしでもやくにたてたらうれしいんだ。これから、ぼくたち友《とも》だちになろうじゃないか。むかしのこと、ゆるしてくれる?」

アンはわらって、手《て》をひっこめようとしたがだめだった。

「あの日《ひ》、池《いけ》の船着《ふなつ》き場《ば》でゆるしてたんだけど、じぶんでは気《き》がつかなかったの。なんて強情《ごうじょう》な、ばかな子《こ》だったんでしょう。すっかりいってしまうと――ずっと後悔《こうかい》してたのよ。」

「ぼくたち、いちばんいい友《とも》だちになれるんじゃないかな。」ギルバートはよろこんでいった。「いい友《とも》だちになるように生《う》まれついているんだよ、アン。長《なが》いあいだ、その運命《うんめい》にさからっていたんだ。おたがいに、いろんなことでたすけあえると思《おも》うんだよ。きみは勉強《べんきょう》をつづけるんでしょう? ぼくもそうなんだ。さあ、いこう。きみをうちまでおくるよ。」

マリラは、アンが台所《だいどころ》にはいってくるのをしげしげと見《み》ていた。

「あんたといっしょにきたのはだれかい? アン。」

「ギルバートよ。」アンは知《し》らぬまにほおを赤《あか》くした。「バリーの丘《おか》であったのよ。」

「知《し》らなかったね。あんたとギルバートが、三十分《ぷん》も木戸《きど》のところで立《た》ち話《ばなし》するほど仲《なか》がいいとはね。」

マリラは、からかうようにわらった。

「いままで、あたしたち、かたき同士《どうし》だったの。でも、これからはいい友《とも》だちになるほうがいいってわかったのよ。ほんとに三十分《ぷん》も話《はな》してた? ほんの二、三分《ぷん》みたいな気《き》がしたけど。でも、五年間分《ねんかんぶん》のおしゃべ

りをとりかえさなくちゃならないんですもの、マリラ。」

アンはその夜《よ》、みちたりたしあわせをかみしめながら、長《なが》いあいだ窓《まど》ぎわにすわっていた。風《かぜ》はサクラの枝《えだ》にやさしくふれ、ハッカのかおりがただよっていた。くぼ地《ち》のニレの木《き》の上《うえ》に星《ほし》がひかり、木立《こだ》ちをとおして、ダイアナのへやのあかりがまたたいていた。

アンの地平線《ちへいせん》は、クィーンからかえってきて、ここにすわった夜《よる》からせばめられた。しかし、道《みち》がせばめられても、静《しず》かなしあわせの花《はな》がその道《みち》にさきみだれているのを、知《し》っていた。しんけんな仕事《しごと》と、希望《きぼう》、心《こころ》からの友《とも》だちに、アンはめぐまれた。なにものも、アンの生《う》まれつきの空想《くうそう》や夢《ゆめ》の世界《せかい》をうばうことはできないだろう。

「神《かみ》、天《てん》にしろしめし、世《よ》はすべてこともなし。」

アンは静《しず》かにつぶやいた。

507　道のまがりかど

あとがき

衿子さんが一足先に亡くなったことを、ちかごろ、こんなに惜しいとおもったことは無い。

彼女は詩人として生きたし、他の仕事なら一緒にしたこともあるのに、衿子さんはこの本のことをわたしに一言もいわなかった。いわないうちに、わたしの前から消えた。親しくしていたのに、このような翻訳をしていたとは知らなかった。

もし知っていたら「あれはすばらしい本だった」と一言、彼女に告げたかった。わたしは他の『赤毛のアン』を読んでいたから、この本に関心がいかなかったのかもしれない。いまは、衿子さんという筆力が、この本にすべて集まっているようにおもい、「他のアン」はみんな消えてしまったといってもいいすぎではない。

これは、アンのすぐれた想像力を大人も忘れないようにするために、読むべき一冊の本である。

本は、もともとこのような力をもっているものでなければならないのだが、このような本がほかにあるだろうかと自問した。わたしの考えではひとつだけあった。それは吉野源三郎の『君たちはどう生きるか』かもしれない、とおもっている。あ、もうひとつあった。これは少し大人の世界を書いてはあるが、中勘助の『銀の匙』である。『大草原の小さな家』も開拓時代の人々を彷彿とさせてくれるために読むべき本であろう。

でもやはり『赤毛のアン』は必読の書である。女も男も読むほうがいい。わたしはこの本に全く関係なかったとしても、この本を必読の書というだろう。

安野光雅

二〇一八年五月

本書では、一九六九年、刊行された『少年少女世界文学全集9』に収録された岸田衿子翻訳による「赤毛のアン」を著作権継承者の了解をいただき使用させていただきました。原文には、現在からみれば、不適切と思われるところもありますが、訳者に差別的意図がないことと時代背景を鑑みて、原文どおりにしています。なお、あきらかに間違いであると思われるところは訂正をいたしました。

ルーシイ＝モード＝モンゴメリ（一八七四－一九四二）

一八七四年、カナダ、プリンス・エドワード島に生まれる。幼い時に母と死別、祖父母に育てられ教師になる。アン・シリーズのほか、小説、短篇集を残し、世界中で多くの読者の心を捉えた。

岸田衿子（一九二九－二〇一一）

一九二九年、東京に生まれる。詩人・童話作家。岸田國士を父に持ち、妹は女優の岸田今日子。東京芸術大学油絵科を卒業。詩集に『忘れた秋』『あかるい日の歌』『いそがなくてもいいんだよ』。絵本、童話に『かばくん』『帰ってきたきつね』『プッポコとペッポコ』シリーズ。童詩集に『木いちごつみ』『かぞえうたの本』『へんなかくれんぼ』『森のはるなつあきふゆ』。エッセイ集に『風にいろつけたひとだれ』『草色の切符を買って』。翻訳にアーノルド・ローベル『どろんここぶた』などがある。

安野光雅

一九二六年、島根県津和野町に生まれる。ＢＩＢ金のリンゴ賞（チェコスロバキア）、国際アンデルセン賞などを受賞。一九八八年紫綬褒章、二〇〇八年菊池寛賞、他を受賞。二〇一二年、文化功労者に選ばれる。主な著作に『ふしぎなえ』「『旅の絵本』シリーズ（全八巻）」（福音館書店）、『本を読む』（山川出版社）、『小さな家のローラ』（小社刊）などがある。二〇〇一年、津和野町に「安野光雅美術館」、二〇一七年、京丹後市の和久傳の森に「森の中の家 安野光雅館」が開館。

赤毛のアン

二〇一八年六月二〇日　初版第一刷発行
二〇二一年六月一五日　初版第三刷発行

作　ルーシイ＝モード＝モンゴメリ
訳　岸田衿子
絵　安野光雅
発行者　原 雅久
編集　仁藤輝夫
発行所　株式会社朝日出版社
〒一〇一－〇〇六五
東京都千代田区西神田三－三－五
電話〇三－三二六三－三三二一（代表）
印刷・製本　大日本印刷株式会社

ISBN 978-4-255-01068-7

定価はカバーに表示してあります。